Lexikon der Islam-Irrtümer

Inhalt

Vorwort

Vor mehr als zehn Jahren sagte mir der spanische Schriftsteller Juan Goytisolo, der wie ich in Marokko lebt, dass man im Westen sehr wenig über den Islam wisse. Klischeevorstellungen und Legenden bestimmten unser Bild davon. Während der arabischen Besetzung Spaniens vom 8. bis 15. Jahrhundert hätte es noch einen regen kulturellen und philosophischen Austausch in Europa gegeben. Über die Lehren der arabischen Philosophen, Mediziner und Astronomen, wie Avicenna (980-1037) oder Averroes (1126-1198), habe man in Spanien oder auch in Frankreich diskutiert. Die Intellektuellen der damaligen Zeit konnten Latein, Griechisch und Arabisch. Dante Alighieri (1265-1321) ließ sich von dem aus dem Arabischen übersetzten Buch über Mohammeds wunderbare Reise durch Himmel und Hölle inspirieren. Der Kulturdialog sei später abgebrochen. Die türkischen Eroberungen zwischen dem 8. und 17. Jahrhundert hätten ein negatives Image des Islams geprägt. Die wilden Türken, Sarazenen oder Mohammedaner, die feindlichen Horden bedrohten das zivilisierte Europa – einerseits furchterregende Feinde, abstoßend und unterentwickelt, aber gleichzeitig exotisch und begehrenswert. »Der Islam ist eine Hohlform, das Negativ Europas: Gegenstand seiner Aversion und ständige Versuchung«, schrieb Juan Goytisolo in seinem im Jahr 2000 auf Deutsch erschienenen Buch *Kibla. Reisen in die Welt des Islam.*

Ausgerechnet die Anschläge vom 11. September 2001 in den USA verstärkten das Interesse am Islam. Der Koran wurde im Westen zum Bestseller. Unzählige Bücher sind seitdem über den islamistischen Terrorismus veröffentlicht worden, aber auch zum Thema Religion und Kultur. Heute weiß man über den Islam quantitativ sicherlich mehr, leider bleiben jedoch qualitativ große Schwachstellen. Noch immer bestimmen Vorurteile, Halbwahrheiten und Missverständnisse unser Bild vom Islam. Das liege an »perspektivischen Verzerrungen, selbst bei wohlmeinenden Beobachtern«, wie Goytisolo in seinem Buch zu Recht behauptet. Diese »Verzerrungen« sind ein Resultat des »Einflusses ethnozentrischer Denkgewohnheiten und der unreflektierten Übertragung eigener Vorstellungen auf einen kulturellen Kontext, dem sie nicht gerecht werden«.

Das *Lexikon der Islam-Irrtümer* will ein Beitrag zur Klärung der »perspektivischen Verzerrungen« sein, mit einem offenen Blick auf die Religion des Islams, die Menschen und ihre Kultur in muslimischen Ländern.

Alfred Hackensberger   Tanger, im November 2007

Al-Andalus

Spanien wurde im 8. Jahrhundert von Arabern erobert

711 n. Chr. überquerte eine Truppe von 7 000 Soldaten vom heutigen Marokko aus die Meerenge von Gibraltar. General Tarik bin Zaid soll das Kommando des ersten muslimischen Eroberungsfeldzugs nach Spanien geführt haben. Am Anfang fiel Gibraltar, später folgten Malaga, Cordoba und Toledo. Von Tarik bin Zaid sind vom Kampf um Gibraltar die bekannten theatralischen Worte überliefert: »Oh meine Soldaten! Wohin könnt ihr fliehen? Die See ist hinter euch und der Feind vor euch. Es gibt nichts anderes als die Wahrheit ...«

Gewöhnlich wurde und wird von der arabischen, mohammedanischen oder sarazenischen Eroberung Spaniens gesprochen. Diejenigen, die jedoch den Grundstein für die acht Jahrhunderte andauernde Besetzung auf der Iberischen Halbinsel legten, waren die Berber. Tarik bin Zaid und seine Truppen stammten nicht aus dem Nahen Osten, sondern sollen zum Islam konvertierte Berber gewesen sein. In Marokko gab es im 7. Jahrhundert noch kaum Araber. Nur wenige waren nach Nordafrika emigriert. Erst gegen Mitte des 8. Jahrhunderts sollte sich das ändern. Aber bis dahin waren die Grenzen des legendären Al-Andalus im Großen und Ganzen gezogen.

Berber stellen heute in Marokko und auch in Algerien etwa 30 Prozent der Bevölkerung. Sie haben eine eigene Sprache, Kultur und Geschichtsschreibung. In Marokko wurden die Berber nie in dem Ausmaß unterdrückt wie etwa im Nachbarland Algerien. Heute ist die Berbersprache in Marokko offiziell anerkannt und auch als Schulsprache in Berbergebieten zugelassen. Es gibt ein Berberforschungszentrum, das das erste berberische Sprachlexikon entwickelt und an einer eigenen Geschichtsschreibung arbeitet, sowie Radiostationen und Zeitungen, die auf Berberisch senden und schreiben. Politisch korrekt ist der Ausdruck Berber in Marokko übrigens nicht, er wird als Abwertung verstanden. Man bevorzugt, von der Amazigh-Kultur zu sprechen.

Der Startschuss für die offizielle kulturelle Wiederbelebung kam von ganz oben. König Mohammed VI. betonte nach seiner Thronbesteigung 1999, wie wichtig es sei, die Amazigh-Sprache und -Kultur zu erhalten. Schließlich sei sie ein Schatz der nationalen Geschichte und Identität. Berber sind bekannt dafür, stolz und unbeugsam zu sein. Spricht man sie auf die arabische Eroberung Spaniens an, lachen sie entweder oder sind verärgert. »Nicht die Araber waren es, sondern wir«, heißt es dann aber in jedem Fall.

Al-Andalus war ein Ort der Toleranz und eine Blütezeit der arabischen Kultur

Noch heute gilt Al-Andalus als Inbegriff von Toleranz und arabischer Hochkultur. Christen, Juden und Muslime sollen in friedlicher Eintracht zusammengelebt und die synenergetische Kraft der unterschiedlichen Kulturen soll zum arabischen Höhenflug von Medizin und Philosophie beigetragen haben. Tatsächlich ist das natürlich ein idealisiertes Geschichtsbild, das nur zum Teil der Wahrheit entspricht. Vor allem zwei große Berberinvasionen im 11. und 12. Jahrhundert brachten ein moralisch rigides Kommando auf die Iberische Halbinsel. Sie sind bezeichnend für den hohen Grad an politischer Instabilität der Region. Die Epoche Al-Andalus war eine Abfolge von Eroberungen und Rückeroberungen, Raubzügen, Thronkämpfen und Aufständen. Ruheperioden waren eher die Ausnahme.

Sicherlich ist wahr, dass es eine Koexistenz verschiedener Religionen gab und sogar differierende Richtungen innerhalb des Islams, eine Blütezeit für Wissenschaft, Kunst und Literatur, ebenfalls eine Libertinage mit reichlich Alkohol und Sex, mit Konkubinen und Knaben. Allerdings war die Iberische Halbinsel nicht über acht Jahrhunderte ein Paradies der Astrologen, Mediziner und Poeten. Das gab es in einigen Städten, unter bestimmten Gruppen, für einen bestimmten Zeitraum, mag an manchen Orten verschwunden und auch wiedergekommen sein. Ein Beispiel für Toleranz und Kultur ist Kalif al-Hakam (961-976) in Cordoba, der eine Bibliothek mit 40 000 Bänden angelegt haben soll. Cordoba galt in dieser Zeit als Zentrum von Poesie und Wissenschaft. Ein generelles Flair von andalusischer, kreativer Fröhlichkeit ist jedoch eher ein Wunschprodukt der Interpreten der nachfolgenden Jahrhunderte.

Erzählt wird auch von der jüdischen Hochkultur in Al-Andalus. Juden wurden zu Hausärzten und Beratern der Herrschenden. Juden standen in der sozialen Hierarchie damals höher als Christen, die als unzuverlässig galten und Agenten anderer Christenstaaten sein konnten. Bezeichnenderweise schrieb der Arzt und Philosoph Maimonides sein berühmtes Werk nicht in Al-Andalus, sondern in Ägypten. 1149 war er mit seiner Familie im Alter von 14 Jahren vor der Judenverfolgung in Cordoba geflohen.

Wie sehr und schnell sich die Gunst der Stunde ändern konnte, zeigt auch das Schicksal von Averroes, dem bekannten Mediziner, Astronomen, Mathematiker und Übersetzer von Aristoteles. Zuerst Leibarzt und Günstling des Sultans, war er nach dessen Tod plötzlich Persona non grata. Nach einem Erlass des Sultannachfolgers al-Mansur im Jahr 1195 fand die Popularität griechischer Philosophie ihr Ende. Die Bücher Averroes wurden verbrannt, der Autor an den Pranger gestellt und für drei Jahre verbannt.

Al-Dschasira

Al-Dschasira ist ein islamistischer TV-Sender

Am 15. November 2006 startete der arabische TV-Sender Al-Dschasira aus Katar den englischsprachigen Nachrichtenkanal Al-Dschasira Englisch. Um gegen die etablierten Konkurrenten wie BBC, CNN oder Sky News besser bestehen zu können, wurden bekannte Moderatoren aus aller Welt eingekauft. Darunter auch David Frost, der mittlerweile 68-jährige britische Fernsehjournalist, der sich durch seine Interviews mit Prominenten, wie US-Präsident Richard Nixon oder Tennessee Williams, bereits in den Sechziger- und Siebzigerjahren einen Namen machte.

Bevor David Frost jedoch einen Vertrag mit dem Sender aus Katar unterschrieb, ließ er sich von offiziellen Stellen in den USA und Großbritannien bestätigen, dass Al-Dschasira keine Verbindungen zu Al-Qaida (→ **Al-Qaida**) habe. Dass es keine Berührungspunkte zu Al-Qaida gab, ist nicht überraschend, schließlich war das Emirat Katar einer der ersten Verbündeten der USA im Kampf gegen den Terrorismus. Hintergrund von David Frosts Wunsch nach offizieller Absicherung dürfte der schlechte Ruf des arabischsprachigen Nachrichtenkanals Al-Dschasira gewesen sein, der seit elf Jahren auf Sendung ist und in den USA gerne als Osama-TV bezeichnet wird.

1996 hatte der Herrscher des Emirats Katar, Scheich Hamad bin Kalifa al-Thani, 150 Millionen Dollar in den neuen arabischen News Channel investiert, um den es in den Anfangsjahren allerdings ruhig blieb. Erst durch die US-Invasionen in Afghanistan und im Irak wurde der arabischsprachige Nachrichtenkanal zu einem wichtigen Bestandteil der internationalen Medienlandschaft. Er zeigte die Wirklichkeit hinter den von der US-Armee freigegebenen Kriegsbildern, auf denen meist nur Raketen zu sehen waren, die präzise in ihr Ziel einschlugen. Auf Al-Dschasira konnte man die Opfer der US-Bomben sehen, die nicht ins offizielle Bild eines sauber geführten Krieges passten. Die Reporter des arabischen Nachrichtensenders hatten Zugang zu den Taliban in Afghanistan und den Straßen von Bagdad, wo ihre westlichen Kollegen ausgeschlossen waren. Al-Dschasira brach das Informationsmonopol von BBC und CNN. Oft genug mussten die beiden westlichen Nachrichtensender bei der arabischen Konkurrenz aktuelles Bildmaterial einkaufen, zu dem sie einfach keinen Zugang hatten.

Ins Kreuzfeuer der Kritik kam Al-Dschasira, als Statements von Osama bin Laden und Bilder von toten US-Soldaten gesendet sowie die Aufständischen im Irak als Märtyrer oder Befreiungskämpfer tituliert wurden. Die US-Regierung kritisierte die Berichterstattung von Al-Dschasira mehrfach als »falsch«, »Gewalt verherrlichend« und »Hass schürend«.

Im November 2001 bombardierte die US-Armee das Büro von Al-Dschasira in Afghanistan; Ende Februar 2003 beschossen US-Panzer ein Hotel in Basra, in dem Al-Dschasira-Reporter die einzigen Gäste waren; im April wurde der jordanische Al-Dschasira-Korrespondent Tarik Adschub bei einem US-Raketenangriff auf das Büro in Bagdad getötet.

Offiziell war alles ein Versehen, beim arabischen Sender in Katar ging man jedoch von gezielten Angriffen aus. Al-Dschasira fühlte sich in seinen Vermutungen bestätigt, als die britische Tageszeitung *The Daily Mirror* im November 2005 ein geheimes Memo über ein Treffen des britischen Premierministers Tony Blair mit George W. Bush veröffentlichte. Der US-Präsident soll sich dabei für eine Bombardierung der Sendezentrale von Al-Dschasira in Katar ausgesprochen haben.

Nachdem dem Sender bereits im Februar 2004 für 30 Tage die Lizenz entzogen worden war, schloss die irakische Regierung im August die Büros von Al-Dschasira und entzog den Korrespondenten erneut die Arbeitserlaubnis – Einschränkungen der Pressefreiheit, die im Irak bis heute kein Einzelfall geblieben sind. Für Al-Dschasira bedeutete das Arbeitsverbot nichts Neues. Bereits unter Saddam Hussein waren dem Sender Arbeitsgenehmigungen mehrfach entzogen und wiedergegeben worden.

Das Verbot im Irak tat der Popularität keinen Abbruch. Eher im Gegenteil: Heute sehen rund 50 Millionen Menschen weltweit täglich den arabischsprachigen Nachrichtenkanal von Al-Dschasira – ein Erfolg, auf dem man im kleinen Golfstaat Katar ein Medienimperium errichten will. Neben den arabischen und englischen Nachrichtensendern sind bisher Al-Dschasira Sports, Al-Dschasira Children und Al-Dschasira Documentary auf Sendung. Hinzukommen sollen Al-Dschasira Music und Al-Dschasira Urdu für Südasien. Außerdem ist eine panarabische Tageszeitung geplant. Doha, Katars Hauptstadt, soll arabische Medienhauptstadt werden.

Der neue englischsprachige Sender Al-Dschasira Englisch hat mit der kontroversen, teilweise kämpferisch wirkenden Attitüde des arabischen Nachrichtenkanals nichts zu tun. Man setzt auf Ausgewogenheit. Eine Ausgewogenheit, wie man sie von den westlichen Konkurrenten BBC, CNN oder auch Sky News nicht gewohnt ist und die offensichtlich als Marktlücke erkannt wurde. Bei Berichten über den Nahostkonflikt zwischen Israel und Palästinensern kommen auf Al-Dschasira Englisch plötzlich beide Parteien in gleichem Umfang zu Wort. Normalerweise wird über die palästinensischen Toten und Verwundeten, die es fast täglich in Gaza oder der Westbank gibt, in den westlichen Medien nur wenige Sekunden berichtet. Die im Vergleich dazu geringe Zahl von israelischen Terroropfern ist dagegen eine ausführliche Berichterstattung wert.

Auf Al-Dschasira Englisch sind nun beide Seiten gleichberechtigt vertreten. Die Palästinenser werden zu lebendigen Menschen, zu einer realen Bevölkerung. Auch Vertreter radikaler Gruppen, wie Hamas oder Islamischer Dschihad, werden ausführlich interviewt, was bei BBC oder CNN in der Regel eher vermieden wird, um Terroristen keine öffentliche Plattform zu geben. Sollten sie trotzdem einmal ins Programm gelangen, werden sie als exotische Extremisten präsentiert, mit denen man im Untergrund ein Exklusiv-Interview führen konnte. So geschehen in der Sendung »Hardtalk« der BBC, als einmal Khaled Maschaal, der in Syrien im Exil lebende Hamas-Führer, interviewt wurde. Wichtiger schienen die abenteuerlichen Umstände, die Fahrt in abgedunkelten Kleinbussen zum geheimen Treffen mit dem Hamas-Mann, als das Interview selbst.

Berichte sind bei Al-Dschasira Englisch in der Regel länger und ausführlicher als gewohnt. Man nimmt sich Zeit, die es bei BBC oder CNN nur in Ausnahmefällen gibt. Zu wichtigen Themen bietet man eine Konferenzschaltung mit bis zu drei Interviewpartnern, die jeweils einen unterschiedlichen Standpunkt vertreten. Jeder Interviewte erhält Zeit, vier oder fünf meist sehr provokative Fragen zu beantworten. Besonders unbequeme Fragen stellt man in der wöchentlichen Sendung »Inside Iraq«. Dort werden beispielsweise US-Offizielle, iranische Diplomaten und irakische Politiker gleichermaßen mit kritischen Fakten und Ereignissen konfrontiert, die in dieser Form in anderen Medien kaum oder gar nicht thematisiert werden. »Inside Iraq« ist ein gutes Beispiel, wie einfach es ist, anderen, interessanten Journalismus zu betreiben, der neue, sonst so oft unterschlagene Perspektiven offenbart. »Die Welt braucht einen neuen Weg«, sagte Nigel Parsons, Geschäftsführer von Al-Dschasira Englisch, »die Ereignisse in der Welt zu verstehen.«

Neben dem Mittleren Osten sind Afrika und Südamerika die geografischen Schwerpunkte von Al-Dschasira Englisch, gemäß dem Motto »Den Süden dem Norden näherbringen«. Man erfährt etwas über Gastarbeiter in Südafrika, bekommt Hintergrundberichte zu den Präsidentschaftswahlen in Ecuador und über die Aufstände in Mexico City. Gerade die Berichte aus Afrika und Südamerika wirkten anfangs noch etwas bemüht, ihnen fehlte die Leichtigkeit und Selbstverständlichkeit der Beiträge aus dem Mittleren Osten. Man merkte, wie eingefahren die gewohnten journalistischen Gepflogenheiten sind.

Al-Dschasira Englisch erfindet das Fernsehen nicht neu, ist auch lange nicht radikal genug, um den vorgesteckten Rahmen von internationaler Berichterstattung zu brechen. Gemessen an CNN und BBC brachte der Start des Senders jedoch einen neuen, frischen Wind. Sicherlich wollte der Emir von Katar seine Millionen auch nicht in einen alternativen Nachrichtensender investieren, der die Welt neu vermisst. Das Produkt soll natürlich auch Geld einspielen. Die Zielgruppe des Senders ist immens. Drei Viertel der 1,6 Milliarden Muslime weltweit sprechen kein Arabisch (→ **Arabische Sprache**). Hinzu kommt die gesamte englischsprachige Welt und all jene in Europa, Südamerika und Afrika, die an etwas anderen Nachrichten interessiert sind.

Al-Dschasira Englisch sendet aus Doha, Kuala Lumpur, London und Washington. Über den Rest der Welt sind weitere 18 Büros mit 30 Korrespondenten verteilt. Nimmt man die Standorte des hauseigenen arabischsprachigen Nachrichtensenders noch hinzu, ergibt sich ein Informationsnetz, das sich über 60 Länder erstreckt. In Europa ist Al-Dschasira Englisch über Hotbird- und Astra-Satelliten zu empfangen. In den USA fand sich zu Beginn keine größere Kabelfirma, die den Sender einspeiste. Ähnlich in Kanada, wo die Kontrollkommission CRTC verlangte, dass alle Sendeinhalte aus dem Hause Al-Dschasira vor einer Ausstrahlung kontrolliert werden müssen. Keine Firma war bereit, 24 Stunden lang Personal abzustellen, nur um diesen einen Sender zu überprüfen.

Zeitgleich zum Start von Al-Dschasira Englisch wurde die bereits bestehende Webseite des Senders an die neue TV-Grafik angepasst, die – wie es sich für ein neues Marketingprodukt gehört – peppig und »innovativ« ist. Alles soll eine Einheit bilden für ein neues »Al-Dschasira-Netz, das Welten öffnet«.

Alkohol

Muslime trinken keinen Alkohol, weil es ihnen der Koran verbietet

In Damaskus, nicht weit von der Innenstadt, gibt es in einer Seitenstraße einen kleinen Alkoholladen. Ein Kiosk, nur wenige Quadratmeter groß, den Kunden nicht betreten können. In die Tür ist ein Tresen eingebaut, mit einer dicken Holzplatte, über den auf die Straße verkauft wird. Alles geht sehr schnell, offensichtlich will sich hier niemand länger blicken lassen, außer einigen unrasierten und eher schmutzigen Gestalten, die bereits kräftige Schlagseite haben. Der Laden macht mehr den Eindruck einer illegalen Ausgabestelle für Drogen als den eines normalen Geschäfts.

In Marokko fragte mich der Mechaniker, der mein Auto abschleppte, 20 Minuten lang aus, welches Bier ich trinke und mit welchem Schnaps man es kombinieren sollte, um die beste Wirkung zu erzielen – ein Gespräch unter Fachleuten, das mich an den Nimbus von Diskussionen unter Ecstasy-Kids erinnerte, die über Nebenwirkungen von Tequila- und Wodka-Shots diskutieren. Dass mein Auto hinten auf der Ladefläche besorgniserregend hin und her wackelte, kümmerte den jungen Mechaniker wenig.

Im Deutschunterricht am Goethe-Institut in Beirut oder Tanger reagierten muslimische Studenten immer gleich, wenn ich sie über ihren Alkoholkonsum befragte. Die einen schmunzelten geheimnisvoll wissend bis über beide Ohren, die anderen gaben sich entsetzt. »Wir Muslime trinken keinen Alkohol, unsere Religion, unser heiliges Buch der Koran, verbietet Alkohol«, kam es wie ein apodiktischer Paukenschlag zurück. Vorsichtige Einwände blieben ungehört, jeden Versuch einer weiteren Diskussion legte man als Arroganz eines Westlers aus, der keine Ahnung habe.

Im Koran gibt es keinen Vers, der den Gläubigen den Genuss von Alkohol ausdrücklich verbietet. Gott lässt neben dem Getreide, den Ölbäumen, den Dattelpalmen auch Weinstöcke wachsen (Sure 16:10-11). Von den Früchten der Dattelpalmen und den Beeren einen Rauschtrank zu machen, ist ein Zeichen für Verstand (Sure 16:67), im Paradies warten Ströme von Wasser, Milch, Honig und Wein (Sure 47:15). Allerdings ist Alkohol, wenn man betrunken ist, hinderlich beim Gebet (Sure 4:43). Und in Sure 5:90-91 wird Wein als das Werk Satans bezeichnet, der nur Feindschaft und Hass aufkommen lässt, vom Gedenken Gottes und vom Gebet abhält.

So negativ Alkohol im Koran teilweise auch dargestellt wird, wirklich verboten (*harâm*) wird er dort nicht, wie dies bei Aas, Blut und Schweinefleisch (→ **Schweinefleisch**) der Fall ist (Sure 5:3). Dennoch hat sich im Laufe der Zeit bei der Mehrheit der islamischen Rechtsgelehrten die negative Haltung in Bezug auf Alkohol durchgesetzt. Nur eine Minderheit hatte für den Genuss von Wein in beschränktem Maße plädiert. Nach islamischem Recht, der Scharia (→ **Scharia**), wird Alkoholkonsum nun als Sünde betrachtet, obwohl es auch eine andere Auslegung geben könnte. Darauf beruft sich auch eine Reihe meiner muslimischen Freunde, um ihren Alkoholgenuss zu rechtfertigen – und mit ihnen wohl auch weltweit Millionen von Muslimen, die nach Feierabend auf ein Bier oder auch mehrere nicht verzichten wollen.

Zur Begründung des Alkoholverbots dienen die Hadithe (→ **Koran**), also die von Zeitzeugen mündlich überlieferten Aussprüche des Propheten Mohammed (→ **Prophet Mohammed**), von denen es insgesamt 500 000 verschiedene geben soll, wobei allerdings nur einige Tausend davon in die offiziellen Hadithsammlungen islamischer Gelehrter aufgenommen wurden. Einer dieser Hadithe erzählt von Umar ibn al-Chattab, einem Weggefährten des Propheten und späteren zweiten Kalifen (634-644 n. Chr.), der eine Flasche Wein geschenkt bekam und nicht wusste, was er damit tun sollte. »Aber wenn es verboten ist, ihn zu trinken, zu verkaufen und zu verschenken, was mache ich damit?« Der Prophet antwortete: »Geh nach draußen und zerschlage die Flasche auf einem Stein.«

Für den Verkauf und Konsum von Alkohol gibt es keine einheitliche rechtliche Regelung. In einigen islamischen Ländern ist Alkohol offiziell nur Touristen vorbehalten, in anderen wiederum der Allgemeinheit zugänglich. Per Gesetz verboten ist Alkohol in Saudi-Arabien, Kuwait, im Iran, Sudan oder auch Libyen. Getrunken wird aber trotzdem, selbst in Saudi-Arabien, das strenge Strafen für Vertrieb und Konsum von Alkohol vorsieht. Reiche Saudis können sich problemlos teure Spirituosen beschaffen. Privilegierte Ausländer, die in Saudi-Arabien arbeiten, feiern in ihren exklusiven, abgeschotteten Wohnsiedlungen und trinken dabei reichlich Alkohol. Es vergeht fast kein Tag, an dem die saudische Polizei nicht eine illegale Alkoholdestillation aushebt. Die sechs Millionen Billig-Gastarbeiter aus dem asiatischen Raum (Philippinen, Indien, Sri Lanka, Bangladesch, Pakistan) brauen sich ihren eigenen Fusel und verkaufen ihn weiter. Selbst im theokratischen Iran muss man auf seinen Whisky oder Wodka nicht verzichten. Jugendliche auf Rädern verdingen sich als illegale Alkoholkuriere. In Syrien, Dubai, Marokko oder Tunesien, wo Alkohol nicht verboten ist, wird vor religiösen Feiertagen, an denen der Genuss von Alkohol als besonders schändlich und sündhaft gilt, mehr als sonst konsumiert. Die Bars sind voll, die Geschäfte, die Alkohol verkaufen, machen in diesen Tagen Rekordumsätze. Vor Tagen der Abstinenz will man noch einmal richtig genießen.

Natürlich trinkt nicht jeder Muslim Alkohol. In einer Statistik der Organisation für wirtschaftliche Zusammenarbeit und Entwicklung (OECD) werden in der Türkei pro Kopf (über 15 Jahre) und Jahr 1,5 Liter reiner Alkohol getrunken. Nach Schätzung der OECD sind es real jedoch 9,6 Liter, was die Türkei auf das Niveau der Niederlande (9,7 Liter) bringt. Die Weltgesundheitsorganisation (WHO) weist für Marokko 1,0, für Saudi-Arabien 0,6 oder für Pakistan 0,3 Liter reinen Alkohol pro Person und Jahr aus. Die Dunkelziffer dürfte auch hier weitaus höher liegen. Generell ergibt sich aus dem nur spärlich vorhandenen Zahlenmaterial, dass der überwiegende Teil der Muslime keinen Alkohol trinkt. Alkoholkonsumenten kommen aus besser verdienenden Kreisen, gleichzeitig aber auch von der untersten sozialen Stufenleiter, für die Alkohol ein Mittel des Vergessens ist.

Ich kann mich noch gut an junge Studenten erinnern, die ins Goethe-Institut von Tanger kamen, um deutsche Fernsehprogramme zu sehen. Sie waren einmütig entsetzt über die Alkoholwerbung, in der Bier als gesund angepriesen wurde und sogar Vitamine beinhalten sollte. Völlig ungläubig schüttelten sie die Köpfe, als würde ich sie mit einer präparierten Videokassette auf den Arm nehmen. Erst als jemand einige Male den Kanal wechselte, waren sie von der Authentizität der Bilder überzeugt. Aber noch lange nicht von der positiven Wirkung von Bier auf den menschlichen Organismus. Für sie blieb Alkohol etwas absolut Diabolisches.

Das religiöse Verbot von Alkohol ist ein Resultat der Auslegung und des Wunsches, sich gegen andere Religionen, die Alkohol erlauben, abzusetzen. Ein Verbot, das auf alle anderen Drogen (→ **Drogen**) erweitert wurde, obwohl sie im Koran nicht genannt sind.

Al-Qaida

Die Mehrheit der Muslime sympathisiert mit Al-Qaida und ihren Methoden

Am 11. September 2001 saß ich nach der Arbeit in einer Bar in der marokkanischen Hafenstadt Tanger. Das normale Fernsehprogramm wurde unterbrochen und stattdessen wurden die Flugzeuge gezeigt, die eins ums andere in den Türmen des World Trade Centers in New York explodierten. Die Barbesucher starrten stumm auf die Ereignisse auf dem Bildschirm, nur der Kellner hinter der Theke sagte, nun hätte es endlich einmal auch die USA erwischt und grinste dabei hämisch. Die knapp 3 000 Menschen, die bei den Anschlägen vom 11. September ums Leben kamen, spielten für ihn keine Rolle – eine Haltung, der man auch in anderen muslimischen Ländern begegnen konnte. Osama bin Laden avancierte unter Muslimen zum starken Kerl, der der Weltmacht USA einen empfindlichen Schlag versetzt hatte. Meinungsumfragen, die in den Folgejahren nach dem 11. September 2001 in muslimischen Ländern durchgeführt wurden, bestätigten dies. Osama bin Laden war für viele ein Mann, in den man Vertrauen haben konnte. Laut einer Studie des bekannten Pew-Instituts in Washington von 2003 dachten das in Jordanien 56 Prozent, in Marokko 49 Prozent, in Indonesien 58 Prozent und in Pakistan 45 Prozent der Bevölkerung. In Pakistan konnte man auf Märkten ganz offen T-Shirts mit dem Konterfei bin Ladens und seine Videobotschaften auf DVD kaufen. In anderen muslimischen Ländern waren sie ebenfalls erhältlich, meist aber unter dem Ladentisch. Bin Laden war plötzlich eine Ikone für den Kampf gegen den US-Imperialismus, gegen die Diktatoren in muslimischen Staaten, für Gerechtigkeit der unterdrückten Muslime im Namen des Islams – eine Art Erlöserfigur, medial vervielfältigt und Projektionsfläche von lange gehegten Wünschen und Sehnsüchten. Mit Realität hat das erfahrungsgemäß nichts zu tun und entsprechend reduziert sind die Inhalte.

Von dieser Sympathie für bin Laden ist mittlerweile wenig übrig. Muslime mussten feststellen, dass der vermeintliche Kämpfer für Gerechtigkeit und für den Islam ein gewöhnlicher Terrorist ist, der keine Moral kennt. Menschen werden völlig wahllos getötet, ohne jede Rücksicht auf Zivilisten und Religionszugehörigkeit. Eine Meinungsumfrage der Organisation World Opinion in Zusammenarbeit mit der Universität in Maryland von Dezember 2006 bis Februar 2007 zeigt, dass heute die überwiegende Mehrheit aller Muslime (70 Prozent) in Osama bin Laden nichts Positives mehr sieht. Ein spätes Erwachen könnte man sagen und um 30 Prozent zu wenig. Jedoch sollte man nicht vergessen, dass es hier um »Volkes Stimme« geht, die generell wenig elaboriert ist.

Unter Muslimen werden mittlerweile zudem Angriffe auf die Zivilisten mehrheitlich abgelehnt (Ägypten: 77 Prozent; Indonesien: 84 Prozent; Pakistan: 84 Prozent; Marokko: 57 Prozent). Dies bezieht sich auch auf Anschläge auf US-Zivilisten in den USA sowie auf Amerikaner, die in islamischen Ländern arbeiten. Gruppen wie Al-Qaida, die Zivilisten töten, verletzen die Prinzipien des Islams (Ägypten: 88 Prozent; Indonesien: 65 Prozent; Marokko: 66 Prozent). Muslime, die in den USA leben, haben eine ganz ähnliche Meinung, wie eine separate Studie des Pew-Instituts vom Mai 2007 zeigt. 78 Prozent lehnen Selbstmordattentate gegen zivile Ziele ab, selbst zur Verteidigung des Islams. Die große Ausnahme unter allen Ländern dürfte immer noch Nigeria sein. Dort sagten 61 Prozent der Befragten einer Pew-Studie von 2006, dass sie Osama bin Laden auf alle Fälle ein wenig vertrauten. Nach dem 11. September war Osama dort monatelang einer der beliebtesten männlichen Vornamen. In Nigeria fand in den letzten zehn Jahren ein extremes Islam-Revival statt. Im Jahr 2000 führte der Bundesstaat Zamfara als Erstes eine Scharia-Gesetzgebung (→ **Scharia**) ein. Elf weitere muslimische Bundesstaaten im Norden Nigerias folgten dem Beispiel bis 2002. Hintergrund der Islamisierung ist die Rivalität mit dem christlichen Süden, von dem man sich abgrenzen will. In den letzten Jahren kam es zwischen Christen und Muslimen immer wieder zu gewalttätigen Ausschreitungen, bei denen Tausende von Menschen getötet wurden.

Die Ablehnung von Al-Qaida durch die Mehrheit der Muslime ist nicht gleichbedeutend mit einer Parteinahme für die USA. Im Gegenteil: Die überwiegende Mehrheit der Muslime ist für den Abzug aller US-Truppen aus islamischen Ländern. Etwa die Hälfte rechtfertigt Angriffe auf US-Soldaten im Irak und in Afghanistan. Die dort stationierten US-Truppen werden als Okkupationsarmee verstanden. Man glaubt, die USA wollen den Islam schwächen und spalten: in Marokko 78 Prozent, in Ägypten sogar 92 Prozent, in Pakistan und Indonesien jeweils 73 Prozent der Bevölkerung. Zahlen, die belegen, wie oberflächlich und unreflektiert die Meinungsbildung funktioniert und wie sehr sie populistischen Faktoren unterworfen ist. Die USA sind in Afghanistan und in den Irak nicht einmarschiert, um den Islam zu schwächen oder zu spalten, sondern aus politisch-ökonomisch-strategischen Erwägungen. Man sollte hier noch erwähnen, dass Muslime bei öffentlichen Erklärungen – was für sie eine Meinungsbefragung durch einen Fremden in jedem Fall ist

– gewöhnlich eine offizielle Position einnehmen, die nicht unbedingt ihre Privatmeinung widerspiegelt.

Al-Qaida ist eine von Osama bin Laden zentral geführte Organisation

Am 30. April 2007 veröffentlichte das US-Außenministerium den neusten seiner alljährlichen Berichte zur Entwicklung des globalen Terrorismus. Ein zentrales Thema war selbstverständlich Al-Qaida, von der man 2004 noch geglaubt hatte, ihre Operationsfähigkeit sei entscheidend eingeschränkt worden. Der neue Bericht sprach dagegen von einem Aufschwung einer »unerschütterlichen Al-Qaida«, die »neue Angriffe im nordwestlichen Pakistan plane, die fähig war, 2006 ihre Propagandakampagne auszuweiten, um ihre alten Unterstützer zu bestärken und neue zu gewinnen«. Im Vergleich zu den Vorjahren sei die »Terrorbedrohung« noch komplizierter geworden, da es eine »globale Form des Widerstands« gebe, so das Außenministerium.

Über 40 Organisationen haben sich in den letzten Jahren Al-Qaida angeschlossen. Darunter GPSC (Algerien), die Brigaden Kurdistans (Irak), Al Kuds Islamic Army (Palästina) oder die Islamic al-Tawhid (Europa), die in Deutschland einige Anschläge geplant hatte. Ein weltumspannendes Netz von Gruppen, von denen einige, aber sicherlich nicht alle von Al-Qaida ausgebildet, logistisch und finanziell unterstützt werden. Osama bin Laden ist jedoch nicht der Pate, der Boss, der von seinem Versteck aus in Pakistan dieses Dschihad-Netzwerk dirigiert. Jede Gruppe arbeitet für sich unabhängig und entscheidet eigenständig entsprechend ihrer lokalen Zielsetzungen.

Bin Ladens Al-Qaida ist eine Art Dachverband, dem man sich anschließen oder auch nur zugehörig fühlen kann. Al-Qaida ist eine Organisation, die man mit keiner anderen bekannten Guerilla- und Terrororganisation vergleichen kann. Es ist ein Markenname für den globalen Kampf gegen die USA und ihre Verbündeten. Jeder, der daran teilnehmen will, kann sich selbst eine Franchise-Lizenz erteilen. Wie einfach das ist, konnte man an Fatah al-Islam aus dem Libanon sehen. Die palästinensische Gruppe kam 2007 wie aus dem Nichts und lieferte sich mit der libanesischen Armee monatelang heftige Kämpfe. Zwei andere Al-Qaida nahe Gruppen, Dschund al-Scham und Ousbat al-Ansar, sollen hinter der Autobombe stehen, die im Juni 2007 im Südlibanon sechs UN-Soldaten auf Patrouille tötete.

Verbindendes Element zwischen allen Gruppen ist ein ideologischer Minimalkonsens, wenig elaboriert, sehr simplifizierend und statisch. Aber die Einfachheit macht wahrscheinlich die Attraktivität aus und lässt sich folgendermaßen zusammenfassen: Die Menschen im Westen sind durch die technische Modernisierung fremdbestimmt. Der Kapitalismus bestimmt alle Lebensbereiche, pervertiert die Sexualität, die Beziehung der Geschlechter und erzeugt übertriebene Individualität. Es ist eine Gesellschaft des Materialismus, ohne Moral und Ethik. Der Westen ist ein Musterbeispiel für das, was im Koran als Götzenanbetung, Verführung des Satans bezeichnet wird. »O die ihr glaubt! Wein und Glücksspiel und Götzenbilder und Lospfeile sind ein Greuel, ein Werk Satans. So meidet sie allesamt, auf dass ihr Erfolg habt. Satan will durch Wein und Glücksspiel nur Feindschaft und Hass zwischen euch erregen, um euch so vom Gedanken an Allah und vom Gebet abzuhalten. Doch werdet ihr euch abhalten lassen?« (Sure 5, 90-91) Dazu kommt: Die westlichen Staaten sind imperialistische Ausbeuter, die andere Völker unterdrücken. Sie verhalten sich wie einst die Kreuzfahrer in Palästina. Nicht zuletzt unterstützen sie die Zionisten, die islamisches Land stahlen und ins Meer getrieben werden müssen.

Gründe genug, um zum heiligen, existenziellen Selbsterhaltungskrieg aufzurufen. »In der Kulturkritik lassen sich deutliche Parallelen zu den linken Bewegungen der Sechziger- und Siebzigerjahre finden«, sagte mir Nizar Hamzeh, Professor für Politikwissenschaft an der Amerikanischen Universität Beirut und Spezialist für islamische Widerstandsgruppen. »Substanziell ist das natürlich etwas ganz anderes. Al-Qaida ist und bleibt eine religiöse Bewegung.«

1998 erließ Osama bin Laden seine bekannte Fatwa (wozu er übrigens aus Mangel an religiöser Ausbildung eigentlich gar nicht berechtigt ist, → **Fatwa**), in der er zur »islamischen Weltrevolution« aufrief. Es geht um die »Befreiung der Al-Aqsa-Moschee« in Jerusalem, der heiligen Stätten in Saudi-Arabien und um die Vertreibung aller Ungläubigen und ihrer Armeen aus den Ländern des Islams. Bin Laden postuliert einen Endkampf um das Weiterbestehen der eigenen islamischen Kultur, was sehr gut zu Samuel Huntingtons Theorie vom *Kampf der Kulturen* passt. Es ist ein Kampf um alles oder nichts, zu dem bin Laden seine Glaubensbrüder aufgefordert hat. Die Schmach der Niederlage bei der letzten Schlacht zwischen dem Islam und dem Christentum vom 11. September 1683 in Wien soll für immer ausgemerzt werden.

Osama bin Laden arbeitet geschickt mit religiösen semantischen Überlagerungen, die von jedem Moslem emotional leicht verstanden werden. Das Bildmaterial, das man von ihm kennt, zeigt ihn als Sohn in der Wüste, mit Familie, Freunden, Kampfgenossen, auf der Jagd oder bei Schießübungen, der ausgezogen ist in den Kampf gegen die Korruption der Städte. Er will den Arabern nach Jahrhunderten endlich wieder einen Sieg gegen die »Kreuzfahrer« schenken. Al-Kuds (Jerusalem) und Palästina, so bin Laden, müssen erneut von den Ungläubigen (wie im 13. Jahrhundert) befreit werden. Unterstützung sei von den scheinheiligen Golf-Regimes, die nur Marionetten des Westens sind, nicht zu erwarten. Es sei also die Pflicht der »globalen islamistischen Kampffront gegen Juden und Kreuzritter«, die historische

Aufgabe alleine in die Hand zu nehmen. »Die da glauben, kämpfen für Allahs Sache, und die nicht glauben, kämpfen für die Sache des Bösen. Kämpft darum wider die Freunde Satans! Denn gewiss, Satans Feldherrnkunst ist schwach.« (Sure 4, 76) Und der Sieg, meint bin Laden, ist gewiss: »Wenn Gott euch beisteht, kann niemand euch überwinden.« (Sure 3, 160)

Al-Qaida ist eine fundamentalistisch ausgerichtete Bewegung, die ein puritanisches Paradies als Ideal glorifiziert (*salafi*). Nach dem Tod des Propheten Mohammed habe es niemand mehr gegeben, der den Islam richtig verstanden hat. Um ein gerechtes, sinnvolles Leben zu finden, müsse man zu dieser idealen und perfekten Gesellschaft zurück, die zu Lebzeiten Mohammeds existierte: eine Gesellschaft, die auf der Scharia (→ **Scharia**) und den Lebensprinzipien des Propheten (→ **Prophet Mohammed**) basiert. Alles andere sei indiskutabel, weil es nicht dem rechten, ursprünglichen Islam entspreche. Nur die Anhänger dieser Auffassung seien die einzigen, die den eigentlichen, wahren Islam verstünden. Al-Qaida sei die Elite, die kämpfende Avantgarde, die dem Ideal den Weg bereite. Die Gläubigen müssten aufgerüttelt, mobilisiert und im Kampf für das Gute und Wahre vereint werden.

Ein Phänomen, das man bei allen modernen Ideologien findet und das an marxistische Gruppierungen des letzten Jahrhunderts erinnert, die sich auch als Avantgarde im Befreiungskampf verstanden und ein goldenes Paradies versprachen, das den Namen Diktatur des Proletariats trug. Wie man aus der Geschichte des 20. Jahrhunderts weiß, führte diese Art von Elitedenken stets in die Barbarei. Die höheren Ziele haben Vorrang vor der Menschlichkeit. Gerade an diesem Missverhältnis waren alle marxistisch orientierten Experimente von Beginn an zum Scheitern verurteilt und verursachten Millionen von Toten. (Vom Faschismus will ich hier nicht reden, denn der verspricht keine Freiheit und kein Paradies, nur Ordnung, Kontrolle und Sauberkeit.) Bei Al-Qaida heißt die dehumanisierende Dichotomie nicht Arbeiterklasse und Bourgeoisie, sondern Gläubige und Ungläubige. Zivilisten, die laut Koran im Krieg eigentlich verschont werden müssten, gibt es nicht mehr. Alle sind Soldaten. Al-Qaida treibt die Kollektivschuld auf die Spitze: Wer nicht mit uns für eine gerechte, urislamische Gesellschaft ist und gegen die Unterdrücker dieser Welt kämpft, muss mit dem Tod rechnen. Die blutigen Attentate im Irak zeigen, dass diesem Dogma täglich (auch) Muslime, im wahrsten Sinn des Wortes, geopfert werden.

Antisemitismus

A

Muslime sind Antisemiten

Ich kann mich noch gut an den jungen palästinensischen Restaurantbesitzer in der Altstadt von Jerusalem erinnern, der uns unter keinen Umständen das Mittagessen bezahlen lassen wollte. »Deutsche bezahlen bei mir nichts! Deutschland hat Hitler hervorgebracht, einen guten Mann.« Das war vor über 20 Jahren. Damals fuhr man von Jordanien, mit einer Sondergenehmigung für die besetzten Gebiete, in einem kleinen, uralten Bus über eine schmale, hölzerne Brücke in die Westbank und dann nach Jerusalem. Auch heute noch kann man in Syrien, Marokko, Ägypten oder natürlich auch in Palästina ähnliche Worte wie die des Restaurantbesitzers hören. Dazu passen die Aussagen des iranischen Präsidenten Mahmud Ahmadinedschad, der wiederholt vom »Mythos Holocaust« als einer Kreation der Juden sprach, »den sie über Gott, die Religion und die Propheten« stellten. Außerdem plädierte der Präsident dafür, dass Israel von der Landkarte getilgt werden solle.

Sind Muslime also Antisemiten, die Israel und alle Juden vernichten wollen? Die Antwort auf diese Frage fällt gewöhnlich unterschiedlich aus. Die einen verweisen auf den jahrhundertealten historischen Judenhass der Muslime, der mit Pogromen im Mittelalter begann und sich bis heute im muslimischen Bewusstsein fortsetze. Dabei lebten Juden als Dhimmi (Schutzbefohlene) unter muslimischer Herrschaft insgesamt weitaus besser als unter christlicher Herrschaft. Die sephardischen Juden, die Ende des 15. Jahrhunderts aus dem Spanien des katholischen Königsehepaars Isabella I. und Ferdinand II. flüchteten, sind dafür ein gutes Beispiel. Die damals etwa 200 000 auf der Iberischen Halbinsel ansässigen Juden sollten zum Katholizismus konvertieren und sich taufen lassen. Wer sich weigerte, dem drohten Folter und Tod. Die meisten der Juden wanderten nach Nordafrika aus, insbesondere nach Marokko. Die Sepharden, wie die Flüchtlinge in Anlehnung an die hebräische Bezeichnung für die Iberische Halbinsel genannt wurden, konnten sich auch in der Türkei unbehelligt niederlassen.

In Marokko blieben große jüdische Gemeinden über die Jahrhunderte bis in die Sechziger- und Siebzigerjahre des letzten Jahrhunderts ansässig und ihre Mitglieder bekleideten teilweise hohe Regierungsämter. Zu den marokkanischen Juden zählt beispielsweise auch der ehemalige israelische Verteidigungsminister Amir Perez, dessen Familie nach der Unabhängigkeit Marokkos 1956 nach Israel auswanderte. Perez und seine Familie gehörten zur Minderheit der Israelauswanderer; die meis-

27

ten zog es nach Kanada, in die USA und vor allen Dingen nach Südamerika. Allein in Tanger lebten bis zur marokkanischen Unabhängigkeit rund 40 000 Juden. Die Stadt wurde von der UNO als Musterbeispiel für das friedliche Zusammenleben verschiedener Kulturen gepriesen. In Syrien gab es Ende des 19. Jahrhunderts rund 50 000 Juden, davon 10 000 in der im Norden Syriens gelegenen Stadt Aleppo. Selbst im Libanon wohnten und arbeiteten bis Mitte der Fünfzigerjahre etwa 7 000 Juden.

Die Geschichte gibt sicherlich keinen Anlass zur Verklärung, denn über die Jahrhunderte ist es in einigen muslimischen Ländern nicht immer friedlich gegenüber jüdischen Gemeinden zugegangen. Aber die Situation war offensichtlich nicht so drastisch, dass es zu einem Massenexodus gekommen wäre, wie im 15. Jahrhundert in Spanien oder in Europa zur Zeit der Naziverfolgung. Die jüdischen Gemeinden blieben in ihren ehemaligen Zufluchtsländern.

Erst mit der militärischen Zuspitzung des Palästinakonflikts (→ **Palästina**) gab es aus Syrien und dem Libanon große Abwanderungen. In Syrien wurden Juden in den Sechziger- und Siebzigerjahren als politisches Risiko angesehen, überwacht und ständig kontrolliert. 1990 ließ der damalige syrische Präsident Hafez Assad unter dem Druck der USA 1 200 Juden auswandern. Von den früheren 10 000 Juden in Aleppo sind heute nur noch etwa 50 übrig geblieben.

Andere Islamkritiker verweisen auf den Koran, der Attacken an Juden rechtfertige und sie mit Schweinen und Affen vergleiche. »Sprich: Soll ich euch über die belehren, deren Lohn bei Allah noch schlimmer ist als das? Die Allah verflucht hat und denen Er zürnt und aus denen Er Affen und Schweine gemacht hat und die den Bösen anbeten. Diese sind in einer noch schlimmeren Lage und noch weiter irregegangen vom rechten Weg.« (Sure 5:60) Auch sonst gäbe es viele judenfeindliche Passagen im Koran, was doch ein deutliches Zeichen für einen religiös fundierten Antisemitismus sei. Damit macht man es sich jedoch zu einfach, denn zu Recht wurde von Koranforschern bei den entsprechenden Versen auf den historischen Kontext verwiesen. Es werden darin nicht alle Juden in Bausch und Bogen verdammt, sondern nur eine spezielle Gruppe, mit der es Auseinandersetzungen in Medina gab und die sich weigerte, Mohammed als Propheten anzuerkennen. Die Attacken richteten sich gegen diese Gemeinschaft von Juden, auf die auch die Polemik von den Schweinen und Affen gemünzt war, da sie sich über die neue Religion des Islams lustig machten.

Grundsätzlich muss man festhalten, dass der Koran, neben dem Christentum, auch die jüdische Religion als eine Religion des Buches anerkennt. Die Thora ist sogar eine göttliche Offenbarung: »Wir hatten die Thora hinabgesandt, in der Führung und Licht war. Damit haben die Propheten, die gehorsam waren, den Juden Recht gesprochen, und so auch die Wissenden und die Gelehrten; denn ihnen

Antisemitismus

wurde aufgetragen, das Buch Allahs zu bewahren, und sie waren seine Hüter. Darum fürchtet nicht die Menschen, sondern fürchtet Mich; und gebt nicht Meine Zeichen hin um geringen Preis. Wer nicht nach dem richtet, was Allah hinabgesandt hat – das sind die Ungläubigen.« (Sure 5:44)

Das jüdische Volk ist sogar ein auserwähltes Volk: »O ihr Kinder Israels! Gedenket Meiner Gnade, die Ich euch erwiesen, und dass Ich euch erhob über die Völker.« (Sure 2:47)

Positiver lässt sich die Anerkennung einer Religion wohl kaum formulieren. Damit sollten sich die anderen, negativen und auf Teilaspekte bezogene Stellen relativiert haben.

Außer den Passagen im Koran existieren noch einige Hadithe (→ **Koran**), die sich sehr abwertend über Juden äußern. »Die Stunde wird nicht kommen, bis ihr nicht gegen die Juden kämpft, und der Stein, hinter dem sich ein Jude verstecken wird, sagt: Oh Muslim! Da ist ein Jude, der sich hinter mir versteckt, töte ihn!« Das ist einer dieser Hadithe, der wie die Passage mit den Affen und Schweinen aus dem Koran bezeichnenderweise gleichermaßen gerne von radikalen Islamisten wie auch von vehementen Islamkritikern zitiert wird. Jeder pickt sich das heraus, was zu seiner Ideologie oder Polemik passt. Ob das wissenschaftlich stichhaltig ist oder nicht, interessiert kaum, Hauptsache, es ist gut und wirksam zu gebrauchen. Denn wie wir auch bei anderen Stichworten sehen (→ **Frauen**; → **Homosexualität**; → **Steinigung**), sind Hadithe wenig zuverlässig und oft im Widerspruch zum Koran. Radikale Islamisten benutzen meist aus dem Zusammenhang genommene Hadithe oder auch Koranverse, um ihre Verschwörungstheorien religiös zu untermauern. An Verschwörungstheorien ist man im Mittleren Osten gewöhnt, sie sind sehr beliebt und allgegenwärtig. Bei jedem Attentat, bewaffneten Konflikt oder Krieg kursieren oft fantastische Erklärungsmodelle, eine Mischung aus gängigen und sogenannten geheimen Nachrichten. Das zählt schon zum Volkssport, ist Thema beim Friseur, im Café und im heimischen Wohnzimmer. Manchmal finden diese Diskussionen sogar Niederschlag in lokalen Medien. Was Israel betrifft, glaubt allerdings niemand mehr an eine geheime Verschwörung. Sie ist vollkommen real, eine unumstößliche Tatsache und für viele seit Jahrzehnten konkrete Lebenserfahrung.

Durch ihren 15-jährigen Bürgerkrieg (1975-1990) haben die Libanesen jeden Glauben an ehrliche, internationale Politik völlig aufgegeben. Ausländische Geheimdienste töteten damals absichtlich Zivilisten, legten Bomben, die anderen angelastet wurden, paktierten mit dem Feind und beschossen die Verbündeten, solange es den eigenen strategischen Zielen diente. Der unliebsame Nachbar Israel konnte nach Belieben Gräueltaten begehen, ohne je dafür belangt zu werden. Bekannteste Beispiele sind der Angriff auf einen UN-Stützpunkt in Kana 1996 (106 getötete Zivilisten) und das Massaker in den palästinensischen Flüchtlingslagern

Sabra und Schatila 1982 (Schätzungen schwanken zwischen 1 000 und 3 000 toten Zivilisten), das Israel von verbündeten christlichen Milizen ausführen ließ. Letztes Beispiel war der Libanonkrieg 2006, bei dem Israel gezielt zivile Einrichtungen zerstörte, von Anfang an den Tod von Zivilisten in Kauf nahm und jedes Angebot zur Verschonung Unschuldiger kategorisch ablehnte (→ **Hisbollah**). Im Nahen Osten weiß man aus Erfahrung, dass Israel einen politischen Freifahrtsschein hat und sich an keinerlei internationale Regeln oder Gepflogenheiten halten muss. Israel hat den Atomwaffensperrvertrag nicht unterzeichnet und besitzt ein Arsenal von Atomraketen. Für Verstöße gegen UN-Resolutionen oder die Genfer Konventionen wird Israel nie zur Rechenschaft gezogen. Die Resolution 242 des UN-Sicherheitsrats von 1967 forderte den israelischen Staat zum Rückzug aus den im Sechstagekrieg besetzten Gebieten auf, doch Israel begann damit, diese Gebiete systematisch zu besiedeln. Der jüdische Staat ist eine der stärksten Atommächte der Welt mit einem zusätzlichen Arsenal an chemischen Kampfstoffen, aber Inspektoren, wie beispielsweise im Iran, hat das Land nie gesehen. Folgenlos blieben auch die Splitterbomben, mit denen 2006 der Südlibanon in den letzten Kriegstagen systematisch vermint wurde, nach internationalem Recht nicht verboten, aber mit der Genfer Konvention unvereinbar.

Was Araber, jenseits der großen Ungerechtigkeiten, gerne als plastisches Beispiel anführen, sind die israelischen Kontrollpunkte, die den Palästinensern den Zugang zu schneller medizinischer Hilfe verwehren. »Stellen Sie sich doch einmal vor, Ihre Frau muss auf der Straße gebären, weil man sie nicht ins Krankenhaus lässt. Wie würden Sie sich da fühlen?« Von 2000 bis 2007 mussten 68 Frauen an den Checkpoints gebären. Vier werdende Mütter starben und es gab 34 Fehlgeburten (Zahlen nach UNO-Angaben).

Die Araber fühlen sich als ohnmächtiger, hilfloser Spielball internationaler Politik. Samir Kassir, der 2005 durch eine Autobombe ermordete Journalist und Historiker, nannte es das arabische Unglück, in dem sich Araber endlos gegenseitig bestätigen, ohne notwendige Selbstkritik. In dieser Situation kommen populistische Verschwörungstheorien, die abseits international ausgerichteter politischer Theorien einen großen, übergreifenden schicksalhaften Zusammenhang liefern, gerade recht: Der Jude war immer schon so, kein Wunder, dass er noch heute so ist; der Holocaust ist eine Erfindung, um die Welt zu täuschen; Juden werden nie Ruhe geben, bis sie nicht ihr gelobtes Land erobert haben.

Für radikale Islamisten, besonders in Palästina, sind die aus dem Westen stammenden antisemitischen Bücher mehr als nur willkommen. Dazu zählen die Protokolle der Weisen von Zion, die seit Beginn des 20. Jahrhunderts verbreitet wurden, oder die Schriften der Holocaust-Leugner David Irving und Roger Garaudy, die selbst bei Säkularisten gut ankommen – für Islamkritiker und Antisemitismusgegner ein weiterer Beleg für die Judenfeindlichkeit des Islams und der Muslime. »Seht her, nicht nur wir wissen, welches Ungeheuer Israel ist, es gibt auch andere Menschen in Frankreich, den USA oder auch Deutschland, die so denken wie wir und es obendrein noch wissenschaftlich geprüft haben.« So wird säkularer Antisemitismus aus dem Westen in die eigene absurde Konstruktion von der islamischen Judenfeindlichkeit integriert. Die palästinensische Hamas und die libanesische Hisbollah sind gute Beispiele dafür. Sie kämpfen nicht nur gegen den israelischen Staat und sein Militär, sondern gegen das große jüdische Böse in einer göttlichen Aufgabe.

Bei Hamas finden sich die üblichen Stereotype von der jüdischen Weltverschwörung. Juden kontrollieren die Medien, Regierungen und die Finanzwelt. Bei Hisbollah (→ Hisbollah) geschieht das etwas elaborierter: Eigentlich habe man kein Problem mit dem Judentum als göttliche Religion, solange es um die Ausübung des Glaubens und Befolgung der Rituale ginge. Sobald sich die Religion jedoch in eine politische Theorie verwandelt, die Juden über andere stellt und einen Staat auf Kosten anderer errichten lässt, werden Juden zu Zionisten, die dann natürlich bekämpft werden müssen. Offiziell ist Hisbollah nicht antisemitisch, weder gegen die Juden als Rasse noch als Religionsgemeinschaft, sondern gegen eine Form von Judaismus, der an sein politisches Recht auf Expansion glaubt. Zionismus sei zwar ursprünglich säkular, aber letztendlich eine Abspaltung von diesem Judaismus. Hört man Hassan Nasrallah, den Generalsekretär der Hisbollah, der auf den Unterschied hinweisen will, reduziert sich dies jedoch auf eine propagandistische Haarspalterei. »Wenn wir die ganze Welt nach einer Person absuchten, die feig, verachtenswert, schwach und kraftlos in seiner Psyche, Ideologie und Religion wäre, wir würden niemand anderen als einen Juden finden. Aufgepasst, ich sage nicht Israeli.« Ob Israeli oder Jude, man kann das nur antisemitisch nennen,

Nicht zu vergessen: Der Iran, der selbst das Zuhause von rund 25 000 Juden ist, hielt 2006 eine internationale Holocaust-Leugnungs-Konferenz ab, zu der 67 Historiker, Forscher und Akademiker aus 30 verschiedenen Ländern eingeladen waren. Darunter die üblichen Revisionisten aus dem Westen, sogar der Amerikaner David Duke, ein ehemaliger Führer des rechtsradikalen, rassistischen Ku-Klux-Klans. Für besondere Aufregung sorgte die Teilnahme von Rabbinern von der Gruppe Nuterei Karta. Einer von ihnen, Rabbi Ahron Cohen aus Großbritannien, sagte, er sei hier, um einen orthodoxen jüdischen Standpunkt zu vertreten. »Natürlich gab es den Holocaust, wir haben währenddessen gelebt. Aber er kann keineswegs als Rechtfertigung für die Ungerechtigkeiten genommen werden, die man gegen die Palästinenser begeht.« Andere Rabbiner-Organisationen bezeichnen die Gruppe Nuterei Karta als einen Haufen von Verrückten.

Aber weder der Iran noch Hamas oder Hisbollah taugen als Gradmesser hinsichtlich antisemitischer Einstellungen bei den rund 1,6 Milliarden Muslimen weltweit. Muslime in den USA sind sehr positiv gegenüber Juden eingestellt. Überall dort, wo Juden lange Zeit lebten, gibt es keinen Antisemitismus. In vielen Ländern werden Juden mit israelischer Politik gleichgesetzt und nur deshalb entsprechend negativ bewertet. Muslime, die Seite an Seite mit Juden lebten und eine gemeinsame Geschichte haben, wissen zwischen Politik und Alltag zu unterscheiden. In den marokkanischen Städten Fes und Tanger, mit jahrhundertealten jüdischen Gemeinden, erinnern sich die Bewohner gerne an ihre jüdischen Nachbarn. »Juden waren hier nichts Besonderes«, erzählt ein älterer Mann in der ehemaligen Mellah (jüdisches Viertel) von Fes. »Als Kinder haben wir miteinander gespielt, man hat sich gegenseitig zu Hause besucht, die Familien kannten sich gut, es gab keinerlei Animositäten. Die gehörten zum Leben wie der Metzger oder der Milchmann. Mit Israel ist es wiederum etwas ganz anderes.« Auf dem jüdischen Friedhof in Fes bestätigt dies auch der Verwalter. »Wären wir sonst so lange hier geblieben, wenn es nicht erträglich gewesen wäre?«, sagte er kopfschüttelnd. Der Friedhof ist rundherum gepflegt, hat einen wunderbaren Ausblick über die Stadtmauern. Abseits von den normalen Gräbern liegen die Ruhestätten der vielen Rabbis von Fes. Nirgends ein Zeichen von Zerstörung, Vandalismus, Graffitis. »Hier ist alles ruhig«, meinte der Verwalter. Sachte führte er mich zum Souvenirladen, in dem ich nun, ob seiner Auskünfte, verpflichtet war, zumindest eine Kleinigkeit zu kaufen und für den Friedhof zu spenden.

In Tanger bekommt man nichts anderes zu hören. »Wir haben alle Feiertage miteinander gefeiert«, erzählt der Wächter einer alten Synagoge in der Altstadt, die seit vielen Jahren nicht mehr benutzt wird. »Im Gegensatz zu anderen Städten gab es in Tanger nicht einmal eine Mellah. Die Juden wohnten überall. So funktionierte das hier mit der Integration.« In der Synagoge sind die Wände mit Kalligrafien bedeckt, alles in Arabisch, kein Wort in Hebräisch.

Selbst in Syrien, im Brennpunkt des Nahostkonflikts, erzählen die Menschen nichts anderes als im marokkanischen Tanger oder Fes. Der Besitzer eines Souvenirladens in Aleppo berichtete von den guten Beziehungen und den Freundschaften zwischen Juden und Muslimen, die völlig normal gewesen seien. »Israel ist eine Sache und Juden etwas anderes«, mischte sich ein Bekannter des Besitzers ein. In Damaskus, wo es ebenfalls ein jahrhundertealtes jüdisches Viertel mit etwa 20 Synagogen gab, erzählte mir ein junger Student von seinen Eltern, die von der guten alten Zeit sprachen, wo es noch Juden gab. »Wir haben ein Problem mit der Regierung von Israel, aber Juden sind ein Teil der Geschichte von Damaskus. Das eine hat mit dem anderen nichts zu tun.« Leider hätten die politischen Entwicklungen, aber vor allen Dingen die militärischen Konflikte mit Israel, zur Abwanderung der Juden geführt.

Im Jahr 2005 führte das in Washington ansässige Pew-Institut eine Untersuchung über Einstellungen in der westlichen und muslimischen Öffentlichkeit

Antisemitismus

durch. Dabei wurde auch nach der Haltung gegenüber Juden gefragt. In muslimischen Ländern war die Meinung stets mehrheitlich negativ. Auffallend war dabei allerdings, dass in Staaten, die direkt im Konfliktgebiet liegen und darunter mehrfach schwer gelitten haben, die Ablehnung besonders stark war. In Jordanien sahen 100 Prozent der Bevölkerung Juden negativ, im Libanon, mit 18 verschiedenen Konfessionen, 99 Prozent. In vom Brennpunkt weiter entfernten Ländern lag die Quote deutlich niedriger: in Pakistan bei 76 Prozent, in Indonesien bei 74 und in Marokko bei 88 Prozent, was angesichts der jüdischen Vergangenheit des Landes völlig überraschend ist. Es scheint bei dieser Umfrage offensichtlich so gewesen zu sein, dass Juden mit dem Staat Israel und seiner Politik in Palästina gleichgesetzt wurden. Etwas, das auch sonst in anderen muslimischen Ländern passiert. Man spricht über den jüdischen Glauben, aber der Gesprächspartner versteht nur Israel.

Nur so ist der Unterschied zwischen Jordanien oder dem Libanon und den anderen Ländern sowie das Resultat in Marokko zu erklären. Juden sind Ratgeber des marokkanischen Königs, Minister, hohe Militärs, Mitglieder des Parlaments, Richter und Botschafter. In Casablanca gibt es die größte Gemeinde des Landes mit mehr als 3 000 Mitgliedern, die zehn Schulen unterhalten. Im ganzen Land sind etwa 30 Synagogen in Betrieb. König Mohammed VI. hat offiziell erklärt, es sei seine historische Pflicht, die Rechte der Juden in Marokko zu schützen. Nach den Attentaten vom Mai 2003, unter anderem auf jüdische Einrichtungen, bezeugte er der jüdischen Gemeinde sein Beileid. Die Attentate wurden in der marokkanischen Bevölkerung nicht als Antisemitismus verstanden, sondern als Anschlag auf das Königreich Marokko. Auseinandersetzungen von Muslimen und Juden sind heute in Marokko ansonsten unbekannt. Genauso wenig wie Schändungen von jüdischen Friedhöfen oder Synagogen und Zerstörungen anderer jüdischer Institutionen.

Muslime sind weder historisch noch religiös a priori Antisemiten, noch hat sie der Konflikt zwischen Israel und Palästina dazu gemacht. Natürlich kann man, wenn man möchte und wie man gesehen hat, aus Muslimen generell Antisemiten machen. Das könnte man auch spielend mit allen Deutschen oder auch allen Europäern, denkt man nur an die Geschichte des Nationalsozialismus. Papier ist bekanntlich geduldig. Für einige ist schon ein Antisemit, wer Kritik an der israelischen Politik äußert. Für sie ist der judenfeindliche Iran überall. Doch solche plumpen Verallgemeinerungen dienen in erster Linie der Bestätigung des eigenen Weltbildes, das anscheinend um jeden Preis aufrechterhalten werden will.

Gehen wir zurück zum Iran, der durch seinen Präsidenten besonders antisemitisch erscheint. Im Iran leben 25 000 Juden, die größte jüdische Gemeinde im Mittleren Osten außerhalb Israels. Juden sind seit 3 000 Jahren dort ansässig. Sie unterhalten bis heute Synagogen, koschere Schlachtereien, Schulen und sogar ein Krankenhaus in Teheran. Es ist eines von vier jüdischen Krankenhäusern weltweit und wird ausschließlich von der jüdischen Diaspora finanziert. Eine absolute Besonderheit im Iran, wo andere lokale Hilfsorganisationen Probleme mit ausländischen Geldern haben, die sie in Verdacht der Spionage bringen.

Patienten und Belegschaft des jüdischen Krankenhauses sind überwiegend Muslime. Nur der Direktor, Ciamak Morsathegh, ist jüdischer Herkunft. In einem Interview sagte er: »Antisemitismus ist kein östliches Phänomen, genauso wenig ein islamisches oder iranisches – Antisemitismus ist ein europäisches Phänomen.« Selbst in den schlechtesten Tagen im Iran hätten die Juden nie so gelitten wie in Europa.

Der iranische Präsident Mahmud Ahmadinedschad mag ein Antisemit sein, vielleicht auch ein Großteil seiner Regierung und einige Geistliche. Aber das macht noch lange nicht alle Iraner zu Antisemiten. In Teheran scheut man sich nicht, ins jüdische Krankenhaus zu gehen, vielleicht kauft man sogar Fleisch beim jüdischen Metzger, hat jüdische Freunde und Bekannte. Selbst im iranischen Fernsehen lief 2007 eine Serie, die den Holocaust thematisierte und für Juden gegen die Vernichtung durch den Nationalsozialismus Stellung bezog. Im Mittelpunkt der Serie, die auf einer wahren Begebenheit beruht, steht ein iranischer Diplomat in Paris, der Juden falsche Papiere besorgt und ihnen damit die Flucht vor den Nazis ermöglicht. Eine Art iranischer Schindler, der sogar eine Liebesaffäre mit einer jüdischen Frau hat. Die TV-Serie war ein großer Zuschauererfolg und wäre ohne Absegnung von höchsten Stellen nie ins Programm gekommen.

Es ist immer das Gleiche: Man stürzt sich auf Aussagen von Präsidenten, Geistlichen oder Führern von extremistischen Gruppen, um sich ein Urteil zu bilden oder eine Tendenz zu erkennen. Die Lebenswirklichkeit bleibt dabei in der Regel auf der Strecke. Bei einem Abendessen sagte mir ein Journalist, er müsse nicht in den Mittleren Osten reisen, um den dort herrschenden Antisemitismus zu erkennen. Vielleicht mag er nicht ganz unrecht haben, aber von seinem Schreibtisch aus bis in den Mittleren Osten ist es doch ein sehr langer, weiter Weg, selbst alle intellektuellen Abstraktionsmöglichkeiten mit eingerechnet.

Araber

Muslime sind Araber

Der Begriff Araber bedeutete ursprünglich Nomade oder Schafzüchter. In einer assyrischen Inschrift aus dem Jahr 835 v. Chr. und im Alten Testament werden sie Steppenbewohner (*arabi*) genannt. Ihr Verbreitungsgebiet war damals noch nicht die arabische Halbinsel. Bei antiken Autoren wird ihnen der Negev, der Sinai, das östliche Ägypten (Herodot, ca. 484 bis ca. 430 v. Chr.) oder das Gebiet östlich des Toten Meeres (Plinius der Ältere, 23-79 n. Chr.) zugeschrieben. Die Römer teilten die Region in Arabia deserta (die arabische Halbinsel) und in Arabia felix (Syrien und Jemen). Die Sprache von Arabia deserta in den nächsten Jahrhunderten war nicht Arabisch, sondern Syro-Aramäisch, und die Bewohner waren Aramäer, keine Araber. Ihre Religion war vorwiegend das Christentum. Nach islamischer Geschichtsschreibung änderte sich alles mit der Person von Prophet Mohammed (570-632 n. Chr.). Seine, im Koran niedergeschriebenen göttlichen Offenbarungen gelten als erstes größeres Werk in arabischer Sprache. Mohammed (→ **Prophet Mohammed**) soll die Expansion des Islams und des Reiches der Araber initiiert haben. Seine Eroberungspolitik wurde im 7. und 8. Jahrhundert unter den nachfolgenden Kalifen fortgeführt. Das arabisch-muslimische Weltreich erstreckte sich von Palästina über Syrien bis nach Persien, Nordafrika und Spanien. Trotz der militärischen Expansion bestanden neben dem Islam überall auch noch andere Religionen weiter – selbst im Nahen Osten, der als Kernregion des Islams gilt.

Heute werden »Araber« und »Muslime« häufig als austauschbare Begriffe verwendet. Araber sind jedoch nicht notwendigerweise Angehörige der Religion des Islams und Muslime nicht notwendigerweise Araber. Nur knapp ein Fünftel der derzeit weltweit geschätzten 1,6 Milliarden Muslime sind Araber.

Araber können Christen oder Juden sein sowie zur Glaubensgemeinschaft der Drusen gehören, einer vom Islam abgespaltenen Sekte, die an die Wiedergeburt glaubt. Christliche, jüdische oder drusische Araber findet man im Libanon, in Syrien, Palästina, im Irak, in Ägypten und Israel. Jüdische Araber leben heute noch in der Türkei und in den Ländern des Maghreb, Algerien, Libyen und insbesondere in Marokko, wo sich viele Ende des 15. Jahrhunderts auf der Flucht vor der Zwangskonvertierung zum Katholizismus durch das spanische Königsehepaar Isabella I. und Ferdinand II. niederließen.

Der Begriff Araber bezeichnet keine Religionszugehörigkeit, sondern Menschen, die in arabischen Ländern leben und deren Erstsprache das Arabische ist. Als Araber kann der Großteil der Bevölkerung der folgenden Länder bezeichnet werden: Ägypten, Algerien, Bahrain, Irak, Jemen, Jordanien, Katar, Kuwait, Libanon, Libyen, Mali, Marokko, Mauretanien, Oman, Saudi-Arabien, Sudan, Syrien, Tunesien, die Vereinigten Arabischen Emirate und Palästina (→ **Arabische Welt**). Fälschlicherweise werden zum Beispiel auch Staaten wie der Iran oder Afghanistan zu dieser Gruppe von Ländern gerechnet. Ihre Bewohner sind zwar mehrheitlich Muslime, es handelt sich dabei jedoch um Perser, Paschtunen und andere Ethnien mit jeweils unterschiedlichen Sprachen, Kulturen und Gebräuchen.

Viele Christen, wie beispielsweise im Libanon, verstehen sich zwar selbst nicht als Araber. Sie verweisen darauf, bereits vor der Ankunft der Araber als Volksgruppe existiert zu haben. Im Grunde ist dies jedoch Haarspalterei, denn nach Jahrhunderten der Assimilation ist Arabisch ihre Muttersprache, und ihre gesamte Lebens- und Alltagskultur unterscheidet sich nicht von der arabischen – außer dass sie andere religiöse Feiertage und Gebräuche haben als muslimische Araber.

Arabische Sprache

Muslime sprechen Arabisch

Weitverbreitet ist die Annahme, alle Muslime sprächen Arabisch. Tatsache ist, dass nur ein kleiner Teil der weltweit insgesamt 1,6 Milliarden Muslime des Arabischen mächtig ist. Die arabische Sprache ist nur für die knapp 300 Millionen Bewohner der arabischen Länder (→ **Arabische Welt**) Muttersprache, wobei allerdings kein einheitliches Arabisch gesprochen wird, sondern eine Reihe von unterschiedlichen regionalen Dialekten, die oft zu Problemen führen, sich untereinander zu verstehen. Den größten Unterschied gibt es zwischen den arabischen Dialekten des Mittleren Ostens und des Maghreb.

Jeder, der sich wie ich in Marokko vielleicht das lokale Arabisch halbwegs angeeignet hat, wird im Libanon oder Syrien sehr schnell merken, dass er damit nicht weit kommt. Vor Jahren versuchte ich bei meinem ersten Aufenthalt in Beirut, einem Taxifahrer auf Marokkanisch den Weg zu erklären. In bestem Englisch fragte er mich, welch komische Sprache dies denn sei, die ich da spräche.

Eine unproblematische Verständigung wäre mit dem standardisierten Hocharabisch möglich, das auf die Sprache des Korans zurückgeführt wird und heute in modernisierter Form eine der sechs Amtssprachen der Vereinten Nationen ist. Doch dieses Hocharabisch wird nur von einer begrenzten Anzahl von Menschen ausreichend beherrscht. Grund dafür sind die hohen Analphabetenraten in vielen arabischen Ländern. 50 Prozent der Frauen und 30 Prozent der Männer können nicht oder nur kaum lesen und schreiben. Für diese Menschen ist das Fernsehen Informations- und Bildungsmedium Nummer eins. Durch ägyptische Filmproduktionen, die sich von 1940 bis 1970 zur Hauptattraktion des arabischen Kinos entwickelten, wurde das Ägyptische über die Leinwand und später über den TV-Bildschirm als transnationale Sprache von Millionen von Menschen erlernt und verstanden. Heute, im Zeitalter des Satellitenfernsehens, tritt mehr und mehr ein modernes Hocharabisch an seine Stelle, mit dem sich Erfolgssender wie Al-Dschasira (→ **Al-Dschasira**) oder Al-Arabija an ein panarabisches Millionenpublikum richten.

Arabische Welt

A

Islamische Länder gehören zur arabischen Welt

In Zeitungsartikeln, Diskussionen und Fernsehbeiträgen wird regelmäßig und viel über die arabische Welt gesprochen. Leichtfertig fallen in diesem Zusammenhang Namen von Ländern wie Türkei, Pakistan, Iran oder Afghanistan, deren Bevölkerung zwar vorwiegend Muslime sind, die aber mit Arabern wenig gemein haben.

Die arabische Welt wird als Synonym für die islamische Welt gesetzt. Dabei umfasst die arabische Welt nur eine beschränkte Anzahl von Ländern der islamischen Welt, welche sich hauptsächlich über die arabische Sprache definieren (→ **Araber**). Die arabische Welt ist auch kein homogenes Gebilde. Um das zu erkennen, muss man nicht unbedingt dort leben oder alle Länder bereisen. Wer nur einmal von Tunesien oder Marokko aus nach Damaskus oder Amman fliegt und im katarschen Doha oder in Dubai umsteigt, sieht sofort, wie vielfältig und unterschiedlich die arabische Welt und ihre Menschen sind. Einige Stunden am Flughafen in Doha zeigen das Universum von verschiedenen Sprachen, Verhaltensweisen, Gesten, Kleidungsriten, Essensgewohnheiten, Religionen und Ethnien. Die arabische Welt ist ein großes Mosaik, ein kulturelles Patchwork. Nicht nur die Völker der einzelnen arabischen Länder unterscheiden sich voneinander, sogar innerhalb jedes Landes gibt es verschiedene Stämme und Bevölkerungsgruppen.

Die islamische Welt ist selbst kein fest definierter Begriff. Man kann damit die Staaten bezeichnen, in denen der Islam Mehrheitsreligion ist, oder die 57 Mitglieder der Organisation der Islamischen Konferenz OIC. Andererseits kann man darunter die Glaubensgemeinschaft aller Muslime weltweit verstehen, von Saudi-Arabien über Nigeria und Indonesien bis hin zu den etwa sechs Millionen Gläubigen in den USA. Eine Glaubensgemeinschaft, die kulturell so verschiedenartig ist, dass auch ein erweiterter Begriff wie arabisch-islamische Welt sie nicht auf einen gemeinsamen Nenner bringen kann (→ **Kultur**). Auch diese Bezeichnung versucht letztendlich, eine universelle Religion, wie das Christentum, auf eine bestimmte geografische Region und eine Kultur zu reduzieren.

B Banken

Islamic Banking ist nur etwas für Islamisten

Nach dem Anschlag auf das World Trade Center 2001 geriet das islamische Bankwesen ins Fadenkreuz geheimdienstlicher Ermittlungen. Al-Qaida und andere weltweit operierende terroristische Netzwerke sollen die Finanzierung ihrer Operationen über islamische Banken abgewickelt haben, so der Verdacht. Beträge in Millionenhöhe wurden beschlagnahmt oder Konten und Fonds eingefroren. Der Imageverlust für das bereits seit 40 Jahren bestehende islamische Banksystem war enorm.

Diese unsichere »Investmentlage« nach dem 11. September 2001 führte zu einer Kapitalflucht bei einem Teil der arabischen Anleger. Die Einlagen in den weltweit rund 100 islamischen Investmentfonds sanken nach einem Rekordhoch im Jahr 2000 von geschätzten 5 Milliarden Dollar auf 3,8 Milliarden im Jahr 2001 und 2002 auf 3,2 Milliarden Dollar (Zahlen nach dem Londoner Institute of Islamic Banking and Insurance). Ein Einbruch von über 30 Prozent, der in den Folgejahren jedoch schnell kompensiert wurde. Die jährliche Wachstumsrate des islamischen Finanzwesens beläuft sich heute wieder auf stolze 15 Prozent und es soll, laut Prognosen, im kommenden Jahrzehnt so weitergehen.

Islamische Banken sind für Muslime und Nichtmuslime eine Alternative zum herkömmlichen Banksystem. Im Libanon, der eine ähnlich liberale Bankpolitik wie etwa die Schweiz betreibt und ein Land mit 18 verschiedenen Glaubensgemeinschaften ist, eröffneten in den letzten Jahren gleich mehrere islamische Banken. Viele herkömmliche Banken gründeten islamische Abteilungen, um dem wachsenden Interesse der Kunden gerecht zu werden. Der Libanon ist kein Einzelfall. HSBC, Citibank, UBS oder auch die Deutsche Bank setzen auf islamische Departments für Investitionen. Heute kann man in New York, Beirut, London und in Riad nach islamischen Prinzipien sein Geld arbeiten lassen.

Nach Schätzungen des Internationalen Islamischen Finanzforums existieren weltweit rund 270 islamische Banken mit einem Vermögen von 265 Milliarden, finanziellen Investitionen von 400 Milliarden und Einlagen von 202 Milliarden Dollar – Summen, die relativ gering klingen, wenn man sie allein mit dem Privatvermögen von 1,5 Billionen Dollar in den Golfländern vergleicht. Letztendlich steckt das Islamische Banksystem noch in den Kinderschuhen. »Das Potenzial ist allerdings immens«, schrieb *Trends*, das Magazin für arabische Angelegenheiten. »Es gibt 1,6

Milliarden Muslime in der ganzen Welt und wenn man davon nur zwei oder drei Prozent als Kunden betrachtet, ist das ein großes Zielpublikum.« Das Wichtigste sei nur, dass Produkte angeboten werden, die mit dem Glauben konform sind.

Der »Glaube« wird für Anleger zunehmend ausschlaggebend, die religiöse Integrität entscheidend. Investiert wird auf der Basis des islamischen Rechts, der Scharia (→ **Scharia**). Sie verbietet Zinsen und Wucher (*ribâ*), zudem Geschäfte mit Alkohol, Tabakwaren, Glücksspiel und Schweinefleisch. Geld darf nicht verliehen werden, nur investiert. Gewinn wird über die Beteiligung am Profit erzielt, den das Unternehmen mit Investitionen macht. Laut Koran darf man die ursprünglich investierte Summe nur dann zurückverlangen, wenn sie ohne Probleme zurückbezahlt werden kann. Diese Richtlinien erhöhen, besonders bei langfristigen Investitionen, das Risiko des Anlegers. Vorabzahlungen in Form von Zinsen gibt es nicht, und man muss unter Umständen fünf oder zehn Jahre warten, bis Profit erwirtschaftet wird. Man weiß nicht, ob dieser hoch genug ist und in angemessener Relation zum ursprünglichen Investment steht. Deshalb werden kurzfristige Anlagen generell bevorzugt.

Idealerweise basiert islamisches Banking auf einem Handel, bei dem es einen gerechten Austausch geben soll, gemäß einem Ausspruch des Propheten Mohammed: »Gold für Gold, Silber für Silber, Weizen für Weizen, Gerste für Gerste, Datteln für Datteln, Salz für Salz, Gleiches für Gleiches, Hand zu Hand, in gleichen Teilen; und jeder Zuwachs ist Riba [Zins, Wucher].« Problematisch ist die Frage, was religiös erlaubt (*halâl*) und verboten (*harâm*) ist. Es existiert keine zentrale islamische Behörde, die das offiziell regelt. Jedes islamische Finanzunternehmen lässt sich von einem religiösen Konsortium beraten, das den Koran, die Aussprüche (Hadithe) und die Lebensgeschichte (Sunna) des Propheten interpretiert. Es ist nicht immer einfach, die jahrhundertealten Texte über eine Zeit, die fast 1 400 Jahre zurückliegt, auf moderne Kompatibilität hin zu prüfen. Die Interpretationen islamischer Rechtsgelehrter können von Fall zu Fall verschieden sein. Mittlerweile gibt es zwar eine umfangreiche Literatur zum Recht des islamischen Finanzsystems, aber ein einheitliches, übergreifendes Instrumentarium ist bisher nicht in Sicht. Jedes Finanzunternehmen folgt den Richtlinien, die das hauseigene religiöse Konsortium festlegt und die sich von denen anderer Institutionen unterscheiden können.

Das islamische Bankwesen ist im Vergleich zur westlichen, 400 Jahre alten Bankgeschichte relativ jung. 1963 und 1971 wurden in Ägypten Banken gegründet, die ohne Zinsen arbeiteten, sich aber nicht ausdrücklich als islamische Banken definierten. 1974 entstand die Islamische Entwicklungsbank auf Initiative von arabischen Regierungen (heute 55 Mitgliedsländer). Nach Scharia-Prinzipien fördert man Projekte in ökonomisch rückständigen Mitgliedsländern. Ende der Siebzigerjahre gab es dann in Dubai (Dubai Islamische Bank), Kuwait (Kuwait Finanzhaus) und im Sudan (Faisal Islamische Bank) die ersten mustergültigen islamischen Banken. In den Achtzigerjahren erfolgte mit der Gründung der Bank Islam Malaysia die Ausweitung des Konzepts nach Asien. Seit Beginn der Neunzigerjahre findet man islamische Banken weltweit. Hintergrund der Expansion ist der seit den Siebzigerjahren zunehmende Wohlstand im Mittleren Osten, zum anderen die religiöse Rückbesinnung auf den Islam in den letzten Jahrzehnten.

Seit 1999 gibt es zwei islamische Aktienindizes (DJIM und FTSE), vergleichbar mit dem amerikanischen Dow Jones oder dem deutschen DAX. Man nimmt nur Firmen auf, deren Schariah-Kompatibilität gewährleistet ist. Wer mit Alkohol, Tabakwaren, Schweinefleisch und Glücksspiel zu tun hat oder seinen Gewinn durch Zinsen erzielt, wird kein Mitglied. Jede Firma muss obendrein ein niedriges Schuldenniveau (absolutes Maximum 33 Prozent) aufweisen. Ist die Überschuldung zu groß, führt das ebenfalls zum Ausschluss. 1981 passierte das der US-Telefongesellschaft WorldCom, ein Jahr bevor das Unternehmen zusammenbrach. Diese Maßnahme ersparte vielen muslimischen Anlegern große Verluste. Das Vorwarnsystem ist ein wichtiger Bestandteil der Strategie der Risikovermeidung.

Den islamischen Indizes sind rund 100 islamische Ausgleichsfonds (Equity Funds) angeschlossen mit einem geschätzten Vermögen von 3,3 Milliarden Dollar. In den letzten sieben Jahren sind die Einlagen in diesen Fonds, die Verluste mit Gewinnen ausgleichen, insgesamt um 25 Prozent gestiegen. Bevorzugte Investitionsbranchen dieser Fonds sind die Sektoren Technologie, Telekommunikation, Bauwesen und Immobilien.

Außer in der Islamischen Republik Iran gibt es überall ein duales Banksystem. Islamische und traditionelle Banken arbeiten unabhängig nebeneinander. Viele, nicht nur islamische Finanzexperten glauben, dass islamisches Banking in Zukunft größere Marktanteile erobert. Es gäbe auch ganz vernünftige Gründe, warum auf Zinsen verzichtet werden sollte, so Warren Sofies, ein britischer Finanzexperte. »Zinsen können ein Hindernis für Arbeitsplätze sein, können Geldkrisen erzeugen und Handelsprobleme verstärken.«

Laut einer Studie des Institute of Islamic Banking and Insurance aus dem Jahr 2003 bevorzugen 55 Prozent der befragten Muslime islamische Banken. Tatsächlich hatten aber nur 21 Prozent der Befragten ein Konto bei einer Bank, die nach islamischen Prinzipien arbeitet. Das soll sich aber in den nächsten acht bis zehn Jahren ändern. Laut Studie verwalten dann islamische Finanzinstitute 40 bis 50 Prozent der Bankguthaben aller Muslime. Jeder Kunde bekommt auch seine islamische Kreditkarte.

Dieser Aufwärtstrend ist an die Popularität des Islams gekoppelt. Und damit sieht es zurzeit nicht schlecht aus. Die USA und Teile der westlichen Welt scheinen an ihrer Außenpolitik im Nahen und Mittleren Osten festzuhalten, die als Demütigung und antiislamisch empfunden wird. Selbst wenn der Einzelne die Weltpolitik nicht zu ändern vermag, so kann er zumindest sein Geld dort anlegen, wo er sich gut aufgehoben fühlt. »Aus der Marketingperspektive betrachtet«, so Tarik al-Rifai von der Investmentfirma UIB Capital, »bringt die Scharia-Kompatibilität den Kunden in die Bank. Das religiöse Prinzip verkauft.«

Beschneidung

Die Beschneidung von Frauen ist eine Tradition des Islams

B

Fälschlicherweise wird im Westen die Beschneidung von Frauen in muslimischen Ländern als eine Praxis angesehen, die der Islam generell billigt und deren Durchführung er sogar fördert. Neben der Verschleierung (→ **Frauen**; → **Koran**) oder auch der Steinigung von Frauen (→ **Steinigung**) gilt die Beschneidung als ein weiteres drastisches Beweisstück der Unmenschlichkeit und Rückständigkeit von Gesellschaften mit mehrheitlich muslimischer Bevölkerung.

Tatsächlich stammt die Beschneidung oder Verstümmelung weiblicher Genitalien aus vorislamischer Zeit und kennt keine religiöse Präferenz. Weibliche Beschneidung ist ein mehrere Jahrtausende alter Brauch, den es bereits bei den alten Ägyptern oder auch Phöniziern gegeben haben soll. Ein griechischer Papyrus aus dem Jahr 163 v. Chr. im Britischen Museum zeigt ägyptische Frauen, die beschnitten werden, als sie ihre Heiratsgüter erhalten. Aus dem Römischen Reich sind »zugenähte« Sklavinnen bekannt, mit denen ein besserer Preis erzielt werden konnte.

Heute gibt es, laut Schätzungen der Weltgesundheitsbehörde (WHO), weltweit etwa 130 Millionen Frauen, die Opfer von Beschneidungen sind. Jedes Jahr sollen etwa zwei Millionen hinzukommen. Beschnitten wird in Afrika, Asien, in Australien bei Stämmen der Ureinwohner und unter Immigranten in Europa und Nordamerika – quer durch alle Religionen.

In muslimischen Ländern wird die Beschneidung von Frauen im Jemen, in den Vereinigten Arabischen Emiraten, in Oman und Bahrain praktiziert, allerdings mit sinkender Tendenz. Weitverbreitet dagegen ist die Beschneidung nach wie vor in Indonesien und Malaysia, ebenso in Afrika im Sudan, Ägypten, Mali, Somalia oder auch in Nigeria. Im Land der heiligen Stätten des Islams, dem sittenstrengen Saudi-Arabien, ist es keine übliche Praxis. Ebenso wenig wie in Algerien, im Irak, Iran, in Libyen, Marokko, Tunesien oder auch Usbekistan.

Im Koran wird die Beschneidung nicht erwähnt. Es gibt zwar einige Hadithe (→ **Koran**) zu diesem Thema, die aber sogar unter Muslimen als wenig authentisch gelten. Dazu zählt folgende Prophetenbegebenheit über eine Beschneidung, bei der Mäßigung nahegelegt wird: »Eine Frau führte Beschneidungen in Medina durch. Der Prophet sagte zu ihr: ›Schneide nicht so viel weg, was besser für die Frau und wünschenswerter für den Ehemann ist.‹«

Selbstverständlich findet man Kleriker, die die Beschneidung von Frauen als religiöse Pflicht ausgeben. Ein vorgeschobener Grund, um Fragen und Zweifel über die Weiterführung einer Tradition, des Althergebrachten, auszuräumen. Das funktioniert in anderen Kulturkreisen ebenso. Es soll so weitergehen wie bisher – Nachdenken nicht erwünscht: der Ritus der ewigen Wiederholung. Warum Frauen beschnitten werden, dafür kann letztendlich niemand spezifische Gründe aufführen. Man macht es eben, weil es die Eltern und die Großeltern gemacht haben.

Weibliche Beschneidung ist ein Zeichen der Reinigung, ein sexueller Initiationsritus, der Mädchen gewöhnlich zwischen dem 12. und 14. Lebensjahr trifft. Je nach Land und Region wird von den weiblichen Genitalien mal mehr, mal weniger entfernt. Im Extremfall kann die Scheide sogar noch teilweise zugenäht werden. Die operative Verstümmelung der weiblichen Lust ist ein Akt männlicher Kontrolle in patriarchalischen, von Stämmen und Klans geprägten Gesellschaften. Zum einen soll die Jungfräulichkeit der unverheirateten Frau erhalten und zum anderen die Untreue der Ehegattin verhindert werden.

Namhafte sunnitische wie schiitische Geistliche haben sich gegen die Beschneidung von Frauen ausgesprochen, die man verbieten und bestrafen sollte. Mohammed Sayed Tantawi von der Al-Azhar-Moschee in Kairo, die höchste Instanz des sunnitischen Islams, formulierte eine klare Absage auf einer Konferenz 2006 in Kairo zum Thema Beschneidung:»Nach religiösen Gesichtspunkten kann ich nichts finden, was die Beschneidung von Frauen zu einer Pflicht macht.« Im Islam sei die Beschneidung ausschließlich für Männer vorgesehen. Tantawi meinte damit die männliche Circumcision, die heute, über jede Religionszugehörigkeit hinweg, immer populärer und weltweit praktiziert wird. Die Weltgesundheitsbehörde (WHO) empfiehlt das Entfernen der männlichen Vorhaut, um der Übertragung des HIV-Virus vorzubeugen. Laut einer Studie verringere sich so das Infektionsrisiko um 60 Prozent.

Die weibliche Beschneidung hat dagegen keinerlei Nutzen, nur Nachteile. Es beeinträchtigt das sexuelle Empfinden, führt zu psychischen Problemen und birgt obendrein Gesundheitsrisiken. Beim Eingriff kann es zu Infektionen, Blutungen oder ungewollten Verstümmelungen kommen. Nach einer Studie der WHO aus dem Jahr 2006 ergeben sich auch ernste Spätfolgen. Werden beschnittene Mädchen selbst zu Müttern, treten bei der Geburt ihrer Kinder leichter Komplikationen auf, die einen Kaiserschnitt notwendig machen oder sogar zum Kindstod führen können.

Bilder

Im Islam sind Bilder verboten

20 Tage brauchten die Taliban 2001, bis sie die beiden riesigen Buddha-Statuen von Bamiyan zerstört hatten. »Wir vernichten nur Steine«, verteidigte Mullah Omar, der einäugige Talibanführer, die Aktion gegen internationale Proteste. »Ich kümmere mich um nichts anderes als den Islam.« Nach einer Sitzung mit anderen religiösen Führern hatte er die Zerstörung aller nichtislamischen Abbildungen erlassen, die auf götzenhafte Weise Menschen und Tiere darstellten.

Nicht so weit zurück liegt die Veröffentlichung der Mohammed-Karikaturen. Am 30. September 2005 erschienen in der dänischen Zeitung *Jyllands-Posten* zwölf Zeichnungen, die den Propheten Mohammed unter anderem mit einer kleinen Bombe im Turban zeigten. Daraufhin gab es weltweite Proteste von Muslimen, die es als Herabwürdigung ihres Propheten und ihrer Religion sahen, Mohammed als Terroristen zu zeichnen.

Hintergrund beider Ereignisse ist das sogenannte islamische Bilderverbot, das praktisch wie theoretisch so eigentlich nicht existiert. Im Koran gibt es keine Suren, die Bilder verbieten. Dagegen befassen sich zahlreiche Hadithe (→ **Koran**) meist negativ mit der Bilderfrage. So soll der Engel Gabriel zum Propheten Mohammed gesagt haben, dass Engel kein Haus betreten, in dem sich ein Bild oder ein Hund befinden. Der Prophet zerstörte auch einen Vorhang mit Bildern, den seine Frau Aischa aufhängte. Er soll zu ihr gesagt haben, am Tag der Auferstehung gehören diejenigen, die diese Bilder herstellen, zu den Menschen, die am meisten Qualen erleiden.

Bilder tragen negative Konnotationen, ausdrücklich verboten werden sie aber in keinen religiösen Schriften des Islams, genauso wenig wie Prophetenbilder. Aus dem Jahr 1250 datiert die älteste bekannte Darstellung Mohammeds. Im 14. Jahrhundert malt Wesir Raschid al-Din zum ersten Mal die Lebensgeschichte des Propheten. Weitere Darstellungen von Mohammed und anderer im Koran erwähnter Propheten folgten. Das Bilderverbot wurde bereits früher relativiert, als Kalifen ihr Bild auf Münzen prägen ließen. Seit Mu'awiya I., der von 661 bis 680 regierte und ein Gefährte des Propheten Mohammed war, sind Porträts auf Münzen zu sehen. Zuletzt unter Abd al-Malik, der von 685 bis 705 Kalif war. Erst danach ging man zu Inschriften über.

Heute sind Bilder in islamischen Gesellschaften allgegenwärtig. Ganz abgesehen vom Fernsehen hängen alle möglichen Arten von Bildern in Wohnzimmern: Malereien, Fotos, Poster und Drucke von Menschen, Tieren, Landschaften. Nicht zu vergessen die politische Funktionalisierung von Bildern. In Marokko, Syrien, Jordanien, Tunesien oder Saudi-Arabien sind die Bilder von Präsidenten und Königen in jedem Büro und jedem Geschäft zu sehen. Der Libanon ist bepflastert mit politischen Propagandaporträts.

Wenn man von einem Bilderverbot im Islam sprechen will, dann gilt das nur im religiösen Bereich. In Moscheen und in Koranbüchern gab und gibt es keine Darstellungen von Personen. Dort findet man nur Kalligrafie und Ornamentik.

Mullah Omar folgte einer restriktiven, autoritären Interpretation, als er die Buddha-Statuen zerstören ließ: ein übertriebener Beweis seiner religiösen Standfestigkeit und Integrität gegenüber der seiner Ansicht nach moralischen Zügellosigkeit des Westens.

Die Proteste gegen die dänischen Mohammed-Karikaturen richteten sich weniger gegen die bildliche Darstellung des Propheten als vielmehr gegen die Ironisierung Mohammeds – und das auch noch durch ein Presseorgan aus dem Westen. Ein Westen, der islamische Länder beherrscht, okkupiert und Muslime und ihre Religion tagtäglich demütigt, so die Wahrnehmung der Demonstranten, die auf die Straßen gingen, sich mit der Polizei prügelten und Brandsätze auf Botschaften warfen. Über 100 Menschen starben bei den internationalen, sehr häufig gewalttätigen Auseinandersetzungen.

Merkwürdigerweise hatte eine ägyptische Zeitung die Karikaturen bereits zwei Wochen nach der dänischen Erstveröffentlichung ohne unmittelbare Folgen nachgedruckt – und das im muslimischen Fastenmonat Ramadan. Bezeichnend ist auch, dass der Iran den Handel mit Dänemark aus Protest stoppte, man aber in der islamischen Republik seit 1998 Postkarten mit dem Foto eines Mannes kaufen kann, das den jungen Propheten Mohammed darstellt. Ein Bild, das übrigens von dem Österreicher Rudolf Franz Lehnert stammt und Anfang des 20. Jahrhunderts in Tunesien aufgenommen worden sein soll.

Der dänische Regierungschef Anders Fogh Rasmussen glaubte, dass ein Teil der Proteste in islamischen Ländern von »radikalen religiösen Fanatikern« organisiert war. Über SMS seien bewusst Falschinformationen verbreitet worden. »Es stimmt einfach nicht«, sagte Premierminister Rasmussen, »dass in Dänemark Korane verbrannt wurden.« Man kann davon ausgehen, dass islamistische Organisationen die Situation für sich ausnutzten, um Demonstrationen zu veranstalten und ihre Anhänger zu mobilisieren. Die Mohammed-Karikaturen wurden zum Ventil, sich Luft zu machen gegen den Westen und die Regierungen muslimischer Länder, die als dessen Marionetten verstanden werden. Dabei hatte kaum jemand der aktiv Protestierenden oder der Millionen von Muslimen, die sich zu Hause vor dem Fernseher ärgerten, die Karikaturen je zu Gesicht bekommen. Sie kannten sie nur vom Hörensagen. Protestiert wurde nicht nur auf der Straße. Ägypten und Syrien, Pakistan und Indonesien, Bosnien-Herzegowina und Iran überreichten der dänischen Regierung Protestnoten. 17 Außenminister der Arabischen Liga forderten offiziell die Bestrafung der Verantwortlichen der Zeichnungen. Auch der russische Präsident Wladimir Putin kritisierte die Veröffentlichung der Karikaturen und nannte sie eine »unzulässige Provokation« für Muslime.

Christentum (→ Prophet Mohammed)

Clash of Civilizations

Es gibt einen Kampf der Kulturen

Seit 15 Jahren geistert nun schon der sogenannte »Kampf der Kulturen« durch die Medien, zitiert bei Podiumsdiskussionen, Vorträgen und häuslichen Debatten im Wohnzimmer. Ein Begriff, den der US-Politikwissenschaftler Samuel P. Huntington prägte. Sein 1996 erschienenes Buch *The Clash of Civilizations and the Remaking of World Order* war ein internationaler Bestseller. Bereits drei Jahre zuvor hatte er unter dem Titel »The Clash of Civilizations?« einen Aufsatz in der Zeitschrift *Foreign Affairs* veröffentlicht.

Huntingtons Kernthese besagt, dass nach dem Ende des Kalten Krieges zwischen dem sozialistischen Ostblock und dem kapitalistischen Westen nicht mehr Ideologien das Weltgeschehen bestimmen, sondern Kulturen. Zukünftige Konflikte würden entlang kultureller und religiöser Richtlinien ausgetragen. Nationalstaaten blieben zwar entscheidende Faktoren, »aber die Hauptkonflikte der Weltpolitik treten zwischen Nationen und Gruppen unterschiedlicher Kulturen auf. Der Kampf der Kulturen wird die Weltpolitik dominieren«, schrieb Huntington in seinem Aufsatz von 1993. Er teilte die Welt in acht Kulturkreise ein, zwischen denen Konfliktpotenzial bestehe, darunter die westliche Zivilisation, Lateinamerika, die Hindu-Kultur, der Buddhismus, Gesellschaften der Subsahara, die Orthodoxen in Osteuropa und natürlich auch der islamische Kulturkreis. Von wissenschaftlicher Seite wurde seine Theorie vehement kritisiert, da man die Welt nicht auf einen so vereinfachenden Nenner bringen könne und es zudem zu viele Widersprüche bei konkreten Fallbeispielen gebe.

Wer heute den »Kampf der Kulturen« zitiert, meint selten Samuel Huntingtons

Theorie. »Clash of Civilizations« ist zum vereinfachenden Schlagwort geworden, sobald es um das Thema Islam geht. Klingt doch gut: Der Islam im Kampf mit dem Westen. Beweise, die nicht deutlicher und eindringlicher sein könnten, gibt es schließlich genug. Islamistische Terroristen, die weltweit blutige Anschläge begehen und im Irak und in Afghanistan im Namen Allahs gegen die Ungläubigen kämpfen. Natürlich auch die Wiederkehr des Kopftuchs (→ **Frauen**; → **Koran**) als Zeichen einer neuen Frömmigkeit und religiös motivierten, kritischen Moral. Außerdem die Abermillionen von muslimischen Immigranten, die sich nicht integrieren lassen und am liebsten Deutschland, ja ganz Europa, wenn nicht die ganze Welt unter ihre Kontrolle bringen wollen (→ **Integration**). Von den unzähligen Moscheeneubauten in der Bundesrepublik ganz zu schweigen. Nicht zu vergessen die Mohammed-Karikaturen der dänischen Zeitung *Jyllands-Posten*, für die man sich entschuldigte, anstatt sie als Plädoyer für die Unantastbarkeit der Pressefreiheit in allen Zeitungen noch einmal zu veröffentlichen. Im gleichen Jahr setzte man aus Angst vor islamistisch-extremistischen Anschlägen die Mozart-Oper Idomeneo an der Deutschen Oper in Berlin ab.

Bei dieser Art von Argumenten, die man immer wieder hört und liest, bekommt man den Eindruck, als würde der Westen vor dem Islam in die Knie gehen, sei kurz davor, kulturell vom Islam überrollt zu werden. Das erinnert an den »Untergang des Abendlands«, an »Türkengefahr« und an »Überfremdung«. Natürlich ist es vollkommen absurd, dass wir alle in Zukunft zum Islam zwangskonvertiert werden, nach der Scharia leben müssen und den Frauen das Kopftuch aufgesetzt wird. Diesen Kampf der Kulturen gibt es nicht. Auch nicht in der Version von Samuel Huntington, die sicherlich etwas komplexer formuliert ist. Huntingtons *Clash of Civilizations* ist das Produkt eines konservativen US-amerikanischen Politologen, der sein Weltbild in einer medienwirksamen Theorie verarbeitete. Aber woher stammen dann die gegenwärtigen Probleme? Was haben Muslime gegen uns, dass sie Bomben legen?

Für die syrische Islamkritikerin Wafa Sultan ist das eine Mentalitätsfrage. In einer Talkshow auf Al-Dschasira im Februar 2006 sagte die heute in den USA lebende Psychiaterin: »Der Konflikt, den wir weltweit erleben, ist weder ein Konflikt der Religionen noch von Kulturen. Es ist eher ein Konflikt zwischen zwei Gegensätzen, zwischen zwei Epochen. Es ist ein Konflikt zwischen einer Mentalität, die zum Mittelalter gehört, und einer, die dem 21. Jahrhundert angehört.«

Fangen wir bei den Extremisten an. Al-Qaida (→ **Al-Qaida**) gilt als Prototyp einer religiösen Bewegung, die der westlichen Kultur den Garaus machen will. Schließlich möchte sie erklärtermaßen das bis ins 15. Jahrhundert von den Arabern besetzte Spanien zurückerobern. So religiös sich Al-Qaida auch geben mag und den Kampf gegen Ungläubige betont, ihre Ideen sind letztendlich politischer motiviert. Parallelen zu linken Gruppierungen und Bewegungen des 20. Jahrhun-

derts sind evident. Al-Qaida versteht sich als Speerspitze im internationalen Befreiungskampf, der früher Avantgarde des Proletariats hieß. Als internationales Netzwerk bekämpfen sie die Globalisierung und deren Stellvertreter, weil sie die Länder
der Dritten Welt ausbeuten. Eine Meinung, die man auch bei linken Globalisie-
rungsgegnern findet.

Al-Qaida will die Muslime dieser Welt wachrütteln, auf dass sie sich emanzipie-
ren und dem Kampf gegen die Tyrannen dieser Welt anschließen. Früher oder später ergeben sich die muslimische Weltrevolution und der Aufbau einer paradiesi-
schen Gesellschaft. Sicherlich ein anderes Utopia als das sozialistische Ideal von der
Diktatur des Proletariats, aber die goldene muslimische Gesellschaft der Zukunft
proklamiert auch, gerecht zu sein und die Gleichheit aller erreichen zu wollen. Auf
dem Weg ins Paradies reiten die Ritter von Al-Qaida allerdings nicht auf Kamelen
oder Pferden wie im Mittelalter, was man nach dem Statement von Wafa Sultan
meinen könnte. Sie benutzen Satellitentelefone, Internetnetzwerke, neueste Waffen, moderne Psychologie bei Rekrutierungen, ausgeklügelte Finanzsysteme und
eine an die aktuelle Medienwelt angepasste Propaganda.

Al-Qaida bombardiert keine Kirchen oder Klöster, keine Bordelle, Sexshops,
Homosexuellentreffs oder andere Orte vermeintlicher westlicher Dekadenz. Die
Terrororganisation geht politisch-strategisch vor. Die Anschläge auf das World
Trade Center und das Pentagon galten den Zentralen des Imperialismus. (Wären
bei diesen Attentaten keine Unschuldigen ermordet worden, hätte es bei den Linken weltweit mehr Applaus dafür gegeben. So blieb es bei einigen wenigen öffentlichen Sympathiebezeugungen. In der baskischen linksgerichteten Zeitung *Ekaitza*
erschien eine Zeichnung mit dem zerstörten World Trade Center und der Bildun-
terschrift »Wir haben alle davon geträumt«.) Die Zugattentate in Madrid 2004 sollten die spanische Regierung zum Abzug ihrer Truppen aus dem Irak bewegen. Ein
Ziel, das tatsächlich auch erreicht wurde. Anschläge auf Touristenhochburgen sollen ökonomischen Schaden bewirken und so die betroffenen Staaten politisch
schwächen.

Nehmen wir noch andere Beispiele. In Tschetschenien kämpfen muslimische
Widerstandsgruppen mit terroristischen Mitteln für die nationale Unabhängigkeit,
nicht gegen die orthodox-russische Kirche. In Palästina führt die radikal-muslimi-
sche Hamas ihren Krieg gegen die israelische Okkupation, nicht generell gegen die
jüdische Kultur, wobei antisemitische Parolen sicherlich auch zur Propaganda der
Hamas gehören (→ **Antisemitismus**). Der Faktor Religion im Nahost-Konflikt ist
ein relativ neues Phänomen, das es in dieser Form vor 20, 30 Jahren nicht gab (→ **Palästina**). Im Irak kämpfen, neben Al-Qaida, eine Vielzahl von teilweise auch säkularen Gruppen für Selbstbestimmung und den Abzug ausländischer Truppen
(→ **Irak**). Für die US-Soldaten gab es bei ihrem Einmarsch im Irak 2003 nicht die er-

warteten Blumen zur Begrüßung. Das lag nicht daran, dass sie Ungläubige waren, sondern die Iraker hatten politische Zweifel am Engagement der USA. Im Libanon kämpften während der israelischen Besetzung von 1982-2000 Christen und Drusen Seite an Seite mit der schiitischen Hisbollah gegen die Okkupationstruppen Israels. Jahre später, im Libanonkrieg 2006, arbeiteten im Süden des Landes erneut Kommunisten und Hisbollah-Mitglieder zusammen (→ **Hisbollah**). Ob Tschetschenien, Palästina, Irak oder Libanon: Man bekämpft keine Ungläubigen, sondern primär ungerechte Herrschaft, und die kennt keine Religionszugehörigkeit. In diesen nationalen Konflikten werden auch Muslime zu Feinden, die mit nicht minder bekannter Intensität und Grausamkeit gefoltert und ermordet werden. Die Kriterien dafür, wer als Besatzer, Kollaborateur oder Verräter angesehen wird, haben nichts mit Religion, sondern mit dem nationalen, politischen Kontext zu tun.

Wollen uns diese nationalistischen Bewegungen überrollen? Mag sein, einige träumen vielleicht davon, aber in Wirklichkeit sind sie auf ihre lokalen Probleme fixiert und damit mehr als beschäftigt. Sie würden sich mit der Umsetzung ihrer Agenda auf eigenem Territorium zufriedengeben, falls es tatsächlich keinerlei Einmischungen von außen gäbe. »Wir haben nicht das geringste Problem mit der Kultur des Westens«, sagte mir Ali Fayyad, Politbüromitglied der Hisbollah, in Beirut. »Wir haben nur ein Problem mit dessen Politik.« Wobei man den Westen nicht einfach so in einen Topf werfen dürfe, meinte Ali Fayyad. »Da gibt es große Unterschiede. Wir sehen Europa beispielsweise sehr positiv.«

Im Gegensatz dazu steht Al-Qaida, die als internationales Netzwerk kein spezifisch nationales Territorium verteidigt. Sie kämpft für ein imaginäres muslimisches Großreich, geriert sich als Beschützer abstruser Ideale eines globalen sunnitischen Islams. Im Libanon sorgte Fatah al-Islam 2006 für Furore. Monatelang lieferte sie sich mit der libanesischen Armee Gefechte. Fatah al-Islam war nur eine von vielen Al-Qaida nahestehenden Gruppen im Libanon, die interessanterweise alle aus dem Umfeld der palästinensischen Flüchtlingslager stammten. Dazu gehörten Dschund al-Scham, Esbat al-Ansar, Ansar Allah oder Dschundallah (Armee Gottes).

Die Lebenssituation in den palästinensischen Flüchtlingslagern im Libanon ist wahrlich bedrückend und menschenunwürdig. Sie sind hoffnungslos überfüllt, täglich fällt mehrfach die Elektrizität aus, Trinkwasser kommt aus Tanks, die von Hilfsorganisationen gestiftet wurden. Bei starken Regenfällen im Winter stehen stinkende Abwässer kniehoch in den Straßen. Das Abwassersystem ist völlig überfordert. Aus Toiletten und Duschen überflutet das Schmutzwasser die Wohnungen im Erdgeschoss. »Im Winter muss man immer damit rechnen, dass man nachts aufwacht, weil es so ekelhaft stinkt«, erzählte mir Jamal, ein junger Student aus den legendären Lagern Sabra und Schatila. Dort fand 1982 während des libanesischen Bürgerkriegs das Massaker von christlichen Milizen an Palästinensern unter der

Aufsicht der israelischen Armee statt. »Bis an mein Bett stand die stinkende Brühe, durch die man dann barfuß watete«, fügte Jamal angewidert hinzu.

Bis vor wenigen Jahren bekamen Palästinenser keine Arbeitserlaubnis im Libanon. Noch heute sind ihre Tätigkeitsfelder beschränkt. »Natürlich würde ich gerne von hier weg«, sagte mir Jamal, der eine Folkloretruppe im Jugendzentrum des Lagers unterrichtete. »Aber als Palästinenser darf man nicht außerhalb des Lagers leben«, so der junge Mann, der hofft, irgendwann einmal ins Ausland gehen zu können. Bei diesen miserablen Lebensbedingungen mit geringen Zukunftsaussichten ist es relativ leicht, dort Anhänger für radikale Gruppierungen zu finden. Sie bezahlen ein monatliches Salär, bieten die Möglichkeit, aktiv etwas zu ändern, und liefern Sinn- und Lebenszweck für höhere, absolutere Werte. Jeder der etwa 400 000 Bewohner in den zwölf palästinensischen Flüchtlingslagern im Libanon kennt die Parolen von der Rückkehr ins Heimatland zur Genüge. Das alleine bewegt niemanden mehr. Statt einer säkularen Befreiung Palästinas bieten nun islamistische Gruppen die ganze Welt und das göttliche Paradies an: »Märtyrer ohne Grenzen« für eine globale sunnitische Seele und Identität.

Die Gründung von militant-islamistischen Organisationen kam nicht aus heiterem Himmel. Niemand saß in der Moschee, den Koran lesend, oder hatte eine Eingabe beim Freitagsgebet: »Jetzt hat mir Gott befohlen, eine Widerstandsgruppe zu bilden und alle Ungläubigen dieser Welt zu ermorden.« Hamas gründete sich als Antwort auf die fortdauernde israelische Besetzung Palästinas. Die sozialistisch-revolutionären Palästinenserorganisationen hatten kaum etwas erreicht. Allen voran die Al-Fatah von Präsident Jassir Arafat, die obendrein ein undemokratisches System, basierend auf Korruption und Vetternwirtschaft, installierte. Funktionäre bereicherten sich an den Hilfsgeldern, die von der UNO und privaten Nichtregierungsorganisationen (NGOs) Jahr für Jahr in Millionenhöhe bezahlt wurden.

Hisbollah wurde 1982 als Reaktion auf die israelische Invasion in den Libanon gegründet (→ **Hisbollah**). Damals gab es zeitgleich mehrere, neue militante Organisationen.

Die Taliban (→ **Taliban**) verstanden sich als nationale Ordnungskraft, die 1994 den grausamen Bürgerkrieg zwischen den Mudschaheddin in Afghanistan beenden wollte. Die Mudschaheddin, die die Sowjetunion 1989 zum Abzug gezwungen hatten, kämpften seitdem untereinander um Macht, Einfluss und Opiumfelder.

Im Irak beteiligen sich mehr und mehr Gruppen am bewaffneten Kampf gegen die Besatzer aus dem Ausland. Die US-Befreiung des Iraks erwies sich relativ schnell als planloses Unterfangen und verwandelte sich zunehmend in eine blutige Okkupation. In Afghanistan kritisierte Präsident Hamid Karzai mehrfach die mangelnde Rücksicht des US-Militärs auf lokale Traditionen, Kultur und Menschenleben seiner Staatsbürger. Im Irak gehen US-Soldaten und angeheuerte private Sicherheitsfirmen ebenso rigoros gegen die Zivilbevölkerung vor. Zum alltäglichen Machtmissbrauch kommen Folterskandale, Korruption bis in höchste Ebenen hinauf, nicht eingehaltene Versprechen bezüglich der Verbesserung der Infrastruktur und der allgemeinen Sicherheit sowie die Einmischung der US-Regierung in die Innenpolitik. Verschiedene Meinungsumfragen (des Gallup-Instituts 2004 und der World Public Opinion Organisation der US-Universität Maryland 2006) bestätigen das. Es wird mangelnder Respekt gegenüber den Menschen bei Hausdurchsuchungen (60 Prozent) beklagt, gegenüber Frauen (46 Prozent) und Moscheen (42 Prozent). Nur 11 Prozent der Iraker glauben, die Koalitionstruppen würden ernsthaft daran arbeiten, Elektrizität und sauberes Trinkwasser bereitzustellen. 79 Prozent sind überzeugt, die Präsenz der Koalitionstruppen habe negative Effekte auf die Entwicklung des Iraks, 61 Prozent befürworten Angriffe gegen die Okkupationsarmee und 71 Prozent sind für deren Abzug, der für 58 Prozent einen Rückgang der Gewalt bringen würde.

Historisch gesehen ist der Terrorismus nur die Spitze des Eisbergs. Die Phänomene Terror und Militanz sind ein Indiz für große gesellschaftskritische Bewegungen, die aus wie auch immer gearteten Gründen mit den bestehenden sozialen und politischen Gegebenheiten nicht zufrieden sind. In der zweiten Hälfte des 20. Jahrhunderts erklärte in Westeuropa eine Reihe von Gruppen den »bewaffneten Kampf« gegen den Kapitalismus und seine Repräsentanten. Dazu gehörten die italienischen Roten Brigaden, die deutsche RAF (Rote-Armee-Fraktion), in Frankreich die Action Directe oder in Spanien die ETA (Euskadi Ta Askatasuna), die noch heute aktiv ist – insgesamt mehrere Tausend von Menschen, die nicht mit demokratischen Mitteln, sondern mit Waffengewalt eine bessere Welt zu erzwingen versuchten. Den Traum von einer neuen, gerechten Welt teilten sie sich damals mit Millionen Menschen rund um den Erdball. Sozialismus hieß der paradiesische Gegenentwurf zur bösen kapitalistischen Gesellschaft. Ob in den USA, Europa, Afrika oder Asien: Sozialistische Theorien waren überall en vogue. Es gab die dazu passende Musik, Kunst, Literatur – und den dazugehörigen Kleidungsstil: Das befreite Individuum konnte man auf allen Kontinenten schon von Weitem an Hemd, Hosen, Schuhen und Haarlänge erkennen. Trotzdem, der »bewaffnete Kampf«, Terrorismus, blieb ein Projekt von Minderheiten. Die Solidarität der Mehrheiten der Bevölkerungen, gerade in Westeuropa und in den USA, beschränkte sich auf modische Attitüden. Die »Anti-Establishment-Haltung« wurde zwar zum Mainstream, aber die Weltrevolution fand nicht statt.

Mit dem Islam ist es heute nicht anders. Wie früher Studenten oder Schüler gedankenlos RAF mit einem Kreis ums A für Anarchie in die Schulbank kritzelten, führte mir wenige Monate nach dem 11. September 2001 der 15-jährige Abdallah im

Clash of Civilizations

marokkanischen Tanger sein neues Telefondisplay vor. Schmunzelnd drückte der Junge, der in einem Lebensmittelgeschäft arbeitete, auf ein, zwei Tasten, woraufhin die rauchenden Twin Towers zu sehen waren. Dazu gab es einen piepsenden Klingelton. Am Ende erschien der Kopf Osama bin Ladens mit einem Lächeln auf den Lippen.

Was man im Westen geschmacklos und menschenverachtend nennen würde, wurde in Marokko von den Kunden und auch den Kollegen im Geschäft als kindliche Spinnerei eines Jugendlichen abgetan, der einfach über das Ziel hinausgeschossen war. Eine Verbindung zum Terrorismus sah niemand und wollte auch niemand sehen. Die Twin Towers bezogen sich, anders als die Hakenkreuze der Punks oder die Bin-Laden-T-Shirts der Stockholmer Rockergang Hells Angels, nicht auf eine kleine Subkultur, sondern auf eine global-populäre muslimische Haltung, von deren Ingredienzien wir bereits gehört haben: Anti-Amerikanismus, Gerechtigkeit in der Welt, vor allen Dingen in Palästina, in Afghanistan und im Irak, Islam als neuer Hoffnungsschimmer für eine gerechtere Welt, gegen die Diktatoren in den eigenen Ländern, gegen die Ausbeutung durch den westlichen Kapitalismus und die damit verbundene kulturelle Nivellierung – Religion und Politik neu zusammengemischt, eine modische Grundhaltung, vielgestaltig und widersprüchlich.

»Selbst für meine Studentinnen, die ein 40 000-Dollar-Auto fahren, kurze Röcke und High Heels tragen«, erzählte mir Amal Saad-Ghorayeb, Politikwissenschaftlerin an der Libanesisch-Amerikanischen Universität in Beirut, »ist es ›cool‹, während des Ramadans zu fasten.« Nachdenklich schenkte sie mir eine Tasse Kaffee ein. »Das ist ein neuer Trend, vor 15 Jahren war das noch undenkbar.« Das Bekenntnis zum Islam sei eine Mode geworden, was die junge Wissenschaftlerin auf eine Identitätskrise besonders der jüngeren Generation zurückführt. »Sie sind zwischen ihrer muslimisch-arabischen Tradition und dem westlichen Lebensstil hin- und hergerissen.« Ganz auf die Seite des Westens, der sie seit dem 11. September 2001 zurückweist und marginalisiert, konnten sie nicht gehen. »Um den Konflikt zu lösen, befolgt man alle muslimischen Rituale und bewahrt sich gleichzeitig die westlichen Aspekte des Lebens.«

Die meisten Europäer, die zum ersten Mal in ein muslimisches Land reisen und nicht in Agadir, Bali, Antalya oder in Scharm El Scheich am hoteleigenen Strand liegen, sind verblüfft, wenn sie in den ersten Tagen durch die neuen, meist arabischen TV-Satellitenprogramme zappen. Al-Dschasira, den Nachrichtensender aus Katar, kennt man noch. Der Rest aber, ein weißer Fleck. »Da findet man ja alles, was es im westlichen Fernsehen auch gibt, nur als arabische Version«, musste Hans Nieswandt, bekannter deutscher DJ, erstaunt feststellen, als er auf Einladung des Goethe-Instituts im Nahen Osten unterwegs war. »Endlos viele Musiksender mit total teuer produzierten Videos. Wie auf MTV, nur mit anderer Schrift«, fügte er lapidar hinzu. Es ist ein für den Westen meist unbekanntes Paralleluniversum mit Game- und Talkshows, Superstar-Wettbewerben, Kindersendungen, Nachrichten- und Musikkanälen, sogar mit Fernsehpredigern im Stil der amerikanischen Televangelisten. Bis auf die großen Kinofilme aus dem Westen oder Indien alles hauseigene Produktionen mit arabischen und muslimischen Themen, und auf den Musiksendern überwiegend auch arabische Musik. Im Allgemeinen sind die Sendungen religiös korrekt, islamkompatibel und familiengeprüft. Sexuell Freizügiges ist eher selten zu finden. Bei Spielfilmen werden lange Kuss- oder Nacktszenen herausgeschnitten. Wie rigoros das gemacht wird, ist von Land zu Land verschieden. Im Notfall schaltet man eben um.

Im Internet finden sich unzählige islamische Webseiten, von Al-Qaida bis zu liberalen Reformern. Es geht dabei nicht nur um Islamfragen, sondern auch um Politik, Geschichte und praktische Lebenshilfe. Heranwachsende diskutieren in Chatforen über »Dating«, voreheliehen Sex und Mode. Über das Internet kann man sich für jedes Land die passende muslimisch-korrekte Kleidung bestellen. Es gibt interaktive Koranausgaben, Zamzam-Wasser aus dem Brunnen der großen Moschee in Mekka und Telefone mit dem Ruf des Muezzins als Klingelton. Der Islam ist zur Ware geworden – ein gutes Geschäft.

Früher sei das alles ganz anders gewesen, erklärte mir ein Gymnasiallehrer in Damaskus. »Der Islam war zwar präsent, aber nicht in dieser Form.« Im Ramadan (→ **Ramadan**) sei es kein Problem gewesen, mit einem Kollegen mal untertags eine Zigarette zu rauchen. Heute sei das undenkbar. Früher hätte man auch nicht öffentlich auf der Straße oder im Park gebetet. »Das war Privatsache, in geschlossenen Räumen. Draußen kann man sich gar nicht konzentrieren, wenn Autos vorbeifahren. Außerdem sollte der Ort des Gebets sauber sein«, meinte der Lehrer aufgebracht. Heute sei das alles doch nur Angeberei. »Wichtig ist nicht, ob man glaubt, sondern dass man so tut, als wäre man der gläubigste Mensch der Welt.«

Nach dem Ende des Kolonialismus in den Fünfziger- und Sechzigerjahren hatte man es mit dem westlichen Lebensstil versucht, westliche Kleidung getragen und war von der Idee vom Fortschritt der Moderne überzeugt gewesen. Nichts davon hat jedoch eine Wendung zum Positiven gebracht. Die sozialistischen Experimente in muslimischen Ländern zerbröselten zu Diktaturen. Die Herrscher, die sich nach dem kapitalistischen Westen orientierten, waren nicht minder undemokratisch und brutal. Über den abwertenden Status einer unterentwickelten Dritten Welt brachten es die muslimischen Länder nie hinaus. »Eine vollkommen zu vernachlässigende Größe im internationalen Kräftespiel«, meinte der libanesische Journalist und Historiker Samir Kassir bei einem gemeinsamen Sonntagsfrühstück in seiner Beiruter Wohnung, wenige Wochen bevor er durch einen Bombenanschlag im Juni 2005 ums Leben kam.

In seinem Buch *Das arabische Unglück* hat er sich mit dem »Gefühl der Ohnmacht« auseinandergesetzt, das sich besonders unter arabischen Muslimen breitmachte. »Über Jahrzehnte wurde es als kollektives Schicksal kultiviert, das sich nach und nach auch auf andere, nichtarabische muslimische Länder übertrug.« Die militärischen Niederlagen gegen Israel hätten dieses Unterlegenheitsgefühl besiegelt. Aus eigener Kraft konnte man nicht einmal mehr regionale Konflikte beeinflussen. »Etwas, das gerade im Falle des Palästinakonflikts besonders bitter war, galt er doch als Inkarnation erlittener Ungerechtigkeit«, erklärte der renommierte Journalist der Beiruter Tageszeitung *An-Nahar*. Damals habe man noch an ein »importiertes sozialistisches Begriffsinventar, wie zum Beispiel Masse, Klassengesellschaft oder Revolution, geglaubt. Man war überzeugt, alles müsste nur richtig angewendet, verwirklicht werden«, fügte Samir Kassir schmunzelnd an, bevor er wieder einen Schluck Kaffee nahm und von seiner libanesischen Frühstückspizza abbiss. »Was viele, gerade Islamisten nicht wahrhaben wollen, damals passte man sich ohne große innere Vorbehalte der Säkularisierung des Alltagslebens an. In alten Filmen und Büchern dieser Zeit, mit heute unvorstellbaren Szenen, kann man das sehr gut nachprüfen.«

Etwa Mitte der Achtzigerjahre werden die ersten Zeichen einer Re-Islamisierung in vielen Ländern spürbar. Warum sich nicht auf eigene Traditionen und Geschichte besinnen, anstatt aus dem Westen importierte Ideologien zu kopieren? Die Revitalisierung blieb damals jedoch in der Regel auf das Alltagsleben beschränkt und war mehr eine private, individuelle Einstellung, wie auch der Gymnasiallehrer aus Damaskus berichtete. »Der Islam hat sich zwar in den letzten drei Jahrzehnten enorm ausgebreitet«, bestätigte Amal Saad-Ghorayeb, die junge Beiruter Uni-Professorin, »aber islamische Ansichten und Meinungen sind interessanterweise erst seit ein paar Jahren massiv in der Öffentlichkeit präsent.« Eine Präsenz, die erst durch die arabische Medienrevolution möglich wurde, für die der 11. September 2001 ein Stichtag ist. »Plötzlich gab es in der arabischen Welt ein Bedürfnis nach anderen, nichtwestlichen Nachrichten«, erklärte mir Ibrahim Mousawi vom Hisbollah-Satellitensender Al-Manar, der mit rund zehn Millionen Zuschauern zu einem der drei beliebtesten arabischen Fernsehsender zählt. »Man wollte einfach die Wahrheit sehen«, fügte er schmunzelnd hinzu.

Heute wird die Wahrheit von Al-Manar, Al-Dschasira oder Al-Arabija in die ganze Welt ausgestrahlt: Bilder von durch israelische oder amerikanische Soldaten getöteten Zivilisten in Palästina, Irak, Afghanistan oder Libanon, von Widerstandskämpfern und Märtyrern, Stellungnahmen von Hamas, den Taliban oder Al-Qaida. Während der US-Invasion in Afghanistan 2001 war das noch etwas Neues, Revolutionäres. Heute ist diese Nachrichtenperspektive alltäglich. Man kann es nicht vermeiden, eine Meinung zu haben, bei der es auch um eine bessere Moral geht, und stellt sich auf die Seite der (vom Westen) Unterdrückten und Gedemütigten. Wie in Europa oder den USA sind die Medien Teil eines kulturellen und politischen »common sense«, dessen Werte und Normen sie ständig reproduzieren.

Aus diesem »common sense« kann sich heute jeder Muslim herauspicken, was er für seine islamische Haltung benötigt. Die Palette ist breit gefächert: von liberal bis radikal. Sicherlich haben Konservative in den letzten Jahren den öffentlichen Diskurs bestimmt, und die Außenpolitik der USA hat ihnen dabei gute Argumente geliefert. Aber es gibt mittlerweile Abnutzungserscheinungen. Kritik am Weltgeschehen ist allgegenwärtig, vielfach auch erwünscht, aber auf Dauer doch immer das Gleiche. Bestenfalls wechselnde Gesichter, aber ansonsten dieselben eintönigen, ermüdenden Floskeln. Wer Aufmerksamkeit und Interesse wachhalten will, braucht positive Meldungen, bedarf positiver Resultate. Etwas, das der radikale politische Islam nicht vorweisen kann.

Er kennt nur eine endlose Spur von Gewalt und Desaster: Märtyrer, massenweise unschuldige tote Zivilisten, Geiselnahmen, Entführungen und Hinrichtungen. Es gibt keine militärischen Siege, keine bedeutenden politischen Erfolge. Der von den Islamisten in Algerien verlorene Bürgerkrieg (1991-2002) war ein endloses Gemetzel an 150 000 bis 200 000 Menschen; Chaos im Irak; Bürgerkrieg in Palästina zwischen Hamas und Fatah; ein aussichtsloser Kampf auf unabsehbare Zeit in Afghanistan; Massaker an Zivilisten in Bali, London, Istanbul, Madrid oder Casablanca; muslimische Banden, wie die Abu-Sayyaf-Gruppe auf den Philippinen – damit hält man vielleicht eine kleine extreme Minderheit bei der Stange, aber nicht die breite muslimische Öffentlichkeit. Diese will Ruhe, Arbeit, Wohlstand und eine akzeptable Zukunft für sich und ihre Kinder. Seit dem 11. September 2001 ist es für sie mit dem problemlosen Reisen vorbei und das Auslandsstudium von Sohn oder Tochter gestaltet sich als eine langwierige Prozedur mit ungewissem Ausgang. Visa für Europa oder Nordamerika werden nicht mehr so unkompliziert wie früher erteilt. An Flughäfen und bei Grenzkontrollen gibt es in der Regel Sonderbehandlung. Im Ausland wird man in Nahverkehrszügen, im Bus und an Bahnhöfen verdächtig beäugt.

Wie im Westen wollen die Otto Normalverbraucher der muslimischen Gesellschaften ebenso wenig Morde, Bomben, Destruktion, nicht den totalen Krieg gegen alle Herrschenden dieser Welt. Und die Kultur des Westens bekämpfen oder sie sogar auslöschen ist für sie ein absurdes Unterfangen. Das erscheint nur in den Köpfen von wenigen Radikalen möglich.

Millionen von Jugendlichen sitzen Tag für Tag in Internet-Cafés, um mit der ganzen Welt zu chatten. Man knüpft Bekanntschaften, tauscht Meinungen und Informationen aus. Wer es sich leisten kann, hat eine Satellitenschüssel auf dem eigenen Dach. In den Bars und Cafés fiebert man am Wochenende den Spielen der englischen, französischen und spanischen Fußballligen entgegen, unter der Woche den

Spielen der europäischen Champions League. In einigen Ländern verfolgt man die US-Basketball-Liga oder auch die National Football League. Jeder Familienvater würde am liebsten Mercedes fahren und vertraut auf deutsche Wertarbeit. Man bevorzugt Waren aus Europa, aber auch aus den USA, obwohl chinesische Produkte viel billiger sind. Man erwartet gespannt neueste Telefonmodelle, Computer, Software, Musik, Filme und Unterhaltungselektronik. Krankenhäuser, Betriebe, Institutionen kaufen im Westen ihr technisches Gerät, lassen ihre Nachwuchskräfte von Spezialisten aus den USA oder Europa ausbilden. Von vielen Familien lebt ein Mitglied in Kanada, Frankreich, Schweden oder Deutschland. Länder, deren Organisation, Zuverlässigkeit, Rechtssicherheit und soziales Versicherungssystem man in den höchsten Tönen preist und lieber heute als morgen im eigenen Land verwirklicht hätte. Die Grenzziehung von Kultur zu Kultur ist denkbar schwer. Wer soll da wen bekämpfen?

Natürlich gibt es diesen Stolz, das Gefühl der Überheblichkeit, auf das man bei fast allen Gesprächen mit Muslimen über den Islam und den Westen stößt: Ich bin stolz, ein Muslim zu sein. Es fallen dabei stets die gleichen Plattitüden: Der Islam ist die aktuellste und daher beste Religion, schließlich wurde er nach dem Judentum und Christentum offenbart; der Islam (Koran) gibt Antwort auf alle Fragen des Daseins, so modern sie auch sein mögen; er ist die kompletteste aller Religionen und kennt keine Fehler – alles erlernte Floskeln, die im Grunde völlig belanglos sind. Gott kann schlecht neu, alt, komplett oder fehlerhaft sein, wenn man denn an ihn glaubt.

Hinter diesen Oberflächlichkeiten versteckt sich in Wirklichkeit viel mehr, wie man gerade bei jungen Leuten erkennen kann: Der Glaube unterscheidet sie, schafft Differenz, gibt ihnen eine besondere Identität. Es ist nicht mehr der Islam ihrer Väter, es ist ein neuer, moderner Islam, der mehr als nur die Religion umfasst. Früher musste man, um up to date und cool zu sein, Musik, Literatur, Filme und Mode aus dem Westen kennen. Heute ist das kein Thema mehr. Man hat seine eigenen Musiksender, seine eigene Popmusik und sexy Popidole. Filme kommen heute aus Indien oder Ägypten und Mode aus dem Libanon. Der Westen ist nicht mehr der Nabel der Welt.

Entsprechend groß sind die Lücken im Wissen über westliche Kultur, was am Beispiel westlicher Popkultur augenfällig wird. Für viele Jugendliche sind Beatles, Madonna, Michael Jackson oder Nirvana klanglose Namen. Vertreter der älteren Generation, ab 50 und älter, können sich dagegen noch sehr gut an Pink Floyd, Led Zeppelin und vielleicht sogar noch an Mark Knopfler von den Dire Straits erinnern. Die Jüngeren haben an der westlichen Musik kein großes Interesse. Man kennt Techno, Rap, Hip-Hop, aber es ist lange keine Pflicht mehr, die Namen von Sängern und Gruppen herunterbeten zu können.

Noch deutlicher wird die Differenz beim Thema Politik. Muslim sein bedeutet, dass man sich nicht verblenden, nicht an der Nase herumführen lässt. »Wir wissen, wie die Welt funktioniert. Wir sind nicht so dumm wie die im Westen.« Als Austauschstudenten aus den USA in einer meiner Englischklassen waren, wurden sie nett und höflich empfangen, dann aber mit Fragen bombardiert: Muss man sich als US-Amerikaner, angesichts der Politik der Regierung, nicht schämen? Warum treten die USA offiziell für Demokratie ein, wollen aber in Wirklichkeit nur das Öl? Kann es einen guten Kapitalismus geben? Die Studenten aus den USA waren ziemlich perplex, was da alles auf sie zukam. Die Fragen wurden von Mädchen und Jungen im Alter von Anfang, Mitte 20 gestellt, die alle keine Islamisten sind, sondern gegen Terrorismus und für eine demokratische Gesellschaft ohne lebenslange Monarchen und Präsidenten. Die Mädchen trugen keine Kopftücher und wollten auch keine Hausfrauen werden. Nach den aktuell brisanten Fragen interessierten sie sich auch für das Leben in den USA, für Ausbildungsmöglichkeiten, Schulen, Universitäten, fragten nach Büchern, Philosophen oder warum amerikanische Wissenschaftler zu den führenden der Welt gehören.

Mit Kulturkampf hat das alles nichts zu tun. Für diese jungen Leute steht das Muslimsein dafür, aufgeklärt, kritisch, realistisch in die Welt zu blicken und Grundsatzfragen zu stellen, was im Westen unpopulär geworden ist. Die Einstellung der jungen Studenten deutet auf eine von vielen Identitäten, die der Islam als modernes, globales Phänomen bereithält. Der französische Islamspezialist Olivier Roy sprach in seinem Buch *Der islamische Weg nach Westen* zu Recht von einer Privatisierung der Religion. Jeder kann sich seine Version bilden. Die individuelle Re-Islamisierung wird nicht als Akt der Unterwerfung, des Rückschritts empfunden, sondern als Emanzipation. Für sich einen Platz in der Welt zu finden, der sie meist in Opposition zu den Königen, Emiren und Präsidenten im eigenen Land bringt.

Wir wissen natürlich alle: Der Typus von Studenten aus meiner Englischklasse ist nicht der Problemfall, der Bomben legt und Märtyrer werden will. Aber gerade diese jungen Menschen, die eine zeitgenössische Adaption versuchen, werden bei uns im öffentlichen Diskurs gerne unterschlagen. Als würden sie nicht existieren. Sie passen vielen offensichtlich nicht ins negative Bild, das man sich vom Islam und muslimischen Gesellschaften macht. Stattdessen spricht, schreibt und diskutiert man ausschließlich über radikale Islamisten, Fundamentalisten und Konservative, die unserer Kultur, der Demokratie, der Freiheit und den Menschenrechten den Kampf angesagt haben. Bei dieser einseitigen Sicht der Dinge werden die Widersprüchlichkeiten ausgeblendet.

Ohne Zweifel wollen die Wertkonservativen in ein goldenes Utopia zurück oder eine islam-puristische Gesellschaft errichten, die beide im Gegensatz zu westlichen, demokratischen Lebensprinzipien stehen. Man macht sich nur wenig Mühe, über die Beweggründe für diese islamischen Gegenmodelle nachzudenken. Mit dem Hinweis auf die Religion ist alles abgetan. Dabei haben auch Wertkonservative ein Identitätsproblem. Sie fürchten, überrollt zu werden und im Werterelativismus einer postmodernen Gesellschaft verloren zu gehen: wo Identität und Persönlichkeit, außer in Werbespots, keinen Platz mehr haben; wo alles, selbst Politik, vom medialen Abnutzungsfaktor entschieden wird; wo der Wert des Menschen der ökonomischen Rationalität untergeordnet wird, ja er selbst, mit Haut und Haaren, ein Teil davon ist; wo feste Haltungen, Traditionen, Einstellungen nicht mehr existieren oder nichts mehr zählen; wo Familie und Liebe eine Erfindung aus Magazinen und dem Cyberspace sind und selbst die physische Erscheinung nach Wunsch chirurgisch veränderbar ist.

Der muslimische Wertkonservatismus ist ein Versuch der individuellen Positionierung – allerdings aus einer panischen Abwehrhaltung heraus, gleichsam ein letzter Reflex, ein letztes Entgegenstemmen. Denn jeder weiß: Die Katastrophe hat schon längst begonnen. Man braucht nur den Fernseher einzuschalten oder in die Internetcafés zu blicken. Auch den Wertkonservativen ist bewusst, dass ihre Lebensprinzipien Tag für Tag mehr an Grund verlieren, sonst würden sie nicht so vehement Einhalt gebieten wollen und mit dem Finger Richtung Utopia zeigen.

Ihre Zeit ist längst abgelaufen. Kulturell haben sie keinerlei Überlebenschance. In Bahrain konnten islamistische Parteien 2004 zwar weitere lokale Produktionen von der »unmoralischen und unislamischen« TV-Serie »Big Brother« stoppen. Was als vorschneller Sieg gefeiert wurde, war in Wirklichkeit ein Musterbeispiel für den Funktionsmechanismus moderner Mediengesellschaften: heute etwas abgesetzt und verhindert, gibt es morgen davon schon fünf oder zehn neue Versionen, ob sie nun »Big Brother«, »Star Academy« oder »Superstar« heißen. Sie werden an anderen Orten produziert und via Satellit auch in die Wohnzimmer nach Bahrain versendet. Mit dem Internet ist es nicht anders. Zum Thema Islam zeigt es sich als wahres Universum von Standpunkten und Meinungen. Bücher und Filme können verboten werden, man sieht sie in anderen Ländern, schickt Kopien oder lädt sie aus dem Internet herunter.

Muslimische Geistliche können predigen, was sie wollen: Die gesellschaftliche Realität ist meist eine andere. Jugendliche werden weiter vor den Musikkanälen sitzen und träumen, so berühmt zu werden wie ihre Idole. Zu Tausenden reisen sie zu den Superstar-Wettbewerben, um die Teilnahmehürden zu schaffen. Sie besuchen verbotene Webseiten, gehen auf Rock- oder Hip-Hop-Konzerte, treffen sich mit ihrem Freund oder ihrer Freundin, haben Sex an geheimen Orten, rauchen Haschisch, trinken Alkohol, gehen auf Partys, bekommen uneheliche Kinder und sehen sich heimlich die Annoncen der deutschen Telefonsex-Hotlines an. Wenn sie es nicht selber tun, sehen sie es im Fernsehen oder hören es von Freunden. Für die meisten der jungen Leute steht das nicht unbedingt im Widerspruch zu ihrer Religion. Sie wollen einen modernen, offenen Islam, keinen religiösen Purismus anno dazumal, der ihnen alles verbietet, was interessant ist und Spaß macht. Religiöser Purismus befindet sich schon lange auf der Verliererstraße. Gegen die moderne Medienwelt ist er auf Dauer chancenlos.

Dem Islam wird es nicht anders ergehen als den linken Bewegungen in der zweiten Hälfte des 20. Jahrhunderts. Auch damals glaubte eine überwiegend jüngere Generation, es gebe tatsächlich eine Chance zur großen sozialen und humanen Veränderung. Das Ende des Kapitalismus stünde bevor und die Zeit sei reif für einen neuen Menschen. Nichts von dem ist passiert, die Welt blieb kapitalistisch und ungerecht. Obwohl der sozialistische Gegenentwurf damals wesentlich größeren Einfluss auf das Weltgeschehen hatte als heute der Islam. Den könnte man im Vergleich dazu schon beinahe marginal nennen. Was sind einige Tausend muslimischer Demonstranten, die gegen die Mohammed-Karikaturen oder gegen die miserable Behandlung der Guantánamo-Häftlinge auf die Straße gingen, angesichts der Ereignisse in den Sechziger- und Siebzigerjahren? Sehr wenig, muss man sagen, denkt man an die Studenten-Proteste in Buenos Aires, Santiago de Chile, Washington, Athen, Mailand, Berlin, Paris oder Sydney. Ganz zu schweigen von den sogenannten anti-imperialistischen Guerillagruppen, die in Südamerika, Asien und Afrika über lange Jahre kämpften und teilweise heute noch existieren. Einige wenige Namen wie Kuba, Vietnam, Angola, Nicaragua, El Salvador oder Kolumbien sprechen Bände.

Mit dieser weltpolitischen Dimension kann der militante Islam nicht mithalten. Außer vielleicht in Algerien, Afghanistan und im Irak konnte er nirgendwo sonst so etwas wie eine originale Volksbewegung initiieren. Seine Aktivitäten beschränken sich auf sporadische blutige Terroranschläge in verschiedenen Ländern. Die islamistischen Extremisten sind militärisch keine strategische Gefahr, sondern nur ein Sicherheitsrisiko. Vielleicht erzwingen sie den Abzug der US-Truppen und ihrer Verbündeten aus dem Irak. Aber selbst das wird ebenso wenig die islamische Weltrevolution bringen, wie der Abzug der USA aus Vietnam 1975 den Siegeszug des Sozialismus einleitete.

Neben den militanten Gruppen werden im Westen auch die islamistischen politischen Parteien in muslimischen Ländern als Gefahr angesehen. Dabei wird übersehen, dass sich die Parteien an die Regeln und Gepflogenheiten des politischen Systems halten müssen. Sie durchlaufen einen Integrationsprozess. Sicherlich, je nach Land, nicht immer ganz freiwillig und auch nicht immer erfolgreich. Wer aber jenseits von Gewalt, Subversion und Gefängnis an der politischen Partizipation teilnehmen will, dem bleibt auf Dauer keine andere Wahl. Als Beispiele von Islamisten im Parlament könnte man Bahrain, die Türkei, Malaysia, Jordanien,

Marokko, Jemen, Kuwait oder auch Ägypten nennen. Ein unbedingtes Signal für eine radikal-konservative Wende in der Gesetzgebung ist das allerdings nicht.

Der neue islamistische Präsident Abdullah Gül, um dessen Wahl 2007 es so viel Kontroversen in der Türkei gab, kann aus seinem Land mit säkularer Verfassung nicht ohne Weiteres eine islamische Republik machen. Entgegen aller Befürchtungen versicherte er gleich zu Beginn seiner Amtsperiode, er wolle nicht an den säkularen Prinzipien der Türkei rütteln. Das würde ihm auch schlecht bekommen, das Militär hatte vorgewarnt, es würde so etwas unter keinen Umständen dulden.

In Marokko wurde ein neues progressives Familienrecht durchgesetzt und im Jahr 2004 eingeführt, das die Rolle der Frau stärkt und für viele muslimische Länder revolutionär ist. Damals war die islamistische PJD (Partei der Gerechtigkeit und Entwicklung) die stärkste Oppositionspartei im Parlament.

In Bahrain haben islamistische Parteien nach einem Boykott 2002 an den Wahlen 2006 teilgenommen und sind im Parlament vertreten. Zum Ende der liberalen Politik von König Hamad führte das nicht.

Auch in Ägypten führten die 88 Sitze, die die legendäre Muslimbruderschaft von insgesamt 454 in der Volksversammlung 2005 über eine unabhängige Liste gewann, nicht zum politischen Erdrutsch. Die Partei, eine der vehementesten Gegner des seit 1981 amtierenden Präsidenten Husni Mubarak, wird zwar immer wieder verfolgt, überwacht und deren Mitglieder werden ins Gefängnis gesteckt, trotzdem hätte man aber meinen können, das Parlament als öffentliche Plattform gebe mehr Breitenwirkung.

Die Muslimbruderschaft, die bereits 1928 von Hassan al-Banna gegründet wurde, war eine der einflussreichsten islamistischen Organisationen und ein Modell für andere Gruppen, wie beispielsweise für Hamas in Palästina. Die Bruderschaft unterhielt eine bewaffnete Miliz, die verschiedene Attentate beging; seit den Siebzigerjahren wurde jedoch offiziell der Gewalt abgeschworen. Heute tritt sie für Rede- und Versammlungsfreiheit ein, für Unabhängigkeit der Gewerkschaften, völlige Transparenz aller Regierungsgeschäfte, gegen Korruption und für die Freiheit aller politischen Gefangenen. Sie wollen weder die Kopftuchpflicht für Frauen einführen noch Alkohol verbieten. Aiman al-Sawahiri, die rechte Hand von Osama bin Laden, bezeichnete die Muslimbruderschaft als Werkzeug der US-Politik. Abu Mussab al-Sarkawi, der inzwischen getötete Al-Qaida-Boss im Irak, richtete sich ebenfalls in einer Botschaft nach Ägypten: »Wie kann man nur einen anderen Weg als den des Dschihads wählen? Ich appelliere an die islamische Partei, ihre Strategie aufzugeben. Sie macht Sunniten nur zu Verlierern.«

Viele Islamkritiker nehmen der Muslimbruderschaft den Wechsel vom Saulus zum Paulus nicht ab. Aber momentan kann man nichts Gegenteiliges feststellen. 2007 erklärte sogar der liberalere Flügel der Partei, man sei bereit, Israel anzuerkennen. Etwas, das stets völlig außer Frage stand. Ob man es wahrhaben will oder nicht: In muslimischen Ländern tut sich etwas. Zwar langsam, aber immerhin. Dort wird, genau wie im Westen, über die Rolle des Islams diskutiert. Das Thema ist täglich im Fernsehen, in Zeitungen und in Privatgesprächen präsent. Die radikalen, militanten Islamisten für den globalen Dschihad haben sich längst selbst mit ihren blutigen Aktionen diskreditiert.

Die Dichotomien der Wertkonservativen von schwarz und weiß, gut und böse, Islam und der Westen, mögen gut klingen, praktische Lebenshilfen für den Einzelnen sind sie kaum. Die Menschen wollen und brauchen mehr. Eine Neuorientierung ist bereits im Gange. Die erste große Islam-Welle hat ihren Höhepunkt überschritten und befindet sich im Niedergang. Ob uns eine zweite mit denselben Ausmaßen erwartet, steht zu bezweifeln.

Natürlich wird es weiter Attentate geben, deren Opfer wie üblich nicht die politische Elite ist, sondern Menschen, die auf dem Weg zur Arbeit, zum Einkaufen oder in die Schule sind. Man wird sich darauf mittelfristig leider einstellen müssen. Der bewaffnete Kampf der deutschen RAF und auch anderer Gruppen in Westeuropa dauerte knapp drei Jahrzehnte, inklusive aller Folgen. Wir haben bereits die ersten zehn Jahre des islamistischen bewaffneten Kampfes hinter uns.

In London gingen 2007 mehrere Bombenattentate glimpflich aus, weil glücklicherweise amateurhafte Dilettanten am Werk waren. Ein gutes Zeichen: Al-Qaida gehen die Profis aus. Auch in Nordafrika ist dieser Trend spürbar. Al-Qaida hat sich zwar vor zwei Jahren mit anderen lokalen Gruppen zu Al-Qaida im Maghreb formiert und die Selbstmordanschläge in Algier im April 2007 durchgeführt. Tatsächlich lassen sich aber vor Ort kaum mehr Mitglieder rekrutieren. Für einen Einsatz im Irak ja, aber nicht für derartige Anschläge, die in der Öffentlichkeit keinerlei Zustimmung finden und für die Familien der Attentäter mehr zur Schande, denn zur Ehre werden. Al-Qaida und andere radikale Organisationen haben offensichtlich Rekrutierungs- und Ausbildungsprobleme. Für 2007 hatte Al-Qaida mehrfach große Anschläge in Marokko angekündigt. Die dazu benötigten Terrorprofis wurden aus dem Ausland eingeschleust, von den marokkanischen Behörden jedoch regelmäßig verhaftet. Die kleinen Einsatzgruppen, die landesweit Touristeneinrichtungen in die Luft jagen wollten, bestanden vorwiegend aus Ausländern. Vielleicht werden die militanten Organisationen notgedrungen ihre Strategie ändern, um nicht komplett isoliert zu werden.

Welchen Weg auch immer der islamistische Terror einschlagen wird: Er ist letztlich chancenlos. Der Kampf der Kulturen findet nicht statt. Der ist und bleibt eine Imagination.

Demokratie

D

Islam und Demokratie sind unvereinbar

Über das Thema Demokratie und Islam ist in den letzten Jahren so viel geschrieben worden – man könnte damit wahrscheinlich eine Bibliothek füllen. Die einen sehen im Islam ein demokratisches Potenzial, es fehle nur an Reformen. Die anderen verneinen das kategorisch und halten Islam und Demokratie für Antagonismen: Wer nicht zwischen Staat und Politik trenne, könne keine Demokratie begründen. Wieder andere sind unentschieden: Wenn bestimmte Voraussetzungen erfüllt sind, vielleicht wäre die Vereinbarkeit von beiden dann denkbar. Die üblichen Für und Wider, Wenn und Aber von Islamgegnern, Islambefürwortern und Leuten, die sich nicht entscheiden wollen oder können.

Für mich ist die Frage, ob Demokratie und Islam zusammengehen, ehrlich gesagt müßig. Früher hat man darüber nie in dem Ausmaß nachgedacht. Abgesehen von der Zeit der iranischen Revolution 1979 existierte das Islam-Demokratie-Problem nicht. Erst mit dem 11. September 2001, als der neue radikale politische Islam die USA auf eigenem Boden angriff, kam das Thema auf die öffentliche Agenda. Historisch gesehen also ein sehr neues Phänomen, über das man seither so ausführlich diskutiert.

Bei den theoretischen Planspielen über die Kompatibilität von Islam und Demokratie wird heute stets vergessen: *Den* Islam gibt es nicht. Er ist keine klar strukturierte Ideologie, die man mit dem System der Demokratie vergleichen könnte. Es existiert keine Fibel, kein Manifest, kein Buch, keine Grundsatzerklärung, auf die man sich universell beziehen könnte. Es gibt vielmehr ein Sammelsurium von sich teilweise widersprechenden religiösen Schriften, eine Vielzahl von unterschiedlichen Interpretationen, Versionen, Theorien und Sektenphilosophien, die sehr große regionale Differenzen aufweisen können. Der Spagat reicht von einer strikten Implementierung der Scharia (zu der allein es schon reichlich divergierende Konzepte gibt, → **Scharia**) mit einem obersten religiösen wie weltlichen Führer bis hin zu einem Staat mit säkularer Verfassung, Parlament und Mehrparteiensystem, in dem die Religion mehr oder weniger Privatsache ist. Zwischen beiden Polen des Spagats lassen sich noch eine Reihe verschiedener nationaler, sozialistischer und liberaler Komponenten in graduellen Abstufungen und Kombinationen finden. Eine repräsentative Durchschnittsmenge davon kann man nicht errechnen. Je nachdem, was man sich aus der vielfältigen Palette der theoretischen Islamkonzepte herauspickt, kann man den Daumen nach oben oder nach unten halten.

In der Praxis ist es nicht anders. Nimmt man die Islamische Republik Iran oder das konservative Saudi-Arabien als Gradmesser, geht der Daumen nach unten. Der Iran ist zwar eines der Länder mit den meisten Wahlen, aber die Kandidaten werden von den Behörden im Vorfeld aussortiert, die freie Meinungsäußerung sowie individuelle Freiheitsrechte sind eingeschränkt. Saudi-Arabien ist eine Monarchie, in der Frauen, also die Hälfte der Bevölkerung, kein Wahlrecht besitzen und auf ihr uneingeschränktes Reiserecht verzichten müssen. Dagegen ist das dort herrschende Verbot für Frauen, Auto zu fahren, fast eine Kleinigkeit.

Nimmt man dagegen nun die säkularen Nationen wie die Türkei, Indonesien oder den Libanon, geht der Daumen nach oben. In all diesen Ländern sind die Basisvoraussetzungen für Demokratie durch die Existenz von Wahlen, Parteien und einem Parlament erfüllt. Damit hat sich Frage, ob Demokratie und Islam zusammenpassen, eigentlich schon erledigt: Beide lassen sich ohne große Probleme vereinen. Genauso, wie das mit Christentum, Judentum, Buddhismus oder Hinduismus möglich ist. Bei diesen Religionen würde das niemand infrage stellen, obwohl es beispielsweise in den USA in den letzten Jahren zu einer Renaissance christlich-fundamentalistischer Wertvorstellungen kam, die ihren Weg bis ins Weiße Haus fanden. Wie würde die US-Demokratie aussehen, wenn die christlichen Fundamentalisten das Sagen hätten? Extremismus gibt es immer, deswegen aber alles in Bausch und Bogen verwerfen? Auch in Israel beeinflussen radikale bewaffnete Siedler Tag für Tag die Politik des Staates Israel – legal und illegal, wie der Bau nicht genehmigter Siedlungen oder die Ermordung Jitzchak Rabins im Jahre 1995 beweisen. Werden deshalb Bücher geschrieben, die die Kompatibilität des Judentums mit der Demokratie untersuchen?

Vor 30 oder 40 Jahren hat sich niemand über das Verhältnis von Islam und Demokratie Gedanken gemacht. Im Westen war man besorgt, dass noch mehr Staaten der Dritten Welt zum Lager des Sozialismus überlaufen und das internationale politische Gleichgewicht ins Schwanken kommt. Erst mit bin Laden und dem Taliban-Regime in Afghanistan wurde es zum großen Thema. Wahrscheinlich gab es Befürchtungen, es könnten sich noch mehr muslimische Staaten in islamische Terrorrepubliken verwandeln. Der Islam wurde zum großen Feindbild, das die Demokratie gefährde. Doch welche Demokratien sollten die Islamisten vor Ort gefährden? Außer in der Türkei und dem Libanon findet sich im Nahen Osten keine einzige. Ansonsten gibt es nur Königreiche, Emirate oder autoritäre präsidiale Republiken.

Also, dachte sich US-Präsident Georg W. Bush, müssen wir den Mittleren Osten demokratisieren. Vor der Invasion des Iraks im Februar 2003 verkündete er, ein »befreiter Irak wird das erste Beispiel der Freiheit sein, das die Kraft hat, die ganze Region zu beeinflussen«. Aber das mit dem Beispielcharakter klappte nicht so recht. Im Gegenteil, Folterskandale und das harsche Vorgehen der US-Armee gegen die

Zivilbevölkerung sowie die mangelnde Bereitschaft zum Wiederaufbau des Landes zeugten in der Region von einer imperialen Besatzungsmacht, nicht von einem friedliebenden Botschafter für Demokratie und Freiheit.

Trotzdem fanden im Irak 2005 die ersten freien Parlamentswahlen statt. Seitdem wurde von der US-Regierung nur noch selten vom Krieg gegen den Terrorismus gesprochen. Der neue Slogan hieß »aktive Förderung der Demokratie« mit dem Ziel einer »Transformation der Region des Mittleren Ostens«. Und diesmal ganz ohne die Überzeugungskraft der US-Waffenarsenale. In der Sprache eines Politikwissenschaftlers hieße das: »Paradigmenwechsel in der zweiten Amtsperiode von Präsident Georg W. Bush.«

Als Beweis, wie ernsthaft es die USA mit der aktiven Demokratieförderung meinten, galt die Verfassungsänderung in Ägypten. Zum ersten Mal in seiner bis dahin 24-jährigen Herrschaftsägide ließ Husni Mubarak bei der Präsidentschaftswahl im September 2005 Gegenkandidaten zu. Eine Woche vor der Bekanntgabe der Änderung des Artikels 76 hatte sich der ägyptische Staatspräsident noch strikt dagegen ausgesprochen. Erst eine direkte Intervention des US-State-Departements konnte ihn zum Meinungsumschwung bewegen.

Freie Bahn für Demokratie in Ägypten? Weit gefehlt. Mubarak lehnte eine Registrierung von Neuwählern ab, die Aufstellung der Kandidaten blieb parteiengebunden und die Nationale Demokratische Partei Mubaraks dominierte unangefochten das Parlament. Die bereits vorher registrierten Wähler waren zum großen Teil Parteigänger des Präsidenten. Die Verfassungsänderung bedeutet nicht mehr als eine kosmetische Oberflächenkorrektur. Und nicht zu vergessen: In Ägypten herrscht seit der Ermordung Anwar al-Sadats 1981 noch immer der Ausnahmezustand. In den Gefängnissen soll es rund 20 000 politische Gefangene geben. Eine der größten Oppositionsgruppen, die 1928 gegründete Muslimbruderschaft, ist offiziell verboten. Im Parlament sitzen sie als Unabhängige. Immer wieder gibt es Demonstrationen für das Ende des Ausnahmezustands, gegen die Folter in Ägyptens Gefängnissen und für die Freilassung politischer Gefangener. Seit Jahren dokumentieren Menschenrechtsorganisationen Übergriffe von Polizei und Militär.

US-Präsident George W. Bush spricht von Ägypten als »großer und stolzer Nation, die den Weg in die Demokratie im Mittleren Osten zeigen kann«. Gäbe es wirklich Demokratie in Ägypten, bestünden gute Chancen auf einen islamistischen Staatspräsidenten, der aus den Reihen der konservativen Muslimbruderschaft kommen könnte. Das wäre aber ein zu hoher Preis für die Demokratie, wie man in Palästina beobachten konnte. Im Januar 2006 gewann die radikal-islamistische Partei Hamas mit 76 Sitzen die absolute Mehrheit. Obwohl sich Hamas an die demokratischen Spielregeln hielt und ein nationales Kabinett mit der gemäßigten Fatah von Präsident Mahmud Abbas bildete, wurden sämtliche Hilfszahlungen aus dem

Westen sowie die Rückführung palästinensischer Steuergelder aus Israel eingestellt. Es folgte zuerst der finanzielle, dann der politische Exitus.

Nehmen wir noch zwei weitere Beispiele zum Thema Demokratie. Jordanien ist neben Ägypten das einzige Land der Region, das einen Friedensvertrag mit Israel geschlossen hat. König Abdullah II. gilt als fester Verbündeter der USA. Sein haschemitisches Königreich ist bekannt für Folter, Ehrenmorde und ein unnachgiebiges Vorgehen gegen Regimekritiker, bei dem die Menschenrechte verletzt werden. Die USA haben in jüngster Vergangenheit dort immer wieder Terrorverdächtige zwischengeparkt, aber nie auf demokratische Reformen bestanden.

Pakistan unter General Pervez Musharraf ist seit Jahren eine Militärdiktatur. Nur mit Glück entkam das militärische Staatsoberhaupt mehrfachen Attentatsversuchen. Pakistan ist ein muslimisches Land, in dem es große Sympathien für einen sehr konservativen Islam gibt. Es ist ein offenes Geheimnis, dass der pakistanische Geheimdienst ISI die Taliban unterstützte. Im Grenzgebiet zu Afghanistan agieren militante Islamisten, trotz Einsätzen der Armee, relativ unbehelligt. Solange General Musharraf im Amt ist, bleibt Pakistan ein Verbündeter der USA. Als Belohnung für Verdienste im Kampf gegen den Terror, lieferten die USA neue F-16-Militärflugzeuge nach Pakistan. Wie im Falle von Jordanien verzichtet Washington auch bei Pakistan auf jede innenpolitische Kritik. Am 28. November 2007 gab Pervez Musharraf in der Garnisonsstadt Rawalpindi tränengerührt seinen Posten als oberster Militär des Landes auf, um sich noch einmal für fünf weitere Jahre zum Präsidenten wählen lassen zu können. 1999 war er durch einen Militärputsch ins Amt gehoben worden.

Für die Vertreter islamistischer Parteien gab es bisher wenig Möglichkeiten, an demokratischen Systemen teilzunehmen. Es existieren kaum welche. Sollten Islamisten nach demokratischen Spielregeln gewinnen, versucht man sie, wie im Fall der palästinensischen Hamas, mit allen erdenklichen Mitteln wieder zu Fall zu bringen.

Kommen wir aber auf zwei demokratische Musterbeispiele der Region zurück. In der Türkei wurde 2007 ein Islamist zum Präsidenten gewählt. Dass seine Frau Kopftuch trägt, galt als aussagekräftiges Indiz dafür, dass er möglicherweise die säkulare Verfassung der Türkei ändern wolle. Seit dem Amtsantritt von Präsident Abdullah Gül sind jedoch keinerlei Anzeichen erkennbar, die sich gegen die Prinzipien des Säkularismus richten. In der Geschichte der Türkei wurden mehrfach islamistische Parteien ins Parlament gewählt, ohne dass die säkulare Demokratie demontiert worden wäre.

Im Libanon, dem Zedernstaat, gönnt man sich den Luxus einer radikalen islamistischen Partei im Parlament, die sogar eine eigene bewaffnete Miliz unterhält. Die schiitische Hisbollah erzielte bei den Parlamentswahlen 2005 14 Mandate und stellte sogar zwei Minister im Kabinett. Um am demokratischen System des Libanons teilzunehmen, änderte Hisbollah einen entscheidenden Punkt ihrer Präambel (→ **Hisbollah**). Sie verzichtete darauf, im Libanon eine islamische Republik errichten zu wollen. Angesichts der religiösen Pluralität des Landes (mit 18 verschiedenen anerkannten Glaubensgemeinschaften) würde ein islamischer Staat nur das Gegenteil von dem bringen, was er sollte, nämlich Chaos und Ungerechtigkeit. Partizipation am demokratischen Willensbildungsprozess sei der einzig sinnvolle Weg, wolle man an der politischen Gestaltung des Landes aktiv mitwirken. Eine Entscheidung, die nach heftigen internen Diskussionen getroffen wurde und zu Parteiaustritten einiger führender Mitglieder führte.

Im Zedernstaat denkt niemand darüber nach, ob sich Islam und Demokratie miteinander vertragen oder nicht. Derartige Überlegungen sind dort völlig unverständlich: Demokratie hat nichts mit Religion zu tun, sondern mit dem Willen, am demokratischen System teilzunehmen. Der Islam ist einfach eine von mehreren Religionen, was sich im politischen Programm einer Partei niederschlagen mag, aber nichts am politischen Prozess ändert.

In Marokko fanden im September 2007 die zweiten freien Wahlen unter König Mohammed VI. statt, der seinen Vater Hassan II. 1999 auf dem Thron beerbt hatte. Gerade im westlichen Ausland wurde die islamistische Partei für Gerechtigkeit und Entwicklung (PJD) bereits vor den Wahlen als großer Sieger auserkoren. Man ist im Westen so sehr auf Islamismus als Schrecken und Bedrohung fokussiert, dass man die Realität leicht aus dem Auge verliert und das Schlimmstmögliche instinktiv annimmt. Nach dem Selbstmordanschlag in Algerien, der sich nur einen Tag vor den Wahlen in Marokko ereignete, gab es bei Journalisten aus dem Westen Befürchtungen, Al-Qaida könne in Rabat oder Casablanca Ähnliches versuchen. Außerdem zog man noch andere Katastrophen in Erwägung. Sollten die Islamisten als überwältigende Sieger aus den Wahlen hervorgehen, würden das der marokkanische König, die Armee, der Machsen (Machtelite um den Königspalast) einfach hinnehmen? Steht Marokko am Rande eines Bürgerkriegs wie einst Algerien? »So etwas hat nichts mit einer Analyse der Realität in Marokko zu tun«, erklärte mir Professor Khalid Amine von der Universität Tetouan, »sondern mit dem Negativbild von muslimischen Ländern, die ein Synonym für Desaster sind.« So begründet und wichtig der Kampf gegen den islamistischen Terror sei, man sollte ihn nicht zum Gespenst hochstilisieren, das Schritt für Schritt die Weltherrschaft ergreife.

Aber die negativen Erwartungen wurden nicht erfüllt. Die PJD erzielte zwar fünf Mandate mehr, letztendlich bedeutete das Abschneiden, bei einer Wahlbeteiligung von nur 37 Prozent, jedoch eine Niederlage. 2002 hatte die islamistische Partei in allen Wahlkreisen kandidiert und beinahe dasselbe Ergebnis erzielt. 2007 rechnete der Generalsekretär der PJD, Saad Eddine Othmani, nun den Stimmenanteil von 2002 auf alle Wahlkreise hoch und kam so auf einen Sieg seiner Partei mit über 70

Mandaten. Othmani vergaß dabei allerdings etwas Entscheidendes, was allen passiert, die denken, eine göttliche Botschaft sei für ewig: Nach der US-Invasion in Afghanistan 2001 hatte es eine große Welle der Sympathie für den Islam gegeben. Sechs Jahre danach gab es offensichtlich keinen Bonus mehr dafür, eine Partei Gottes zu sein, die für Sitte, Moral, Anstand und Einhaltung der Scharia eintritt. »Die Wahlen sind der Beweis«, sagte Khalid Amine, spezialisiert auf postkoloniale Studien, »dass die Islamisten keine große Volksbewegung sind, wie sie immer behaupten, sondern eine Minderheit.«

Der Glaube an das göttliche Prinzip in der Politik als regelnde Kraft ist verloren gegangen. Ob die Wahlen in Marokko ein Gradmesser für andere Länder sind, muss sich zwar noch herausstellen. Aber es scheint wahrscheinlich. Die große Islam-Welle flaut allmählich ab oder pegelt sich zumindest ein. Der islamistische Terror wirkt abschreckend, wie verschiedene Meinungsumfragen der letzten Jahre zeigten (→ **Al-Qaida**). Der überwiegende Teil aller Muslime lehnt Gewalt ab und setzt auf demokratische Reformen. Die Frage ist nur, ob Regime wie in Jordanien, Ägypten oder Saudi-Arabien bereit sind, den Weg einzuschlagen, auf dem sich die Türkei, Indonesien oder auch der Libanon seit Langem befinden. Mit der Religion des Islams hat das nur am Rande zu tun. Heute werden demokratische Reformen mit dem Hinweis auf die Bedrohung durch den radikalen politischen Islam als waghalsig und gefährlich dargestellt. Dabei waren Jordanien oder Saudi-Arabien in einer Zeit, als der politische Islam keine oder nur eine untergeordnete Rolle spielte, ebenso wenig bereit, Reformen zu implementieren.

Drogen

Muslime nehmen keine Drogen, weil sie der Koran verbietet

Im Koran sind Drogen nicht genannt, aber das religiöse Alkoholverbot (→ **Alkohol**) wurde auf alle anderen berauschenden Substanzen ausgedehnt. Trotzdem werden sie, wie im Rest der Welt, auch in muslimischen Staaten konsumiert. In den Siebziegerjahren fuhren Hippies aus Europa oder den USA im »Magic Bus« von Amsterdam über Istanbul Richtung Indien. Drogen aller Art gehörten zur »Reiseverpflegung«. Ob Haschisch oder Opium, auf der Fahrt durch die Türkei oder Afghanistan war beides leicht zu haben. Die Hippies schätzten das Laisser-faire der Länder im Umgang mit Drogen. Bis heute wird in einigen muslimischen Staaten bei Substanzen, die zwar offiziell verboten sind, aber seit Jahrhunderten angepflanzt und konsumiert werden, noch ein Auge zugedrückt.

In Marokko sind dies Marihuana und Haschisch, die traditionell abends in Cafés geraucht werden, aber auch tagsüber von Maurern und Malern bei der Arbeit, so wie bei uns Bier getrunken wird. Rund eine Million Menschen leben direkt oder indirekt von der Haschischproduktion, das eines der größten Exportgüter des Landes ist. Leider gehen die Erlöse in private Taschen, sonst hätte das »grüne Öl« Marokko schon längst reich gemacht. Die marokkanische Regierung versucht seit einigen Jahren mit der Pflanzung von Olivenbäumen eine Alternative für Bauern anzubieten. Der Erfolg hält sich aber in Grenzen, da Cannabis profitabler ist. Selbst Verhaftungen von korrupten Polizeibeamten und Drogenbaronen bringen wenig. Sofort werden ihre Plätze neu besetzt, die großen Summen, die mit Haschisch verdient werden können, sind zu verführerisch.

Im Jemen wird Quat, eine leicht berauschende und anregende Pflanze, nach dem Mittagessen gekaut. Am Nachmittag kann man im Auto oder auf der Straße Männer sehen, die Quat, so groß wie ein Tischtennisball, im Mund haben. Im Jemen stiegen die Anbauflächen für Quat innerhalb der letzten zehn Jahre um 41 Prozent. Für eine leistungsorientierte, kapitalistische Gesellschaft ist es natürlich nicht denkbar, wenn das Leben nach dem Mittagessen nur mehr mit halber Kraft weiterläuft. Offizielle Stellen beklagen sich daher weniger über gesundheitliche Schäden, sondern über den ökonomischen Ausfall.

In Afghanistan wird seit der US-Invasion 2001 Heroin (→ **Taliban**) in Rekordmengen produziert, was dem benachbarten Iran, der auf einer der Exportrouten liegt, über eine Million Konsumenten einbrachte.

In Saudi-Arabien konfisziert die Polizei regelmäßig Tausende von Captagontabletten, ein starkes Aufputschmittel. Hinzu kommen Haschisch und Quat aus dem benachbarten Jemen.

Der Libanon war lange Zeit fünftgrößter Heroinproduzent der Welt und bis einige Jahre nach dem Ende des libanesischen Bürgerkriegs 1990 ein Drogeneldorado. Noch heute werden dort Marihuana und Opium angebaut, wegen staatlicher Verfolgung jedoch in geringerem Ausmaß. Dafür ist die Bekaa-Ebene, jahrhundertelang selbst Anbaugebiet von Cannabis und Opium, jetzt Umschlagplatz für Kokain und Crack aus Südamerika, das in den Mittleren Osten und Mittelmeerraum geht. In Ägypten ist Haschischrauchen mit der Wasserpfeife eine alte Tradition. Malaysia erwartet bis 2015 eine Million injizierende Drogenkonsumenten, obwohl dort sogar die Todesstrafe auf Drogenbesitz steht. In Indonesien nicht anders. Trotzdem wird in der Provinz Aceh Cannabis in großem Stil angebaut und von einer Drogenmafia exportiert.

Drogenkonsum ist keine Frage eines Kulturraums oder der Religion. Er gehört zu jeder Gesellschaft, und keinerlei Verbote, seien sie auch noch so drakonisch, können das unterbinden. Es wird immer wieder Menschen geben, die sich nichts oder wenig um religiöse und gesetzliche Verbote scheren. Islamische Gesellschaften machen da keine Ausnahme.

Dschihad

Dschihad bedeutet Heiliger Krieg gegen alle Ungläubigen und ist Pflicht aller Muslime

Fast täglich hört und liest man den Begriff Dschihad in den westlichen Nachrichten: Radikale Gruppen erklären den Dschihad, Attentäter sterben für den Dschihad, Menschen werden entführt und geköpft für den Dschihad. Über die Bilder von mit Sprengstoffgürteln bepackten Selbstmordattentätern, von Bombenanschlägen im Irak und anderswo, den Videobotschaften bin Ladens oder seines Vizechefs Aiman al-Sawahiri hat sich Dschihad als Begriff vom Heiligen Krieg festgesetzt.

Dschihad bedeutet eigentlich wörtlich Anstrengung, Bemühen, Einsatz. Damit ist der persönliche Kampf gemeint, ein gottgefälliges Leben gegen alle Versuchungen der Sünde zu führen. Nach den Worten des Propheten Mohammed nennt man das den großen Dschihad. Als Mohammed einmal aus dem Krieg nach Hause zurückkam, soll er gesagt haben: »Wir kommen aus dem kleinen und gehen in den großen Dschihad.«

Mit dem kleinen Dschihad ist der Kampf mit der Waffe gemeint. Für Schiiten ist er nur im Verteidigungsfall erlaubt. Für Sunniten dagegen auch als präventive Offensivmaßnahme, um Angriffen eines Gegners zuvorzukommen oder die Verbreitung des Islams zu garantieren, wenn das mit friedlichen Mitteln nicht möglich ist. Dieser offensive Dschihad wird von einigen Muslimen, besorgt um das schlechte gegenwärtige Image ihrer Religion, gerne unterschlagen.

Belege für den Dschihad gibt es im Koran wie auch in den Aussprüchen des Propheten (Hadithe). »Ziehet aus, leicht und schwer, und streitet (*dschahidu*) mit eurem Gut und eurem Blut für Allahs Sache! Das ist besser für euch, wenn ihr es nur wüsstet!« (Sure 9:41)

Den Heiligen Krieg, wie Dschihad im Westen gewöhnlich übersetzt wird, gibt es im Islam nicht, nur gerechte und ungerechte Kriege. Der Begriff Heiliger Krieg stammt aus der Zeit der christlichen Kreuzzüge. Im Jahr 1095 hatte Papst Urban II. auf der Synode von Clermont (heute Clermont-Ferrand und Hauptstadt der französischen Region Auvergne) zum ersten Kreuzzug, zur Befreiung Jerusalems und des »Heiligen Landes« aufgerufen. Auch die Befreiung von Al-Andalus (→ **Al-Andalus**), der Iberischen Halbinsel, galt für Christen als »Heiliger Krieg«.

Zu den Feinden des Islams zählten zur Zeit Mohammeds (570-632 n. Chr.) zum einen die »Leute des Buches«, worunter Christen und Juden fielen, zum andern die Heiden, für die es, als wahre Ungläubige, keinerlei Nachsicht gab. Christen und Juden konnten ihren Glauben behalten und mussten nicht zwangsweise konvertieren, vorausgesetzt sie akzeptierten die muslimische Herrschaft. Im Koran wird betont, dass Muslime kein Recht haben, andere mit Gewalt zur richtigen Religion zu bekehren. Als Beispiel könnte man das vom 8. bis 15. Jahrhundert zuerst von Berbern und später von Arabern besetzte Spanien nennen. Dort lebten Juden und Christen in Koexistenz mit Muslimen, ohne den Zwang zu konvertieren.

Für Reza Aslan, Islamwissenschaftler an der kalifornischen Universität Santa Barbara, ist Dschihad »eine primitive Theorie des gerechten Kriegs, geboren aus der Not und inmitten blutiger Wirren, die im Jahr 624 n. Chr. zwischen Mohammeds kleiner, aber ständig wachsender Gemeinschaft und der Übermacht der Koreischiten ausbrachen«.

Der Begriff Dschihad wird heute von militanten Islamisten instrumentalisiert. Ihre Auslegung widerspricht der Bedeutung, die von Prophet Mohammed überliefert wird und die auch für die Al-Azhar-Universität in Kairo, der wohl anerkanntesten sunnitischen Institution, bindend ist. Im Laufe der letzten Jahre betonte der Großscheich der Al-Azhar-Universität, Muhammad Sayyid Tantawi, einige Male, der Extremismus sei der Feind des Islams und der Dschihad nur im Verteidigungsfall zu rechtfertigen. Er verwies darauf, dass nach islamischen Prinzipien keine Frauen, Kinder und alte Männer im Krieg angegriffen werden dürften. Al-Qaida und andere Dschihad-Gruppierungen verstoßen gegen diese Maxime in einem geradezu unmenschlichen Ausmaß. Trotzdem finden sie auch dafür religiös verbrämte Rechtfertigungen: Im Krieg gibt es keine Zivilisten mehr. Wer uns nicht unterstützt, ist gegen uns und damit ein Soldat – ein gutes Beispiel für einen inhumanen Rationalismus, der an Saint-Just und seine Rede vor dem französischen Nationalkonvent 1792 erinnert, als er den Terror der Revolution mit der Kraft der Naturgewalten verglich.

Religionen tendieren dazu, ihre Glaubensgrundsätze so zu präsentieren, als seien sie logisch und nachprüfbar wie eine Wissenschaft. Letztendlich ist alles eine Frage der Auslegung. Dies gilt für den Islam ebenso wie für das Christentum und andere Religionen: In den Siebzigerjahren verteidigten Priester der Befreiungstheologie in Südamerika das Recht zum bewaffneten Kampf gegen Unterdrückung. Im Namen der Bergpredigt unterstützten Geistliche den Guerillakrieg, einige nahmen sogar die Waffe selbst in die Hand. Ich will die lateinamerikanische Befreiungstheologie sicher nicht mit militanten Islamisten vergleichen, es geht mir um die Darstellung der Bandbreite religiöser Interpretationen im Namen Gottes, der Wahrheit und Gerechtigkeit.

Zurück zum Dschihad der Islamisten: Im Oktober 1981 wurde der damalige ägyptische Präsident Anwar al-Sadat ermordet, der »Verräter«, der 1979 einen Friedensvertrag mit Israel abgeschlossen hatte. Die bevorzugte Lektüre des Attentäters, Leutnant Khalid al-Islambuli, war ein Buch mit dem Titel »Die vergessene Pflicht«. Darin beschreibt der Autor Abdes al-Salam, der wegen Beteiligung an der Ermordung 1982 hingerichtet wurde, den Dschihad als sechste Säule des Islams neben den anderen fünf Grundpfeilern Glaubensbekenntnis, Fasten, Pilgerschaft, Armensteuer und Gebet.

Bereits 1972 hatte ein blinder Student namens Omar Abdel-Rahman eine 2 000 Seiten umfassende Dissertation an der Al-Azhar-Universität in Kairo zum Thema Dschihad abgefasst. Darin verwirft er die gängigen Auffassungen, die einzig und allein aus Angst vor den Kolonialmächten entstanden seien. Er gibt dem Begriff eine neue Bedeutung. Dschihad wird bei Rahman zur kriegerischen Pflicht erklärt. Man müsse zur Waffe greifen und die Ungläubigen auffordern, den Glauben anzunehmen oder sich zumindest zu ergeben und der muslimischen Herrschaft unterzuordnen. Der Islam sei schließlich immer mit Waffengewalt durchgesetzt worden.

Der blinde Scheich Omar Abdel-Rahman wurde spiritueller Führer der Al-Gama'a al-Islamiyya, die für mehrere Anschläge in Ägypten mit vielen Todesopfern verantwortlich ist. Heute verbüßt Scheich Rahman eine lebenslange Haftstrafe in den USA wegen der Beteiligung am ersten Anschlag auf das World Trade Center vom 26. Februar 1993. Eine Autobombe sollte den Nordtower aus dem Fundament reißen und auf den anderen Wolkenkratzer stürzen lassen. Sechs Menschen starben, über 1 000 wurden verletzt.

Den letzten Baustein zur modernen Ideologie der Dschihadisten fügte Abdallah Azzam hinzu, ein palästinensischer Islamist und Mitbegründer der Hamas. Er verherrlicht in seinen Schriften den Märtyrertod (→ **Märtyrer**). Es gäbe kein schöneres und glücklicheres Schicksal, als im Dschihad für die gute Sache zu sterben.

Ehrenmord

Ehrenmorde sind islamische Tradition

Am 7. Februar 2005 erschoss der 18-jährige Ayhan an einer Bushaltestelle in Berlin seine 23-jährige Schwester Hatun mit mehreren Schüssen in den Kopf. Hatun wurde angeblich mit dem Tode bestraft, weil sie, abseits ihrer Familie, ein eigenes, selbstbestimmtes Leben führen wollte. Ein Fall von Ehrenmord, der in Deutschland viel Aufsehen erregte und zeigte, wie brutal und rückständig Muslime sind: Sie unterdrücken ihre Frauen nicht nur, sondern erschießen sie auch, wenn es um die Frage der Ehre geht. Zum Glück passiert das in Deutschland nicht oft, aber wie muss das erst in muslimischen Ländern zugehen?

Auf der Anklagebank beim Prozess 2006 saßen neben dem Schützen auch seine beiden Brüder, die gemeinschaftlich den Mord geplant haben sollen. Bei einigen türkischen und kurdischen Jugendlichen in Berlin galten die Brüder als Helden oder Märtyrer in Sachen der Ehre. »Ja Mann, das gehört zu unserer Kultur und Religion«, rechtfertigten einige die Mordtat. Solche Statements zeigen, wie wenig Muslime manchmal selbst ihre eigene Religion kennen. Ihr religiöses Wissen beschränkt sich auf das, was sie irgendwo gesehen, gelesen oder von Freunden, Bekannten und in der Moschee aufgeschnappt haben. Aber muslimische Täter von Ehrenmorden sind sehr überrascht, wenn sie nach ihrem Verbrechen feststellen müssen, dass sie nicht religiösen Prinzipien gefolgt sind, sondern dagegen verstoßen haben. Ein Verstoß, auf den in manchen muslimischen Ländern die Todesstrafe steht. Niemand darf einen anderen Menschen einfach so töten. Ein Todesurteil kann nur von einer anerkannten richterlichen Institution ausgesprochen werden, nicht von einem x-beliebigen Kleriker, und muss bestimmten Prozeduren folgen.

Weder im Koran noch in den Hadithen lassen sich Stellen finden, die Ehrenmorde rechtfertigen würden. Wie bei anderen Religionen wird auch im Islam der Ehebruch als Sünde betrachtet (→ **Steinigung**). Er soll bestraft werden, aber nicht von einer Familie oder einem Einzelnen in Selbstjustiz. Im Februar 2007 äußerte sich Scheich Khaled el-Gindy von der Al-Azhar-Universität in Kairo sichtlich verärgert über Ehrenmorde, die wegen fehlender Jungfräulichkeit der Braut (→ **Sexualität**) begangen werden: »Der Islam kümmert sich nicht um die Gefühle von ignoranten Menschen, genauso wenig wie das Gesetz die Idioten schützt.« Etwas sachlicher urteilte Mohammed Hussein Fadlallah, ein schiitischer Kleriker aus dem Libanon, dessen Einfluss über libanesische Grenzen hinausreicht. Im August 2007 veröffentlichte er eine Fatwa (→ **Fatwa**) gegen Ehrenmorde. Diese abscheulichen Akte, bei denen Männer ihre Schwestern, Töchter oder andere weibliche Verwandte töten, seien Verbrechen gegen Anstand und Ehre. »Ehrenmorde sind Verbrechen wie alle anderen Morde und verdienen keine mildernden Umstände«, sagte der Scheich. Hintergrund seiner Fatwa waren Berichte, die eine Zunahme von Ehrenmorden in Jordanien, Palästina und dem Libanon dokumentierten. Auch der syrische Großmufti Ahmad Hassoun verurteilte im Februar des gleichen Jahres die Praxis der Ehrenmorde als unislamisch, unmittelbar nachdem ein 16-jähriges Mädchen von ihrem Bruder im Auftrag der Familie getötet worden war. Der Großmufti sprach sich für einen sofortigen Schutz von gefährdeten Mädchen aus und forderte gesetzliche Reformen.

In vielen muslimischen Ländern gibt es noch immer ein legales Schlupfloch für Ehrenmörder, für deren Tat Verständnis aufgebracht oder die mit einem Verbrechen aus Leidenschaft gleichgesetzt wird. In Indonesien oder Malaysia sind Ehrenmorde eher selten, dagegen in Pakistan und Bangladesch sehr häufig. Ehrenmorde korrelieren zum einen mit patriarchalischen Stammes- und Klanstrukturen, zum andern mit einem niedrigen Bildungsgrad. Beides ist für Pakistan und Bangladesch bezeichnend.

Sharif Kanaana, Professor für Anthropologie an der Birzeit-Universität in Palästina, ist überzeugt, dass Ehrenmorde aus dem Interesse patriarchalischer Gesellschaften resultieren, totale Kontrolle über vorgeschriebene familiäre Machtstrukturen auszuüben. »Was die Männer der Familie, des Klans oder Stammes in patriarchalischen Gesellschaften zu kontrollieren versuchten, ist die Macht zur Reproduktion«, erklärte der Professor. Bei den Ehrenmorden ginge es nicht um die Kontrolle sexueller Macht, sondern um die Kontrolle der Fruchtbarkeit.

Heutzutage ist die Familie oder der Stamm allerdings nicht mehr durch äußere Einflüsse der Natur oder kriegerische Auseinandersetzungen in seiner Existenz bedroht, wie es noch vor Hunderten von Jahren gewesen sein mag. Die Kontrolle der familiären Machtstruktur ist heute zum reinen Selbstzweck verkommen. Niemand ist mehr vom Aussterben bedroht und braucht Gebärmaschinen, um die Zukunft der Großfamilie oder des Stammes zu sichern. Trotzdem sterben jedes Jahr weltweit viele Tausend von Frauen durch Ehrenmorde, weil sie Ehebruch begehen, vorehelichen Sex haben, einfach flirten oder das Abendessen nicht zur rechten Zeit servieren. Wie viele es genau sind, weiß man allerdings nicht.

Neben den bereits oben erwähnten muslimischen Ländern wird zur Rettung der Ehre in Großbritannien, Brasilien, Ecuador, Indien, Israel, Italien oder auch in Uganda getötet. Ehrenmorde sind ein gesellschaftliches Phänomen, das keine kulturellen und religiösen Grenzen kennt. Eigentlich müsste man die Morde, die wegen der Mitgift oder aus Leidenschaft begangen werden, dazurechnen. Allein in Indien sterben jährlich ungefähr 5 000 Frauen wegen einer zu niedrigen Mitgift, die sie in die Ehe mitbrachten. Einige Wochen oder Monate nach der Heirat stirbt die Frau, sehr häufig an einem fingierten Brandunfall, und macht so den Weg frei für eine neue, möglichst lukrativere Ehe des Witwers. Ehrenmorde geschehen nicht isoliert, losgelöst von einem System. Mütter, Schwiegermütter, Schwestern und Cousinen unterstützen meist die Bestrafung ihrer weiblichen Verwandten. Nur so sind die Verbrechen auf Dauer denkbar.

In den westlichen Metropolen können Ehrenmorde noch eine andere Dimension besitzen. Nehmen wir den Mord an Hatun in Berlin, den ich ganz am Anfang des Kapitels erwähnte. Es ist schwer vorzustellen, dass es dabei wirklich nur um die Wiederherstellung der Familienräson ging. Einen Familienrat, der das Todesurteil der Tochter beschloss, hat es offensichtlich nicht gegeben. Daran glaubte beim Prozess nicht einmal der Staatsanwalt. Die Eltern waren fromme Muslime, mehr als normal, wie man sagt. Die Wohnung war mit religiösen Insignien ausgestattet, der Vater reiste nach Mekka, die Söhne waren regelmäßige Moscheegänger. Vermeintlich religiöse Motive wurden aber für die Tat nicht angegeben.

Die türkische Familie kurdischer Herkunft lebte in Berlin am Kottbusser Tor, nicht in einem Dorf oder einer Kleinstadt auf dem Land in der Türkei. In Berlin mussten sie nicht befürchten, einen wie auch immer gearteten moralischen Ruf zu verlieren, für immer und ewig als Familie der Schande zu gelten. Im Höchstfall hätte es genügt, einfach umzuziehen. Zudem wurde Hatun keine akute Normverletzung – Liebhaber, Verlust der Jungfräulichkeit, Ehemann mit falscher Religionszugehörigkeit oder uneheliche Schwangerschaft – vorgeworfen und sie deshalb getötet. Diese Normverletzungen hatte sie angeblich schon lange Zeit vorher begangen und waren also kein neuer, aktueller Streitpunkt. Es gab keine Gründe, die sonst typisch für Ehrenmorde sind. Vater und Mutter leben seit 30 Jahren in Berlin. Sieben der acht Kinder sind hier geboren und so türkisch wie deutsch oder umgekehrt. Sie leben in einer Kultur, in der es keine festen Werte mehr gibt, in der alles austauschbar, alles oberflächlich erscheint. Nicht einmal ihre eigene Kultur, die für Immigranten mehr fiktiv denn real ist, noch ihre Religion können sie davor retten. So war der Mord, kein gewöhnlicher, sondern ein der Tradition verpflichteter Ehrenmord, die letzte Möglichkeit, sich eine Identität zu bewahren. Ein vehementes Statement, für das die Beteiligten alle negativen Konsequenzen in Kauf nahmen.

Emanzipation

Der Islam und die Emanzipation der Frau sind unvereinbar

E

Über das Verhältnis von Islam und weiblicher Emanzipation muss der in Pakistan aufgewachsene Islamkritiker Ibn Warraq nicht lange nachdenken. Für ihn ist die Frau im Islam ein unfreies Wesen, dem der gesellschaftliche Status der Minderwertigkeit anhaftet. Die Schuld daran liege nicht an einer womöglich falschen Interpretation des Islams, nein, für Ibn Warraq ist es eine logische Konsequenz der islamischen Theologie. Diese These seines Buches *Warum ich kein Muslim bin* dürfte gerade im Westen, nicht nur bei Feministinnen, gut ankommen. Für sie sind das Kopftuch oder der Schleier (→ **Frauen**; → **Koran**) der sichtbare Beweis für die Unterdrückung der muslimischen Frau und Zeichen einer rückwärtsgewandten, antidemokratischen Religion.

Für Asra Nomani sind derartige Interpretationen nur ein Ausdruck westlicher Klischees. Die in Indien geborene, heute in den USA lebende Journalistin und Buchautorin ist Teil einer immer größer werdenden Bewegung von muslimischen Frauen, die seit Anfang der Neunzigerjahre weltweit für weibliche Emanzipation und Reformen innerhalb des Islams eintreten. Sie kämpfen einen Gender Dschihad, ein Begriff, an dem allein wegen seiner Wortwahl schon viele Anstoß nehmen. Dschihad wird gewöhnlich im Westen als »Heiliger Krieg« verstanden, mit dem einige radikale Islamisten dem Westen gewaltsam den Islam aufzwingen wollen (→ **Dschihad**). Wer nun unter dem Slogan Gender Dschihad für mehr Rechte der Frau in islamischen Gesellschaften kämpft, erweckt dementsprechend ein fragwürdiges Stirnrunzeln. Jetzt auch noch der islamische Krieg der Geschlechter? Eine von vielen Fehleinschätzungen, die eine produktive Auseinandersetzung zwischen Ost und West verhindern.

Asra Nomani kämpft in den USA für die »Seele des Islams«, wie sie selbst sagt. Andere Frauen sind für Emanzipation in Pakistan (Asma Barlas), im Iran (Ziba Mir-Hosseini) oder im Libanon (Azizah al-Hibri) aktiv. Mit Feministinnen wollen diese Frauen allerdings nicht verwechselt werden. Feminismus ist ein säkularer, westlicher Begriff, der im Zuge der linken Studentenrevolte der Sechzigerjahre entstanden ist. Für eine internationale Konferenz im Oktober 2005 in Barcelona wählten sie deshalb Gender Dschihad als Motto. Rund 250 Frauen aus der ganzen Welt trafen sich dort zum ersten Mal, um über gemeinsame Strategien im Kampf für Gleichberechtigung nachzudenken. Eine Gleichberechtigung, die sich prinzipiell nicht wesentlich von der im Westen unterscheidet: absolute rechtliche Gleichstellung und Selbstbestimmungsrecht der Frau – nur unter dem Banner der Religion. Das Tragen eines Kopftuchs oder eines Schleiers ist damit nicht automatisch verbunden. »Es ist nicht der Islam, der Frauen das Kopftuch vorschreibt, sondern es sind die Gelehrten«, schrieb Asra Nomani in einem Artikel für die *Washington Post*.

Unterstützung bekommen die Dschihadistinnen mittlerweile auch von sehr konservativen islamistischen Kreisen. In Marokko hat sich die umstrittene Bewegung Gerechtigkeit und Spiritualität dem Streben nach Gleichberechtigung angeschlossen. »Die Geschichte des Islams ist eine Geschichte des Machismo«, erklärt mir Nadia Yassine, die Führerin der Bewegung, in ihrer Wohnung in der marokkanischen Hauptstadt Rabat. Sie spricht damit allen muslimischen Frauenrechtlerinnen aus dem Herzen. »Immer wieder waren es Männer, die die heiligen Texte interpretiert haben. Das muss sich ändern.« Durch eine zeitgemäße Auslegung (*idschtihâd*) und Analyse (*tafsir*) durch Frauen soll ein neuer Kanon entstehen, der dem eigentlichen, tatsächlichen Islam entspricht, wie er im 7. Jahrhundert zu Lebzeiten des Propheten Mohammed praktiziert wurde. Der Koran gehe nämlich von einer absoluten Gleichberechtigung der Geschlechter aus, keines dürfe dem anderen überlegen sein. »Ein stammesrechtliches Patriarchat hat nichts mit diesem Ideal des Korans zu tun«, so Nadia Yassine.

2004 wurde in Marokko das Familienrecht (Mudawana) zugunsten der Frau geändert. Was in der islamisch-arabischen Welt als historischer Schritt in Richtung vollkommene Gleichberechtigung der Geschlechter gewertet wird, ist für Nadia Yassine allerdings nicht genug. »Das sind nur halbherzige Maßnahmen, da muss noch viel mehr geschehen«, meint die 47-Jährige.

Beistand für den Gender Dschihad kommt auch völlig unerwartet aus einer eher obskuren Ecke. Der sudanesische Islamistenführer Hassan al-Tubari sprach sich in den letzten Jahren wiederholt für eine absolute Gleichheit von Mann und Frau aus, wofür ihn postwendend muslimische Gelehrte wegen Apostasie vor Gericht bringen wollten. Zuletzt in einer Rede im April 2006, als er mehr Frauen in Regierungspositionen forderte. Al-Tubari hatte bereits vorher für das bisher verbotene gemeinsame Gebet der Geschlechter in der Moschee (→ **Imam**) plädiert und den Hidschab als nicht verbindlich für Musliminnen bezeichnet. Außerdem solle eine muslimische Frau ohne Probleme einen Christen oder Juden heiraten können. Alles andere sei »unmodern und rückwärtsgewandt«, erklärte der 74-jährige Theologe, der einst Osama bin Laden von 1991 bis 1996 im Sudan Asyl angeboten hatte.

Für Latifa Jbabdi, die Präsidentin der marokkanischen Union de l'Action Féminine, sind diese Aussagen nur Lippenbekenntnisse. Sie hält die Unterstützung der Frauen aus islamistischen Kreisen für einen gut geplanten Mediencoup. »Nach außen hin geben sie sich liberal, aber in Wirklichkeit denken und machen die Ultrakonservativen das Gegenteil.« Die Frauenrechtlerin beruft sich auf ihre Erfahrungen mit Yassines Bewegung Gerechtigkeit und Spiritualität. »Bei der progressiven Neugestaltung des Familienrechts«, berichtet die Präsidentin der Union de l'Action Féminine in ihrem Büro in Rabat, »hat uns weniger die marokkanische Regierung behindert als Nadia Yassine.« Man dürfe auch nicht vergessen, dass Gerechtigkeit und Spiritualität im Jahr 2000 mit Demonstrationen für eine Geschlechtertrennung an den Stränden Marokkos eingetreten sei. »Mit Emanzipation hat das nun wirklich nichts zu tun«, betont Latifa Jbabdi, die als Marxistin und Feministin unter dem alten marokkanischen König Hassan II. drei Jahre im Gefängnis saß.

Bei ihrem Versuch, das neue Familienrecht in Marokko entscheidend mitzugestalten, ging die leidenschaftliche Frauenrechtlerin bisher ungeliebte Wege. Statt die gesamte Gesellschaft fundamental infrage zu stellen und Frauen wie einst zur Revolution aufzurufen, versuchte sie über einen innerreligiösen Dialog zu positiven Ergebnissen zu kommen. »Zwei Jahre lang«, erzählt Latifa Jbabdi weiter, »haben wir den Koran und andere religiöse Texte durchforstet, um sie für unsere Sache zu verwenden.« Erstaunlicherweise musste sie feststellen, dass die Texte mehr als genug Argumente und Belege für die Gleichstellung von Mann und Frau lieferten

(→ **Frauen**). »Die gläubigen Männer und die gläubigen Frauen sind einer des andern Freund. Sie gebieten das Gute und verbieten das Böse und verrichten das Gebet und zahlen die Zakat und gehorchen Allah und Seinem Gesandten.« (Sure 9:71) »Alles eine Frage der Interpretation, der Quellenauslegung und der Quellenbewertung«, meint Jbabdi lächelnd. »Natürlich suchten wir nur nach positiven Aspekten für die Frau.« Bisher hätten nur Männer diese Auslegungsarbeit gemacht. »Mit uns kam der weibliche Blick.« Besonders willfährig seien die Hadithe (→ **Koran**). »Sie sind wenig glaubwürdig und zuverlässig«, erklärt die Präsidentin der Frauenunion.

Am Ende der zweijährigen Exegese gab es genug Material für eine effektive Propaganda. »Wir konnten sagen: Seht her, der Islam sagt das und das über das Verhältnis von Mann und Frau. Die Gleichberechtigung der Geschlechter ist damit völlig konform.« Niemand konnte widersprechen, da diese Aussagen auf islamischen Textquellen beruhten und für jeden einsehbar und nachprüfbar waren. »Es gab viele Leute, die nicht glauben wollten, was wir alles an Textstellen gefunden hatten.«

Heute besitzt Marokko neben Tunesien eines der fortschrittlichsten Familiengesetze muslimischer Länder. Früher wurde beklagt, dass das marokkanische Recht nicht mit den allgemeinen Menschenrechten vereinbar sei. Das Gesetz aus dem Jahr 1957 schrieb der Frau den Gehorsam gegenüber dem Mann vor, der gleichzeitig ihr Vormund war. Damit ist es seit der Änderung des Familienrechts im Jahr 2004 nun vorbei. Frauen besitzen den gleichen juristischen Status wie Männer. Sie können ohne nähere Begründung die Scheidung einreichen, die innerhalb von sechs Monaten vollzogen werden muss. Früher konnte das bis zu 15 Jahre dauern und die Ehefrau musste nachweisen, dass sie misshandelt wurde. Heute haben Frauen gleiche Rechte, gleiche Verantwortung innerhalb der Familie. Sie stehen nicht mehr unter der Vormundschaft eines männlichen Mitglieds ihrer Familie. Frauen können reisen, wohin sie wollen, ohne schriftliche Einwilligung des Mannes. Auf dem Papier kann der Ehemann zwar immer noch vier Frauen heiraten, braucht allerdings dafür die schriftliche Zustimmung seiner ersten Frau. In der Regel will keine Frau eine Nebenbuhlerin im Haus haben.

Das Projekt Gender Dschihad, an dem so viele Frauen aus der ganzen Welt arbeiten, ist der Versuch, ein System langsam, Schritt für Schritt, von innen her zu verändern, ohne die religiösen Grundprinzipien infrage zu stellen. Für die Dschihadistinnen gilt der Koran nach wie vor als das Buch der Bücher, wird allerdings neu gelesen und neu interpretiert aus einer weiblichen Perspektive – wahrscheinlich die einzige sinnvolle Strategie, um Veränderungen in zum Teil streng konservativen islamischen Gesellschaften herbeizuführen: sie quasi mit den eigenen Argumenten zu schlagen und neue Überzeugungen zu schaffen. Alles andere käme einer Revolution gleich, die den Menschen augenblicklich Augen und Ohren schließt, aus

Angst, ihr Leben werde auf den Kopf gestellt. Dazu passt, dass die Verfechterinnen des Gender Dschihads behaupten, es sei ein Dschihad des Friedens.

So groß die ideologischen Widersprüche zwischen den Frauenrechtlerinnen auch sein mögen – letztendlich zeigen sie, wie sehr mit dem Gender Dschihad die innerkulturelle Auseinandersetzung über die Rolle der Frau im Islam in Bewegung geraten ist. In Südafrika, den USA und mittlerweile sogar auch in der Türkei beten Frauen und Männer, trotz aller Widerstände, immer wieder einmal gemeinsam. In Malaysia verhinderten die »Schwestern des Islams« eine Neufassung des Familiengesetzes, die Polygamie und Scheidung für Männer einfacher gemacht hätte. In Nigeria gelang es Anwältinnen der Frauenrechtsorganisation BAOBAB for Women's Human Rights, dass Richter bei ihrem Urteil gegen die Tradition der Scharia entschieden: Die zwei Frauen, die wegen Ehebruchs angeklagt waren und denen die Todesstrafe drohte, wurden freigesprochen. Und in Marokko eröffnete die Bewegung Gerechtigkeit und Spiritualität mehrere Frauenzentren, in denen Weiterbildung und Hilfe bei familiären Problemen angeboten werden.

Die Emanzipation der Frau ist prinzipiell mit dem Islam vereinbar. Nur sollte man Frauen in muslimischen Gesellschaften selbst entscheiden lassen, was sie unter Gleichberechtigung verstehen und wie sie dafür kämpfen wollen. Sie wissen das selbst am besten und brauchen keine Bevormundung aus dem Westen.

Empfängnisverhütung

Der Islam ist gegen Empfängnisverhütung

Von der katholischen Kirche kennen wir das Verbot der Empfängnisverhütung, das nicht einmal den präventiven Schutz mit Kondomen vor HIV-Infektion zulässt. Bei muslimischen Geistlichen ist das ein wenig anders. Mit der Verteilung von Kondomen an Prostituierte haben sunnitische Kleriker ihre Probleme, wie mir Elie Aaraj erzählte, der Geschäftsführer von SIDC, einer libanesischen, konfessionell unabhängigen NGO, die sich seit 1987 um HIV-infizierte Menschen kümmert. Warum die der Sünde verfallenen auch noch unterstützen? Schiitische Geistliche seien dagegen etwas flexibler. Sie ließen sich von Zahlen überzeugen, dass gehandelt werden muss. Im Iran, wo es über eine Million, zum Teil injizierende Drogenbenutzer gibt, werden mittlerweile kostenlos Kondome und Spritzen verteilt.

Der Iran ist auch ein gutes Beispiel für Familienplanung, die offiziell 1989 verkündet wurde und das Bevölkerungswachstum einschränken sollte. Durch die propagierte Empfängnisverhütung sank die Geburtenrate im Jahr 2000 auf durchschnittlich 2,1 Kinder pro Frau. 2007 sogar auf 1,71. 1985 lag sie noch bei 5,6. Rund zwei Drittel aller verheirateten Frauen überlassen Schwangerschaften nicht mehr dem Zufall, sondern planen sie gezielt.

Gegen Familienplanung haben auch sunnitische Kleriker nichts einzuwenden. Die US-amerikanische John Hopkins University führte vor einigen Jahren im mehrheitlich sunnitischen Jordanien eine Untersuchung unter religiösen Geistlichen durch. 90 Prozent davon hatten in ihren Gemeinden über Familienplanung gesprochen. 70 Prozent glaubten, die Moschee sei ein geeigneter Ort, um über Empfängnisverhütung zu sprechen. 83 Prozent der männlichen Geistlichen bestätigten, Familienplanung stehe nicht im Widerspruch zu den Glaubensgrundsätzen des Islams.

Eine Einstellung, von der die katholische Kirche lernen sollte. Gerade in Lateinamerika könnte sie damit vielen Menschen soziales Elend und Krankheit ersparen.

E Erotik (→ Sexualität)

F Familie

Die überdurchschnittliche Geburtenrate muslimischer Familien führt zur Islamisierung Europas

Werden wir bald im eigenen Land eine Minderheit sein? Eine Befürchtung, die man im Westen immer wieder zu hören bekommt. Selbst Akademiker und ausgewiesene Islamexperten wie Bernhard Lewis, Autor mehrerer Bücher über die Geschichte des Islams und Professor Emeritus der Princeton University, warnen vor der Islamisierung Europas, die allerspätestens am Ende unseres Jahrhunderts eintreten soll. Als Grund dafür werden die überdurchschnittlichen Geburtenraten muslimischer Familien angegeben. Im Volksmund wird auf die europäischen Großstädte Berlin, Paris oder Madrid verwiesen, die schon lange in muslimischer Hand seien. Und dabei werde es nicht bleiben, man müsse doch nur hochrechnen. Aber das tut offensichtlich kaum jemand.

Muslimische Länder gehören ohne Zweifel zu den Regionen mit einer der höchsten Bevölkerungszuwachsraten weltweit. Gleichzeitig fallen jedoch die muslimischen Geburtenraten in einem Ausmaß wie bei keiner anderen Kultur. 2050, so prognostiziert die UNO, wird sich das Bevölkerungswachstum muslimischer Länder auf dem Niveau der USA einpendeln. Eine hohe Geburtenrate ist in der Regel vom Bildungsgrad, der Urbanisation und der ökonomischen Entwicklung abhängig. In muslimischen Ländern sind, mit wenigen Ausnahmen, etwa 50 Prozent der Frauen Analphabeten, was sich in den nächsten Jahren sicherlich ändern wird. In einigen Ländern laufen bereits Alphabetisierungsprogramme, in anderen sind sie in Planung. In Zukunft müssen muslimische Staaten eine steigende Zahl von Arbeitsplätzen für ihre immer jünger werdende Bevölkerung schaffen. Ökonomisches Wachstum ist unausweichlich. Selbst wenn es nur bescheidene Ausmaße haben sollte, wird es trotzdem Einfluss auf Einstellungen und Familienstrukturen haben.

In Marokko und Algerien kann man diese Entwicklung bereits erkennen. Vor 35 Jahren hatte eine Frau in diesen nordafrikanischen Staaten im Durchschnitt sieben Kinder. Heute sind es in Marokko nur mehr 2,8 und in Algerien 2,5, etwa so viel wie in der Türkei. Das CIA World Factbook schätzt die Geburtenrate in Algerien, Tunesien und der Türkei mit 2,1 Kindern pro Frau sogar noch niedriger. Wie auch im Westen entscheiden sich muslimische Frauen immer später für Kinder und dann ebenfalls für weniger. Mehr Frauen machen eine Ausbildung und wirtschaftliche Verhältnisse zwingen sie mehr und mehr zur Berufstätigkeit. Eine Ausnahme in der Geburtenstatistik ist Saudi-Arabien mit immer noch 5,7 Kindern im Durchschnitt pro Familie. Dort ist man bedacht auf nationale Integrität angesichts der Millionen von Gastarbeitern aus dem Ausland.

Gerade für Nordafrikaner sind Spanien, Frankreich oder Belgien bevorzugte Zuzugsregionen. Für türkische Staatsbürger ist es Deutschland. Nun werden in den nordafrikanischen Ländern und der Türkei nicht mehr so viele Babys geboren wie noch vor Jahren. Die Gefahr der Überschwemmung Europas mit muslimischen Immigranten ist nicht gegeben. Zudem passen sich die etwa 16 Millionen Muslime, die in der Europäischen Union leben, kontinuierlich den lokalen Verhältnissen an. Die Anforderungen moderner Industriegesellschaften machen ebenso vor den Lebensgewohnheiten muslimischer Immigranten nicht halt. Sie adaptieren notgedrungen westliche Familienwerte. Wohnraum und Unterhalt von Kindern sind teuer, Frauen müssen oft Mitverdiener sein, was kaum Zeit und Kraft für den Nachwuchs lässt. Die Geburtenraten fallen. Algerische Frauen in Frankreich bekommen im Durchschnitt nur noch 2,57 Kinder. Nicht mehr weit entfernt von der Marke französischer Frauen von 2,0. In Deutschland beträgt sie 1,37, europaweit im Durchschnitt 1,5.

Europäische Muslime haben heute einen Anteil zwischen 3 bis 4 Prozent an der Gesamtbevölkerung von 493 Millionen. Für das Jahr 2025 werden zwischen 23 und 38 Millionen Muslime prognostiziert. Aufgrund der fallenden Geburtenraten wird es von diesem Zeitpunkt an nur mehr ein verlangsamtes Wachstum geben. Die totale Islamisierung, wie sie heute düster und schwarzmalerisch vorausgesagt wird, findet nicht statt.

F Fatwa

Eine Fatwa ist ein Richterspruch, der für alle gläubigen Muslime verbindlich ist

Man kennt den Begriff Fatwa durch das Todesurteil von Ayatollah Khomeini gegen Salman Rushdie oder durch Osama bin Laden (→ **Al-Qaida**), der eine Fatwa verkündete, die den Heiligen Krieg aller Muslime gegen die USA und ihre Verbündeten zur Pflicht machen sollte. Im Falle bin Ladens ist die Fatwa völlig unverbindlich, ja belanglos, da er nicht die entsprechende religiöse Ausbildung besitzt. Dazu müsste er ein Experte des islamischen Rechts (→ **Scharia**) oder ein anerkannter Professor einer Universität sein. Aber selbst wenn bin Laden diese Referenzen erfüllen würde, eine verbindliche Rechtsgültigkeit seiner Fatwa leitet sich daraus nicht ab. Gläubige entscheiden selbst, ob sie sich an eine Fatwa halten wollen oder nicht. Wobei sie das vor Gott zu verantworten haben.

Fatwas sind Lehrmeinungen von islamischen Gelehrten zu nicht eindeutigen Regelungen der Scharia. Richter und Anwälte geben eine Fatwa in Auftrag, sollte es ein außergewöhnliches Problem bei einem Erbfall geben, das nicht vom Gesetzbuch geregelt ist. Gutachten können auch auf Anfrage von Fernsehen oder Zeitungen gegeben werden. Fatwas sind in islamischen Ländern ein Bestandteil des Alltags.

Da sich die Zeiten bekanntlich ständig und rapide ändern, entstehen immer neue Bereiche, die vom islamischen Recht nicht abgedeckt sind. Im Internet findet man unzählige Fatwa-Zentren, die eine Art Lebenshilfe für moderne Dinge geben, die die Scharia nicht erfasst. Menschen, die sich unschlüssig sind, was mit dem islamischen Recht konform geht und was nicht, können auf diesen Webseiten neueste Lehrmeinungen abfragen. Da geht es um ganz alltägliche Dinge wie das Tragen von Perücken, Schönheitsoperationen, Sexfragen oder Eheprobleme. In Indien, wo etwa 150 Millionen Muslime leben, kann man auf der Webseite der Islamischen Rechtsakademie Gutachten zum DNA-Test, Bankkarten oder Versicherungen einsehen. Die Al-Azhar-Universität in Kairo ist eine der anerkanntesten sunnitischen Institutionen, die Fatwas erstellt und sie in einer eigenen Zeitschrift veröffentlicht. Die Fatwas dieser Expertenkommission können auch politischen Charakter haben.

Im schiitischen Islam ist es dagegen anders. Fatwas können ausschließlich von der geistlichen Elite gemacht werden. Wenn Ayatollah Khamenei, das religiöse

Oberhaupt des Irans, eine Fatwa ausspricht, dann ist sie für alle schiitischen Gläubigen bindend und fordert Gehorsam. Früher galten die Entscheidungen eines Ayatollahs mit seinem Tod als aufgehoben. Ayatollah Khomeini, der das Todesurteil gegen Salman Rushdie aussprach (→ **Rushdie, Salman**), hat das revidiert. Nun gelten die Gutachten und Entscheidungen auch nach dem Tod des Ayatollahs weiter.

Für private Angelegenheiten können sich schiitische Gläubige auch einen persönlichen spirituellen Führer suchen, dessen Fatwas sie anerkennen. So ergeben sich Gemeinden, die einem Geistlichen folgen. Einer dieser spirituellen Führer mit einer großen Anhängerschaft ist Scheich Fadlallah im Libanon. Wer von ihm ein Gutachten erhält, ist daran auch gebunden, anders als bei den Sunniten, die gegebenenfalls bei einem zweiten Rechtsgelehrten eine neue Fatwa in Auftrag geben können.

Fortschritt

Der Islam steht im Widerspruch zum Fortschritt

Heutzutage wird der Islam in Europa oder auch in den USA leichtfertig mit dem Mittelalter oder der Steinzeit gleichgesetzt: Im Irak schneiden Terroristen ihren Geiseln den Kopf ab, Frauen werden gesteinigt und zwangsverheiratet und jede Öffnung zum Westen strikt abgelehnt. Der Islam will keine Modernität, keine Weiterentwicklung, keinen Fortschritt. Bestes Beispiel waren die Taliban in Afghanistan, heute sind es der Iran oder auch Saudi-Arabien. Der Islam ist nicht vorwärts-, sondern rückwärtsgewandt.

Eine populäre Meinung, die sich jedoch schwerlich auf technologischen Fortschritt beziehen kann. Heute haben selbst puristische Kleriker ihr Handy, präsentieren sich und ihr religiöses Anliegen auf einer eigenen Webseite, kommunizieren via E-Mail mit Kollegen im In- und Ausland und sitzen zu Hause vor dem Satellitenfernsehen. Religiös-konservative Golfstaaten, darunter auch Saudi-Arabien, liefern sich einen Schlagabtausch um die hypermodernsten, höchsten Wolkenkratzer und bauen Paradiesinseln für die Reichen dieser Erde (→ **Öl**). Der Iran entwickelte international konkurrenzfähige Raketensysteme und Atomanlagen. Pakistan baute seine eigene Atombombe. Aktuelle technische Spielereien, die man in jedem Supermarkt kaufen kann, gehören in muslimischen Gesellschaften ebenso sehr zum Alltag wie in Europa oder den USA. Der Islam und moderne Technik stehen sich nicht im Wege.

Der westliche Vorwurf von der Fortschrittsfeindlichkeit meint wohl einen Islam als starre, monolithische Einheit, der sich nicht an die Erfordernisse der modernen Zivilisation anpassen will. Wobei der Gradmesser für die moderne Zivilisation selbstverständlich die eigene, westliche ist. Zu den vordringlichsten Punkten, die der Islam nach westlicher Vorstellung lösen müsste, zählen die Unterdrückung der Frau, die Scharia, die man am besten abschaffen sollte, die Anerkennung sexueller Freiheit, darunter gleichgeschlechtliche Beziehungen, sowie die Übernahme des westlichen Demokratiemodells.

Wie üblich bei derartigen Vorwürfen wird die Welt der islamischen Gelehrten mit der gesellschaftlichen Realität verwechselt. Wie wir wissen (→ **Alkohol**; → **Frauen**; → **Homosexualität**; → **Pornografie**; → **Sexualität**) besteht eine große Diskrepanz zwischen religiösen Verlautbarungen oder Theorien und der Lebenswirklichkeit der Menschen. Zudem hat sich in letzter Zeit im religiösen Diskurs islamischer Gelehrter durchaus etwas getan, was tatsächlich auch praktische Konsequenzen brachte. So müssen Frauen bei der Eheschließung nicht mehr echte Jungfrauen sein (→ **Sexualität**), Promiskuität wird durch eine zeitlich begrenzte Ehe sanktioniert (→ **Zeitehe**) und nach der Einführung eines neuen progressiven Familienrechts in Marokko 2004 wird auch in anderen Ländern darüber nachgedacht. Für westliche Ohren Kleinigkeiten, vielleicht auch Ausdruck einer bigotten muslimischen Doppelmoral. Aber immerhin ein positiver Schritt, könnte man sagen, obwohl natürlich sehr viel mehr möglich wäre, was vehemente Islamkritiker eigentlich komplett abstreiten.

Im Islam gibt es den Idschtihad, was mit Anstrengung, sich abmühen übersetzt wird, ganz ähnlich zu Dschihad (→ **Dschihad**). Es ist ein Verfahren zur eigenständigen, vernünftigen Auslegung religiöser Texte. Es geht dabei um das islamische Recht der Scharia (→ **Scharia**). Bei rechtlichen Unklarheiten oder neuen Sachverhalten, die Koran oder Sunna (Lebensgeschichte des Propheten) nicht abdecken, ist der Idschtihad eine Methode, um diese aufgekommenen Probleme zeitgemäß zu lösen. Eigentlich sehr einleuchtend, denkt man an die Veränderungen und Neuheiten, die historische und technische Entwicklungen mit sich bringen.

Durch die Entwicklung der sunnitischen Rechtsschulen (→ **Scharia**), die jeweils ihre speziellen Interpretationen der Scharia festlegten, wurde der Idschtihad zurückgedrängt. Heute heißt es im Sunni-Islam, die Tür zum Idschtihad sei schon lange geschlossen. Dieses Statement wird dem islamischen Theologen und Philosophen al-Ghazzali aus dem 11. Jahrhundert zugeschrieben.

Im schiitischen Islam schloss sich die Tür für den Idschtihad dagegen nie. Die Ayatollahs sind autorisierte Geistliche, die Mudschtahids (die sich Abmühenden), die den Idschtihad betreiben. Jederzeit kann ein bestehendes Urteil oder Gutachten selbst durchs Gegenteil ersetzt werden, falls neue, vorher unbekannte Erkenntnisse das rechtfertigen oder notwendig machen sollten (→ **Iran**).

Die geschlossenen Türen sind eine Argumentationshilfe für konservative sunnitische Geistliche, die heute ihre religiösen Pfründe verwalten und nicht über den Tellerrand sehen wollen. Sie geben sich bereitwillig damit zufrieden, dass der Islam plötzlich an Bedeutung gewonnen hat – mehr als je zuvor in den letzten 100 Jahren. Im 20. Jahrhundert schien er durch Kolonialismus und säkulare Staatsgründungen nach der Unabhängigkeit beinahe in der Versenkung zu verschwinden. Erst in den letzten beiden Jahrzehnten kam es zu dem in dieser Form nie erwarteten Aufschwung und er gewann gesellschaftliche sowie politische Bedeutung. Wer will das glücklich Erreichte jetzt schon neu überdenken und womöglich auch noch infrage stellen? Außerdem, was soll dieser Idschtihad, der ja nur auf dem menschlichen Geist beruht und nicht im Geringsten mit den heiligen, göttlichen Texten konkurrieren kann, so die Haltung der sunnitischen Geistlichen.

Historisch gesehen war der Idschtihad jedoch nie tot. Es gab immer wieder Theologen, die für eine interpretative Weiterentwicklung eintraten. Zu ihnen gehörte Muhammad Abduh (1849-1905), ein ägyptischer Reformer und Jurist, Mitbegründer der Bewegung des Salafismus. Ein Salafismus, den man nicht mit dem der heutigen radikalen Islamisten verwechseln darf (→ **Islamismus**). Für Muhammad Abduh war der Idschtihad keine Spinnerei, sondern eine akzeptable Methode und unbedingt anzuwenden. Der Islam war mit der Moderne vollkommen kompatibel. Abduh strebte eine Synthese von westlicher Zivilisation und fundamentalen Prinzipien des Islams an. Seine Vorstellung von Regierung kann man säkular nennen, obwohl er für ein Kalifat oder Sultanat eintrat. Absolute Macht sollte jedoch vom Volke ausgehen, das nach Gutdünken den Herrscher jederzeit wieder absetzen konnte. Als spiritueller Ratgeber und Mitbegründer der Hizb al-Watani al-Hurr (Freie Nationale Partei) 1878 schlugen sich seine Ansichten im Programm der Partei nieder. Artikel 5 besagte, die Partei sei eine »politische, säkulare Einheit«. Die Mitgliedschaft blieb unabhängig vom Islam offen für Christen und Juden, Hauptsache sie waren Ägypter.

Muhammad Abduh trat für absolute Gleichheit ein, für eine Gesellschaft, die den freien Willen akzeptiert und sozial ist. Er war für rechtliche Reformen, auch im Bildungsbereich, zur Verbesserung des Status der Frau. Die Polygamie verletzte seiner Meinung nach die Würde der Frauen und hätte negative Effekte auf die muslimische Familie. In religiösen Fragen setzte Abduh, bei allem Glauben an einen Gott, auf logisches Denken, und damit wären wir zurück beim Idschtihad. Der ägyptische Reformer an der Wende des 19. zum 20. Jahrhundert machte das, was man sich heute von islamischen Geistlichen gerne wünschen würde. Anstatt den Islam immer wieder als die beste, einzigartigste und vollkommenste Religion zu preisen, wie das gegenwärtig viele Kleriker tun, erkannte Abduh die Nachlässigkeiten seiner Religion und versuchte, sie zu beheben. Als Eingeständnis von Schwäche oder als Bloßstellung wurde das nicht begriffen.

Fortschritt

Der Islam war für ihn kein unbeweglicher Block, mit festgeschriebenen, auf ewig gültigen Gesetzen, sondern eher ein Perpetuum mobile. Muhammad Abduh setzte auf rationales Denken und Weiterentwicklung. Er glaubte nicht, dass der gesamte Koran göttlich inspiriert sei, teilweise würde er nur das persönliche Denken von Prophet Mohammed wiedergeben. Heutzutage brächte ihm das einen ernsthaften Blasphemievorwurf ein. Damals war Abduh allerdings sechs Jahre lang der Mufti von Ägypten. Er plädierte dafür, den Koran mithilfe der Logik zu lesen und ihn weniger wörtlich zu nehmen. Anscheinend hatte der Mufti auch die Mängel der Hadithe erkannt (→ **Koran**), denn er erklärte die Grundsätze des Korans zu den einzigen Werkzeugen, mit denen der Mensch zwischen Falsch und Richtig unterscheiden könnte – eine Meinung, die heute ebenfalls grenzwertig, um nicht zu sagen gefährlich wäre. Indirekt setzte Abduh damit die Hadithe und die Lebensgeschichte des Propheten Mohammed als zweitrangige Quellen für das islamische Recht, die Scharia, herab, was für eine Neuorientierung des gegenwärtigen Islams eine entscheidende Voraussetzung wäre. Hadithe sind wenig zuverlässig und stehen oft im Widerspruch zum Koran, werden aber trotzdem von islamischen Gelehrten als gültige Rechtsgrundlage herangezogen.

In seiner Zeit als Großmufti von Ägypten fällte er umstrittene Entscheidungen, als er Zinsen auf Darlehen (→ **Banken**) zuließ und Muslimen erlaubte, das von Christen und Juden geschlachtete Fleisch zu essen. Heute wäre Muhammad Abduh sicherlich enttäuscht. Er glaubte, der Islam wäre dem Christentum bei Weitem darin überlegen, moderne Wissenschaft und eine moderne Form der Gesellschaft zu adaptieren. Mit der totalen Säkularisierung einiger muslimischer Staaten nach dem Ende des Kolonialismus, darunter auch sein Heimatland Ägypten mit Präsident Abdel Nasser, hatte der ägyptische Reformer kaum gerechnet. Noch weniger wahrscheinlich mit den puristischen, konservativen Islamisten, die so tun, als hätte es schon immer nur eine einzige, unabänderliche und feststehende Version des Islams, nämlich die ihre, gegeben.

Muhammad Abduh ist ein gutes Beispiel dafür, wie weit Idschtihad gehen könnte, wenn die Bereitschaft dazu vorhanden wäre: von der Gleichberechtigung der Geschlechter über ein progressives Familienrecht bis hin zu einem säkularen Staat mit einem demokratischen System sowie der Religion als Privatsache – alles wäre möglich.

Aber zurück zur Realität. Nehmen wir einmal an, dass die Islamisten plötzlich bereit wären, den Weg des progressiven Idschtihad zu gehen: Sie hätten kaum Chancen, etwas durchzusetzen. Die herrschenden Könige, Präsidenten und Regierungen, von denen der Westen die meisten aktiv unterstützt, ließen beim Familienrecht oder der Gleichberechtigung noch mit sich reden, aber sobald es um demokratische Reformen geht, endet die Gesprächsbereitschaft.

Frauen

F

Die muslimische Frau ist ein unterdrücktes Wesen

Auf der Webseite »Emanzipierte Frauen in Marokko« wird die Unterdrückung der Frau in muslimischen Ländern als Propaganda des Westens bezeichnet. Zwar müsse gleichermaßen in den muslimischen Ländern, wie überall sonst, noch viel zur Gleichstellung der Frau getan werden, aber die Frauen hier seien bereits emanzipierter als die im Westen. Als Beweis werden eine Reihe von Fotos gezeigt, auf denen Frauen sich ausgelassen auf Festen mit Tanz und Musik vergnügen. Am Ende wird betont, dass sich marokkanische Frauen, im Gegensatz zu den emanzipierten im Westen, »nicht wie Männer verhalten, sondern nur gleiche Rechte und Chancen wie Männer haben wollen«.

Bleiben wir noch eine Weile in Marokko. Als ich meine Schüler am amerikanischen Sprachzentrum in Tanger, darunter Abiturienten, Studenten und Berufstätige, auf die Unterdrückung der muslimischen Frauen ansprach, gab es ein schallendes Gelächter. Gerade die Frauen als direkt Betroffene schüttelten sich vor Lachen und klatschten sich auf die Schenkel. Erst nach einer Weile flaute die Welle der allgemeinen Erheiterung ab und machte den Weg frei für Unmut und Ärger, der offensichtlich tief in ihnen schlummerte.

Die jungen Männer sprachen von der typisch westlichen Arroganz, einer Voreingenommenheit, die man nur als Dummheit bezeichnen könne. »Wenn ich meiner Mutter erzähle«, rief Anas, ein Mediziner in der Ausbildung, »sie sei unterdrückt, hält sie mich für verrückt.« »Sie urteilen über uns, als wären wir Neger im Busch«, sagte Youness aufgebracht. Das konnte Elvis, der aus der demokratischen Republik Kongo stammt und in Marokko studiert, sehr gut nachvollziehen. Er nickte heftig und fügte hinzu: »Sie sprechen über etwas und haben keinerlei Ahnung. Sie sollten besser vor ihrer eigenen, schmutzigen Tür kehren.«

Die jungen Mädchen formulierten es noch drastischer: »Wir sind doch keine Esel, die man einfach in eine x-beliebige Ecke stellen kann«, sagte Kadischa erzürnt. »Wir studieren, was wir wollen, und suchen uns den Job, den wir wollen.«

»Aber müsst ihr dann nicht heiraten und Kinder kriegen?«, wandte ich ein.

»Was heißt müssen?«, entgegnete Fatima. »Wir heiraten, wann wir wollen, und bekommen Kinder, wann wir wollen.«

»Ich möchte erst ein bisschen Karriere machen, bevor ich Kinder bekomme«, warf Kadischa ein.

»Das klingt ja richtig fortschrittlich«, entgegnete ich provozierend. »Alle Frauen können tun und lassen, was sie wollen. Sagt bloß, ihr könnt bis spätnachts in die Disco gehen, Freunde haben, jederzeit von zu Hause ausziehen und all das machen, was Männer tun.«

»Ich kann fünf Freunde haben, wenn ich will«, rief Houda, eines der Mädchen in der Klasse, die Kopftuch trugen.

»Wer will schon in die Disco gehen«, meinte Sara, »wo nur Prostituierte sind. Wir tanzen zu Hause, machen dort eine Party.«

Ein lautes Ja, Ja von allen Seiten. In Marokko und anderen muslimischen Ländern gelten Discos und Bars als Orte der Prostitution. Als anständige Frau geht man dort einfach nicht hin. Genauso wenig wie man nach 21 Uhr alleine auf kaum belebten Straßen schlendert. Das könnte den Eindruck eines gewerbsmäßigen Spaziergangs erwecken. Andere Länder, andere Sitten, an die sich nach einiger Zeit auch europäische Frauen aus praktischen Gründen halten.

Asmae, die bereits als Anwältin arbeitet, erzählte, dass sie in ihrer Studienzeit an der Universität in Casablanca im Studentenwohnheim lebte. Zuerst freute sie sich, endlich alleine zu leben und tun und lassen zu können, was sie wollte. Danach sei sie jedoch bei jeder Gelegenheit nach Hause gefahren, weil sie ihre Familie vermisste. »Ich bin nicht verheiratet und lebe heute noch zu Hause, obwohl ich es mir bei meinem Einkommen erlauben könnte, alleine zu leben.«

Auch Sara, die bei einer Immobilienfirma arbeitet und seit einem Jahr getrennt von ihrer Familie lebt, fühlt sich alleine nicht wohl. »Am liebsten würde ich meinen Job sausen lassen und wieder zurück nach Marrakesch gehen«, sagte die selbstbewusste junge Frau, die ein tief ausgeschnittenes T-Shirt trug, das den Bauch frei ließ.

Wenige Tage danach traf ich Reslin, ein Mitglied der Bewegung Gerechtigkeit und Spiritualität, eine in Marokko nicht verbotene, jedoch nur geduldete islamistische Organisation. Reslin arbeitet in einem Frauenzentrum ihrer Bewegung, in dem Frauen ausgebildet werden und Lebenshilfe bekommen. »Wir dürfen es nicht den Männern überlassen, Entscheidungen zu treffen«, erklärte die Mittzwanzigerin kämpferisch, die selbstverständlich Kopftuch und langen Rock trägt. »Wir müssen uns einmischen, verantwortliche Positionen übernehmen. Wir brauchen die Gleichstellung der Frau, aber ohne Bevormundung durch den Westen, auf unserem eigenen Weg.«

Die Aussagen der marokkanischen Männer und Frauen decken sich mit den Ergebnissen einer Meinungsumfrage der Gallup Organization aus Princeton, New Jersey. Die 2006 veröffentlichten Ergebnisse bestätigen, dass muslimische Frauen sich nicht unterdrückt fühlen. Die Umfrage basierte auf über 8 000 Interviews in acht, mehrheitlich muslimischen Ländern. Die Geschlechterfrage war für die Befragten nicht das dringendste Problem. Der Stellenwert anderer Themen wie Terrorismus, politische und wirtschaftliche Korruption sowie die Uneinigkeit der muslimischen Nationen erschienen viel wichtiger. Das Kopftuch oder der Schleier (→ **Koran**) blieben bei den Antworten der Frauen unerwähnt.

Breite Übereinstimmung herrschte darüber, dass Frauen in jeder Beziehung die gleichen Fähigkeiten haben wie Männer (Libanon: 97 Prozent; Ägypten: 95 Prozent; Iran: 92 Prozent; Marokko: 95 Prozent; Türkei: 94 Prozent). Sie können jeden Job in jeder Position erfüllen, auch in der Regierung, sowie ihre eigene politische Wahl treffen und insgesamt sollten sie dieselben Rechte wie Männer genießen. Dieses Urteil betrifft auch Saudi-Arabien, nicht mit überwältigender Mehrheit, aber doch immerhin mit 69 Prozent. Saudi-Arabien ist, neben dem Sultanat Brunei, das einzige Land, in dem es Frauen nicht erlaubt ist, zu wählen. Im saudischen Königreich dürfen Frauen ebenso wenig ein Auto selbst fahren. Selbstredend, dass auch die Mehrheit der saudischen Frauen (61 Prozent) ans Steuer wollen.

Mit dem Westen verbinden muslimische Frauen die rechtliche Gleichstellung von Mann und Frau (Marokko: 78 Prozent; Libanon: 71 Prozent; Saudi-Arabien: 48 Prozent). Trotzdem will die Mehrheit der Befragten westliche Werte als Hilfsmittel für politische und ökonomische Entwicklung nicht auf die eigenen Länder übertragen wissen. Große Ablehnung fanden Pornografie, Promiskuität und öffentliche Schamlosigkeit, die als ein deutliches Zeichen für die kulturelle Degradierung der Frauen empfunden werden.

Themen, die mir auch immer wieder in muslimischen Ländern beim Unterricht, bei Reportagen und bei privaten Gesprächen begegnen. Die sexuelle Freiheit des Westens betrachtet man nicht als Fortschritt. Es sind stets die gleichen Fragen, mit denen ich konfrontiert werde: Warum muss man unbedingt Sex mit vielen verschiedenen Partnern haben, um fortschrittlich zu sein? Was ist gut daran, sexuelle Intimitäten vor allen Augen auf der Straße oder im Restaurant auszutauschen? Warum muss man sich zwei, drei Mal scheiden lassen und Kinder von verschiedenen Männern haben, um glücklich zu sein? Was haben nackte Frauen in Magazinen und Filmen mit Freiheit zu tun? Die meisten meiner Schüler wollten nicht verstehen, warum man nach einer Party oder einem Discobesuch einfach mit irgendjemandem nach Hause geht, um einfach nur Sex zu haben. Und dass das obendrein auch noch als modern und bei einer Frau als Zeichen der Emanzipation angesehen wird. Verstanden haben sie natürlich, worum es geht, nur für sie kommt so etwas nicht infrage. Aus welchem Grund sollten sie sich erniedrigen und vielleicht auch noch den guten Ruf verlieren?

Eine Einstellung, die der Feministin aus Deutschland, die ich in Beirut traf, buchstäblich den Magen umdrehen dürfte. Sie würde von Gehirnwäsche sprechen, die den Millionen von armen Frauen widerfahren sei. Sie, die Frauenrechtlerin und Journalistin, war ausgezogen, um die arabische Frau zu befreien und die Diskriminierung von Lesben und Schwulen zu beenden. Sie war aktiv in linken, feministischen Zirkeln, um Aufklärungsarbeit zu betreiben und die unterdrückten Schwestern endlich aus ihrem Dornröschenschlaf zu reißen.

In den Sechziger- und Siebzigerjahren fand man den westlichen Gedanken von weiblicher Emanzipation in muslimischen Ländern sicherlich interessant. Das war etwas, das man ernst nahm und zu verwirklichen suchte. Damals war das moderne Projekt des Westens mit Demokratie, individueller Freiheit und Selbstverwirklichung etwas Erstrebenswertes. Sozialistische Theorien galten unter muslimischen Studenten und Intellektuellen als ebenso apart wie in den europäischen Metropolen Paris, London oder Berlin. Wer etwas auf sich hielt und als »in« gelten wollte, trug westliche Kleidung und folgte einem westlichen Lebensstil: lange Haare, Jeans, Miniröcke, Popmusik und Whisky, Haschisch gab es sowieso. In den Stadtzentren von Beirut, Kairo oder Algier sah man kaum Kopftücher, am Strand trugen die Frauen Bikini und sprangen nicht komplett angezogen in die Fluten.

Heute ist das anders. 30 Jahre später wird der westliche Lebensstil nicht mehr ungefragt adaptiert. Die Kultur des Kapitalismus hat nicht das Paradies auf Erden gebracht. Man sieht die Vorteile, besinnt sich aber auf eigene Traditionen. Die deutsche Feministin in Beirut kommt einige Jahrzehnte zu spät.

Von vielen Musliminnen wird die Emanzipation, wie westliche Feministinnen sie propagieren, als neue Form eines altertümlichen Kolonialismus verstanden, unter dem sie lange genug leiden mussten und von dem sie ein für alle Mal genug haben.

Frauen in muslimischen Ländern wollen ihren eigenen Weg gehen (→ **Emanzipation**). Das sollte einfach respektiert werden, statt ihnen die eigenen, westlichen Ideale, Werte und Normen als die besseren überstülpen zu wollen.

Frauen machen keine Karriere

»Mich ärgert immer wieder«, sagte Gisèle Khoury, Moderatorin einer politischen Talkshow des arabischen TV-Senders Al-Arabija, »wenn die arabische Frau als unterdrückt bezeichnet wird.« Gisèle Khoury stammt aus dem Libanon und ist Christin. Ihr Mann, der bekannte Journalist Samir Kassir, wurde im Juni 2005 Opfer eines Bombenattentats. »Ich habe so viele Kolleginnen, viele von ihnen Muslime, die als Journalistinnen, Schauspielerinnen oder Künstlerinnen erfolgreich sind. Natürlich können Frauen Karriere machen.«

In Haret Hreik, einem Stadtteil im Süden Beiruts, lag das Gebäude des Hisbollah-eigenen Fernsehsenders Al-Manar, bevor es im Libanonkrieg 2006 zerstört wurde. Rund 70 Prozent der Belegschaft dort waren Frauen. Die internationalen Nachrichten in englischer und französischer Sprache produzierte eine Frauenredaktion in völliger Eigenregie. »Wir können das gut alleine«, meinte eine der Redakteurinnen, die Kopftuch und einen bodenlangen Rock trug. Als sie erfuhr, dass ich aus Deutschland kam, wechselte sie von Englisch in ein perfektes Deutsch.

Im Golfstaat Bahrain wurden 2004 und 2005 die ersten beiden weiblichen Ministerinnen ernannt. Was in Bahrain als Besonderheit gefeiert wurde, gehört in Syrien zur Normalität. Die erste Ministerin wurde bereits 1979 ernannt. Heute bekleidet sogar eine Frau das Amt des Vize-Präsidenten. Najah al-Attar ist die erste Frau in arabischen Ländern, die eine derart gehobene Position einnimmt. In Syrien gibt es 170 weibliche Richter, im Parlament sitzen 14 Prozent Frauen, was im Vergleich zu anderen arabischen Staaten (3,4 Prozent) sehr viel ist. (In Deutschland betrug der Frauenanteil der Abgeordneten 2007 31,8 Prozent.) Fast alle syrischen Mädchen (98 Prozent) bekommen eine Basisschulausbildung. 51 Prozent aller Universitätsabsolventen sind Frauen. In Tunesien sind an den Universitäten über die Hälfte der eingeschriebenen Studenten Frauen. 42 Prozent aller tunesischen Arbeitskräfte sind weiblich. Auch knapp die Hälfte aller Mediziner im Land sind Ärztinnen. Rund 10 000 Frauen führen Firmen in leitender Position.

Beispiele genug, die zeigen, dass nicht alle muslimischen Frauen rückschrittlich leben und nur am heimischen Herd mit den Kindern stehen. Natürlich gibt es von Land zu Land große Unterschiede, wie die bereits oben zitierte Gallup-Studie von 2006 zeigte. Im Iran besteht zwischen dem Ausbildungsgrad von Männern und Frauen kein Unterschied. In Pakistan dagegen beträgt die Differenz 73 Prozent. Unter westlichen Ländern gibt es ähnlich große Unterschiede. In Japan absolvieren mehr Frauen als Männer eine gehobene Ausbildung. In den USA ist das Verhältnis zwischen den Geschlechtern ausgeglichen, während aber in Deutschland oder Frankreich die Geschlechterlücke (*gender gap*) bei 50 Prozent liegt. In der Bundesrepublik finden sich auch nur 22,5 Prozent Frauen in leitenden Positionen.

»Insgesamt gesehen bleibt jedoch eine gehobene Ausbildung für Frauen im Mittleren Osten und in Nordafrika etwas Ungewöhnliches«, schreibt Dalia Mogahed, die Direktorin der Forschungsabteilung Islam bei Gallup. Ein Ergebnis, das in erster Linie mit sozioökonomischen Faktoren zu tun hat und weniger mit Gender-Fragen. Bildung ist in muslimischen Ländern etwas sehr Erstrebenswertes. Wer es sich leisten kann, sorgt dafür, dass gleichrangig Sohn und Tochter eine gute, wenn nicht die beste Ausbildung erhalten. Ob im Libanon, in Marokko, Syrien oder Saudi-Arabien: Die meisten Mediziner, Anwälte, Übersetzer und Ingenieure sind überqualifiziert. Sie haben zwei Studienabschlüsse, einen aus ihrem Heimatland, den anderen aus Spanien, Frankreich, Deutschland oder den USA. Etwas, das ich immer wieder betone, sobald mich europäische Freunde nach der medizinischen Versorgung in »diesen« Ländern fragen, ob man ihr denn auch trauen könne. Dies ist eine meiner Lieblingsfragen, gleich nach: Gibt es Bankautomaten, an denen man mit EC- oder Kreditkarte Geld ziehen kann?

Sprachen gelten übrigens als hilfreiche Zusatzqualifikation, die man sich nebenbei noch aneignet. Zwei oder drei Sprachen, abgesehen von der arabischen Muttersprache, sind für Akademiker oder selbst für Leute ohne Eliteausbildung normal. Die ausländischen Sprachinstitute profitieren davon: das Institute Français, das Instituto Cervantes, das British Council, die American Language Centers und auch das deutsche Goethe-Institut. In den Klassen halten sich weibliche und männliche Studenten ungefähr die Waage. Die Schüler stammen zum überwiegenden Teil aus Mittelstandsfamilien oder der Oberschicht. Sozial schwache Familien können sich diese Zusatzausbildung nicht leisten, es sei denn, das Erlernen einer Sprache ist mit einem Visum für ein westliches Land verbunden. Dann sammelt die ganze Familie, Onkel, Tanten, Vetter, Cousins und Cousinen, um das Weiterkommen eines Sprösslings zu ermöglichen. Schließlich ist ein Gastarbeiter oder ein jobbender Student eine gute Investition, die sich irgendwann auszahlt.

Der Islam erlaubt das Schlagen von Frauen, die überdurchschnittlich oft Opfer von häuslicher Gewalt sind

Im März 2007 lehnte eine Richterin am Frankfurter Amtsgericht das Scheidungsgesuch einer marokkanischen Frau ab, die sich von ihrem gewalttätigen Mann so schnell wie möglich trennen wollte. Die Richterin verwies in ihrer Begründung auf den Koran und den marokkanischen Kulturkreis der beiden Ehepartner. »Die Ausübung des Züchtigungsrechts begründet keine unzumutbare Härte gemäß Paragraf 1565 BGB.« Auf gut Deutsch heißt das: Muslimische Männer haben das Recht, ihre Frauen zu schlagen. So steht es doch im Koran.

Die Richterin wollte wohl ihre interkulturelle Aufgeschlossenheit demonstrieren und pickte sich die oft zitierte und viel diskutierte Sure 4:43 heraus: »Die Männer sind die Verantwortlichen über die Frauen, weil Allah die einen vor den andern ausgezeichnet hat und weil sie von ihrem Vermögen hingeben. Darum sind tugendhafte Frauen die Gehorsamen und die (ihrer Gatten) Geheimnisse mit Allahs Hilfe wahren. Und jene, von denen ihr Widerspenstigkeit befürchtet, ermahnt sie, lasst sie allein in den Betten und straft sie. Wenn sie euch dann gehorchen, so sucht keine Ausrede gegen sie.«

»Strafen« wird in anderen Übersetzungen zu »schlagen«, zu »leicht schlagen ohne sie zu erniedrigen« oder zum »leichten Klaps«. Der Vollständigkeit halber hier die drei Textversionen:

1) »… und schlagt sie! Wenn sie euch (daraufhin wieder) gehorchen, dann unternehmt (weiter) nichts gegen sie!« (Übersetzer: Rudi Paret)

2) »… wenn das nichts nützt, dürft ihr sie (leicht) strafen (ohne sie zu erniedrigen). Haben sie sich gefügt, so dürft ihr nicht ungerecht sein.« (Übersetzer: Al-Azhar-Universität Kairo)

3) »… und (erst danach) einen (leichten) Klaps geben! Und sollten sie wieder auf euch hören, dann unternehmt nichts mehr gegen sie!« (Übersetzer: Amir Zaidan)

Allein an den drei verschiedenen Übersetzungen sieht man schon, dass man es sich nicht so verantwortungslos einfach machen kann, wie es die Richterin in Hamburg tat. Die marokkanische Frauenrechtlerin Latifa Jbabdi und viele andere muslimische Frauen (→ **Emanzipation**) könnten der deutschen Staatsbeamtin ohne Probleme eine Reihe von anderen Koranzitaten anführen, die die absolute Gleichstellung von Mann und Frau beschreiben und Gewalt ablehnen, wie zum Beispiel folgende Textstelle: »Die gläubigen Männer und die gläubigen Frauen sind einer des andern Freund. Sie gebieten das Gute und verbieten das Böse und verrichten das Gebet und zahlen die Zakat und gehorchen Allah und Seinem Gesandten.« (Sure 9:71)

Noch deutlicher in Sure 33:35: »Wahrlich, die muslimischen Männer und die muslimischen Frauen, die gläubigen Männer und die gläubigen Frauen, die gehorsamen Männer und die gehorsamen Frauen (…) Allah hat ihnen Vergebung und herrlichen Lohn bereitet.«

Und für eine friedliche Versöhnung bei Konflikten in Sure 4:128:

»Und wenn eine Frau von ihrem Ehemann rohe Behandlung oder Gleichgültigkeit befürchtet, so soll es keine Sünde für sie beide sein, wenn sie sich auf geziemende Art miteinander versöhnen; denn Versöhnung ist das Beste.«

Außerdem würden sich marokkanische Richter über ihre deutsche Kollegin schon sehr wundern. Erstens kann eine Frau in Marokko nach dem 2004 in Kraft getretenen neuen Familiengesetz ohne nähere Angaben von Gründen die Scheidung einreichen. Es genügen unlösbare Differenzen, um nach spätestens sechs Monaten geschieden zu sein. Außerdem würde ein marokkanisches Gericht bei Misshandlungen von Frauen nicht den Koran zitieren, sondern das Gesetzbuch. Unlängst, als ich auf eine Polizeistation musste, wurde der Fall einer vom Ehemann geschlagenen Frau geflissentlich aufgenommen und protokolliert. Die Freundin fungierte als Zeugin. Alles ohne jede männliche Häme oder Belustigung. Gewalt gegen Frauen ist kein Kavaliersdelikt. Trotzdem gibt es noch kein Gesetz, das speziell das Problem häuslicher Gewalt regelt. »Das ist der nächste Schritt«, sagte mir Latifa Jbabdi, die Präsidentin der Union de l'Action Féminine in Marokko. »Es ist in Planung und wir arbeiten daran, einen Gesetzentwurf zu machen.«

Im April 2004 ließ Rania al-Baz, eine bekannte TV-Moderatorin in Saudi-Arabien, Fotos von sich veröffentlichen, die sie im Krankenhaus nach der Attacke ihres Ehemanns zeigen. 13 Knochenbrüche im Gesicht, völlig aufgeschwollen, nicht mehr erkennbar im Vergleich zu früheren Aufnahmen. Rania al-Baz erhob Anklage gegen ihren Mann, der zu sechs Monaten Gefängnis und 300 Peitschenhieben verurteilt wurde. Die TV-Moderatorin war die erste Frau, die gegen ihren Mann Klage erhoben hat, obwohl in Saudi-Arabien die Ehefrau offiziell geschützt ist. Rania al-Baz gab mehrere Interviews, unter anderem in der US-TV-Show *Oprah*, um auf häusliche Gewalt aufmerksam zu machen. Heute lebt sie in Paris, von ihrem Mann getrennt.

Al-Baz hat ein Tabu gebrochen, was bitter nötig war – gerade in Saudi-Arabien, wo Frauen den Männern nicht gleichgestellt sind. Sie können nicht alleine reisen, wohin sie wollen, da sie in den Pass des Ehemanns oder des männlichen Vormunds eingetragen sind. Sie können nicht wählen und nicht einmal hinter dem Steuer eines Autos sitzen und selbst fahren. Häusliche Gewalt existiert offiziell nicht. Frauen erstatten keine Anzeige. Entsprechend steht Saudi-Arabien in der internationalen Kriminalstatistik, was zum Beispiel Vergewaltigung betrifft, auch weit unten.

Häusliche Gewalt ist in allen muslimischen Ländern ein Problem. Genauso wie im Rest der Welt, wo jede dritte Frau schon einmal in ihrem Leben das Opfer von Gewalt wurde. Frauen zwischen 16 und 44 Jahren haben laut dem UN-Entwicklungsfonds für Frauen (UNIFEM) ein höheres Lebensrisiko durch männliche Gewalt als durch Krebs, Aids oder Malaria. Die Weltgesundheitsorganisation (WHO) berichtete, dass beinahe 70 Prozent aller weiblichen Mordopfer von ihren jeweiligen Partnern getötet werden.

In Europa, so schätzt die europäische Frauenlobby, eine NGO, die über 4000 Frauenorganisationen in Europa repräsentiert, wird mindestens jede fünfte Frau von ihrem Ehepartner oder Lebensgefährten misshandelt. Für europäische Frauen im Alter zwischen 16 und 44 Jahren ist häusliche Gewalt der Primärgrund für Verletzung und Tod, noch vor Autounfällen und Krebserkrankungen. In Portugal sind 52 Prozent Opfer von häuslicher Gewalt, in Großbritannien jede vierte Frau und in Finnland 22 Prozent. In Deutschland werden jedes Jahr fast 300 Frauen von ihrem ehemaligen Lebenspartner getötet. Eine wahrlich erschreckende Bilanz. Die Zahlen (außer den Tötungsdelikten) beruhen auf Schätzungen, denn nur etwa jede 20. Straftat wird angezeigt. In vielen muslimischen Ländern, wie am Beispiel Saudi-Arabien gesehen, dürfte die Dunkelziffer noch höher liegen. Trotzdem zeigen Studien der letzten Jahre, dass muslimische Länder generell keine ungewöhnlich hohen Missbrauchszahlen haben.

Laut den Zahlen von UNICEF aus dem Jahr 2000 erleiden in Ägypten 35 Prozent der verheirateten Frauen häusliche Gewalt, in Palästina 32 Prozent. Nach einer Studie aus dem Jahr 2005 von UNIFEM und der syrischen Frauen-Union sind es in Syrien 22 Prozent. In Pakistan sollen es dagegen unglaubliche 80 Prozent sein, in Bangladesch 47 Prozent. Offensichtlich hat häusliche Gewalt sehr wenig mit der Religion des Islams zu tun, mehr mit unterschiedlichen lokalen Gegebenheiten. Mit patriarchalischen Stammesstrukturen, Traditionen, Ritualen, Gebräuchen, die aus vor-islamischer Zeit stammen. Ganz ähnlich wie die weibliche Beschneidung (→ **Beschneidung**).

»In muslimischen Ländern«, erklärte mir Latifa Jbabdi, langjährige marokkanische Feministin, »gibt es nicht mehr oder weniger Gewalt gegen Frauen. Das Problem ist universal und weltweit.« Eine Meinung, die sie mit anderen Frauenrechtlerinnen in Ägypten, Pakistan oder Indonesien teilt. Der einzige Unterschied bestehe in der Versorgung der Opfer, fügte die Präsidentin der Union de l'Action Féminine Marokko an. »Im Westen ist sie viel besser.« Dort gebe es mehr Einrichtungen und Institutionen, die sich um misshandelte Frauen kümmern. In der marokkanischen Hauptstadt Rabat beispielsweise existierten nur zwei Frauenhäuser zum Schutz der Opfer. Tatsächlich sind Unterkünfte zum Schutz von Frauen dünn gesät. In der Achtmillionenmetropole Kairo gibt es nur ein Zentrum, ebenso in Amman, Damaskus oder Dubai.

In vielen Fällen werden der Gründung oder Leitung eines Frauenhauses juristische Steine in den Weg gelegt. Die pakistanische Frauenrechtlerin Shahnaz Bokhari wurde von einem Mann der Beihilfe des Kidnappings bezichtigt, nachdem seine Frau ihn verlassen und in einer Schutzeinrichtung Unterschlupf gefunden hatte. Der Richter warf Shahnaz Bokhari, der Gründerin und Leiterin des Frauenhauses, vor, ihre Schutzbefohlenen als Prostituierte auszunutzen.

Eine der wenigen positiven Ausnahmen ist die algerische Hauptstadt. In Algier alleine gibt es 30 Schutzhäuser. In Algerien entschließen sich auch von Jahr zu Jahr etwa 1500 Frauen mehr, Anzeige gegen ihre misshandelnden Ehemänner zu erstatten.

Muslimische Frauen sind unmodern und tragen keine westliche Kleidung

Susanne Osthoff, die 2005 im Irak entführte Archäologin, gab nach ihrer Befreiung dem deutschen Fernsehpublikum ein eindringliches Beispiel für den Kleidungsstil von Musliminnen. »Tief verschleiert, nur mit einem kleinen Schlitz für die Augen«, schrieben verschiedene Zeitungen, »präsentierte sich die Deutsche im Interview mit dem ›heute-journal‹.« Ein Interview, das alleine schon wegen der Aufmachung von Susanne Osthoff zum Skandal wurde. Das deutsche Publikum war geschockt: Ein verschleierter Zombie mitten im wohlverdienten Feierabend. Wie kann man sich nur so vor die TV-Kamera setzen? Schlimm genug, dass so etwas Usus bei den Arabern ist – aber für Deutschland nun völlig unangebracht.

Vielleicht wollte sich Susanne Osthoff nur einen provokanten Spaß erlauben, indem sie sich als Muslimin verkleidete. Sie erreichte jedoch nur das Gegenteil. Für sich selbst konnte die von radikalen Islamisten entführte Archäologin keine Sympathien gewinnen. Noch weniger für ihre Maskerade. Die verkleidete Susanne Osthoff zeigte dem TV-Publikum, wie ästhetisch abstoßend und schrecklich doch die von Kopf bis Fuß verschleierte Frau, der Prototyp aller muslimischen Frauen, ist. Statt Vorurteile abzubauen, wurden sie bestätigt und sogar noch ausgebaut.

Die »tief verschleierte Frau mit dem Sehschlitz« gehört tatsächlich in nur wenigen muslimischen Ländern zum dominierenden Alltagsbild. Vorwiegend in den Golfstaaten wie Bahrain, Katar oder Saudi-Arabien. Im Iran müssen sich Frauen seit der Islamischen Revolution 1979 in der Öffentlichkeit bedeckt halten. In Afghanistan gehört die seit der Befreiung 2001 im Westen viel diskutierte Burka zum Straßenbild, ebenso wie in Pakistan, insbesondere in ländlichen Gebieten, wobei dort jedoch relativ wenige Frauen außerhalb des Hauses zu sehen sind.

Ansonsten herrscht ein bunter Pluralismus von Kleidungsstilen und Kombinationen, gerade in urbanen Metropolen wie Damaskus, Kairo, Beirut, Casablanca, Tunis, Istanbul, Kuala Lumpur oder Jakarta: Frauen mit und ohne Kopftuch, in Hosen, langen wie kurzen Röcken, freizügig und hochgeschlossen, übermäßig geschminkt und ganz ohne Make-up, mit flachen und hochhackigen Schuhen, elegant und moderat – alles wenn möglich nach der neuesten Mode, wie in anderen Teilen der Erde auch. Frauen, die ihren persönlichen Kleidungsstil nicht nach außen zur Schau stellen können, tragen ihn unter der Dschellaba oder der Abaja. Oft besteht auch ein großer Unterschied zwischen dem Nachtleben und dem Tag.

Besonders Frauen aus den Golfstaaten legen viel Wert darauf, modern zu sein, und schätzen neueste internationale Mode. Sie kaufen bei angesagten Designern oder lassen sonst für sich schneidern. In Beirut und Damaskus zählen im Sommer die schwarz verschleierten Frauen in den Ladenpassagen, Einkaufszentren und Edelgeschäften zu den besten Kunden. Da wird nicht lange um den Preis gefeilscht, sondern einfach gekauft, was trendy ist. Sehr beliebt sind extravagante Dessous, die ganz bestimmt nicht mit konservativen muslimischen Vorstellungen übereinstimmen. Im arabischen Ausland müssen sich saudische Frauen auch nicht mit männlichen Verkäufern rumschlagen, die es noch überwiegend in den heimischen Dessousläden gibt. Zurück in Riad trägt man die Trophäen der Einkaufstour auf privaten Cocktail-Partys, Festen und Empfängen, wie Rajaa Alsanea, eine junge saudi-arabische Autorin, in ihrem Roman *Die Girls von Riad* beschreibt.

Im Iran finden jedes Jahr zum Sommerbeginn Kontrollen auf den Straßen statt, um Verstöße gegen die islamische Kleiderordnung zu ahnden. 2007 ging die Polizei besonders hart vor. Für über 10 000 Frauen gab es Verwarnungen, einige davon wurden auch verhaftet und eingesperrt. Bei heißen Sommertemperaturen kleidet sich jeder möglichst leicht und das weibliche Geschlecht erfahrungsgemäß knapper. Die iranischen Frauen begannen, offene Sandalen zu tragen, das Kopftuch rutschte auf den Hinterkopf, die Hosen reichten nur mehr bis zur Wade, der lange Umhang blieb offen oder wurde eng getragen und bekam plötzlich hellere Farben. Wohlhabende Damen aus den Vierteln im Norden von Teheran erschienen völlig durchgestylt auf der Straße. Die Polizei beschwerte sich, dass einige wie Models aussahen.

In den Zeitungen wurden Fotos von den Frauen veröffentlicht, die gegen den vorgeschriebenen Kleidungscode verstoßen hatten. Jedes Jahr ist es im Iran das gleiche Spiel zwischen Polizei und Frauen, die es sich allen Vorschriften zum Trotz nicht nehmen lassen wollen, modisch zu sein. Man kann sich vorstellen, was Frauen zu Hause oder bei Freunden tragen, wenn sie auf der Straße nur ihre selbst vorzensierte Version zeigen. Bekanntlich wird im Iran auf privaten Festivitäten all das gemacht, was verboten oder offiziell verpönt ist: Alkohol, Drogen, Sex, westliche Musik, Hollywood-Filme und natürlich auch die dazu passende Mode.

Einen Eindruck von orientalischer Pluralität bekommt man in den Sommermonaten im Stadtzentrum von Beirut. Bis spät in die Nacht sitzen die Besucherinnen aus dem ganzen Mittleren Osten an den Tischen von Cafés, Bars und Restaurants im Freien. Ob mit offenen, langen Haaren, Kopftüchern oder Schleier, Frauen zeigen hier, aufreizend oder nicht, in allen erdenklichen Varianten, wie zeitgenössisch und modern sie sind. Die Kategorien Ost und West existieren hier nicht, wo der Ruf des Muezzins sich mit dem Wummern der Lautsprecher einer überfüllten Bar vermischt.

Fundamentalismus (→ Islamismus)   F

Goldenes Zeitalter (→ Islamismus)   G

Hamas

Die palästinensische Organisation Hamas gilt auch in arabischen Ländern als Terrorgruppe

Als im Januar 2006 die Hamas 76 von insgesamt 132 Sitzen im palästinensischen Parlament gewann, waren viele im Westen überrascht. Wie konnte eine Terrorgruppe ins Parlament gewählt werden, und das auch noch mehrheitlich? Eine Organisation, die ein Musterbeispiel für blutigen islamistischen Terror, ein Synonym für Selbstmordattentate und Entführungen ist. Nicht umsonst wird doch Hamas in Israel, den USA, Kanada, Japan, Großbritannien oder auch in der Europäischen Union in der Terrorliste geführt.

Was den Palästinakonflikt betrifft, existiert ein großer Unterschied zwischen den öffentlichen Meinungen in westlichen und arabischen Ländern sowie anderen muslimischen Nationen. Auf einen kurzen Nenner gebracht: Dem palästinensischen Volk gehört die Sympathie der Araber und Muslime. Das Land Palästinas wurde von Israel gestohlen, die Palästinenser werden seit Jahrzehnten gedemütigt und unterdrückt, ihr Kampf gegen israelische Okkupation und für einen unabhängigen Staat ist ein Befreiungskampf. Seit vielen Jahren kann die arabische Öffentlichkeit im Fernsehen und in den Zeitungen die Bilder der Ungerechtigkeit, der erschossenen Frauen, Kinder und Männer sehen. Das Ungleichgewicht der Zahlen spricht ja für sich, wird gerne als Argument benutzt. Tatsächlich wurden alleine von 2000 bis 2007 4 228 Palästinenser getötet. Die meisten davon Zivilisten, darunter 971 Kinder. Auf israelischer Seite sind 1 024 Israelis ums Leben gekommen, wobei es da keine Rolle spielt, dass 69 Prozent davon Zivilisten waren. Während die Zahl der getöteten israelischen Zivilisten bis 2007 stetig abnahm, blieb die Todesrate aufseiten der Palästinenser gleich. (Zahlen nach einer Statistik der UNO zur Situation in den besetzten palästinensischen Gebieten 2007). Für Araber ist die Sachlage klar: Die stärkste Militärmacht der Region kämpft gegen ein paar Tausend Milizionäre, die mit Kalaschnikows bewaffnet sind und selbst gebastelte Raketen haben. Bei einer Umfrage des Pew-Instituts 2007 (→ **Al-Qaida**) stellte sich heraus, dass man in fast allen muslimischen Ländern Selbstmordattentate zwar generell kaum als gerechtfertigt ansieht. Aber es gäbe Ausnahmefälle, die sich auf Palästina beziehen. Ich höre das oft von Freunden oder auch bei Diskussionen über die aktuelle Lage: »Was können die Palästinenser schon gegen die Übermacht Israels tun? Sie kämpfen einen aussichtslosen Kampf, sie haben doch keine Waffen außer sich

selbst.« Es ist eine wenig überlegte Auge-um-Auge-, Zahn-um-Zahn-Stamm-
tischemotion, wenn der Mann auf der Straße Partei für Selbstmordattentate in
israelischen Pizzerias und Bussen als Rache für palästinensische Tote ergreift. In
den meisten Fällen genügen ein paar Einwände über das religiöse Verbot, Zivilisten zu töten, und plötzlich wird die so bereitwillig kundgetane Meinung schnell
relativiert.

Prinzipiell kann man festhalten: Hamas und andere palästinensische Organisationen werden nicht als Terrorgruppen, sondern als Befreiungsbewegungen wahrgenommen. Sie stellen sich der großen Ungerechtigkeit, die ihrem Volk widerfährt,
mutig entgegen. Diese Einstellung gilt gleichermaßen für die Bevölkerung Jorda-
niens, obwohl das Königreich das einzige arabische Land ist, in dem die Hamas offiziell verboten ist.

Das von den arabischen Medien übermittelte Bild von Hamas ist differenzierter
als das der westlichen Berichterstattung. Hamas wird nicht nur auf ihren militärischen Flügel, die Essedin-al-Kassam-Brigaden, reduziert. Hamas ist gleichzeitig
eine soziale Organisation, die Schulen, Hospitäler oder auch Waisenhäuser unterhält. Im Westen wird das als typische Bauernfängerei der Islamisten gesehen, in arabischen Ländern als muslimische Pflichterfüllung und als ein Beweis für eine Organisation, die es ernst meint mit dem, was sie verspricht. Für verarmte Palästinenser,
die die langen Jahre der Vetternwirtschaft der regierenden Fatah satt haben, sind die
sozialen Einrichtungen der Hamas eine Überlebenshilfe. Palästinenser und Araber
wissen auch, dass Hamas mehrfach versuchte, eine Deeskalation der Auseinandersetzungen mit Israel zu erreichen, was aber stets von israelischer Seite und den USA
als böswilliger Trick abgelehnt wurde. Seit 1993 hatte Hamas Israel insgesamt elf
Mal einen Waffenstillstand angeboten, und zwar für eine Zeitperiode zwischen
zehn und 50 Jahren, zuletzt von Scheich Achmed Jassin, dem spirituellen Führer
der Hamas, im Dezember 2003, wenige Monate vor seiner Ermordung durch ein israelisches Kommando. Bereits im Mai 1999 hatte der »Pate des Terrorismus«, wie der
an den Rollstuhl gebundene, halb taube Greis in Israel genannt wurde, in einem Interview mit der ägyptischen Tageszeitung *Al-Ahram* darüber gesprochen. »Wir
müssen realistisch sein. Unser Heimatland wurde vor langer Zeit, 1948 und noch
einmal 1967, gestohlen. Meine Generation sagt heute den Israelis: Lasst uns das Problem jetzt lösen, auf der Basis der Grenzen von 1967. Lasst uns den Konflikt beeen-
den, indem wir einen zeitlich begrenzten Waffenstillstand erklären. Überlassen wir
die wichtigeren Sachfragen den zukünftigen Generationen, sie sollen darüber entscheiden.« Die englischsprachige arabische Zeitung *Al-Hayat* hatte kurz nach dem
Tod von Scheich Jassin spekuliert, sein Friedensangebot sei ein ernsthafter Grund
gewesen, ihn zu ermorden. »Sharon [der damalige amtierende israelische Premier-
minister] ist sich darüber völlig im Klaren, dass Scheich Jassin wohl der einzige

Mann mit der entsprechenden Autorität in Gaza war, der einen Waffenstillstand vorschlagen konnte, der dann auch eingehalten worden wäre. Mit dessen Ermordung wurde jede Möglichkeit dazu ausgeräumt.«

Für viele Araber und andere Muslime ist der westliche Fokus auf die militärischen Aktivitäten der Hamas ein Ausdruck von Doppelmoral. Die konkurrierende Partei von Mahmud Abbas, die Fatah, könnte ebenfalls auf der Terrorliste westlicher Staaten stehen. Schließlich haben sie ebenfalls Selbstmordattentate durchgeführt und Israel mit Raketen beschossen. Im Zeitraum von 1993 bis 2004 gingen 22 Prozent der insgesamt 139 Selbstmordattentate auf das Konto von Fatah. Hamas bekannte sich zu 46 Prozent, Islamischer Dschihad zu 29 Prozent und die links-säkulare PFLP (Populäre Front zur Befreiung Palästinas) zu 3 Prozent (Zahlen nach Sean Yom/Basel Saleh, Harvard University).

Die Fatah-Miliz der Al-Aqsa-Märtyrer-Brigaden waren ebenfalls zu einem nicht unerheblichen Teil am Abschuss der 2696 selbst gebastelten Kassem-Raketen beteiligt, die zwischen 2000 und 2004 auf israelische Dörfer und Städte planlos abgefeuert wurden. Elf Zivilisten, darunter vier Kinder, kamen dabei ums Leben. Aber die Fatah unter der Führung von Präsident Mahmud Abbas hat keine islamistische Agenda. Obwohl sich Hamas als stärkste Fraktion im Parlament an die demokratischen Spielregeln hielt, eine nationale Einheitsregierung bildete und sogar für eine Zwei-Staaten-Lösung eintrat, blieb das für die USA und Europa völlig belanglos. Sie froren alle Hilfsgelder ein, trieben den palästinensischen Staat in den Bankrott und die Bevölkerung vorübergehend in ein soziales Desaster. Für Palästinenser und Araber ein weiteres Indiz für die unterschiedlichen Maßstäbe des Westens. Offiziell will man die Demokratisierung des Mittleren Ostens, akzeptiert aber ausschließlich Wahlsieger, die genehm sind. Alle anderen werden bedingungslos abgelehnt. Ein Grund mehr, auf der Seite der Hamas zu stehen, die ihr Bestes versuchte, aber an der herrschenden Weltlobby scheiterte.

Man wird sehen, wie sich der Konflikt, mit oder ohne Hamas, weiterentwickelt. Sollte es ein einigermaßen fairer Frieden werden, riskieren die Verhandlungsführer auf beiden Seiten ihr Leben. Unberechenbare Radikale gibt es diesseits und jenseits der neu errichteten israelischen Mauer, die die einen Schutzwall oder Sicherheitszaun, die anderen ein Zeichen der Apartheid nennen.

Hawala

Hawala ist ein Geldüberweisungssystem für Terroristen

Nach den Anschlägen vom 11. September 2001 kam neben den islamischen Banken (→ **Banken**) auch Hawala, ein weltweites, öffentliches Geldtransfersystem, in Verruf. Al-Qaida sollte laut US-Behörden die traditionelle Form der Geldüberweisung, besonders populär in Asien und dem Mittleren Osten, für ihre Zwecke missbrauchen.

Zum Begriff: Hawala ist eines von mehreren formlosen Überweisungssystemen, die unabhängig vom normalen Bankverkehr existieren. In Pakistan wird es Hundi genannt, in China ist es das Fei ch'ein und in Lateinamerika das Kolumbianische System. Lässt man die nationalen Besonderheiten einmal beiseite, funktionieren alle nach dem gleichen Prinzip und folgen demselben Zweck: möglichst schnell und kostengünstig auf sichere Weise Geld von einem Land in ein anderes zu transferieren.

Beim normalen Bankweg muss man gültige Ausweispapiere vorlegen und bürokratische Richtlinien erfüllen. Lange Zeit waren die Gebühren dafür zudem noch hoch, und bis das Geld sein Ziel erreichte, konnten bis zu zwei Wochen vergehen. Heute ist der Transfer zwar billiger und schneller, auch gibt es Banken wie Western Union, die darauf spezialisiert sind, Geld rund um den Erdball zu verschicken. Trotzdem bevorzugen viele Emigranten und Gastarbeiter, sofern sie die Wahl haben, nach wie vor das formlose Verfahren.

Banken sind in Entwicklungsländern meist nur in größeren Städten zu finden, auf dem Land so gut wie gar nicht. Schickt also ein pakistanischer oder indischer Gastarbeiter in Saudi-Arabien seiner Familie 50 Dollar nach Hause, muss niemand extra ein oder zwei Tage in die Stadt fahren. Er kann das Geld beim Lebensmittelhändler, im Goldgeschäft oder einem Elektroladen abholen. Schlimmstenfalls im nächstgelegenen größeren Dorf oder der nächsten Kleinstadt. Und das nur eine Stunde, nachdem Sohn oder Vater das Geld in Riad oder Mekka eingezahlt haben. Die Überweisung kostet in der Regel nur 0,5 bis 1,25 Prozent, entscheidend billiger als ein offizieller Transfer via Bank, wenn man kein eigenes Konto hat. Obendrein wird ein günstigerer Devisenwechselkurs auf der Basis des Schwarzmarktpreises berechnet. In Indien bekommt man so 44 Rupien pro Dollar statt 40 Rupien bei der Bank.

Das ganze System basiert auf Vertrauen, Ehre und Gewohnheitsrecht. Der Hawaladar, der die 50 Dollar des Gastarbeiters in Saudi-Arabien verschickt, kontaktiert per Fax, E-Mail oder Telefon seinen Kontaktmann in Pakistan oder Indien. Er teilt ihm die Summe und ein Codewort mit, das zum Empfang des Geldes berechtigt. Dieser Kontaktmann ist häufig ein Verwandter oder ein Mitglied eines Familienklans, in dem das Amt des Hawaladar von Generation zu Generation weitervererbt wird.

Das formlose Transfersystem gibt es seit zwei Jahrhunderten in Asien und im Mittleren Osten. Das Fei ch'ein soll bereits im alten China existiert haben, mit einem Kontosystem für Händler, damit sie ohne Angst vor Diebstahl und Überfällen reisen konnten. Das Kolumbianische System in Lateinamerika ist weitaus jünger, stammt aus den Siebzigerjahren und ist ein Resultat des Peso-Geldwechselschwarzmarkts.

Missbrauch, Korruption oder Veruntreuung sind eher selten. Nur ein einziger Betrug, ein einziger Fehltritt des Transfervermittlers am Kunden oder anderen Hawaladars im Netzwerk – und es droht eine lebenslange Berufssperre. Nicht unbedingt von einer offiziellen Stelle, aber das Vertrauen ist weg, Kunden bleiben aus und niemand will mehr Geld anvertrauen.

Das formlose Transfersystem ist das Banksystem der Armen, das von den rund 200 Millionen Emigranten weltweit gerne genutzt wird. Sie machen den weitaus größten Teil des internationalen Umsatzes aus. Wie viel genau überwiesen wird, kann nur vage geschätzt werden. Laut einem Bericht des Commonwealth sollen es jährlich zwischen 100 und 300 Milliarden Dollar sein. Davon alleine in Indien zwischen 10 und 20 Milliarden, im Nachbarland Pakistan rund 5 Milliarden. In den USA soll der Umsatz bei 4 bis 10 Prozent des Bruttosozialprodukts liegen, in Europa bei 7 bis 16 Prozent.

Diese Schattenwirtschaft ist Banken, Finanz- und Strafverfolgungsbehörden ein Dorn im Auge. Für die Banken ist es Konkurrenz, für die Finanzämter ein herber Verlust an Steuern, für nationale Zentralbanken mit vorgeschriebenen fixen Wechselkursen eine Absage an ihre Devisenpolitik und für die Polizei ein Ort unkontrollierter Geldwäsche.

Vor Jahren versuchten private Banken, dem Bankensystem der Armen einen entscheidenden ökonomischen Schlag zu versetzen. Die US-Bank Wells Fargo bot Mexikanern an, ganz ohne Ausweispapiere Geld für reduzierte Bedingungen nach Hause zu schicken. Western Union senkte ihre Gebühren um über 50 Prozent. In Ägypten, Jordanien und im Libanon reduzierten die Banken ihre Überweisungskosten und führten einen speziellen Gastarbeitertarif ein. Alle Versuche, einen entscheidenden Marktanteil zu gewinnen, schlugen fehl. Ein System, das, wie auch ein Interpolbericht zugibt, »kostengünstig, effektiv, vertrauensvoll, völlig unbürokratisch ist« und deshalb nicht einfach zu schlagen sei.

Der Vorwurf, via Hawala würden Terrororganisationen ihr Geld für ihre Anschläge überweisen, passte dazu ganz gut ins Bild. Das US-amerikanische Nachrichtenmagazin *Time* betitelte im Oktober 2001 einen Artikel darüber mit der Überschrift: »Ein Banksystem, gemacht für den Terrorismus.«

Die US-Behörden hatten behauptet, die Attentäter des 11. Septembers 2001 hätten ihr Kapital zur Organisation des Verbrechens über Hawala erhalten. Im Nachhinein hat sich jedoch herausgestellt (laut Berichten der 9/11-Untersuchungskommission und des Commonwealth), die Attentäter hatten ihr Geld über Western Union und andere, ganz legale Bankwege verschickt und empfangen. Niemand kam auf die Idee, diese Banken als Handlanger des Terrorismus zu bezeichnen. Das Wort Al-Qaida genügte, um ein unabhängiges, kostengünstiges, sich selbst regulierendes und sozial effektives System, das über zwei Jahrhunderte gewachsen ist, zu diskreditieren und mehr und mehr zu kontrollieren. Die Zentralbank der Vereinigten Arabischen Emirate vergab erstmals Lizenzen für Hawala-Geschäfte, um, wie es hieß, möglichen illegalen Missbrauch zu verhindern. Andere Länder in der Golfregion folgten diesem Beispiel. In den USA ist jede Überweisung über 1 000 Dollar meldepflichtig.

Gemessen an den Abermillionen Normalkunden dürfte die Zahl der illegalen Nutznießer von Hawala zu vernachlässigen sein. Die Möglichkeit, dass es durch Terroristen, Drogendealer, Geldwäscher dauerhaft korrumpiert wird, ist äußerst gering. Jeder Hawaladar, der sich auf Dauer mit einer dieser kriminellen Gruppen einlässt, wird früher oder später von seinen nationalen wie internationalen Kollegen boykottiert werden und kann sein Geschäft schließen. Ohnehin benutzen kriminelle Organisationen in erster Linie legale Bankwege, um ihr Geld zu transferieren oder zu waschen. Regelmäßig Hunderttausende oder Millionen Dollar über Hawala zu verschicken, ohne Aufsehen zu erregen, ist wohl unmöglich. Selbst die Taliban in Afghanistan schafften es nicht, das Hawala für ihre Zwecke zu instrumentalisieren, geschweige denn zu kontrollieren.

Gerade in Afghanistan benutzen internationale Hilfsorganisationen das traditionelle Überweisungssystem, um Geld innerhalb des Landes zu verschicken. Hawala ist kein »Underground-Bank-System«, es ist öffentlich und für jedermann zugänglich. Es ist historisch gesehen eines der sichersten Systeme, Geld zu transferieren, und erfüllt eine wichtige ökonomische wie soziale Funktion.

Zum Abschluss ein Zitat von J. Orlin Grabbe, einem ehemaligen Professor der Wharton School of Business, der heute in Dubai lebt. Mit einer Portion von Ironie wird noch einmal deutlich, wie absurd und blauäugig der Terrorismusvorwurf ist. »In einem der Stockwerke der Citibank in Manhattan scheint niemand zu arbeiten, bis plötzlich das Telefon läutet. Dann werden Notizen gemacht, Instruktionen geflüstert, die Tastaturen der Computer klappern. Die Männer dort transferieren Geld, zu Exporteuren, zu Drogenhändlern, Steuerflüchtlingen, an korrupte Politiker – und an Terroristen. Ganz klar, es ist Zeit, die Citibank zu schließen.«

Heirat

Muslime dürfen nur Muslime heiraten, Frauen werden zwangsverheiratet und Männer dürfen vier Frauen heiraten, weil es der Koran vorschreibt

Hochzeiten in muslimischen Ländern sind große Feste, die bis zu einer Woche dauern können. In Marokko werden die Häuser mit bunten Lichtergirlanden geschmückt, schon von Weitem hört man Musik, Hunderte von Gästen sind eingeladen, es wird viel getanzt und gut gegessen. Man bemalt Hände und Füße der Frauen mit Henna, die Braut wechselt mehrere Male ihre prächtigen Hochzeitsgewänder, sie wird auf einem Pferd, begleitet von einer Menschenmenge und Musikanten, ins Haus des Bräutigams gebracht. So ähnlich oder ganz anders können Hochzeiten sein. Hochzeitszeremonien sind vielfältig und von regionalen Traditionen abhängig.

Viele Familien opfern ihre gesamten Ersparnisse oder zahlen noch Jahre später den Kredit ab, ohne den die pompöse Feier nicht möglich gewesen wäre. Denn pompös sollten die Festivitäten in jedem Falle sein. Hochzeitsfeste sind der Stolz aller Eltern, sie wollen ihren Kindern etwas bieten. Außerdem demonstriert man gleichzeitig Wohlstand vor Nachbarn und Viertel – selbst dann, wenn er nur eine Fiktion ist.

In manchen Ländern kommen Hochzeiten gar nicht zustande, weil das Niveau des traditionellen Brautpreises ins Unermessliche gestiegen ist. Junge Männer, die erst wenige Jahre im Berufsleben stehen und aus keinem wohlhabenden Elternhaus kommen, können es sich schlichtweg nicht leisten zu heiraten. Allein die kostspieligen Hochzeiten, die erwartet werden, übersteigen die finanziellen Möglichkeiten vieler. Wenn nicht richtig gefeiert werden kann, dann lässt man es eben ganz.

Mit der Reaktivierung der Zeitehe (→ **Zeitehe**) im Iran in den letzten Jahren und deren religiöser Legitimierung in Saudi-Arabien 2006 versuchte man diese Probleme zumindest mittelfristig einzudämmen. Die Heiratsquoten waren in beiden Ländern in den letzten Jahren signifikant nach unten gegangen.

Sehr oft hört man im Westen, dass Muslime nur Muslime und keine Andersgläubigen oder besser gesagt keine Ungläubigen heiraten dürfen. Schließlich gibt es doch genügend Probleme, wenn eine Türkin einen deutschen Freund hat. Wenn die beiden dann ausnahmsweise heiraten dürfen, muss der Ungläubige zuvor zum Islam konvertieren, sonst geht gar nichts. Das hat man so im Fernsehen gesehen oder in Zeitungen gelesen.

Die Antwort dazu ist Jein. Muslimische Männer dürfen alle Frauen heiraten, ungeachtet der Religionszugehörigkeit. Ob Jüdinnen oder Christinnen, spielt keine Rolle. Ausgenommen sind Heidinnen, da sie nicht an einen einzigen Gott glauben. Muslimische Frauen dagegen können nur Muslime heiraten. Das hat weniger mit der Beschneidung weiblicher Rechte zu tun als mit der Sorge, die Kinder würden nicht im Sinne des Islams erzogen. In muslimischen Gesellschaften überträgt der Vater automatisch Rechte und Religion auf die Kinder. Deshalb muss ein Deutscher, der eine muslimische Indonesierin oder Ägypterin heiraten will, zuvor zum Islam konvertieren.

Im Libanon, mit 18 anerkannten verschiedenen Glaubensgemeinschaften, ist das einfacher: Interkonfessionelle Brautpaare machen einen Kurztrip nach Zypern und lassen sich in Nikosia standesamtlich trauen. Auf der Mittelmeerinsel ist das zu einem einträglichen Geschäft geworden. Man offeriert Heiratspakete inklusive Erledigung der bürokratischen Formalitäten und Organisation der Flitterwochen. Die libanesischen Behörden führen selbst zwar keine Zivilehe durch, erkennen sie aber an.

In Deutschland und in Europa ist auch immer wieder die Zwangsehe Anlass zu Empörung: Junge Türkin an Cousin in Anatolien verheiratet, ohne den Ehemann je gesehen zu haben! In verschiedenen Ländern, gerade in ländlichen Gebieten mit niedrigem Bildungsgrad und hoher Analphabetenrate, mag das durchaus noch der Fall sein. Mit dem Islam als Religion hat das wenig zu tun, obwohl sich sicherlich einige darauf berufen mögen. In der Regel sind es von Stammes- und Klanstrukturen geprägte, patriarchalische Gesellschaften. Althergebrachte Traditionen, auf deren Weiterführung die selbstverständlich männlichen Stammesfürsten und Familienoberhäupter bestehen. Soziale Bedingungen, in denen auch Ehrenmorde möglich werden (→ **Ehrenmord**).

Wir in Europa können uns selbst noch an arrangierte Ehen, ein euphemistischer Ausdruck für Zwangsehen, erinnern. Noch um die Wende des 19. zum 20. Jahrhundert gehörten solche Eheschließungen zur gesellschaftlichen Praxis. In Italien oder Spanien dauerte es auf dem Lande noch etwas länger, bevor in den Fünfziger- und Sechzigerjahren Ablösungserscheinungen eintraten. In späteren Jahren blieb es ein Privileg der sogenannten besseren Gesellschaft. Bestes Beispiel ist die Ehe von Prinz Charles und Diana Frances Spencer. Clever gemacht und propagandistisch perfekt in Szene gesetzt: Es wurde sogar von Liebe gemunkelt. Zwangsehen kann man sich heute selbst unter Königen nicht mehr leisten. Wobei jedoch der Ehemann bekanntermaßen von Beginn an nie ernsthaft an seiner Gattin interessiert war. Das Ergebnis der Ehe war entsprechend desaströs – für Prinzessin Diana zumindest.

Nach dem Koran dürfte keine Frau in eine Ehe gezwungen werden. »O die ihr glaubt, es ist euch nicht erlaubt, Frauen gegen [ihren] Willen zu beerben; noch sollt ihr sie widerrechtlich zurückhalten, um (ihnen) einen Teil von dem wegzunehmen, was ihr ihnen gabt, es sei denn, sie hätten offenbare Schändlichkeit begangen; und geht gütig mit ihnen um. Wenn ihr eine Abneigung gegen sie empfindet, wer weiß, vielleicht empfindet ihr Abneigung gegen etwas, worein Allah aber viel Gutes gelegt hat.« (Sure 4:19) Nicht einmal in den Hadithen (→ **Koran**), die sonst sehr rigide sein können (→ **Frauen**; → **Steinigung**), lassen sich dazu Rechtfertigungen finden.

Beliebtes Thema im Westen sind ebenfalls die vier Frauen, die Muslime angeblich ohne Probleme heiraten dürfen. Ob in Spanien, Frankreich oder Deutschland: Männer schmunzeln darüber gerne, während Frauen sich empört zeigen und die Mehrehe als Inkarnation der Unterdrückung der Frau betrachten. Die Polygamie eines Prinz Charles mit Diana und Camilla sowie andere Liebschaften der besseren und weniger besseren Gesellschaft bewertet man nicht als frauenfeindlich, sondern als etwas völlig Normales, das eben jedem passieren kann. Es ist seltsam, dass Polygamie grundsätzlich immer allein mit dem Islam in Verbindung gebracht wird. Die Mehrehe gab es im Altertum im Judentum und wurde erst im Mittelalter von Rabbi Gershom (980–1028) in Frankreich und Deutschland verboten. Bei den sephardischen Juden, die im 15. Jahrhundert aus Spanien vor dem Katholizismus flüchten mussten (→ **Antisemitismus**), soll Polygamie jedoch noch einige Jahrhunderte praktiziert worden sein. Im Christentum kommt sie heute noch in Afrika, Asien oder auch in Nordamerika vor. In den USA oder auch Kanada leben christliche Gemeinschaften mit einigen Hundert bis zu einigen Tausend Mitgliedern nach dem Prinzip der Polygamie. Bekanntestes Beispiel sind die Mormonen, die zwar offiziell schon lange die Polygamie abgeschafft haben und heute Mitglieder dafür exkommunizieren, dennoch existiert sie in verschiedenen Splittergruppen weiter.

Im Koran heißt die entscheidende Sure zur Polygamie wie folgt: »Und wenn ihr fürchtet, ihr würdet nicht gerecht gegen die Waisen handeln, dann heiratet Frauen, die euch genehm dünken, zwei oder drei oder vier; und wenn ihr fürchtet, ihr könnt nicht billig handeln, dann (heiratet nur) eine oder was eure Rechte besitzt. Also könnt ihr das Unrecht eher vermeiden.« (Sure 4:3)

Emanzipierte Musliminnen sehen in dieser Sure ebenso wie viele andere Muslime keinen Freischein für Polygamie. Sie verweisen auf den Kontext. Es ginge in erster Linie um die Waisen, deren Zukunft garantiert werden müsse, nicht um neue Frauen. Tatsächlich bezieht sich die Mehrehe auf die ökonomische Versorgung von Witwen und Waisen, beispielsweise nach einem Krieg oder dann, wenn der Schwager stirbt und seine Frau mit ihren Kindern mittellos zurückbleibt. Das seien die einzigen sozialen Ausnahmesituationen, in denen Polygamie gerechtfertig werden könne. Ansonsten würde Monogamie als Regelfall empfohlen: »… dann (heiratet) nur eine.«

An einer anderen Stelle der gerade zitierten Sure An-Nisa finden sich ebenfalls entscheidende Restriktionen zur Heirat von mehreren Frauen. »Und ihr könnt kein Gleichgewicht zwischen (euren) Frauen halten, so sehr ihr es auch wünschen möget. Aber neigt euch nicht gänzlich (einer) zu, also dass ihr die andere gleichsam in der Schwebe lasset. Und wenn ihr es wiedergutmacht und recht handelt, dann ist Allah allverzeihend, barmherzig.« (Sure 4:129)

Diese Passage legt nahe, dass eine Gleichbehandlung von mehreren Ehefrauen eigentlich unmöglich ist. Aber gerade das ist oberste Pflicht. Sie dürfen emotional, vom Zeitaufwand her und ökonomisch nicht benachteiligt werden. Folglich sollte man bei der Monogamie bleiben.

Natürlich gibt es (männliche) Gelehrte, die diese Beschränkungen nicht so sehen. Scheich Muhammad Salih al-Munadschid, der als bekannter Interpret einer modernen Islamära gilt, liefert insgesamt acht Gründe für die Mehrehe. Unter anderem würde sie die Zahl der Muslime erhöhen, sexuelle Erfüllung und soziale Absicherung bringen sowie das zahlenmäßige Übergewicht des weiblichen Anteils in der Bevölkerung ausgleichen, die Bindungen zwischen Familien oder politischen Gruppierungen stärken und auch die männliche Begierde zähmen: »Es gibt einige Männer, die haben ein so starkes körperliches Verlangen, dass eine Frau nicht ausreicht. Würde man die Tür für diese Art von Mann schließen und ihm sagen, er könne nicht mehr als eine Frau haben, bedeutete das für ihn große Not. Sein Verlangen würde verbotene Wege einschlagen.« Für Scheich al-Munadschid, Dekan der Abteilung Scharia und islamische Studien an der Universität Katar, mag alles sehr klar und vernünftig sein. In Katar wurde die Mehrehe als möglicher Ausweg aus dem nationalen Geburtenrückgang empfohlen. Immer mehr Frauen heiraten, wie im Westen auch, zunehmend später. Etwa ein Viertel der weiblichen Bevölkerung Katars zwischen 24 und 39 Jahren ist unverheiratet. Die Scheidungsrate liegt bei 33 Prozent. Man macht sich Sorgen um den nationalen Nachwuchs, insbesondere bei einer ständig steigenden Zahl von Gastarbeitern.

In der Türkei, Tunesien, Syrien, dem Libanon und auch Bosnien-Herzegowina würde man nie darauf kommen, Polygamie als Lösung für Geburtenrückgang anzusehen. In diesen Ländern ist die Mehrehe verboten. In anderen ist es nicht so einfach, mehrere Frauen zu heiraten, wie viele in Deutschland vielleicht meinen würden.

In Marokko oder auch Pakistan braucht der Ehemann die schriftliche Einwilligung seiner ersten Frau, will er eine zweite heiraten. Im Senegal (95 Prozent Muslime) muss der Mann seit 1972 bereits vor der Heirat mit der ersten Frau ihr Einverständnis einholen, ob er später weitere Frauen heiraten darf. In Indonesien sorgte Abdullah Gymnastiar, ein populärer Geistlicher, für Furore, als er eine zweite Frau heiratete. Der modern, mit Lederjacke auftretende Kleriker und seine erste Frau galten als Musterbeispiel für ein glückliches Ehepaar mit sieben Kindern. In Indonesien braucht der Ehemann ebenfalls die Zustimmung der ersten Frau. Zudem muss er nachweisen, dass er finanziell in der Lage ist, für den Unterhalt einer weiteren Frau ohne ökonomische Einbußen aufkommen zu können, sowie gute Gründe für eine neue Heirat vorlegen. Allein die Tatsache, dass er sich verliebt hat, reicht nicht aus.

In Malaysia wollte die Regierung 2005 die Polygamie für Männer einfacher machen. Durch den Protest von Frauengruppen, wie den Schwestern des Islam, die eine öffentliche Diskussion auslösten, wurde der Gesetzesentwurf erst einmal auf Eis gelegt. Die Regierung wollte nun das gesamte islamische Familienrecht einer Prüfung unterziehen. Vorerst bleibt jedoch alles beim Alten. Wer eine weitere Frau heiraten will, muss wie bisher juristischen Prozeduren folgen. Das beinhaltet eine Anhörung vor einem Gericht mit den bisherigen Ehefrauen, die Offenlegung der finanziellen Verhältnisse und die Prüfung der Notwendigkeit einer neuen Ehe. So einfach, wie es sich manche süffisant schmunzelnden Männer oder entsetzten Frauen im Westen vorstellen, ist es sicherlich nicht.

Ganz abgesehen davon, ist die monogame Ehe in muslimischen Ländern der Normalfall. Die auf vier Frauen limitierte Mehrehe stellt die Ausnahme von der Regel dar. Ihr Anteil liegt in muslimischen Ländern bei durchschnittlich einem bis maximal drei Prozent. In Malaysia beispielsweise registrierte die Regierung im Zeitraum von 1995 bis 2004 insgesamt 13 516 polygame Eheschließungen, 1,4 Prozent von allen muslimischen Hochzeiten. Pro Jahr also etwa 150 Heiraten. Malaysia hat eine Gesamtbevölkerung von 23 Millionen, wovon rund 60 Prozent (13,8 Mio.) Muslime sind.

Insgesamt gesehen ist die Polygamie in muslimischen Ländern auf dem Rückzug. Immer weniger Männer wollen und können sich mehrere Frauen leisten, aber der wahre Grund ist ein Mentalitätswechsel. Ehen sind immer seltener reine Zweckgemeinschaften. Heute wird geheiratet, weil man sich gefunden hat. Am besten aus Liebe, zumindest aus Zuneigung und Sympathie. Von den alten Sprüchen, die Großmutter oder Großvater erzählen, »die Liebe kommt schon mit der Zeit, mach dir keine Sorgen«, ist niemand mehr überzeugt. Bester Beweis sind die steigenden Scheidungsraten. Mann und Frau akzeptieren nicht mehr, wie noch vor einigen Jahrzehnten, tatenlos ihr angeheiratetes Schicksal.

In Saudi-Arabien konnten 2007 die Anwaltskanzleien kaum mehr die Zahl der Scheidungsfälle bewältigen. Die Scheidungsquote lag bei 60 Prozent, viele der Paare waren unter 25. »Fernsehprogramme haben einen schlechten Einfluss«, erklärte ein Anwalt einer saudischen Kanzlei in der Tageszeitung *Saudi Gazette*. »Außerdem geben die Eltern ihren Kindern nicht genügend Hilfestellung in Sachen Eheleben.« Junge Menschen sind mit den alten Wertvorstellungen der Elterngeneration nicht mehr zufrieden. Durch Satellitenfernsehen, Bücher und Magazine haben sie andere

Konzepte von Liebe und Ehe kennengelernt, falls sie es nicht schon von Freunden oder selbst aus erster Hand bei Auslandsaufenthalten erfahren haben.

Gerade Frauen wollen ihr Hausfrau-und-Mutter-Dasein nicht um jeden Preis, nur der Konventionen wegen, hinnehmen. Moderne Musliminnen sind zwar nicht generell gegen traditionelle Rollen, aber ein sorgender Ehemann, der sie rundherum respektiert und sie nicht zur Passivität verdammt, sollte Voraussetzung sein. Zudem muss es natürlich auch beim Sex stimmen. Weitere Ehefrauen neben sich wird diese neue Generation nicht dulden. Sicherlich trifft das nicht auf abgelegene ländliche Gebiete zu, mit niedrigem Bildungsniveau und einer hohen Analphabetenrate, die bei Frauen, laut Statistiken der UNESCO, über 50 Prozent erreichen kann. Dort sind die Heirats- und Scheidungsverhältnisse sowie das Rollenverständnis der Frau noch vollkommen anders. Bis sich dort etwas tut, wird noch einige Zeit vergehen.

Die neue Generation von muslimischen Frauen ist das Zielpublikum eines Fernsehsenders, der sich 24 Stunden lang ausschließlich an ein weibliches Publikum richtet. Er nennt sich Heya, was schlicht »Sie« bedeutet, und hat seinen Sitz in Beirut. Vom Start im Jahr 2002 an bekam er unerwartet hohe Einschaltquoten und hatte täglich bis zu 15 Millionen Zuschauerinnen. »Wir berichten über alles, was mit der Frau zu tun hat«, sagte mir Marie Badine Abu Samah, Chefredakteurin und Gründerin in einer Person. Dazu gehört Konventionelles wie Mode, Kosmetik, Kochen, Kindererziehung, aber auch kontroverse Themen wie Scheidung, Prostitution und Gewalt in der Ehe. »Wir sind auf Balance bedacht«, erklärte sie in ihrem Büro mit Blick auf die libanesische Hauptstadt. »Das ist gerade in diesem Kulturkreis sehr wichtig.«

Die beliebteste Sendung ist »Basteln mit Carla«, in der täglich zehn Minuten Bastelanweisungen für Tischdecken, Stricken oder Häkeln gegeben werden. »Carla, wir lieben dich«, heißt es in den Tausenden von E-Mails und Briefen, die beim Beiruter Sender Monat für Monat aus der gesamten arabischen Welt eingehen.

Zur Sache geht es in der Abendsendung »Al-Makshouf« (Unverhüllt). Studiogäste diskutieren über Diskriminierung von Frauen am Arbeitsplatz, Sex vor der Ehe oder häusliche Gewalt. Ein islamischer Geistlicher, der die Züchtigung der Frau durch den Koran rechtfertigte, kam dabei schwer unter Beschuss. Kontroverser Dialog und Diskussion, insbesondere über religiöse Themen, sind mittlerweile nichts Besonderes mehr.

Galionsfigur des Senders ist eine tägliche Version der amerikanischen Oprah-Show. »Unsere Sendung ist eine Mischung aus Unterhaltung und Aufklärung«, sagte Sawsan Osseiran Husseini, die Moderatorin, die täglich drei Stunden durchs Programm führt. »Erst geht es viel um Mode und Schmuck, dann zum Beispiel um die Rolle des Vaters in der Familie und später um Homosexualität. Ein buntes Programm eben,« meinte sie lächelnd. Im Studio roch es noch nach Essen, schmutziges Geschirr lag in der Spüle. Orientalisches Essen im Kochkurs, erklärte die junge Frau lächelnd, bevor sie zum Abschminken in die Maske ging.

Heya ist kein feministischer Emanzipationssender, obwohl er über die Restriktionen der Frau in muslimischen Gesellschaften spricht. »Natürlich wollen wir über Tabus sprechen und dabei auch provozieren«, sagte die TV-Chefin Marie Badine Abu Samah. »Nur muss man das auf intelligente und effektive Weise tun.« Wichtig dabei sei, die Menschen nicht zu beleidigen. Man müsse behutsam und höflich vorgehen, um etwas zu erreichen. »Es nützt nichts, andere zu beschimpfen. Das gibt höchstens einen Skandal, der letztendlich nur das Gegenteil von dem bringt, was man erreichen möchte.« Eine Strategie, die an die größer werdende Zahl von Musliminnen erinnert, die für die Rechte der Frauen kämpfen (→ **Frauen**). Statt wie früher in den Siebzigerjahren die Revolution auszurufen, versuchen die Frauen heute über interreligiösen Dialog zum Ziel zu kommen. Sie wollen mit Privilegien der Männer, wie der Polygamie, aufräumen und stützen sich dabei auf eine Interpretation des Islams aus weiblicher Perspektive.

Hisbollah

Hisbollah (»Partei Gottes«) ist nur eine von vielen kleinen Terrororganisationen im Nahen Osten

Im Sommer 2006 standen Rauchschwaden über Beirut, Öl schwappte an die Küste, israelische Kampfflugzeuge und Kriegsschiffe bombardierten die libanesische Hauptstadt Beirut. Bevorzugte Ziele waren Haret Hreik und die umliegenden Vorstädte im Süden Beiruts, wo rund eine halbe Million Schiiten leben und sich zahlreiche Einrichtungen der schiitischen Hisbollah (»Partei Gottes«) wie der TV-Sender Al-Manar, das Pressebüro, die Internetabteilung und Wohnungen von Funktionären befinden. Ganze Viertel legten die israelischen Angriffe dort in Schutt und Asche. Im Süden des Landes, wo man militärische Stellungen der Hisbollah vermutete, wurden Dörfer und Städte bombardiert.

Die Regierung Israels wollte mit der seit vielen Jahren so unliebsamen libanesischen Terrorbande ein für alle Mal aufräumen. Hisbollah hatte Israel 2000 zum Rückzug aus dem seit 1982 besetzten Südlibanon gezwungen, lieferte sich immer wieder Scharmützel mit israelischen Truppen entlang der israelisch-libanesischen Grenze und baute ein Raketenarsenal auf, das eine akute Bedrohung für den Norden Israels darstellte. Zugleich entwickelte sich Hisbollah innerhalb von 20 Jahren aus einer anfänglich kleinen Guerilla-Splittergruppe des libanesischen Bürgerkriegs (1975-1990) zu einer Volksbewegung und politischen Partei mit Ministern im Regierungskabinett. Problemlos kann die Organisation von einem Tag auf den anderen rund 500 000 der insgesamt 1,5 Millionen Schiiten für Demonstrationen aktivieren. Durch die guten Beziehungen zum Iran und zu Syrien wurde Hisbollah mit ihrer bewaffneten Miliz zu einem Machtfaktor im multireligiösen Libanon sowie im Nahen Osten.

Die Gelegenheit zum militärischen Schlag Israels lieferte Hisbollah selbst am 12. Juli 2006 durch die Entführung zweier israelischer Soldaten. Trotz einer vierwöchigen Offensive, bei der hauptsächlich die zivile Infrastruktur des Libanons zu Schaden kam, scheiterte Israels Vorhaben kläglich. Die stärkste Armee der Region konnte weder die militärischen Kapazitäten von Hisbollah noch ihre Popularität schmälern. Im Gegenteil: Die Partei Gottes und ihr ungebrochener Widerstand wurden im Mittleren Osten gefeiert. Hisbollah-Generalsekretär Hassan Nasrallah avancierte bei Schiiten und Sunniten gleichermaßen zum Helden, den man sogar mit dem legendären ägyptischen Präsidenten Abdel Nasser verglich. Nasrallah hatte der leidgeprüften arabischen Seele endlich wieder einmal einen »Sieg« geschenkt, den er selbst als »göttlich« bezeichnete. Hisbollah erfuhr eine Welle der Sympathie von Millionen von Menschen für ihren Kampf gegen Goliath, die in dieser Form bisher keiner militanten Bewegung zuteilwurde.

Ein nicht zu unterschätzender Faktor war dabei die rigorose Art der israelischen Kriegführung, die bewusst sogenannte Kollateralschäden in Kauf nahm. 1 191 Libanesen kamen ums Leben, die meisten davon Zivilisten, darunter viele Frauen und Kinder. Über 4 000 Menschen wurden verletzt. Besonders eklatant und für die breite Öffentlichkeit ein Beweis für das grausame Vorgehen Israels war der Bombenangriff auf ein Wohnhaus in Kana am 30. Juli 2006, bei dem 26 Menschen, davon 16 Kinder, ums Leben kamen. Ausgerechnet in dem Dorf, in dem das israelische Militär bereits zehn Jahre zuvor 106 Zivilisten aus Versehen ermordet hatte, die in einem Stützpunkt von UN-Truppen Schutz suchten. Im Sommer 2006 ging das »zweite Massaker von Kana« durch die arabische Presse.

Einen Monat nach Beginn des Waffenstillstands erklärte Hassan Nasrallah im September: »Wir haben immer noch 20 000 Raketen«, obwohl Hisbollah im Krieg 4 000 Stück auf Israel abgefeuert hatte. In den Städten und Dörfern im Norden Israels gab es 43 Tote und rund 4 000 Verwundete. Mehrere Hunderttausend Israelis mussten evakuiert werden. Eine Schadensbilanz, die man sich in Israel, angesichts des Dauerbombardements der Hisbollah-Stellungen durch die Luftwaffe, nicht in diesem Ausmaß vorgestellt hatte. Dabei machte Hisbollah von ihren Raketen, die bis nach Tel Aviv gehen können, keinen Gebrauch – angeblich aus Deeskalationsgründen, wie Hassan Nasrallah im Juli 2007 in einem Interview mit dem Nachrichtenkanal Al-Dschasira sagte.

Die israelische Regierung unter Premierminister Ehmud Olmert hatte den langjährigen Feind jenseits der libanesischen Grenze unverständlicherweise unterschätzt. Pure Überheblichkeit sollte man als Grund eigentlich ausschließen, dafür ist Krieg eine viel zu ernste Sache und Israel viel zu lange daran gewöhnt. Vielleicht lag es einfach daran, dass Hisbollah den palästinensischen Terrorgruppen, jedenfalls bis zu einem gewissen Grad, gleichgestellt wurde. Die Führer von Hamas oder Islamischer Dschihad werden regelmäßig und ohne großen Aufwand eliminiert, die Gruppen, bis auf vereinzelte Selbstmordattentate, mehr oder weniger unter Kontrolle gehalten. Israel wusste sicherlich, dass Hisbollah wesentlich besser trainiert und ausgerüstet ist als die Palästinenser. Aber anscheinend wollte man nicht wahrhaben, dass die Kapazitäten des Erzfeindes die aller anderen bestehenden islamistischen Gruppierungen weit übersteigen. Hisbollah-Soldaten gehorchen einer strikten Disziplin, sind in Ausbildung und Ausrüstung den Elitetruppen regulärer Armeen ebenbürtig. Zudem haben sie einen entscheidenden Vorteil: Ihnen fehlt die Angst vor dem Sterben (→ **Märtyrer**). Eine Einstellung, die man nicht mit der von Al-Qaida-Selbstmordattentätern verwechseln sollte, bei denen der Tod automatisch eingeplant ist. Das Ziel der Soldaten der Partei Gottes ist, zu kämpfen, nicht dabei zu sterben. Sie sind auf einer Mission, die das Leben kosten kann, aber nicht muss.

Hinsichtlich der Zahl der Soldaten, die die Hisbollah unter Waffen hat, gehen die Schätzungen weit auseinander. Das US-State-Departement vermutete 1993 in einer Studie zum internationalen Terrorismus einige Tausend Kämpfer. Das International Institute for Strategic Studies in Washington und die britische Jane Group, spezialisiert auf Militär- und Geheimdienstinformationen, schätzten im Juli 2006 die Personalstärke der Hisbollah auf 600 bis 1 000 Soldaten, zusätzlich 3 000 bis 5 000 in kurzer Zeit verfügbare sowie 10 000 Reservisten. Im Grenzgebiet des Südlibanons ging man von rund 500 stationierten Kämpfern aus.

Die israelische Führung konnte nicht glauben, dass eine Guerilla-Truppe von ein paar Hundert Soldaten ohne Panzer und Luftwaffe in der Lage sei, den Tausenden von Soldaten einer modernen israelischen Armee mit intensiver Luftunterstützung standzuhalten. Vielleicht erinnerten sich einige militärische Strategen noch an die letzte erfolgreiche Invasion des Libanons von 1982. Damals erzwang Israel den Abzug der Palästinensischen Befreiungsorganisation (PLO) mit rund 12 000 Mitgliedern aus Beirut in verschiedene arabische Länder. Im Juli 2006 schien es also nur eine Frage von Tagen zu sein, die zahlenmäßig weit kleinere schiitische Truppe der Hisbollah auszulöschen oder ihr zumindest einen vernichtenden Schlag zu versetzen, von dem sie sich nicht mehr erholen könnte.

Eine Woche nach Beginn des israelischen Angriffs sprach ich in Beirut mit Amal Saad-Ghorayeb, Politikwissenschaftlerin an der Libanesisch-Amerikanischen Universität und Hisbollah-Spezialistin. Sie hielt das von Israel erklärte Kriegsziel, die schiitische Miliz auszulöschen, für ein lächerliches Unterfangen. »Hisbollah ist keine kleine Organisation mit einem Mitgliederzentrum und verschiedenen Militärbasen, die man einfach vernichten könnte. Sie ist eine Volksbewegung, die überall präsent ist. Waffen sind über das ganze Land verteilt und können jederzeit flexibel eingesetzt werden. Eine derartige Bewegung kann man nicht mit konventionellen militärischen Mitteln ausradieren.«

Etwa 800 000 Menschen befanden sich während des Libanonkriegs im Sommer 2006 auf der Flucht. 120 000 Menschen wurden in Schulen und Hilfszentren untergebracht, 70 000 davon alleine in Beirut. Die Familie Soueidan, die aus dem Dorf Bilad stammt, das nur wenige Hundert Meter von der israelischen Grenze im Südlibanon liegt, floh ins Goethe-Institut nach Beirut. Die Familie hatte elf Tage und Nächte in ihrem kleinen Keller ausgeharrt, der normalerweise Kartoffelsäcken vorbehalten ist: Vater, Mutter, ihre zwei Töchter und drei Söhne sowie ihre drei kleinen Enkelkinder im Alter von acht, sechs und fünf Jahren – insgesamt zehn Personen auf engstem Raum, ohne Elektrizität, frisches Wasser und ausreichende Verpflegung. »Immer wieder gab es diese unglaublichen Detonationen«, erzählte mir Chirine, die 28-jährige Tochter, im Beiruter Goethe-Institut, das kurzerhand zur Notunterkunft umfunktioniert worden war. »Gerade für die Kinder ein Horror.« Erst als das Haus ihres Onkels auf dem Nachbargrundstück getroffen und er schwer verletzt wurde, entschloss sich die Familie, ihr Haus mit ihrem gesamten Besitz zurückzulassen. »Im Bombenhagel haben wir alles ins Auto gepackt und sind Richtung Beirut losgefahren«, sagte Ali Soueidan, das Oberhaupt der Familie, mit sachlichem Unterton. Nach acht Stunden mühsamer und gefährlicher Fahrt durch die Berge, ständig Ausschau haltend nach israelischen Kampfflugzeugen, erreichten sie wohlbehalten die libanesische Hauptstadt. Trotz aller Strapazen und Gefahren standen sie auf der Seite von Hisbollah. »Keine Frage«, sagte ein Sohn der Familie.

Im Flüchtlingslager im Zentrum von Beirut, in der Nähe des Sanaya-Parks, war es nicht anders. Die ausgebombten Flüchtlinge aus dem Süden zeigten uneingeschränkte Sympathien für ihre Hisbollah. »Sie werden es den Israelis schon zeigen«, sagte mir eine alte Frau, die vor einem der Zelte im Gras saß. Laut einer Meinungsumfrage, die die Beiruter Tageszeitung *Al-Safir* zwei Wochen nach Kriegsbeginn abdruckte, unterstützte nicht nur der überwiegende Teil der Schiiten die weiteren Auseinandersetzungen der Hisbollah mit dem Feind Israel, sondern sogar 87 Prozent der Gesamtbevölkerung des Libanons (Christen: 80 Prozent; Drusen: 80 Prozent; Sunniten: 89 Prozent).

Die Partei Gottes – die man übrigens nicht mit anderen Parteien gleichen Namens in anderen Ländern verwechseln sollte, wie es einem Journalisten der *New York Times* im Irak passierte – ist eine Massenbewegung, die ein immenses Organisationsniveau erfordert. Al-Qaida mag verschiedene Internetseiten haben und schafft es auch immer wieder, TV-Botschaften zu lancieren. Der mediale Einfluss bleibt jedoch letztendlich gering. Hisbollah dagegen unterhält 52 verschiedene Webseiten, eine Computerabteilung, die Computerspiele produziert und viele Tausend Mal verkauft. Hinzu kommen eine eigene Zeitung, ein Radiosender und der Fernsehkanal Al-Manar (der Leuchtturm), der auch Nachrichten in englischer und französischer Sprache bringt. Er ist in den USA und einigen europäischen Ländern, die ihn als Gewalt verherrlichend und antisemitisch einstufen, verboten. Mit dem Propagandaapparat der Hisbollah kann keine andere militante islamistische Organisation mithalten.

Hisbollah ist eine Organisation, die komplett aus der Staatskasse des Irans finanziert wird und nur Nachteile für die Bevölkerung bringt

Allein in den südlichen schiitischen Vorstädten von Beirut zerstörte die israelische Luftwaffe und Marine über 4 000 Wohnungen, einige Tausende wurden beschädigt. Unmittelbar mit Beginn des Waffenstillstands am 14. August 2006 um 8 Uhr morgens begann Hisbollah mit dem Dschihad al-Binaa (Dschihad des Wiederaufbaus). Bagger und Planierraupen rollten an und nahmen sich der Abermillionen Tonnen von Schutt und Müll an. Die Bewohner von zerstörten Wohneinheiten wurden registriert. Wer ein Haus hatte, bekam 12 000 Dollar als Soforthilfe, für eine Wohnung gab es 8 000 Dollar. Wer sich ein Appartement oder ein Hotelzimmer mieten musste, dem wurde eine Jahresmiete gezahlt. Gleichzeitig zogen Bautrupps durchs Land, die kostenlos renovierten und reparierten. An die 300 Millionen Dollar soll Hisbollah ausbezahlt haben. Alles in neuen 100-Dollar-Scheinen, die aus dem Iran stammten. Den Betroffenen war egal, woher das Geld kam, das sie so nötig brauchten.

Bessere Überzeugungsarbeit hätte Hisbollah nicht liefern können. Die Miliz leistete genau das, was Regierungen gewöhnlich im Katastrophenfall versprechen, aber selten einhalten: schnelle und unkomplizierte Hilfe. Die Meinungsumfragen aus der unmittelbaren Nachkriegszeit verwundern daher nicht: 96 Prozent der etwa 1,5 Millionen Schiiten, die knapp 40 Prozent der Gesamtbevölkerung des Libanons ausmachen, unterstützten die Hisbollah – trotz ihrer zerstörten Häuser und Wohnungen. Eine Steigerung im Vergleich zu Kriegszeiten um knapp 10 Prozent.

Zur schnellen kompromisslosen Soforthilfe war der libanesische Staat nicht fähig. Die Bagger der öffentlichen Institutionen trafen im verwüsteten Südbeirut viel zu spät ein. In den total zerstörten Südlibanon kamen sie überhaupt nicht. Im Juli 2007, also ein Jahr nach Kriegsende, behaupteten Bewohner von Südbeirut, sie hätten noch kein einziges libanesisches Pfund von der Regierung gesehen. Offizielle Stellen dagegen erklärten, insgesamt 4 000 Schecks, wenn auch nach langen Wartezeiten, ausbezahlt zu haben. Laut der Hisbollah-Webseite sollen bereits drei Viertel der Bewohner der zerstörten schiitischen Vororte Beiruts erklärt haben, falls doch noch Geld von der Regierung käme, es für den Wiederaufbau an die Miliz weiterzugeben. 100 Millionen Dollar sind für den Neubau der ausgebombten Stadtteile kalkuliert. Ein Team von Architekten hat das ehemalige Kriegsgebiet in 30 Zonen eingeteilt.

Hisbollah ist ohne jeden Zweifel ein Staat im Staat und für den schiitischen Teil der Bevölkerung im Libanon eine existenzielle Notwendigkeit. Soziale und medizinische Versorgung sind billig und gut, ganz im Gegensatz zu staatlichen und privaten Einrichtungen. Hisbollah unterhält eine Reihe von Krankenhäusern, unzählige Schulen (darunter auch eine Schule für Kinder mit Down-Syndrom), Waisenhäuser, Behindertenheime oder auch therapeutische Einrichtungen und Essensausgaben – Organisationen, an die sich auch Menschen anderer Konfessionen wenden können. Einzige Voraussetzung: Sie dürfen nur wenig oder kein Geld haben. Von Kritikern der Hisbollah werden die sozialen Leistungen als Lockmittel bezeichnet, mit denen die Menschen geködert und dann indoktriniert werden, damit sie bereit sind, für die terroristischen Ziele der Partei zu sterben. Schließlich komme das ganze Geld aus dem Iran, ein Staatssponsor des internationalen Terrorismus. Wenn man die Schulkinder auf den Straßen in Südbeirut sieht, könnte man sich in diesem Urteil bestätigt fühlen. Die Schüler der Grundschule tragen das Bild von Ayatollah Khamenei, dem Obersten Rechtsgelehrten des Iran, auf der Brust ihrer Schuluniformen.

Die meisten der Wohltätigkeitsorganisationen der Hisbollah basieren auf freiwilliger Arbeit von größtenteils Frauen. Das Geld dafür stammt von privaten Sponsoren, Patenschaften und religiösen Abgaben. Gläubige Schiiten bezahlen jedes Jahr Khums (ein Fünftel), also 20 Prozent der erwirtschafteten Überschüsse, die nicht zu ihrem und dem familiären Unterhalt benötigt werden. Die Hälfte des gesamten Khums geht an den religiösen Gelehrten (Mardscha), den sie als ihren Lehrer oder Führer anerkennen. Der andere Teil geht an einen religiösen Führer ihrer Wahl. Beide finanzieren damit ihre Stiftungen und Wohltätigkeitseinrichtungen. Für sich selbst dürfen sie nur das Allernotwendigste verwenden.

Khums basiert auf dem Koranvers 8:41: »Und wisset, was immer ihr (im Kriege) gewinnen möget, es gehört ein Fünftel *(khums)* davon Allah und dem Gesandten und der Verwandtschaft und den Waisen und den Bedürftigen und dem Wanderer.«

Hisbollah hat 1997 den iranischen Ayatollah Khamenei zu ihrem Mardscha ernannt. Wobei es jedem Schiiten, Hisbollah-Mitglied oder nicht, freisteht, einen anderen Mardscha zu wählen. Diejenigen, die Khamenei folgen, können ihr Khums an Hassan Nasrallah bezahlen, der als Repräsentant von Khamenei im Libanon gilt.

Wollte man zum besseren Verständnis einen anschaulichen Vergleich machen, könnte man dafür das Christentum nehmen. Der Papst in Rom ist das geistliche Oberhaupt der Katholiken. Deutsche Gläubige schicken ihre Kirchensteuer nicht direkt an die Bank des Vatikans, sondern bezahlen sie an den Stellvertreter des Papstes in Deutschland oder an einen anderen anerkannten Kirchenvertreter ihrer Wahl. Die deutsche Kirche finanziert damit ihre Administration sowie ihre vielzähligen sozialen Hilfsprojekte. Wie gläubige Katholiken zu Hause möglicherweise ein Bild des Papstes, von Jesus Christus oder der heiligen Maria aufhängen, so stellen Schiiten Fotos von den Ayatollahs Khomeini und Khamenei ins Wohnzimmer oder ins Büro. Wie Schulkinder das Emblem ihrer christlichen Privatschule auf ihrer Uniform oder ihrem T-Shirt tragen, tun dies schiitische mit dem Porträt ihres aktuellen Religionsführers Khamenei. Nicht zu vergessen das Heer von Kruzifixen in deutschen Klassenzimmern und die Priester, die als Religionslehrer tätig sind.

Neben dem Khums existiert eine weitere Spendenform, das Zakat, das zu den fünf Säulen (neben Glaubensbekenntnis, täglichem Gebet, Fasten im Ramadan und Pilgerfahrt nach Mekka) des Islams gehört. Jeder gläubige Muslim spendet jährlich 2,5 Prozent seines Vermögens, das nach Abzug aller Lebenshaltungskosten übrig bleibt. Im Fastenmonat Ramadan wird zusätzlich noch einmal gespendet, was gerade für reiche Muslime eine Gelegenheit ist, ihre Großzügigkeit und ihren guten Glauben zu zeigen. Viele Spenden für Hisbollah kommen von Schiiten aus dem Ausland. Über zwölf Millionen Libanesen leben nicht in ihrem Heimatland. Alleine in Südamerika sind es knapp neun Millionen. Die 300 Millionen Dollar, die 2006 für den Wiederaufbau der zerstörten schiitischen Gebiete und Gemeinden im Libanon kamen, waren keine offiziellen Staatsgelder aus dem Iran. Es waren Spenden, Khums und Zakat, für die das Büro des Obersten Rechtsgelehrten des Irans, Ayatollah Khamenei, verantwortlich war, der auch bestimmte, wohin das Geld ging.

Hisbollah kämpft wie Al-Qaida gegen Ungläubige und will zurück ins Goldene Zeitalter von Prophet Mohammed

Hisbollah hat im Iran einen sehr guten Status. Porträts von Generalsekretär Hassan Nasrallah und Hisbollah-Flaggen sind überall leicht zu bekommen. Während des Libanonkrieges 2006 waren Hisbollah-Poster in Teheran allgegenwärtig. Taxifahrer fuhren mit dem Hisbollah-Emblem (Schriftzug der Partei Gottes, wobei der Anfangsbuchstabe von Allah eine Faust bildet, die eine Kalaschnikow hält) und dem Konterfei Nasrallahs spazieren. Hisbollah gilt im Iran als Musterbeispiel für schiitischen Widerstand gegen Ungerechtigkeit und Unterdrückung – für den Mann auf der Straße wie auch für den iranischen Präsidenten Mahmud Ahmadinedschad, der in seinem Büro ein Bild Nasrallahs hängen hat. Für viele Iraner ist Beirut ein beliebtes Reiseziel, das sich mit einer Pilgerfahrt nach Damaskus kombinieren lässt (→ **Märtyrer**).

»Kampf gegen die Unterdrücker für die Unterdrückten dieser Welt«, das klingt wie eine sozialistische Parole, ist aber Teil der Revolutionstheorie von Ayatollah Khomeini, die bis heute Geltung besitzt, insbesondere auch für Hisbollahs Ideologie des Widerstands. Ayatollah Khomeini erweiterte die marxistische Dichotomie von Ausgebeuteten und Ausbeutern, zu der bekanntlich das Zweiklassenmodell von Arbeiterklasse und Kapitalisten gehört. Khomeini universalisierte diese Formeln, basierend auf einem Koranvers. »Und Wir wünschten, denen, die im Lande als schwach (unterdrückt) erachtet worden waren, Huld zu erweisen und sie zu Führern zu machen und zu Erben einzusetzen.« (Sure 28:5)

Fortan ging es nicht mehr um soziale Klassen, sondern um jede erdenkliche Art von Unterdrückten, denen man gegen die Unterdrücker zur Seite stehen muss. Religionszugehörigkeit spielt dabei keine Rolle. Khomeini benannte eine Straße in Teheran nach Bobby Sands, dem IRA-Mann, der 1981 im Gefängnis an den Folgen eines Hungerstreiks starb. Der Kampf der nordirischen Republikaner für Unabhängigkeit von Großbritannien galt als typisches Beispiel für eine Befreiungsbewegung. Ebenso ein Nelson Mandela, der Widerstand gegen das südafrikanische Apartheid-Regime leistete. Hisbollah zeigte offene Sympathien mit christlichen und sogar marxistischen Bewegungen in der Dritten Welt. Dazu zählen Daniel Ortega von der Sandinistischen Befreiungsfront in Nicaragua – der übrigens im November 2006 erneut zum Präsidenten gewählt wurde – und auch Fidel Castro. Der kubanische »Máximo Líder« wird geschätzt, weil er die Unabhängigkeit seines Landes gegen die USA durchsetzte und zudem andere Befreiungsbewegungen gegen die US-Hegemonie unterstützte. Beim Gefangenenaustausch im Januar 2004 hatte Hisbollah auch auf die Freigabe von Mitgliedern der kommunistischen Partei Libanons aus israelischen Gefängnissen bestanden. Auf den Straßen von Beirut wehten gelbe Hisbollah-Flaggen einträchtig neben roten Fahnen mit Hammer und Sichel. Im Libanonkrieg 2006 waren auch Kommunisten an der Organisation der Verteidigung in den Grenzdörfern beteiligt.

Hisbollah kämpft also nicht gegen Ungläubige, Kreuzfahrer oder gegen unislamische Regime, wie das Al-Qaida und andere sunnitische Terrorgruppen erklärtermaßen tun. Es geht um die Befreiung der »Verdammten dieser Erde«, wie Frantz Fanon, bekannter Schriftsteller, Psychiater und Politiker, in den Sechzigerjahren schrieb. »Der Islam stammt von den Massen, nicht von den Reichen«, hatte Ayatollah Khomeini mehrfach betont. Er bezog sich dabei auf überlieferte Aussprüche des Propheten (Hadithe). Mohammed habe die Hand eines Arbeiters geküsst und dessen Schweiß einem Märtyrer gleichgestellt. Trotz aller Arbeitermythen ließ Khomeini aber während und auch nach der Revolution im Iran linke Gruppierungen verfolgen und deren Mitglieder ermorden.

Hisbollah versteht sich als Stimme der sozial Benachteiligten. Sie sei die erste Partei im Libanon, die wirklich gegen Ungerechtigkeit und Unterdrückung kämpfe und auf der Seite der Kleinbauern, der Arbeiter, Armen und Obdachlosen stehe. Wobei Armut nicht die einzige Kategorie ist, die für Hisbollah Unterdrückung definiert. Menschen können auch wegen ihrer Religion oder Kultur unterdrückt werden. »Dabei unterscheiden wir nicht zwischen Christen oder Muslimen«, schrieb Scheich Ibrahim al-Amin, der 1985 das offizielle Manifest von Hisbollah verkündet hatte, in der Wochenzeitung der Partei Al-Ahad während des libanesischen Bürgerkriegs. Gegen die israelische Besetzung des Südlibanons, die bis 2000 andauerte, kämpften tatsächlich auch Christen auf der Seite der Hisbollah gegen die Truppen Israels.

Seit der Unabhängigkeit des Libanons 1943 gehörten die Schiiten zur libanesischen Bevölkerung, wurden jedoch vor allen anderen Glaubensgemeinschaften am meisten benachteiligt und erniedrigt. Sie waren politisch unterrepräsentiert und kamen bei der Vergabe von staatlichen Geldern gemäß ihrem Bevölkerungsanteil viel zu kurz. Bis in die Sechzigerjahre wohnten Schiiten hauptsächlich auf dem Land. In den Siebziger- und Achtzigerjahren begann die Abwanderung in die südlichen Vorstädte von Beirut. Dort lebten sie unter ärmlichen Verhältnissen. Die schiitischen Wohngebiete waren nicht an die städtischen sozialen Dienste angeschlossen und wurden vom Staat vernachlässigt. »Hisbollah hat das geändert«, erklärte mir Iman Humaidan Junis, libanesische Journalistin und Autorin, während des Libanonkriegs 2006. »Sie hat ihnen ein lebenswertes Leben, ihren Stolz zurückgegeben.« Das sei der eigentliche Grund, warum Hisbollah heute ein Staat im Staate ist. »Mit Bauernfängerei hat das absolut nichts zu tun«, fügte die junge Frau entschieden hinzu.

Als höchste Form der Unterdrückung gilt im Verständnis von Hisbollah die Okkupation: Fremdes Land wird besetzt und die Bewohner der Willkür der Besetzer ausgeliefert. Beispielhaft dafür ist die 18 Jahre andauernde israelische Okkupation (1982–2000) im Südlibanon, wo Schiiten die Bevölkerungsmehrheit stellen. 1982 war Israel bis nach Beirut vorgedrungen, um die PLO zu zerschlagen, und hielt in den Folgejahren eine Sicherheitszone im Südlibanon besetzt. Bewaffneter Widerstand gegen diese Okkupation war für die Hisbollah legitimiert. Niemand könne verlangen, Okkupation schweigsam zu erdulden. Eine Ausnahme von der Regel, denn eigentlich ist Rebellion oder ziviler Ungehorsam inakzeptabel. Öffentliche Ordnung muss unter allen Umständen erhalten bleiben. Chaos oder chaosähnliche Verhältnisse gilt es strikt zu vermeiden. Bewaffneter Widerstand ist nur als Verteidigung im Notfall gerechtfertigt und auch nur auf eigenem Grund und Boden. In anderen Ländern müssen die Menschen selbst bestimmen, ob sie Widerstand leisten oder nicht. Niemand von außerhalb kann ihnen diese Entscheidung abnehmen. Aus diesem Grund sind Auslandseinsätze von Hisbollah-Soldaten, von denen immer wieder gemunkelt wird, höchst unwahrscheinlich. Sehr wahrscheinlich ist dagegen die militärische Ausbildung von Palästinensern, die nach Auffassung von Hisbollah das Recht haben, die israelische Okkupation ihres Heimatlandes zu bekämpfen.

»Ich muss immer wieder lachen«, erzählte mir Ali Fayyad, ein Mitglied des Hisbollah-Politbüros, »wenn wir mit Al-Qaida verglichen werden. Erstens sind wir eine Volksbewegung, zweitens kämpfen wir nicht gegen Ungläubige und drittens wollen wir nicht zurück in ein Paradies, das es früher einmal gegeben hat.« Hisbollah und ihre Anhänger glauben ähnlich wie Christen an das Paradies, an ein Utopia in ferner Zukunft. Statt Jesus Christus wird jedoch der Mahdi wiederkommen und dieses Utopia einleiten. Mahdi ist der verborgene Imam, der zwölfte und letzte in der Reihe der schiitischen Imame, der im Jahre 874 n. Chr. verschwunden ist. Sein Wiedererscheinen wird die Herrschaft der Gerechtigkeit auf Erden bringen. Im Gegensatz zu diesem zukünftigen Utopia will Al-Qaida ein Ideal aus der Vergangenheit wiederherstellen, und zwar die perfekte Gesellschaftsordnung, die es zu Lebzeiten von Prophet Mohammed gegeben haben soll (→ **Islamismus**).

Im Arbeitszimmer von Ali Fayyad waren die Fenster weit geöffnet. Von der Straße dröhnte das Hupen der Autos, das in Beirut allgegenwärtig ist. Auf dem Schreibtisch standen Fotos von Ayatollah Khomeini und seinem Nachfolger als religiöses Oberhaupt des Irans, Ayatollah Khamenei. Die Sekretärin brachte Kaffee, Tee und Plätzchen. »Es ist zwar einfach, alles in einen Topf zu werfen«, meinte Fayyad weiter, »bringt jedoch wenig an Erkenntnis.« Hisbollah habe die Anschläge auf das World Trade Center als kriminelle Aktion verurteilt, bei der unschuldige Zivilisten getötet wurden. Ich sprach ihn daraufhin auf israelische Zivilisten an, die von Hisbollah getötet oder verletzt wurden. Das sei etwas ganz anderes, entgegnete Fayyad, eine Verteidigungsmaßnahme im Libanonkrieg 2006 sowie während der israelischen Besetzung (1982-2000). Israel habe zuerst zivile Ziele angegriffen, und das mit ungleich stärkeren Mitteln. Hisbollah reagierte nur. Die Zahlen zwischen libanesischen und israelischen Opfern sprächen doch Bände. »Ein deutlicher Beweis ist das Abkommen von 1996«, fügte Ali Fayyad an.

Israel war nach der Invasion von 1982 teilweise wieder aus dem Libanon abgezogen. Trotzdem ging der Widerstand gegen die israelische Armee weiter, die dafür Vergeltungsaktionen gegen Zivilisten durchführte. Als Reaktion darauf beschoss Hisbollah ebenfalls zivile Ziele in Nordisrael.

Am 11. April 1996 startete Israel die 16-tägige »Operation Früchte des Zorns«. Mit über 1 000 Kampfflugeinsätzen sollten endlich der Widerstand der Hisbollah ge-

brochen und der Raketenbeschuss von Nordisrael beendet werden. Über 250 libanesische Zivilisten kamen bei den israelischen Angriffen ums Leben, davon 106
allein im UN-Stützpunkt in Kana. Zusätzlich wurden alle größeren Straßen, Brü-
cken und über 2 000 Häuser zerstört. In Israel gab es 62 verletzte Zivilisten und
einen Sachschaden von sieben Millionen Dollar.

Am 27. April 1996 trat um vier Uhr morgens ein Waffenstillstandsabkommen in
Kraft, das einer Niederlage Israels gleichkam. Hisbollah und Israel verpflichteten
sich mit sofortiger Wirkung, keine Zivilisten mehr in Kriegshandlungen einzubeziehen. Genau das, was Hisbollah zum Schutz der libanesischen Bevölkerung erreichen wollte. Von einer Entwaffnung der libanesischen Miliz war keine Rede. Im
Gegenteil, Hisbollah blieb es ausdrücklich erlaubt, israelische Truppen auf libane-
sischem Gebiet anzugreifen. Ein derartiges Abkommen hat bis heute noch keine
andere Terrorgruppe im Mittleren Osten erreicht.

Der Tod der 106 libanesischen Zivilisten in Kana 1996 wurde übrigens von
Osama bin Laden in einer seiner Botschaften erwähnt. Das Testament von Mohammed Atta, einem der 9/11-Attentäter, in dem er sich als zukünftiger Märtyrer outet,
trägt das Datum des Beginns der israelischen »Operation Früchte des Zorns«.

Hisbollah will aus dem Libanon einen islamischen Staat machen

Bei der offiziellen Gründung von Hisbollah im Jahr 1985 wurde das Programm der
Partei unter dem Titel »Offener Brief an die Entrechteten« veröffentlicht. Darin werden alle Libanesen aufgefordert, »sich für die Option einer islamischen Regierung
zu entscheiden, denn nur sie alleine kann Gerechtigkeit und Freiheit für alle garantieren«. Schließlich sei der Islam ein vollendetes und umfassendes System für das
Leben, erklärte mir Ali Fayyad, Mitglied des Hisbollah-Politbüros, in seinem Beiruter Büro. »Ein islamischer Staat ist und bleibt natürlich das Ideal.« Nur könne es niemandem aufgezwungen werden, meinte Fayyad. »Das Ganze ist wertlos, wenn es
nicht auf freier Entscheidung basiert.«

In der Grundsatzerklärung von 1985 liest es sich ähnlich, nur wesentlich pathe-
tischer: »Wir wollen, dass es allen Unterdrückten möglich ist, die göttliche Botschaft zu studieren, um Gerechtigkeit, Frieden und Beschaulichkeit in die Welt zu
bringen. Darum wollen wir niemandem den Islam aufzwingen, genauso wenig wie
wir wollen, dass andere uns ihre Überzeugungen und ihr politisches System aufzwingen. Wir wollen im Libanon die Herrschaft des Islams nicht unter Zwang.«

Gemäß der Hisbollah-Philosophie müsste ein Glück und Gerechtigkeit bringen-
der islamischer Staat nicht nur 51 Prozent Zustimmung in der Bevölkerung bekommen. Ebenso wenig reiche eine parlamentarische Mehrheit zur Wahl eines islami-

schen Premierministers, so Hisbollah-Generalsekretär Hassan Nasrallah. Um legitimiert zu sein, bedarf es der »überwältigenden Unterstützung« der Bevölkerung. Im Libanon mit einem religiösen Pluralismus von 18 verschiedenen anerkannten Konfessionen ist das allerdings völlig aussichtslos.

Nach langen Diskussionen entschied Hisbollah, sich als politische Partei am demokratischen System zu beteiligen. Ein politisches System, das zwar lange nicht perfekt sei, nach dem islamischen Modell jedoch immerhin die zweitbeste Alternative. 1992 nahm die Partei Gottes zum ersten Mal an Parlamentswahlen teil und gewann zwölf der insgesamt 128 Abgeordnetensitze. Bei den Kommunalwahlen 1998 gewann sie über die Hälfte der Gemeinderatssitze im Südlibanon, eine sichere Mehrheit in der Bekaa-Ebene und alle Sitze in den schiitischen Vororten im Süden Beiruts. Bei den Parlamentswahlen 2005 erreichte Hisbollah 14 Sitze und beteiligte sich zum ersten Mal an der Regierung mit zwei ihrer Mitglieder als Minister im Kabinett.

Im Libanon werden die 128 Parlamentssitze nach Religionszugehörigkeit und Konfession vergeben. Muslime und Christen bekommen je die Hälfte. Die Sitzverteilung der untergeordneten Sekten ist ebenfalls vorgeschrieben und limitiert. Die Regelung basiert auf dem Taif-Abkommen von 1989, das den libanesischen Bürgerkrieg beendete. Neben der Zusammensetzung des Parlaments regelt es auch die konfessionelle Amtsvergabe des Premierministers (Sunnit), des Staatspräsidenten (Christ) und des Parlamentspräsidenten (Schiit).

Der letzte Zensus im Libanon stammt von 1932 und entspricht schon lange nicht mehr der Realität. Damals stellten die Christen die Bevölkerungsmehrheit (55 Prozent). Laut dem World Factbook der CIA liegen sie heute bei 39 Prozent von insgesamt vier Millionen Libanesen und damit weit hinter der muslimischen Bevölkerung (59,7 Prozent), bei denen die Schiiten mit 40 Prozent den weitaus größten Anteil ausmachen. Ginge es tatsächlich nach demokratischen Spielregeln, würden Muslime mehr als die Hälfte der Parlamentssitze gewinnen und Hisbollah weit mehr als die 14, die sie bisher hat. Eine Änderung des Wahlrechts ist überfällig, jedoch zeigen christliche und sunnitische Parteien wenig Sympathie dafür. Ein neues Wahlsystem, den aktuellen demografischen Verhältnissen angepasst, würde sie zu Verlierern machen.

Im Dezember 2006 begann Hisbollah, zusammen mit der christlichen Partei der Freien Patriotischen Bewegung von Michel Aoun, den Boykott der Regierung von Premierminister Fuad Siniora. Michel Aoun und Hassan Nasrallah wollen mehr Ministerposten im Kabinett, um ein Veto-Recht gegen Entscheidungen der Regierung zu besitzen. Für Hisbollah geht es darum, einen Fehler der Demokratie auszumerzen: Eine Hälfte regiert über die andere Hälfte, was gerade in Krisensituationen, in denen schwerwiegende Entscheidungen anstehen, inakzeptabel sei. Hassan Nasrallah möchte diesen Fehler mit einer »nationalen Regierung der Einheit« ausbessern, in der auch die andere Hälfte ein Mitspracherecht hat.

Hisbollah

Die Partei Gottes zog ihre Minister aus dem Kabinett ab und versuchte, gemeinsam mit der Freien Patriotischen Bewegung, mit ausschließlich demokratischen Protestformen (Demonstrationen, Sit-ins, Zeltlager) ihrer Forderung Nachdruck zu verleihen. Hisbollah hätte auch ihre militärische Stärke in die Waagschale legen können. Jedoch wäre Gewalt zum einen gegen die demokratischen Spielregeln, zu denen man sich verpflichtet hat. Zum andern würde das die Glaubwürdigkeit der gesamten Organisation in Misskredit bringen, worauf stets höchster Wert gelegt wird. Man möchte sich von anderen Parteien unterscheiden, die viel versprechen, wenig einhalten und gerade im Libanon ein System von Vetternwirtschaft und Korruption betreiben. Zudem würde der Einsatz von Waffen zur Verschärfung des Konflikts innerhalb der bereits stark polarisierten Gesellschaft führen. Es bestünde die Gefahr ziviler Unordnung, von Chaos. All das, was gemäß Hisbollah-Ideologie vermieden werden muss: Der zivile Frieden darf nicht gefährdet werden. Es gibt kein Interesse an einer Eskalation, bei der keinerlei Kontrollmöglichkeiten mehr bestehen.

Eine Regel, der man selbst im Libanonkrieg 2006 folgte. Die Reaktion Israels auf die Entführung ihrer beiden Soldaten am 12. Juli kam für Hisbollah überraschend. In ihren Augen war das eine völlig unverhältnismäßige Reaktion. Mit dem Beginn eines umfassenden Kriegs wegen der Entführung zweier Soldaten rechnete niemand, sonst hätte sich Hisbollah vermutlich gegen das Kidnapping ausgesprochen. Auf den Angriff Israels reagierte Hisbollah graduell. Statt mit allen militärischen Möglichkeiten zurückzuschlagen, orientierte man sich an der Strategie des Angreifers. Je härter Israel zuschlug, desto intensiver erwiderte es Hisbollah. Gleichzeitig bot Hassan Nasrallah in seinen Fernsehansprachen eine Deeskalation des Konflikts an, gerade was Zivilisten betraf, die im Libanon zu den Hauptgeschädigten zählten. »Sobald Israel die Angriffe auf zivile Ziele einstellt«, erklärte der Hisbollah-Generalsekretär im TV, »wird der Beschuss Nordisraels eingestellt.« Das Angebot wurde ausgeschlagen. Der damalige israelische Verteidigungsminister Amir Peretz bezeichnete Nasrallahs Statement als »Zeichen von Schwäche«. Nicht auszudenken, was den Menschen im Libanon und in Israel widerfahren wäre, hätte Hisbollah mit ihren Raketen längerer Reichweite tatsächlich Tel Aviv beschossen. Hassan Nasrallah hatte das für den Fall angekündigt, dass Israel die nach dem libanesischen Bürgerkrieg komplett neu aufgebaute Innenstadt Beiruts bombardieren sollte.

Hisbollah bekommt ihre Befehle aus dem Iran und Syrien

Im Grenzgebiet zu Israel patrouillieren heute UN-Truppen und die libanesische Armee. Ein Ergebnis des Libanonkriegs im Jahr 2006. Hisbollah hat sich weiter von der Grenze zurückgezogen, bis nördlich des Litani-Flusses, außerhalb der Zone der Friedenstruppen. Dort wurden neue Stellungen und Bunker gebaut. Laut Hisbollah-

Hisbollah

Generalsekretär Hassan Nasrallah (Juli 2007) besitzt Hisbollah insgesamt 33 000 Raketen, 11 000 mehr als noch im September 2006. »Wir können jeden Teil des besetzten Palästina (Israel) erreichen.« Die Partei Gottes hat ihre Waffenlager aufgestockt. Nicht umsonst mahnte die UNO nach Kriegsende im August 2006 mehrfach, den zunehmenden Waffenschmuggel in den Libanon zu verhindern, der über die syrische Grenze verläuft. Die Regierung in Damaskus ist ein bekennender Unterstützer der Hisbollah. Während des Juli-August-Kriegs hingen riesige Transparente im großen Souk von Damaskus, die Nasrallah als Held priesen und Beistand gegen die Aggression Israels bezeugten. Der syrische Staat leitet über die Grenze in den Libanon das weiter, was aus dem Iran für Hisbollah bestimmt ist sowie einen Teil seiner eigenen neuen Waffenlieferungen aus China, Russland oder Nordkorea.

Wer vom Libanon aus Tel Aviv beschießen will, kann das nicht mit alten sowjetischen Katjuschas. Dazu braucht man Raketen mit einer Reichweite von mindestens 200 Kilometern. Der Iran hat davon mehrere Typen aus Eigenproduktion, wie die Zelal-2 oder die Fateh 110. Israelische Truppen fanden im Libanonkrieg britische Nachtsichtgeräte in Hisbollah-Bunkern, ihre als unverwundbar geltenden Merkava-Panzer wurden von russischen und angeblich auch europäischen Panzerabwehrwaffen zerstört. Eine chinesische Rakete vom Typ C802 beschädigte ein israelisches Kriegsschiff erheblich. Unbemannte Drohnen machten Erkundungsflüge nach Israel. Niemand weiß genau, was bei Hisbollah, neben iranischen Systemen, noch alles aus Russland, China und von internationalen Waffenhändlern gelandet ist.

Die Waffenlieferungen aus dem Iran und Syrien gelten als Beweis für die Abhängigkeit Hisbollahs von den beiden Staaten: Hisbollah als Marionette, als verlängerter Arm, der die Befehle der Ayatollahs in Teheran und des syrischen Diktators Baschar al-Assad in Damaskus befolgt. Und sie alle wollen nur das eine: Terror gegen die freie westliche Welt und ihre demokratische Ordnung. Diese Verschwörungstheorie wird von den USA und Israel immer wieder postuliert. Die libanesische Partei Gottes sei ein willfähriges Werkzeug des Irans und Syriens, um ihre anti-amerikanischen Interessen in der Region durchzusetzen.

So gut die religiösen wie ideologischen Beziehungen mit dem Iran, das politische Einvernehmen mit Syrien und so freizügig die Waffenlieferungen auch sein mögen: Befehle, die Hisbollah bedingungslos befolgen müsste, gibt keiner der beiden Staaten. »Es mag informell sicherlich Absprachen geben«, erklärt Amal Saad-Ghorayeb, Professorin für Politikwissenschaft und Hisbollah-Spezialistin der Libanesisch-Amerikanischen Universität in Beirut. »Natürlich auch gemeinsame strategische Ziele, aber Hisbollah als Befehlsempfänger, das halte ich für absurd.« Dazu sei die Partei viel zu sehr in das politische System des Libanon eingebunden. »Hisbollah ist eine nationale Bewegung, die ihr Fundament im Libanon hat.« Würde Hisbollah den Befehlen aus dem Ausland folgen, hätte sie längst ihre Massenbasis verloren.

Im Juli 2007 gab Hassan Nasrallah selbst ein Beispiel für das Verhältnis zu Syrien. »Syrien wollte in den Krieg eingreifen«, sagte er im Fernsehinterview mit Al-Dschasira. »Aber Hisbollah hatte kein Interesse daran. Wir waren überzeugt, allein mit dem Feind zurechtzukommen.«

Es gibt stichhaltige Beweise für die Beteiligung der Hisbollah an Bombenanschlägen auf US-Einrichtungen und Entführungen im Libanon

Wer heute im Libanon nach den Ursachen des Bürgerkriegs zwischen 1975 und 1990 fragt, bekommt eine Vielzahl unterschiedlicher Antworten. Die einen machen die Palästinenser dafür verantwortlich, die mit Gewalt aus dem Libanon eine sozialistische Republik machen wollten. Für die anderen tragen Muslime die Schuld, die im Libanon einen islamischen Staat zu errichten versuchten. Wieder andere schieben den Christen den schwarzen Peter zu, die mit den Israelis gemeinsame Sache machten. Danach bleibt noch die Wahl zwischen den USA und Syrien als Verantwortliche, die beide Invasionstruppen schickten, nicht zu vergessen der Iran, der im Libanon einen Stellvertreterkrieg gegen den Westen führen ließ.

Im Libanon gibt es nach wie vor 18 verschiedene anerkannte Konfessionen, aber mit religiösen Motiven hatte der libanesische Bürgerkrieg wenig zu tun. Damals kämpfte keine Glaubensgemeinschaft um religiöse Vorherrschaft oder ums nackte Überleben. Es war ein Krieg unterschiedlicher Interessengruppen und Klans, die sichergehen wollten, bei der Neuverteilung des Libanons ein ansprechendes Stück abzubekommen. Dabei ging man rücksichtslos alle möglichen nationalen wie internationalen Allianzen ein, Hauptsache, sie erschienen nützlich. Wer an einem Tag Freund war, konnte am nächsten Feind sein. Im Bürgerkrieg gab es genug Gelegenheiten, sehr viel Geld zu verdienen. Der Libanon war ein Eldorado des Waffen- und Drogenhandels, ein Zentrum des Warenschmuggels in alle Welt.

Mitten in die Wirren des Bürgerkriegs fiel im Juni 1982 die Invasion Israels, die die Palästinensische Befreiungsfront (PLO) Jassir Arafats ausschalten wollte. Bereits nach kurzer Zeit standen israelische Truppen in Beirut. Im August mussten 12 000 PLO-Kämpfer in verschiedene arabische Länder abziehen. Hisbollah formierte sich im selben Jahr unmittelbar als Reaktion auf diese Invasion und bekämpfte auf eigene Faust die israelische Armee. Hisbollah ist – Ironie der Geschichte – ein Produkt Israels.

Die offizielle Gründung von Hisbollah erfolgte 1985 mit einem »Offenen Brief an die Entrechteten«. Sie war damals eine Art Dachverband für eine Reihe von ideologisch teilweise sehr unterschiedlichen Gruppierungen, die alle als Antwort auf die israelische Invasion gegründet worden waren. Das Jahr 1982 ist bezeichnend für neue militante schiitische Organisationen, die plötzlich wie Pilze aus dem Boden schossen. Ein entscheidender Faktor dafür dürfte die Kollaboration zwischen Israel und christlichen rechtsradikalen Milizen gewesen sein sowie das blutige Vorgehen der israelischen Truppen gegen libanesische Zivilisten. Nach dem Massaker in Sabra und Schatila im September 1982 wurde Widerstand zur Pflicht. Christliche Milizen ermordeten in diesen beiden palästinensischen Flüchtlingslagern über 1 500 Frauen, Männer und Kinder unter der Aufsicht und mit logistischer Hilfe der israelischen Militärführung.

Zu den neuen schiitischen Gruppen gehörten Islamische Amal, Islamischer Dschihad, Revolutionäre Organisation der Gerechtigkeit, Khaybar-Brigaden oder die Unterdrückten der Erde. Alle fühlten sich von der bestehenden schiitischen Vertretung durch die Amal von Nahib Berri, dem heutigen libanesischen Parlamentspräsidenten, verraten. Berri nahm am nationalen Rettungskomitee teil, das der damalige Präsident Elias Sarkis nach der israelischen Invasion zusammengerufen hatte, Seite an Seite mit Bashir Gemayel, dem Führer der rechtsradikalen christlichen Partei der Falange.

Der neue schiitische Widerstand, der Israel bekämpfen wollte, wurde von den Iranischen Revolutionären Garden (IRG) unterstützt. Der Iran hatte, ebenfalls als Reaktion auf die israelische Invasion, 1 500 seiner Elitesoldaten in den Libanon entsandt. Sie bildeten die schiitischen Waffenbrüder aus, sorgten für ihre militärische Ausstattung und Finanzmittel. Damals zählte Hisbollah noch nicht zu den Bevorzugten der IRG. Islamische Amal und Islamischer Dschihad standen ganz oben auf der Präferenzliste für Waffen, Geld, Logistik. Hisbollah hatte keine der Privilegien, die anderen Gruppen zuteilwurden, und spielte eine eher untergeordnete Rolle. Trotzdem wird die Partei Gottes für eine Reihe von Anschlägen und Entführungen aus dieser Zeit verantwortlich gemacht, die andere Organisationen begingen, ihr aber im Westen den Ruf einer terroristischen Vereinigung einbrachten. Mit ein Grund dafür dürfte ein sehr einfacher sein: Hisbollah ist die einzige der vielen schiitischen Gruppen des libanesischen Bürgerkriegs, die noch immer existiert und zudem heute als *regional player* die Hegemoniepolitik der USA torpediert. In der Liste der ausländischen Terrorgruppen des US State Departments wird Hisbollah als Nummer 14 geführt. Die Europäische Union dagegen hat die Partei Gottes bisher noch nicht offiziell als Terrororganisation deklariert.

Am frühen Morgen des 23. Oktober 1983 durchbrach ein Lkw die Umzäunung und gelangte auf das Gelände des US-Stützpunkts der US-Marines am Internationalen Flughafen von Beirut. Ein Selbstmordattentäter zündete seine Ladung von 7 000 Kilogramm Flüssigsprengstoff und überraschte die US-Soldaten im Schlaf. Insgesamt kamen 241 Marines ums Leben. Fast zeitgleich, mit nur 20 Sekunden Verspätung, detonierte ein zweiter Lastwagen im Hauptquartier des französischen

Militärs und tötete 59 Fallschirmjäger. Franzosen und Amerikaner waren Teil einer internationalen Friedenstruppe, die den seit 1975 andauernden libanesischen Bürgerkrieg stoppen sollte. »Ein fabelhafter Anschlag«, sagte mir noch 2004 ein Mann Mitte vierzig in einem Beiruter Café, der in den Achtzigerjahren für die Hisbollah gekämpft hatte und heute als Computerfachmann arbeitet. »Leider kam das nicht aus unseren Reihen«, fügte er bedauernd mit einem Kopfschütteln hinzu.

20 Jahre nach den tragischen Ereignissen am Flughafen erklärte ein US-Gericht den Iran und Hisbollah für die beiden Anschläge verantwortlich und sprach den betroffenen Familien der Opfer das Recht auf Entschädigung zu. Das Urteil basierte maßgeblich auf der Zeugenaussage von Admiral James A. Lyons. Der damals in Beirut stationierte US-Marineoffizier berichtete, dass man um den 26. September des Jahres 1983 eine Nachricht vom iranischen Geheimdienst an den Botschafter des Irans in Syrien, Ali Akbar Mohtashemi, abgefangen habe. Darin sei der Diplomat aufgefordert worden, den Führer der Gruppe Islamische Amal, Hussein Mussawi, zu kontaktieren und eine spektakuläre Aktion gegen die Marines der Vereinigten Staaten zu unternehmen. (Die Islamische Amal war eine direkte Splittergruppe der schiitischen Amal-Bewegung des heutigen libanesischen Parlamentspräsidenten Nahib Berri, die nicht radikal und islamisch genug war. Wie andere schiitische Gruppen nach der israelischen Invasion des Libanons 1982 kämpfte die Islamische Amal auch auf eigene Rechnung gegen israelische Truppen.)

Im US-Gerichtsverfahren von 2003 wurde als weiteres Beweismaterial ein Videoband mit einem mutmaßlichen Hisbollah-Mitglied gezeigt, das angeblich an der Ausführung der Attentate von 1983 beteiligt gewesen war. Identität und Authentizität des Videozeugen blieben im Dunkeln, er wurde nur unter dem Pseudonym Mahmoud vorgestellt. Seiner Aussage nach kontaktierte der iranische Botschafter in Syrien nicht den Führer der Islamischen Amal, sondern den Chef der im Libanon stationierten Iranischen Revolutionären Garden (IRG). Mahmoud habe wenig später an einer Lagebesprechung in der nordlibanesischen Stadt Baalbek teilgenommen, bei der sowohl der Chef der IRG als auch alle prominenten Führungsfiguren der Hisbollah anwesend waren: Scheich Sobhi Tufaili, Scheich Abbas Musawi und Scheich Hassan Nasrallah, der heutige Generalsekretär. Gemeinsam seien die simultanen Anschläge auf US-amerikanische und französische Truppen besprochen worden.

Ein in der Tat hochkarätiges Treffen, das in dieser Zusammensetzung kaum vorstellbar ist. Mitten im libanesischen Bürgerkrieg würde sich die oberste Führungsriege der Hisbollah schon allein aus Sicherheitsgründen nicht an einem Ort gemeinsam treffen, wo sie obendrein ein einfaches Ziel für die Kampfflugzeuge der israelischen Invasionsarmee wären. Zudem bespricht man keine militärischen Aktionen mit einem Mahmoud, der auf unterster Ebene mit der Ausführung betraut war. Dazu ist und war die Gruppe viel zu hierarchisch organisiert. Nicht zu vergessen, dass ein Hisbollah-Mann solche Aussagen freiwillig nie machen würde. Mitglieder sind an ein striktes Schweigegebot gebunden. Vom Widerspruch in den Aussagen Mahmouds und Admiral Lyons nicht zu reden: Warum ist der iranische Botschafter nicht seiner Direktive aus dem Iran gefolgt und hat statt des Führers der Islamischen Amal den Chef der IRG kontaktiert? Warum hat der Führer der Islamischen Amal nicht an der großen Lagebesprechung teilgenommen?

Insgesamt ist es nicht verwunderlich, dass die US-Behörden nirgendwo sonst die Videobotschaft Mahmouds als Beweismaterial vorlegten, um eine Klage anzustreben. Offensichtlich gab es Probleme mit der Authentizität des Zeugen. Für den US-Richter Royce C. Lamberth stand die überwältigende Beweislast jedoch außer Frage: Hisbollah und ihre Agenten haben massive materielle und technische Unterstützung von der iranischen Regierung erhalten, um die Operationen auszuführen. Richter Lamberth hätte gut daran getan, den damals amtierenden US-Verteidigungsminister Caspar Weinberger als Zeugen zu befragen. Der Ex-Minister der Regierung von Präsident Ronald Reagan in der Zeit von 1981-1987 sieht es nämlich ein bisschen anders: »Wir wissen immer noch nicht genau, wer den Anschlag auf die Marine-Unterkünfte am Beiruter Flughafen begangen hat. Noch viel weniger konnten wir es damals wissen.« Caspar Weinberger sagte das 2001 in einem Interview mit dem Magazin *Frontline* des US-Fernsehsender PBS wenige Wochen nach dem Anschlag auf das World Trade Center.

Weinbergers Einfluss hatte 1983 auch die geplanten US-Vergeltungsaktionen nach dem Anschlag am Beiruter Flughafen vereitelt. Als Ziel war eigentlich die Scheich-Abdullah-Kaserne in Baalbek auserkoren, wo die IRG ein Trainingscamp unterhielten. Der Angriff wurde jedoch unterbunden. Die einen sagen, Caspar Weinberger wollte es sich mit den arabischen Staaten nicht verscherzen, andere glauben, es gab für ihn nicht genug Beweise für eine Verbindung zwischen Iran und Hisbollah.

Sechs Monate vor dem Anschlag auf die US-Marines hatte es in Beirut bereits ein Selbstmordattentat auf eine amerikanische Einrichtung gegeben. Im April 1983 explodierte ein Lieferwagen im Hof der US-Botschaft, in der auch das CIA-Büro für den Mittleren Osten untergebracht war. 63 Menschen starben, davon 17 Amerikaner, von denen acht für den CIA arbeiteten. Seltsamerweise meldete sich niemand, der die Verantwortung dafür übernahm. Erst im Oktober, nach dem Anschlag auf die US-Soldaten am Flughafen, rief ein Vertreter der Gruppe islamischer Dschihad bei einer Presseagentur an und bekannte sich zu beiden Aktionen. Der Anrufer sprach von Soldaten Gottes, die Märtyrer werden und eine Islamische Republik im Libanon errichten wollten. Man bekämpfe die israelischen Invasoren und ihre Helfershelfer. Islamischer Dschihad war eine bis dahin völlig unbekannte Gruppe, was in den Wirren des libanesischen Bürgerkriegs jedoch nicht außergewöhnlich war.

Kleine Splittergruppen gab es, wie schon gesagt, zuhauf. Sie tauchten plötzlich auf und konnten ebenso schnell wieder verschwinden, wie sie gekommen waren.

Hier noch einmal ein Ausschnitt aus dem *Frontline*-Interview mit Caspar Weinberger: »Da gab es so etwa 27 oder 28 separate bewaffnete Gruppen, die alle eines gemeinsam hatten: Sie waren gegen uns und eine multinationale Truppe.« Es existierten jedoch nicht nur antiamerikanische Milizen. Es herrschte ein Wirrwarr von unterschiedlichsten säkularen und religiösen Milizen, die an einem Tag Allianzen eingingen und sich am nächsten gegenseitig beschossen. Da waren sozialistische und kommunistische, verschiedene christliche sowie schiitische und sunnitische Gruppen, die jeweils eigene Gebiete kontrollierten und neue zu erobern versuchten. Manche arbeiteten auf eigene Rechnung, andere im Namen von Staaten oder Interessengruppen, die je nach Belang und Situation wechseln konnten. Man unterwanderte sich gegenseitig, beging Bombenanschläge im Namen anderer und wurde in nicht wenigen Fällen von Geheimdiensten unterschiedlichster Länder missbraucht. All das war nur möglich in einem völlig rechtsfreien Raum, in dem jede staatliche Kontrolle fehlte. Waffen und Drogen wurden in manchen Stadtteilen öffentlich in Geschäften verkauft.

Islamischer Dschihad war ebenfalls eine der radikalen schiitischen Milizen, zu denen die bereits oben genannte Islamische Amal, die Revolutionäre Gerechtigkeitsorganisation, die Unterdrückten der Erde und auch die Hisbollah zählten. Die Revolutionären Garden, die der Iran nach der israelischen Invasion 1982 in der Bekaa-Ebene stationierte, unterstützten diese schiitischen Widerstandsgruppen im Libanon logistisch, finanziell und mit Waffen.

Hisbollah war damals nur einer von vielen Protegés der IRG und nicht einmal ihr bevorzugter. Die Partei Gottes spielte in ihren Anfangsjahren lange nicht die Rolle, die sie heute in der Gesellschaft und im politischen System des Libanons einnimmt. »Als wir 1982 beschlossen, Hisbollah zu gründen, waren wir gerade mal 53 Leute«, erzählte mir Mohammed Nabulsi, der Pressesprecher der Organisation, mit sichtlich sentimentalem Blick in seinem Büro in Haret Hreik, einem der schiitischen Stadtteile Beiruts. »Und heute sind wir eine Massenbewegung«, fügte er stolz hinzu. »Wir haben sogar eine eigene, moderne Presseabteilung, in der viele Leute arbeiten.« Damals konnte Nabulsi nicht ahnen, dass er gut ein Jahr später in seinem Büro keine Interviews mehr geben, sondern stattdessen den Journalisten die qualmenden Trümmerhaufen zeigen würde. Haret Hreik war eine der schiitischen Vorstädte Beiruts, die die israelische Luftwaffe während des Libanonkriegs 2006 verwüsten sollte. Darunter auch das Hisbollah-Pressecenter.

Die Partei Gottes hatte in der Regel keine Probleme, sich zu ihren Anschlägen zu bekennen. Im November 1983 übernahm sie für den Bombenanschlag auf das israelische Hauptquartier in der südlibanesischen Küstenstadt Tyros die Verantwortung, bei dem 60 Menschen starben und 30 weitere verletzt wurden. Auch in späteren Jahren bekannte sie sich zu allen Anschlägen auf die israelische Armee und israelische Zivilisten. Dazu gehörte 1996 der Beschuss der Zivilbevölkerung im Norden Israels – eine Gegenmaßnahme zu den systematischen Vergeltungsaktionen Israels gegen libanesische Zivilisten, die nach Hisbollah-Anschlägen erfolgten. Im April 1996 kam es zu einem Abkommen zwischen Israel und Hisbollah, das beide Seiten verpflichtete, Zivilisten in Zukunft von allen Kampfhandlungen auszuschließen.

Die Entführung der beiden israelischen Soldaten, die 2006 zum Libanonkrieg führten, hatte Hisbollah-Generalsekretär Hassan Nasrallah mehrmals öffentlich und lange Monate im Voraus angekündigt.

Obwohl es Hisbollah leichtfallen würde, das zuzugeben – mit der Ausführung der Selbstmordattentate auf die US-Botschaft und die Marineunterkünfte will man partout nichts zu tun haben. Die Beweggründe hinter dem Terrorakt verstehe man sehr gut, sagte Scheich Sayyed Mohammed Hussein Fadlallah, der spirituelle Führer der Hisbollah. Sympathie sei nicht zu verleugnen, war es doch eine »Antwort der Schwachen gegen die Unterdrückung der Mächtigen«. Kurze Zeit nach Scheich Fadlallahs Statement explodierte eine Autobombe vor dem Haus des schiitischen Klerikers, die viele dem CIA zuschrieben. 83 libanesische Zivilisten starben, Fadlallah blieb jedoch unverletzt.

Neben den beiden Bombenanschlägen auf US-Botschaft und Marine-Stützpunkt schreibt man Hisbollah auch rund 90 Entführungen während des libanesischen Bürgerkriegs zu. Entführungen, zu denen sich ebenfalls der Islamische Dschihad bekannte. Es gibt nur wenige Autoren und Journalisten, die die gemeinhin kolportierte Faktenlage nicht ungeprüft als gesichert hinnahmen, sondern sich die Mühe machten, der Sache auf den Grund zu gehen. Amal Saad-Ghorayeb, Professorin an der Libanesisch-Amerikanischen Universität in Beirut und Hisbollah-Spezialistin, ist eine davon. In ihrem kleinen Arbeitszimmer an der Uni tranken wir während unseres Gesprächs Kaffee, obwohl Ramadan war und die Professorin als Schiitin eigentlich bis Sonnenuntergang nichts essen und trinken sollte.

In ihrem Buch Hizbullah. Politics and Religion zeigt Saad-Ghorayeb ausführlich, dass Entführungen von unbeteiligten Zivilisten für Hisbollah religiös nicht zu rechtfertigen sind und daher abgelehnt werden. »Geiseln zu nehmen wird als etwas ›Verbotenes‹ angesehen.« Trotzdem habe die Partei Gottes dem Islamischen Dschihad erlaubt, in von ihr kontrollierten Gebieten zu operieren. Im Kontext des libanesischen Bürgerkriegs, der bereits über sieben Jahre andauerte, sei das nachvollziehbar. Der Islamische Dschihad war als schiitischer Kampfverband gegen die USA und Israel kein Feind, sondern stand auf der gleichen Seite. Aus diesem Grund wurden die Entführungen von Hisbollah auch nie öffentlich verdammt. Das hätte, laut Naim Qassem, dem heutigen Vize-Generalsekretär der Hisbollah, nur den »Interessen der Arroganten«, also den USA und Israel, gedient. Die Solidarität ging jedoch nicht so weit, dass man organisatorische Verbindungen zum Islamischen Dschihad einging. »In einigen Fällen hat Hisbollah sogar versucht, entführte Gefangene freizubekommen«, sagte Saad-Ghorayeb im Interview mit Blick durch das Bürofenster auf den Campus. »Freilassungen wären in ihrem Interesse gewesen, sie hätte davon profitiert.«

Auch Robert Fisk, langjähriger Libanon-Korrespondent britischer Zeitungen, berichtete von Scheich Fadlallah, der sich um die Freilassung des 1985 gekidnappten amerikanischen Journalisten Terry Anderson bemühte. Fisk gelang es sogar, ein Mitglied des Islamischen Dschihad ausführlich zu interviewen, schrieb aber nichts über organisatorische Verbindungen zur Hisbollah.

Die arabische Journalistin Hala Jaber sprach mit ehemaligen Entführern, westlichen Geiseln, libanesischen Sicherheitsbeamten und Hisbollah-Spezialisten. Nach ihrer aufwendigen Recherche kommt sie zu dem Schluss, dass Hisbollah nichts mit den Entführungen zu tun habe. Ihrer Meinung nach stand der Iran hinter den Kidnappings, die von einem Mann, nämlich Imad Mughniyah, ausgeführt wurden. Er und seine Gruppe handelten, ohne organisatorische Verbindung zur Hisbollah, von den Iranischen Revolutionären Garden (IRG) im Libanon militärisch ausgebildet, im Auftrag der Islamischen Republik. Mughniyah und seine Leute genossen Privilegien, die der Partei Gottes nicht gewährt wurden. An erster Stelle standen Mughniyah und seine Gruppe, danach folgte die Islamische Amal in der Reihe der bevorzugten Kooperationspartner der IRG.

Es ist verblüffend, in wie vielen Artikeln und Büchern immer wieder zu lesen ist, die Revolutionären Garden und Hisbollah unterhielten gemeinsame Ausbildungslager in der Bekaa-Ebene, planten gemeinsam diese und jene Attentate. Nichts dagegen von den anderen existierenden Gruppen, nichts davon, dass Hisbollah Anfang der Achtzigerjahre eine kleine Splittergruppe war, die nur lose von den IRG unterstützt wurde.

Imad Mughniyah steht heute auf der FBI-Liste der meistgesuchten Terroristen. Ihm werden viele Delikte zur Last gelegt. Er gilt als der große terroristische Drahtzieher, die islamistische Variante des legendären Carlos, verantwortlich für Flugzeugentführungen, Bombenattentate auf US-Botschaften und US-Marineschiffe. Ihm werden die Anschläge auf jüdische Einrichtungen in Argentinien 1992 und in London 1994 zugeschrieben, bei denen insgesamt 129 Menschen starben.

Die US-Behörden gehen davon aus, dass Imad Mughniyah ein Mitglied der Hisbollah ist. Somit ist die Partei Gottes automatisch für all seine Anschläge, wo auch immer sie stattfinden, mitverantwortlich. Hisbollah leugnet jede direkte oder indirekte Beziehung zu Mughniyah. Man kenne keine Person mit dem Namen Imad Mughniyah. Eine Aussage, die Verdacht erregte. Hisbollah-Mitglieder hätten in den

Achtzigerjahren in der Bekaa-Ebene irgendwann einmal auf Mughniyah treffen müssen, da er für die Revolutionären Garden arbeitete und immer wieder vor Ort präsent war. 2001 wurde von den USA behauptet, Imad Mughniyah sei nicht nur ein Mitglied der Hisbollah, sondern sogar der Chef der Geheimdienstabteilung und würde den Namen Jawad Noureddin tragen. Das sei der Grund, warum von ihm kein offizielles Foto existiere.

Judith Palmer Harik, Professorin für Politische Wissenschaften an der Amerikanischen Universität Beirut, versuchte, der Sache nachzugehen. Sie befragte einen ehemaligen Mitarbeiter des Hisbollah-Pressebüros, der ein Student an ihrer Fakultät war. Er bestätigte ihr, dass es einen Geheimdienstoffiziellen namens Jawad Noureddin gäbe, der auch Gründungsmitglied von Hisbollah sei, aber nichts mit Mughniyah zu tun habe. Dass es von dem Mann kein Foto gibt, läge doch wohl auf der Hand. Welcher Geheimdienst der Erde würde Fotos seiner Agenten veröffentlichen? Wie gut kannte man das Gesicht des russischen Präsidenten Wladimir Putin, als er noch ein Agent des KGB war? Abgesehen davon wäre es absurd, einen Mann wie Imad Mughniyah ganz offiziell als Leiter einer Abteilung arbeiten zu lassen. Erstens wäre es nur eine Frage der Zeit, bis dies an die Öffentlichkeit käme. Für das antisyrische Regierungsbündnis um Premierminister Fuad Siniora mit Saad Hariri und Walid Dschumblatt, das für eine Entwaffnung der Hisbollah gemäß der Resolution 1559 des UN-Sicherheitsrats eintrat, wäre die Verbindung von Mughniyah und Hisbollah ein gefundenes Fressen. Endlich könnte man mit Unterstützung der Weltöffentlichkeit auf die Erfüllung der UN-Resolution pochen. Zum anderen kann man sicher sein, dass der israelische Geheimdienst Imad Mughniyah schon längst ausfindig gemacht hätte, würde er in Beirut arbeiten, und sei es auch nur immer wieder mal vorübergehend.

Fast jedes Jahr wird ein Führungsoffizier der Hisbollah Opfer eines Anschlages, dessen Täter nie gefasst werden und der die professionelle Handschrift eines israelischen Spezialkommandos trägt. Auf der israelischen Todesliste steht nach dem Desaster Israels im Libanonkrieg 2006 der Hisbollah-Generalsekretär Hassan Nasrallah ganz oben. Aber auch alle anderen führenden Mitglieder, schließlich befinden sich Hisbollah und Israel seit mehr als 20 Jahren im Kriegszustand.

Die letzte Variante in der Imad-Mughniyah-Story lautet übrigens: Der Terrorist soll an der Seite des iranischen Präsidenten Mahmud Ahmadinedschad bei einem Staatsbesuch in Damaskus gesehen worden sein. Als Berater des Präsidenten, der bekanntlich verrückt genug ist, um einen der meistgesuchten Männer der Welt anzuheuern und mit ihm auch noch öffentlich aufzutreten.

Homosexualität

Der Koran sieht die Todesstrafe für Homosexuelle vor, die in allen muslimischen Ländern gültig ist

In Saudi-Arabien treffen sich Homosexuelle beim Barbier, in Cafés, Restaurants oder nehmen ihren Partner gleich mit nach Hause, wo sie sich im Zimmer ungestört vergnügen, während die Eltern vor dem Fernseher sitzen. Was Sex betrifft, sieht die Realität in muslimischen Ländern völlig anders aus, als es sich die meisten im Westen vorstellen würden (→ **Sexualität**). Gerade von Saudi-Arabien denkt man, die Repression von Homosexuellen sei so stark, dass sie sich zu Hause verstecken müssen, um nicht Gefahr zu laufen, gesteinigt zu werden.

Im 17., 18. und 19. Jahrhundert berichteten Europäer, die den Nahen und Mittleren Osten bereisten, von unverblümten gleichgeschlechtlichen Sexualpraktiken in einem Ausmaß, dass man annehmen musste, alle Muslime seien von Natur aus bisexuell. In der ottomanischen Türkei trieb man schöne Knaben als Steuer ein, der Sultan hatte seine Lieblingsjünglinge und in den Badehäusern Istanbuls wurde nicht nur gewaschen, die angestellten Hilfskräfte für Sauberkeit, die Tellaks, arbeiteten zugleich als Prostituierte. Über die männlichen Badehausaffären gibt es zahlreiche Dokumente zur Preisstaffelung, je nachdem, wann, wie und wie oft man die Kunden zum Orgasmus brachte. Aus der Mitte des 18. Jahrhunderts sind eifersüchtige Fehden um die Jünglinge der Badehäuser bekannt. Nicht minder offenherzig ging es in anderen Ländern zu. Manche werden sich noch an die mittlerweile altertümlichen Ausdrücke »persisch« und »türkisch« erinnern, die man vor Jahren noch als Synonym für Analverkehr benutzte.

Homosexualität ist seit Jahrhunderten ein Bestandteil islamischer Kultur und bis heute überall präsent. Allerdings darf man sie nicht mit unseren westlichen Vorstellungen gleichsetzen. Beziehungen zwischen Männern schließen nicht automatisch Beziehungen zu Frauen, Heirat und Familie aus. Bei Frauen ist es nicht anders. Niemand würde auf die Idee kommen, sich als Homosexueller zu bezeichnen, geschweige denn zu outen. Was für einen Sinn sollte das machen? Sich außerdem nur auf ein Geschlecht zu reduzieren, ist kontraproduktiv, limitiert es doch die Genussmöglichkeiten.

Unter Männern gilt der aktive Mann nicht als homosexuell, im Gegensatz zum passiven Mann, der empfängt und duldet. Solches Aktiv-Passiv-Denken findet man auch in Europa beispielsweise noch in Italien. Zu Neapel gehören die *feminili*, eine alte Transvestitenzunft, die in einem eigenen Viertel wohnt. Zu ihrer Klientel zählten früher hauptsächlich Heteromänner. Noch vor 20 Jahren war es für Verheiratete nichts Anstößiges, unter Freunden augenzwinkernd zu erwähnen, gestern sei man bei den *feminili* gewesen. Heute ist es dagegen nicht mehr ›en vogue‹ und man hält sich eher bedeckt.

Auch unter muslimischen Männern hat sich die Tradition homosexueller Beziehungen bis in die Gegenwart erhalten. Umso unverständlicher ist die Bestrafung für gleichgeschlechtlichen Sexualverkehr in manchen Ländern. In 22 muslimischen Staaten ist Homosexualität ein Straftatbestand. In Saudi-Arabien, Mauretanien, Nigeria, den Vereinigten Arabischen Emiraten, im Sudan, Iran, Jemen und in Afghanistan droht dafür die Todesstrafe. Dasselbe galt auch für den Irak unter Saddam Hussein, der noch 2001 eine spezielle Anordnung dazu erließ. Heute steht Homosexualität im Irak nicht mehr unter Strafe.

Besonders rigide unter diesen Ländern ist der Iran, der nicht davor zurückschreckt, homosexuelle Jugendliche hinzurichten. Seit der Islamischen Revolution 1979 soll der Iran bis zu 4 000 Menschen exekutiert haben, die homosexueller Handlungen beschuldigt waren.

In Saudi-Arabien wird die Todesstrafe dafür – im Gegensatz zu anderen Delikten – relativ selten angewandt. Die Behörden greifen zu alternativen Bestrafungen wie Geldbußen, Auspeitschung und Gefängnishaft, was letztendlich nicht viel besser ist. In anderen muslimischen Nationen wie Bahrain, Katar, Algerien, Somalia, Usbekistan, Turkmenistan, Kuwait und den Malediven sind ebenfalls Geld- und Gefängnisstrafen oder körperliche Züchtigungen vorgesehen. In Malaysia gibt es Stockschläge und bis zu 20 Jahren Gefängnis, in Libyen bis zu fünf Jahren Gefängnis. In Bangladesch kann es von zehn Jahren bis lebenslänglich geben. Im Libanon dagegen Geldstrafen und bis zu einem Jahr hinter Gittern.

In manchen islamischen Ländern, wie der Türkei, Jordanien, Indonesien, Ägypten, Aserbaidschan, Kirgisistan oder Mali, ist gleichgeschlechtlicher Sexualverkehr nicht gesetzlich verboten, kann allerdings wie in Ägypten unter den Verstoß gegen die öffentliche Moral fallen. Dort werden immer wieder Homosexuelle polizeilich verfolgt. 2001 gab es einen spektakulären Fall, als im Mai 52 Männer einer Bootsparty unter dem Verdacht homosexueller Aktivitäten verhaftet und vor Gericht gestellt wurden. 23 von ihnen erhielten Gefängnisstrafen von ein bis drei Jahren.

In Ländern wie Marokko, Tunesien oder Syrien steht Homosexualität unter Strafe, wird jedoch nur in den seltensten Fällen verfolgt. Entweder geht es dann um organisierte männliche Prostitution oder um Päderastie, die in den letzten Jahren in Touristenzentren populärer wurde. Manchmal geraten westliche Besucher in Konflikt mit der Polizei, weil sie im Überschwang der Urlaubsgefühle vergessen, dass sie nicht zu Hause sind. Sie halten sich nicht an den lokalen Code, der vor allen

Dingen Diskretion erfordert und wie ein Vorhang funktioniert, hinter dem (fast) alles möglich ist.

Im Koran ist das Wort Homosexualität nicht ein einziges Mal erwähnt. Es wird nur indirekt darüber gesprochen. Zurückgeführt wird Homosexualität im Koran auf die Ereignisse von Sodom und Gomorra. Davor hat die gleichgeschlechtliche Liebe offiziell nicht existiert. Hier zwei von insgesamt fünf Passagen, die in Bezug auf männliche und weibliche Homosexualität stets zitiert werden.

»Und (Wir entsandten) Lot, da er zu seinem Volke sprach: ›Wollt ihr eine Schandtat begehen, wie sie keiner in der Welt vor euch je begangen hat? Ihr naht Männern in Begierde anstatt Frauen. Ja, ihr seid ein ausschweifendes Volk.‹ Da war die Antwort seines Volkes nichts anderes, als dass sie sprachen: ›Treibt sie hinaus aus eurer Stadt, denn sie sind Leute, die sich reinsprechen möchten.‹ Sodann erretteten Wir ihn und die Seinen, ausgenommen sein Weib; sie gehörte zu denen, die zurückblieben. Und Wir ließen einen gewaltigen Regen über sie niedergehen. Nun sieh, wie das Ende der Sünder war!« (7:80-84)

Hier in Abwandlung eine zweite Stelle mit demselben Sujet.

»›Naht ihr, unter allen Geschöpfen, Männern, Und lasset eure Frauen, die euer Herr für euch geschaffen hat? Nein, ihr seid ein Volk, das die Schranken überschreitet.‹ Sie sprachen: ›Wenn du nicht abllässest, o Lot, so wirst du gewiss der Verbannten einer sein.‹ Er sprach: ›Ich verabscheue euer Treiben. Mein Herr, rette mich und die Meinen vor dem, was sie tun.‹ So erretteten Wir ihn und die Seinen allesamt, Bis auf ein altes Weib unter denen, die zurückblieben. Dann vernichteten Wir die andern. Und Wir ließen einen Regen auf sie niederregnen; und schlimm war der Regen den Gewarnten.« (26:165)

Ein exaktes Strafmaß wird im Koran nicht definiert, nur dass derartiges Verhalten zu bestrafen ist. Würde man beispielsweise die Strafe für Ehebruch dafür übernehmen, wären es 100 Peitschenhiebe (→ **Steinigung**). Auch in diesem Fall sind es die Hadithe (→ **Koran**), die als Grundlage einer harschen Bestrafung dienen. Sie wurden 200 Jahre nach dem Tod des Propheten gesammelt und sind nicht zuverlässig (→ **Frauen**; → **Koran**; → **Sexualität**; → **Steinigung**). Hier zwei Beispiele, die eine deutliche Sprache sprechen: »Wenn ein Mann einen anderen Mann besteigt, wackelt der Thron Gottes.« Hier wird Homosexualität als Verhalten wider Gott verurteilt und muss, wie das nächste Beispiel zeigt, das vielen bekannt sein dürfte, bestraft werden: »Töte denjenigen, der es tut, und töte den anderen, der es geschehen lässt.« Die juristische Umsetzung dessen, was im Koran und in den Hadithen steht, wird in den islamischen Ländern unterschiedlich gehandhabt und die Palette reicht, wie wir gesehen haben von Todesstrafe bis zu Straffreiheit. Dies liegt zum einen an den verschiedenen islamischen Rechtsschulen, zum anderen an nationalen Entwicklungen. Daran sieht man schon, wie dehnbar angeblich unumstößliche heilige Grundprinzipien sind, wenn der Wille und die Bereitschaft dazu da sind.

Nehmen wir jetzt ein konservatives Extrembeispiel: Yusuf al-Qaradawi, ein ägyptischer Islamgelehrter, in muslimischen Ländern bekannt von seiner Sendung »Scharia und Leben« auf dem arabischsprachigen Sender Al-Dschasira und der Webseite IslamOnline. Hier seine Stellungnahme zum Problem der Homosexualität im Islam: »Die Juristen des Islams haben unterschiedliche Meinungen bezüglich der Bestrafung dieser scheußlichen Praxis. Sollte es die gleiche Bestrafung wie für Ehebruch sein oder sollten beide, die aktiv wie passiv Beteiligten, sterben? Obwohl solche Bestrafungen grausam erscheinen, wurden sie in Erwägung gezogen, um die Reinheit der islamischen Gesellschaft zu gewährleisten und sie von diesen perversen Elementen sauber zu halten.«

Al-Qaradawi ist ein Fossil aus dem Elfenbeinturm islamischer Jurisprudenz, der scheinbar seit langen Jahrzehnten jeglichen Kontakt mit der Außenwelt verloren hat. Würde man ihm die Gelegenheit zur puristischen Säuberung unter Muslimen geben, müssten Millionen von Menschen aus Afrika, dem Mittleren Osten und Asien hingerichtet oder zumindest ausgepeitscht werden. Was für eine bigotte Absurdität. Aber die Tage eines Yusuf al-Qaradawi sind gezählt.

Im Fernsehen, aber vor allen Dingen im Internet kann man bestens beobachten, wie sehr sich die Welt der Muslime in nur wenigen Jahren veränderte. In der Anonymität des Cyberspace wird über alles diskutiert, nachgedacht und der Realität angepasste Sichtweisen gefordert. Mit den immer gleichen Parolen geben sich die Menschen, vor allen Dingen junge, nicht mehr zufrieden. Ihre Lebenswelt verlangt mehr. Das gilt für politische Fragen ebenso wie für religiöse – und auch beim Thema Sex. Fatwas über Jungfräulichkeit (→ **Sexualität**) und die zeitlich begrenzte Ehe (→ **Zeitehe**) sind moderne Zeichen der Zeit, die bei der jungen Generation willkommen sind. Ob derartige Maßnahmen allerdings den Niedergang des Islams als umfassendes Lebensprinzip retten können, steht zu bezweifeln. Mittelfristig vielleicht ja, aber auf Dauer sicherlich nicht – selbst wenn er eine 180-Grad-Wende machen würde. Es wird noch eine Weile vergehen, bis Homosexualität in keinem islamischen Land mehr auf dem gesetzlichen Index steht. An dieser Stelle sollte man erwähnen, dass Homosexualität nicht nur in islamischen Ländern unter Strafe steht. In Afrika sind das unter anderem Kenia, Angola, Uganda, Mosambik oder auch die Urlaubsparadiese Mauritius und die Seychellen, wo Geld- und Gefängnisstrafen drohen. In Asien steht Homosexualität in Singapur, Indien oder auch Nepal unter Strafe. In Südamerika zwar alleine in Guyana, aber in Nord- und Mittelamerika sind es wieder einen ganze Reihe von Ländern, wie die Reggae-Insel Jamaika, Urlaubsorte wie Belize und Barbados sowie Panama (in der Öffentlichkeit verboten) und Nicaragua. In Ozeanien sind es die Cook-Inseln, die Solomon-Inseln oder auch

Papua-Neuguinea. So erübrigt es sich zu sagen, dass das Verbot von Homosexualität nichts Islam-Spezifisches ist. Alle Religionen, alle Gesellschaften brauchen ihre Sündenböcke, ihre bösen, unmoralischen, devianten Typen.

Für die offizielle Rehabilitierung von Homosexuellen sammelt sich mittlerweile so etwas wie eine muslimische Schwulenbewegung. Es gibt schwule Imame (→ **Imam**), die bisher allerdings nur in westlichen Ländern praktizieren. Der Diskurs ist bereits eröffnet. Logischerweise müssen sie sich auf einen innerislamischen, einen systemimmanenten Dialog einlassen. Die Sodom-und-Gomorra-Passage im Koran bezieht sich ihrer Meinung nach tatsächlich nur auf historische Vorkommnisse, nicht auf Homosexualität generell. In ihren Augen ist dies ein schwerwiegendes Missverständnis, was durch ein fehlendes Strafmaß im Koran bekräftigt werde. Bei einem angeblich so schweren Vergehen hätte Gott doch in seiner unermesslichen Allwissenheit nicht die dazugehörige Strafe vergessen. Der Regen, der herniedergesandt wird, sage wenig aus und wäre zudem eine kollektive Bestrafung. Ihn mit Steinen gleichzusetzen, sei mehr als nur abwegig.

Aus dem sich oft widersprechenden Hadith-Universum zitieren sie folgenden Ausspruch, der dem Propheten Mohammed nachgesagt wird: »Derjenige, der liebt und keusch bleibt und seine Geheimnisse für sich behält und stirbt, stirbt als Märtyrer.« Ein Zitat, das alles möglich mache und sehr gut zur Barmherzigkeit des Islams oder auch zur Gleichheit aller vor Gott passe. Alles erinnert an die schwule Priesterbewegung innerhalb der katholischen Kirche, die bisher auch nur einen Sisyphus-Kampf führt.

Schwule Muslime sehen ihr Sexualverhalten nicht als Widerspruch zum Islam. Sie fühlen sich als Opfer populistischer Vorurteile und spüren Tag für Tag, im wahrsten Sinn des Wortes, am eigenen Körper, wie sehr der homoerotische Teil der islamischen Kulturgeschichte noch lebendig ist. Ihre sexuellen Präferenzen gehören zum Lebensalltag. Die homoerotische Praxis ist unter Muslimen wesentlich weiter verbreitet als in westlichen Nationen. Ein Fakt, den konservative islamische Kleriker vergessen, wenn sie den Westen als homosexuelles Sündenbabel verteufeln.

Imam

Der Imam ist die islamische Version des christlichen Priesters

An Abu Hamza al-Masri, den ehemaligen Imam der Finsbury-Park-Moschee im Norden Londons, dürften sich noch viele erinnern. Nachdem er seines Amtes enthoben wurde, leitete er das Freitagsgebet auf der Straße vor der Moschee. Mit Mütze, Ray-Ban-Sonnenbrille und dem großen Eisenhaken an seinem Armstumpf hielt er Predigten gegen den Westen, gegen die große jüdische Weltverschwörung und für den Kampf von Osama bin Laden und Al-Qaida. Als Konsequenz verurteilte man ihn zu einer mehrjährigen Haftstrafe, unter anderem wegen Unterstützung einer terroristischen Vereinigung und Aufruf zum Rassismus.

Mit dem Trubel um seine Person hat al-Masri viel zum negativen Image des Imams beigetragen. Der ursprünglich aus Ägypten stammende Endvierziger gilt als Prototyp des bösen Imams. In den westlichen Nachrichten hört man von Zeit zu Zeit von dieser Sorte von Predigern, die jeden Freitag in der Moschee gegen unseren Lebensstil hetzen und den Dschihad propagieren. Für viele mag System dahinterstecken, aber das gibt es nicht. Eine überregionale Organisation, die die Imame über Grenzen hinweg koordiniert, existiert nicht. Eine islamische Kirche oder kirchenähnliche Institutionen sind nicht vorhanden. Stattdessen herrscht ein offener Pluralismus von Glaubensrichtungen und -schulen, der völlig dezentral ist.

Ein Imam ist nicht mit unserem Priester vergleichbar und ist auch kein Beichtvater. Imam ist kein Beruf, obwohl ihn die Bewohner eines Dorfes oder Stadtviertels für ihre Moschee benennen mögen. Im sunnitischen Islam erfordert das Amt des Imams keine jahrelange Ausbildung. Jeder kann prinzipiell Imam werden, sofern er sich gut mit dem Koran auskennt und eine respektable Person ist. Der Imam führt das Freitagsgebet, zu dem Muslime frisch gewaschen und in guter Kleidung erscheinen. Die Predigt sollte den Gläubigen Anleitung zu den Lehren des Islams geben. Streng genommen hört der Imam eigentlich auf, Imam zu sein, sobald das Gebet zu Ende ist.

Das Freitagsgebet ist religiöses Ritual und soziales Ereignis, bei dem man sich trifft, plaudert und Informationen austauscht. Das gemeinsame Gebet und die Predigt kennt man im Christentum von der Sonntagsmesse oder dem Gottesdienst, aber die Kirche als Arbeitgeber und Glaubenshüter gibt es im Islam nicht. Es fehlen klare hierarchische Strukturen, Regeln, Aufgaben und nicht zuletzt eine zentrale religiöse Autorität, die all diese kontrollieren und durchsetzen könnte. Für den einzelnen Imam bedeutet das, dass er mehr oder weniger autonom ist – abhängig natürlich von lokalen und regionalen Traditionen, die von Land zu Land, von Stadt zu Stadt, manchmal sogar von Moschee zu Moschee verschieden sein können.

Der Imam ist in erster Linie seiner Gemeinschaft und keiner höheren Institution gegenüber – abgesehen von Gott natürlich – rechenschaftspflichtig. Generell gibt es wenig Kontrolle darüber, wer wo eine Moschee eröffnet. Gerade für radikale sendungsbewusste Menschen oder Gemeinschaften ist dies eine Möglichkeit, sich in einem Viertel oder einer Stadt zu etablieren, um ihre Botschaft zu streuen. Die Rote Moschee in der pakistanischen Hauptstadt Islamabad ist dafür ein Beispiel. Im Juli 2007 hatten sich dort radikale Studenten mit ihrem Imam verschanzt, bereit, für ihre Sache zu sterben. Beim Sturm der Behörden kamen etwa 60 Menschen ums Leben. Darunter der Imam der Moschee, Abdul Rashid Ghazi, der sein Amt missbrauchte, um sich als religiöser Führer zu profilieren. Nach der Wiedereröffnung der Moschee stürmten Hunderte von Menschen das Gotteshaus, verhinderten das Freitagsgebet unter der Leitung des neuen, von der Regierung eingesetzten Imams und vertrieben ihn gewaltsam.

Ein anderes Beispiel ist eine Moschee in Sidi Moumen, einem der Elendsviertel der marokkanischen Metropole Casablanca. Dort predigte ein Imam einige Jahre nicht nur den Dschihad, sondern sprach auch Recht nach seiner persönlichen Auslegung der Scharia (→ **Scharia**). Aus diesem Umfeld stammten die Attentäter der Anschläge vom Mai 2003 auf spanische und jüdische Einrichtungen in Casablanca, bei denen 41 Menschen starben und über 100 verletzt wurden. Kurz darauf schlossen die marokkanischen Behörden die Moschee in Sidi Moumen sowie eine ganze Reihe weiterer unkontrollierter Gotteshäuser. Zwei Extrembeispiele, letztendlich auch Einzelfälle, bedenkt man, in wie vielen Tausenden von Moscheen jeden Freitag allein in Marokko friedlich gebetet und ohne Hasstiraden gepredigt wird. Ganz zu schweigen von den vielen Hunderttausenden im Rest der Welt.

Imam kann bei den Sunniten auch als Ehrentitel vergeben werden, im Sinne von Eminenz, für Menschen, die Verdienstvolles für den Islam getan haben. Dazu gehören beispielsweise die beiden angesehenen Theologen al-Ghazali (1058-1111 n. Chr.) und at-Tabari (839-923 n. Chr.).

Im schiitischen Islam hat der Imam eine völlig andere Bedeutung und Funktion. Er ist kein Vorbeter in einer x-beliebigen Moschee, sondern der Führer aller Muslime und letztendlich auch der ganzen Welt. Ein Imam muss eine intensive Beziehung zu Gott haben, den Islam in all seinen Facetten verstehen und interpretieren können. Dazu braucht er außergewöhnliche Eigenschaften, die ihn zum Führer der ganzen Menschheit in religiösen wie weltlichen Dingen befähigen. Nicht jeder kann also Imam werden, das ist nur einem Einzigen vorbehalten. Zwei oder mehrere Imame kann es zur gleichen Zeit nicht geben. Wer nun ein wahrer Imam ist oder nicht, führte im Laufe der Geschichte zu Streitigkeiten mit der Konsequenz von Abspaltungen von Sekten und Gruppen.

Für den größten Teil der Schiiten gab es bisher insgesamt zwölf Imame, worauf die Bezeichnung der Zwölfer-Schiiten gründet. Der letzte Imam ist allerdings nur verschwunden und wird irgendwann wiederkommen und das Paradies auf Erden bringen (→ **Hisbollah**; → **Märtyrer**). Als rechtmäßige Imame gelten die leiblichen Nachfahren von Imam Ali (599-661 n. Chr.), ein Vetter des Propheten Mohammed und dessen legitimer Nachfolger.

Aus der Reihe der schiitischen Imame muss Imam Husain (626-680 n. Chr.) hervorgehoben werden. Mit dem Schicksal des dritten Imams ist die Spaltung der muslimischen Gemeinschaft in Schiiten und Sunniten verbunden. Imam Husain ist der zweite Sohn Imam Alis aus der Ehe mit einer der Töchter des Propheten Mohammed. Imam Husain, der Propheten-Enkel, starb in der Schlacht von Kerbela 680 n. Chr. im Streit um die Herrschaftsnachfolge. Mit nur insgesamt 72 Gefährten stellte er sich dem aussichtslosen Kampf gegen die 10 000 Truppen des Kalifen Yazid, der kein Abkömmling der Prophetenfamilie war und deshalb als unrechtmäßig angesehen wurde. Laut schiitischer Legende tötete Imam Husain mit seinen 32 Reitern und 40 Fußsoldaten rund 2 000 Gegner, bevor es mit ihnen selbst zu Ende ging. Imam Husain soll allein 900 Krieger besiegt haben. Manchmal wird nicht nur von 10 000, sondern sogar von 40 000 Truppen des Kalifen Yazid gesprochen. Ein Kampf zwischen David und Goliath, den schließlich der böse Riese gewinnt. Mit der Schlacht von Kerbela stirbt die letzte Hoffnung auf die Regentschaft direkter Abkömmlinge Imam Alis und damit auch des Propheten Mohammed.

Der Tod Husains wurde über Jahrhunderte als vorbildlicher Opfertod verklärt. Wissentlich hat er den eigenen Tod für eine gerechte Sache in Kauf genommen. Mit dem Schwert in der einen und dem Koran in der anderen Hand soll er sich in den aussichtslosen Kampf gestürzt haben. Ein schiitischer Che Guevara könnte man sagen, wollte man einen modernen Vergleich wagen.

Die Leichen Husains und seiner Gefährten wurden an Ort und Stelle begraben. Heute stehen dort die heiligen Schreine von Kerbela. Sein Kopf, den Yazid triumphierend aufspießen ließ, soll als Zeichen des Siegs nach Damaskus gebracht worden sein. Bis heute berühren schiitische Pilger in der Umaiyaden-Moschee ehrfürchtig die Öffnung, von der man annimmt, dort sei der Kopf einst zur Schau gestellt worden. Es ist ein kleiner Nebenbau der großen Moschee, den man sehr leicht erkennt, da stets Pilgergruppen aus dem Iran anwesend sind, angeführt von einem Geistlichen, der wie ein Touristenführer meist mit einer Hisbollahflagge zur besseren Orientierung winkt (→ **Märtyrer**).

Sunniten verlieren keine großen Worte über die Schlacht von Kerbela. Für sie war es der Sieg eines rechtmäßigen Herrschers über einen unrechtmäßigen Rebellen. Ich erinnere mich noch gut an meine sunnitischen Nachbarn in Beirut, die abends zusammen draußen vor der Tür saßen und sich über die Live-Berichterstattung der schiitischen Gedenkfeiern zur Schlacht von Kerbela lustig machten. Nach dem Motto: »Die spinnen doch, die Römer!«

Jedes Jahr gedenken Schiiten der Schlacht von Kerbela an Aschura, dem zehnten Tag des muslimischen Monats Muharram. An diesem Tag wird die Schlacht mit Pferden, Reitern und Fußvolk in Freiluftspielen nachgestellt. Es gibt Prozessionen, bei denen sich die Teilnehmer symbolisch geißeln oder auf die Brust schlagen. Man kann sich auch ganz real die Kopfhaut aufritzen, wie es in Nabathieh, einer libanesischen Kleinstadt, geschieht. Blut läuft übers ganze Gesicht und tränkt ein weißes Büßerhemd. So signalisiert man seine Bereitschaft, die historische Schuld aus dem Jahre 680 n. Chr. wiedergutzumachen. Das eindrucksvolle Blutspektakel ist ein traditioneller Ritus. Eine Art Initiation, wie bei uns die Jugendweihe oder Firmung. Väter bringen ihre kleinen Söhne, Mütter halten lachend ihren weinenden Sprössling, der sich die Seele aus dem Leib schreit, wenn er seinen kleinen Ritz am Kopf bekommt. Opa oder Onkel stehen daneben und machen Fotos vom freudigen Ereignis. Der ganze Boden in der Gebetshalle ist mit Blut und Wasser bedeckt. Eine junge Frau mit Kopftuch sagt: »Ach, ich ruinier mir die Schuhe.« Draußen in den Nothilfezelten werden blutüberströmte Patienten behandelt, die nach ihren Prozessionsrunden durch die Stadt die Hitze nicht mehr ertragen oder vom Schreien und Marschieren einfach müde sind.

Der Tod Imam Husains liegt wie eine Erbschuld auf der schiitischen Seele. Er wurde in seinem gerechten Kampf von allen anderen, trotz besseren Wissens, im Stich gelassen. Sein Märtyrer-Tod ist für alle Überlebenden beschämend und gleichzeitig bewundernswert. Ayatollah Khomeini hat den Imam-Husain-Mythos revitalisiert, ihm in seiner Revolutionstheorie eine neue, aktive Wendung gegeben (→ **Märtyrer**). »Jeder Tag Aschura«, war auf Transparenten der Demonstranten zu lesen, die gegen den Schah Reza Pahlavi 1979 auf die Straße gingen. Statt sein Schicksal auf ewig zu erdulden und auf ein jenseitiges Paradies zu warten, kann man es auch in die eigene Hand nehmen.

Das Märtyrertum Imam Husains ist ein musterhaftes Exempel für alle, die in eine ähnliche Situation kommen sollten. Sich wehren gegen Ungerechtigkeit, kämpfen gegen Unterdrückung, eintreten für eine gute Sache – und koste es das eigene Leben. Alles letztendlich, um eine alte Schuld zu begleichen. Dies ist auch die religiös-ideologische Basis und Rechtfertigung für den Widerstand militanter schiitischer Organisationen und Terrorgruppen (→ **Hisbollah**). Etwas, das im Westen nicht gerne gesehen wird. Schließlich dachte man, die Zeit der Formeln von Widerstand und Kampf gegen Unterdrückung sei endgültig vorbei. Ganze drei Jahrzehnte hat es gedauert, bis Che Guevara dort war, wo man ihn haben wollte: ein Accessoire auf dem T-Shirt in der Disco, als Bildschirmschoner oder auf einer Kaffeetasse. Und nun kommen die Islamisten erneut mit ähnlichen Parolen.

Alle Imame sind Männer

Als im Frühjahr 2005 in New York bekannt wurde, dass eine Frau als Imam das Freitagsgebet für eine Gruppe von Männern und Frauen führen wird, löste das heftige Diskussionen aus. Am Tag des Ereignisses erschienen ein Heer von Journalisten und einige Dutzend Gegendemonstranten, dazu gab es noch eine Bombendrohung. Die Initiatoren, »Freiheitstour muslimischer Frauen« und »MuslimWachAuf.com«, ließen sich davon nicht abhalten. Dr. Amina Wadud, eine islamische Feministin (→ Frauen), führte das Gebet vor etwa 100 Menschen beiderlei Geschlechts. Sie tat das bereits in Südafrika, wo übrigens immer wieder Frauen vereinzelt als Imame auftreten.

Muhammad Sayyid Tantawi, der Großmufti Ägyptens und Imam der Al-Azhar-Moschee in Kairo, eine der höchsten sunnitischen Institutionen, erklärte, Frauen sei es erlaubt, andere Frauen beim Gebet zu führen, aber nicht in der Anwesenheit von Männern. Diesem Urteil schloss sich Scheich Yusuf al-Qaradawi aus Katar an, ein bekanntes Mitglied der Muslimbruderschaft. Der Islam verbiete es Frauen, vor Männern als Imam aufzutreten. Das wäre nichts Gutes, »wenn sich Frauen vor den Männern setzen, aufstehen und knien« – rituelle Bewegungen, die beim Gebet ausgeführt werden. Man bräuchte schon einen ruhigen Kopf und Konzentration, um mit Gott zu kommunizieren.

So apodiktisch das Nein der beiden Würdenträger klingen mag, in Wirklichkeit herrscht keine Einigkeit unter muslimischen Gelehrten. Der Großmufti von Ägypten, Scheich Ali Guma, erklärte damals dem Nachrichtensender Al-Arabija, es sei durchaus zulässig, wenn Frauen als Imam auch vor Männern auftreten. »Sobald die Gläubigen damit einverstanden sind, ist es alleine ihre Angelegenheit.« Er verwies dabei sogar auf zwei Klassiker der muslimischen Theologie, nämlich Imam Tabari und Imam Ibn Arabi, die diese Praxis auch billigten.

Im Iran wurden weibliche Imame bereits im Jahr 2000 erlaubt. Sie dürfen das Freitagsgebet führen, allerdings nur für Frauen. Bisher war das Amt nur Männern vorbehalten. Die Neuregelung wurde damals als Sieg für die iranische Frauenbewegung angesehen. Politik und Religion wird im Iran von Männern dominiert. Der Meinungsumschwung unter den dortigen schiitischen Klerikern ist auf das mangelnde Interesse bei iranischen Jugendlichen, gerade unter jungen Frauen, an der Religion zurückzuführen. Mit weiblichen Imamen hofft man, wieder mehr Frauen in die Moschee zu locken.

In China führen Frauen ebenfalls offiziell den Titel Imam. In der autonomen Provinz Ningxia im Nordwesten des Landes, wo eine Million Muslime leben, werden seit etwa fünf Jahren auch Frauen zu Imamen ausgebildet. »Man muss mit der Zeit gehen«, begründete die islamische Vereinigung von Ningxia den Schritt. »Auch die Religion sollte sich weiterentwickeln.« Ein Boom wurde zwar nicht gerade ausgelöst – von den 5 000 registrierten Imamen sind nur 30 Frauen –, aber es war immerhin ein Fortschritt, könnte man sagen. So fortschrittlich, wie es auf den ersten Blick erscheint, ist es am Ende nicht ganz: Die weiblichen Imame dürfen das Gebet nicht in Anwesenheit von Männern führen. Sie werden eher als Lehrer, Berater, Prediger gesehen.

Ganz ähnlich in Marokko. Im April 2006 absolvierten die ersten 50 Frauen ihre zwölfmonatige Ausbildung zur Mourchidat, zur Predigerin. Zum ersten Mal in einem muslimischen Land übernehmen Frauen die Funktionen eines männlichen Imams – ausgenommen ist natürlich, in der Moschee das Gebet vor Männern zu führen. Die Frauen sollen sich an religiösen Diskussionen beteiligen, Ratschläge in ihren Gemeinden geben, jedoch auch in Gefängnisse, Krankenhäuser und Schulen gehen. Die weiblichen Imame verdienen in ihrer neu geschaffenen Position 5 000 Dirham (etwa 480 Euro) im Monat, was im Vergleich zum Mindesteinkommen von 1 800 Dirham in Marokko relativ viel ist.

In Zukunft werden jedes Jahr weitere Frauen ausgebildet. Der erste Jahrgang soll kein Pilotprojekt bleiben. Das Engagement der marokkanischen Behörden ist nicht ganz uneigennützig. Ihnen geht es in erster Linie nicht um die Gleichstellung der Frau in religiösen Bereichen. Die weiblichen Imame werden als Präventivwaffen gegen den Terrorismus verstanden. 2003 starben 41 Menschen bei Selbstmordanschlägen in Casablanca. Fast wöchentlich werden in Marokko und in Europa radikale Islamisten verhaftet, die Anschläge im In- und Ausland planten. Immer wieder verschwinden junge, meist gut gebildete Marokkaner in den Irak, um am internationalen Dschihad teilzunehmen. »Terrorismus ist eine extreme Krankheit der Gesellschaft«, erklärte Ahmed Toufik, der Minister für islamische Angelegenheiten. Die neuen weiblichen Imame, die einen moderaten Islam propagieren, würden in Zukunft helfen, dieser Krankheit vorzubeugen.

Wie immer auch die Intentionen der marokkanischen Behörden sein mögen, weibliche Imame, selbst wenn man sie Mourchidat nennt, bleiben ein historischer Schritt. Marokko und China werden in Zukunft kein Einzelfall bleiben. Es ist nur eine Frage der Zeit, bis Frauen auch für Männer als Imam tätig sein können. Dafür werden muslimische Frauen schon sorgen. Seit einigen Jahren gibt es mehr und mehr Frauen, die für eine größere Gleichstellung eintreten – nicht unter der Flagge westlicher Emanzipation, sondern als muslimische Frauen (→ **Frauen**). Das hat sicherlich mehr Erfolg, als alles komplett zu verwerfen, wie es in der Regel selbst erklärte westliche Befreierinnen tun, die die muslimische oder die arabische Frau als grundsätzlich unterdrücktes Wesen bezeichnen. Genauso wie Frauen in Saudi-Arabien endlich bald am Steuer eines Auto fahren werden, so werden weibliche Imame bald eine Selbstverständlichkeit in der Moschee werden. Ob man will oder nicht, noch braucht man Geistliche wie den Großmufti von Ägypten dazu, der sagt, dass alles möglich sei.

Zum Schluss sollte man erwähnen, dass es in der katholischen Kirche bis heute noch keine weiblichen Priester gibt. Selbst bei der evangelischen Kirche ist man weit von der Gender-Gerechtigkeit entfernt. Sachverhalte, die leicht vergessen werden.

Integration

Muslimische Immigranten wollen sich nicht integrieren

Auf mich wirken die Diskussionen in Deutschland über muslimische Migranten, Integration, Einbürgerungstest, Kopftuch oder Moscheenbau befremdlich. Seit fast zehn Jahren lebe ich mitten unter Muslimen, sozusagen in der Höhle des Löwen, wie manche Kommentare zum Thema nahelegen. In meiner näheren Umgebung gibt es drei Moscheen, deren Muezzine fünf Mal am Tag, selbstverständlich auch frühmorgens, zum Gebet rufen. Vielleicht sollte ich mich über den nächtlichen Lärm einmal beschweren oder auch über ein zu hohes Minarett, wie es in Deutschland bei Moscheeneubauten vorkommt. Aber ich bin, ehrlich gesagt, noch nie auf den Gedanken gekommen. Ich fühlte mich von den Menschenansammlungen beim Freitagsgebet weder gestört noch eingeschüchtert. Im Gegenteil, die Moscheebesucher, frisch herausgeputzt und in Festtagskleidung, machen stets einen gelassenen, zufriedenen Eindruck. Nach dem Gebet gehen sie nach Hause zum Mittagessen mit der Familie, nicht anders als Christen nach dem Gottesdienstbesuch am Sonntagmorgen.

Auch von Islamisten fühle ich mich nicht bedroht, obwohl es rein rechnerisch in einer fast zu 100 Prozent muslimischen Gesellschaft wesentlich mehr Radikale geben müsste als in Deutschland, wo nur 3,9 Prozent der Bevölkerung Muslime sind. Außer zwei Begegnungen, die man als religiös feindlich einstufen könnte, passierte mir innerhalb von knapp zehn Jahren nichts. Bisher verlangte niemand von mir, ich müsse Arabisch lernen, die Kultur des Landes oder den Islam studieren. Niemanden kümmert es, wo ich wohne. Keiner wirft mir Gettobildung oder mangelnde Integration vor, weil ich mich öfter mit Christen treffe denn mit Muslimen. Niemand fordert mich auf, zum Islam zu konvertieren. Die Polizei behandelt mich zuvorkommend, auch meine nichtchristlichen Arbeitgeber und Kollegen tun das.

Ich kann so viel Alkohol trinken, wie ich will, tanzen gehen bis in den frühen Morgen und bekomme die neuesten Kinofilme auf DVD, noch bevor sie in europäischen Kinos anlaufen. Meine Frau liegt am Strand im Bikini, muss kein Kopftuch tragen oder andere Kleidungsvorschriften beachten, sei es privat oder in der Arbeit. Jeder will unser Kind in den Arm nehmen oder auf die Wange küssen, weil es so ungewöhnlich blond, nett und freundlich sei. Niemand sagt: Schon wieder ein Christ oder Ausländer mehr! Die Aufenthaltsgenehmigung ist in Marokko oder dem Libanon relativ leicht zu erhalten, Kultur- oder Sprachtests gibt es nicht, noch muss ich meinen Integrationswillen sonst irgendwie beweisen. Das Einwanderungsverfahren ist wesentlich unkomplizierter als die Prozeduren, die man bei uns zu durchlaufen hat. Wir, die ungläubigen Christen, die den Irak und Afghanistan eroberten und Israel unterstützen, werden im muslimischen Ausland nicht schlecht behandelt.

Umgekehrt ist es jedoch völlig anders. Die etwa 16 Millionen Muslime in der Europäischen Union und die rund 3,2 Millionen in Deutschland müssen regelmäßig mit Diskriminierung kämpfen, wie der Bericht der Europäischen Stelle von Rassismus und Fremdenfeindlichkeit (EUMC) 2006 feststellte: Diese äußern sich im Bereich Erziehung und Bildung, auf dem Arbeits- und Wohnungsmarkt sowie Tag für Tag in Form von sprachlicher und körperlicher Gewalt. Muslime sind öfter arbeitslos, weniger gut ausgebildet und wohnen in ärmlicheren Verhältnissen im Vergleich zur Mehrheit der deutschen Bevölkerung.

Immer wieder beklagt man in Deutschland den mangelnden Integrationswillen von Muslimen, die unter sich sein wollten und sich vom Rest der Gesellschaft abschotteten. Was dabei vergessen wird: Die gesellschaftlichen Rahmenbedingungen erleichtern die Integration nicht, sie erschweren sie.

Die bekannten Pisa-Studien zur Bildung belegen, dass die soziale Herkunft entscheidenden Einfluss auf den Schulerfolg eines Kindes hat. Muslimische Einwandererfamilien starten gewöhnlich auf einer der untersten Stufen der sozialen Leiter. Junge Muslime sind geringer qualifiziert und haben eine schlechtere Ausbildung als gleichaltrige Deutsche.

Warum verlangt man von Muslimen plötzlich, sich zu integrieren, obwohl die Gesellschaft eigentlich nichts oder kaum etwas davon wissen will? Integration kann man nicht erzwingen, sie ist nicht notwendig und wurde früher auch nicht verlangt. Heute hat man Angst vor der Radikalisierung von Muslimen und den Attentaten, die sie begehen könnten. Wer integriert ist, so sieht es der Bundesminister des Innern, Wolfgang Schäuble, legt keine Bomben und sprengt sich auch selbst nicht mit in die Luft. Die Ärzte in Großbritannien, die 2007 an Anschlägen beteiligt waren, sind ein Beispiel dafür, dass es nicht immer so funktionieren muss. Sie waren zum Teil britische Staatsbürger, hatten lange in Großbritannien gelebt, an britischen Universitäten studiert und eine ausgezeichnete berufliche Karriere als

Arzt vor sich. Bessere Voraussetzungen für Integration kann man sich kaum vorstellen, aber trotzdem setzten sie für die Bombenattentate ihr Leben und ihre Zukunft aufs Spiel.

Vor drei, vier Jahrzehnten war Integration in Deutschland kein Thema. Damals holte man sich billige Arbeitskräfte aus dem Ausland und war froh, wenn sie unter sich blieben. Die Kategorie Muslim, wie sie heute gebraucht wird, gab es früher nicht. Die Türken waren Türken, die Marokkaner Marokkaner, wie die Spanier Spanier und die Italiener Italiener waren. Zusammen nannte man sie Gastarbeiter. Statt Religionszugehörigkeit als Unterscheidungskriterium gab es kulinarische Kategorien. Die Italiener aßen Spaghetti und Pizza, die Spanier Paella und Lammkoteletts, beide tranken Rotwein dazu. Die Türken oder Marokkaner machte man daran fest, was sie nicht aßen und tranken, nämlich Schweinefleisch und Alkohol. Niemand nahm daran Anstoß, wie ich mich aus der Zeit meiner Studentenjobs in Fabriken oder an Flughäfen erinnern kann. Das war eben bei denen so und wurde nur mit einem desinteressierten Schulterzucken wahrgenommen. Bestenfalls nannte man sie Mohammedaner, wie das früher so hieß.

Der Islam hatte etwas Verstaubtes, Altmodisches an sich, das der älteren Generation vorbehalten war. Die meisten der jungen Einwanderer wollten so modern und westlich sein wie die Europäer, möglichst gut verdienen und Wohlstand erreichen. Sieht man heute Familienfotos von Gastarbeitern aus den Sechziger- und Siebzigerjahren, wird man darauf kein Kopftuch finden.

Kam ein türkischer oder marokkanischer Gastarbeiter in die Zeitung, weil er seine Frau krankenhausreif geprügelt oder einen Ehrenmord (→ **Ehrenmord**) begangen hatte, wurde das nicht mit dem Islam verbunden. Man prangerte eine völlig zurückgebliebene Kultur an, überholte Stammestraditionen, sprach von abgelegenen, trostlosen Dörfern und Gegenden, wo Menschen noch wie vor Jahrhunderten lebten. Türken oder Marokkaner galten mit ihren sonderbaren Gebräuchen und Sitten als Musterbeispiel für Unterentwicklung, gemessen an den Standards einer modernen Industriegesellschaft – sonst hätten sie ja auch nicht nach Deutschland kommen müssen, um zu arbeiten.

Mittlerweile sind aus den Gastarbeitern der Türkei oder der arabischen Länder Muslime geworden. Eine zweifelhafte Karriere: vom türkischen oder arabischen Gastarbeiter zum Muslim. Die verprügelte Ehefrau, der Ehrenmord (→ **Ehrenmord**) oder die weibliche Beschneidung (→ **Beschneidung**) gelten nun als typische Charakteristiken des Islams. Ob Syrier, Marokkaner oder Indonesier: Staatsangehörigkeit spielt keine Rolle mehr, alle sind nun Muslime, und die gelten als gefährlich oder zumindest als sehr suspekt. Pech, wenn sich der Syrier als Christ und der Marokkaner als Jude herausstellt. Egal, der Islam gilt als rückwärtsgewandt, antimodern und strebt die Weltherrschaft an. Moderate Muslime, die ganz gegen Gewalt sind und vielleicht gar nichts mit Politik zu tun haben wollen, werden unfreiwillig mit eingeschlossen. Muslim bleibt Muslim, und Deutschland und Europa stehen auf dem Islamisierungsplan, denn die Seele des Islams ist nun einmal auf Expansion ausgerichtet.

Muslime wollen Deutschland islamisieren

Für viele Deutsche sind die Neubauten von Moscheen (→ **Moschee**) bester Beweis für eine fortschreitende Islamisierung. Zuerst ist das Stadtviertel, dann womöglich der ganze Ort islamisiert, so die Befürchtungen. Ein Beispiel dafür ist der Berliner Stadtteil Kreuzberg, der im Volksmund »Klein-Istanbul« genannt wird. Dieses populäre Klischee ist auch Teil der Auseinandersetzungen um eine Moschee in Köln-Ehrenfeld, die von der Türkisch-Islamischen Union (DITIP) geplant wird. Ausgerechnet Ralph Giordano, bekannter Schriftsteller, Journalist und Regisseur, ist einer der schärfsten Kritiker des Projekts. 2007 erhielt er die »Auszeichnung für Zivilcourage« des Düsseldorfer Freundeskreises Heinrich Heine, weil er für »eine freie, offene und tolerante Gesellschaft eintritt«. Früher mag Ralph Giordano Türken sehr wahrscheinlich gegen Fremdenhass verteidigt haben, als sie noch Gastarbeiter waren. Vielleicht marschierte er sogar mit einigen Gastarbeitern auf einer Demonstration gegen Diskriminierung, damals in den Siebzigerjahren, als »links« noch modern war und der Islam eine untergeordnete Rolle spielte.

Heute geht es aber um Muslime und um den Islam, die der Preisträger für Zivilcourage und Toleranz als nicht mit dem bundesrepublikanischen Grundgesetz kompatibel hält. »Ich frage mich, wie jemand, dem der Koran, diese Stiftungsurkunde einer archaischen Hirtenkultur, heilig ist, auf dem Boden des Grundgesetzes stehen kann?«, schrieb Giordano in einem offenen Brief an die DITIP, die Bauherrn der Kölner Moschee. Unverständlicherweise bedient der ansonsten als liberal und kritisch bekannte Journalist sämtliche antiislamischen Stereotypen, die für Islamophobie kennzeichnend sind – eloquenter natürlich, als das am Stammtisch geschieht.

Für Giordano schießen die neuen Moscheen »wie Pilze aus dem Boden«, sie sind eine »Kriegserklärung« und »Landnahme auf fremdem Territorium.« Dabei übersehen er und die erregte Kölner Öffentlichkeit, dass Muslime sich seit Jahrzehnten mit etwa 2 500 Behelfsmoscheen in Garagen, Hinterzimmern und Nebenräumen zufriedengaben. Die bisher etwa 160 bundesweit bestehenden Moscheen sind nicht einmal ansatzweise ausreichend für die 3,2 Millionen in Deutschland lebenden Muslime (→ **Moschee**). Sollen sie sich am besten weiter mit ihren Hinterzimmern begnügen, anstatt öffentliche Präsenz zu zeigen, die offensichtlich von einem neuen Selbstbewusstsein zeugt? Jede Religion will ansprechende, repräsentative

Gotteshäuser und das Recht dazu ist in der Verfassung der Bundesrepublik Deutschland verankert. Trotzdem, für Ralph Giordano und viele andere besorgte Bürger sind die Moscheen ein Zeichen für eine schleichende Islamisierung, die unsere Demokratie gefährde.

Liest man den Verfassungsschutzbericht des Bundesministeriums des Innern aus dem Jahr 2006 oder das Zahlenmaterial zur ersten Deutschen Islamkonferenz (DIK) im September 2006, ergibt sich ein vollkommen anderes Bild. Von den rund 3,2 Millionen Muslimen, die in Deutschland leben, sind 2,4 Millionen Sunniten (80 Prozent), 500 000 Aleviten (17 Prozent) und knapp 130 000 Schiiten. »Dabei muss berücksichtigt werden«, so die DIK, »dass ein nicht zu unterschätzender Teil dieser Gruppen sich kaum oder gar nicht mehr als Muslime definieren.« Bezeichnenderweise sind es nur 10 bis 15 Prozent der Muslime, die sich in Moscheevereinen und anderen Organisationen engagieren.

Der Verfassungsschutzbericht von 2006 wies insgesamt 28 islamistische Organisationen mit 32 150 Mitgliedern (2005: 32 100) oder Anhängern aus. Das entspricht etwa einem Prozent aller in Deutschland lebenden Muslime, also eine sehr kleine Minderheit. 27 250 Personen gehörten türkischen Gruppierungen an, was 1,5 Prozent der gesamten türkischen Bevölkerung (1,8 Millionen) in Deutschland ergibt. Die Islamische Gemeinschaft Millî Görüfl (IGMG) war mit 26 500 Anhängern die deutlich größte Vereinigung. Der Rest der 3 350 im Bericht aufgeführten Personen stammte aus dem arabischen Raum, was umgerechnet 0,1 Prozent aller Muslime ausmacht. Die größten Organisationen darunter waren die Muslimbruderschaft mit etwa 1 300 und die libanesische Hisbollah mit etwa 900 Anhängern.

Millî Görüfl oder auch die Muslimbruderschaft richten sich nach den Grundsätzen der deutschen Verfassung, sind gegen die Anwendung von Gewalt und deshalb nicht verboten. Andere muslimische Gruppen, die Gewalt befürworten oder die das Existenzrecht Israels leugnen, wurden verboten. Dazu zählen unter anderem die Organisationen Kalifatsstaat (Verbot 2002), Hizb ut-Tahrir (HuT) (Verbot 2003), Al-Aqsa e.V. (Verbot 2002) oder die Islamische Wohlfahrtsorganisation (IWO) (Verbot 2005).

Vielleicht sollte man, um einen Vergleich heranzuziehen, die Erhebungen des Verfassungsschutzberichts von 2006 bezüglich anderer extremistischer Richtungen anführen. In der Sparte nichtislamische extremistische Ausländerorganisationen wurden 45 Gruppen mit 25 250 Mitgliedern registriert. Davon hatten 16 870 Personen einen linksextremistischen Hintergrund, 8 380 Personen wurden als nationalistisch beschrieben. In der Rubrik einheimischer Linksextremisten gab es 129 Organisationen mit circa 30 100 aktiven Mitgliedern, wovon 6 000 gewaltbereit sein sollen. Bei den Rechtsextremisten engagierten sich 38 600 Personen in insgesamt 182 Organisationen. 10 400 Rechtsradikale sind »subkulturell geprägt und gewaltbereit«. Dieser Vergleich zeigt, dass es nicht nur ein islamistisches Gefahrenpotenzial für Deutschland gibt. Zahlenmäßig liegen Rechtsextremismus und Linksradikale noch vor den islamistischen Gruppen.

Die Frage ist nun: Sind die bestehenden islam-religiösen Organisationen wirklich ein strategisches Risiko? Können sie mit ihren 32 150 Anhängern die gesamte deutsche Gesellschaft islamisieren, die Demokratie abschaffen, ein Kalifat (→ **Islamismus**) errichten, die Scharia (→ **Scharia**) als Lebens- und Rechtsgrundlage einführen? Natürlich sind das rhetorische Fragen, die man wohl nicht ernsthaft zu beantworten braucht. Neue Moscheen werden die Islamisierung Deutschlands weder vorantreiben noch überproportional ansteigen lassen. Muslime sind bereits seit vielen Jahren überall im Bundesgebiet präsent, wie die 2 500 Behelfsgebetsorte beweisen. Sie müssen sich mit neuen Moscheen nicht mehr ausbreiten, schon gar nicht in deutschen Großstädten. Wer eine Islamisierung fürchtet, müsste wirklich annehmen, dass Millionen deutsche Christen zum Islam konvertieren, weil in ihrer Nachbarschaft eine Moschee errichtet wurde. Vielleicht denkt mancher bei der Islamisierung Deutschlands auch an die überdurchschnittliche Geburtenrate muslimischer Familien. Eine muslimische Bevölkerungsmehrheit ist jedoch demografisch mehr als unwahrscheinlich (→ **Familie**). Bleiben als Gefahr noch die Millionen von radikalen, gewaltbereiten Muslimen, die nach Deutschland immigrieren und hier bleiben könnten. Aber die wird es ebenso wenig geben. Abhilfe schafft das neue Zuwanderungsgesetz, das im März 2007 reformiert wurde. Neben vielen anderen Aspekten habe man, so der Bundesminister des Innern Wolfgang Schäuble, »auch einen Ermessenstatbestand geschaffen, der Abschiebung bei integrationsfeindlichem Verhalten möglich macht«.

Unabhängig von der Integrationsdebatte sind zukünftige Anschläge von radikalen Islamisten in Deutschland natürlich nicht ausgeschlossen. Wie schnell und unerwartet es gehen kann, zeigten die Kofferbomber von 2006, die Anschläge auf Regionalzüge in Hamm und Koblenz geplant hatten, sowie die Attentatsvorhaben der internationalen Dschihad-Union 2007 mit Chemikalien auf verschiedene Einrichtungen der USA und Usbekistans. Unter den Tatverdächtigen der Dschihad-Union waren auch Männer türkischer Abstammung, was zuerst als besorgniserregendes Novum betrachtet wurde. Danach relativierte Bundesinnenminister Schäuble jedoch schnell den Sachverhalt in einem Interview mit der *Frankfurter Allgemeinen Sonntagszeitung*: »Die Kofferbomber stammten aus dem Libanon, einige der Täter des 11. September aus Nordafrika. Jetzt sind eben auch mal Türken dabei.« Selbst wenn der Terrorismus *homegrown* ist, wie man heute so sagt, gibt es immer internationale Zusammenhänge, sei es auf organisatorischem Niveau oder bei den Tatmotiven der Terroristen.

Die in Deutschland gemeldeten und vom Verfassungsschutz als legal ausgewiesenen islamistischen Gruppierungen wollen nicht an der Dschihad-Weltrevolution teilnehmen. Ihnen geht es in erster Linie um nationale Repräsentanz, um Anerkennung, Verbesserung der Rechte und Lebensbedingungen der hier lebenden Muslime. Der internationale Dschihad dagegen kennt keine Landesgrenzen und kann jeden treffen, der zum bösen Imperialisten und Feind des Islams erklärt wird.

Leider trägt die Stationierung der Truppen der deutschen Bundeswehr in Afghanistan zu einem erhöhten Risiko von Anschlägen in Deutschland bei. Internationale Dschihad-Netzwerke machen keinen Unterschied zwischen einer Friedensoder Kriegsmission. Soldaten sind Soldaten und haben in einem muslimischen Land nichts zu suchen. Das genügt ihnen, um das Leben von Hunderten von unschuldigen Menschen auszulöschen.

Irak

Die Aufständischen im Irak sind Al-Qaida nahestehende Terrorgruppen, deren Mitglieder aus dem Ausland kommen

Abu Mussab al-Sarkawi, der ehemalige Führer von Al-Qaida im Irak, schien wie ein blutrünstiges Gespenst, das überall auftauchte, Bomben legte, Entführungen durchführte und Menschen enthauptete. Er wurde von den USA, dann auch von den Medien zum Mastermind der Aufständischen im Irak hochstilisiert, den man für alles verantwortlich machen konnte. Nach seinem Tod bei einem US-Bombenangriff im Juni 2006 hat die Krake Al-Qaida keinen Kopf mehr, jedenfalls keinen so medienwirksamen. Trotzdem blieb Al-Qaida weiterhin ein Markenname für Selbstmordattentate und die berüchtigten Bomben am Straßenrand. Als gäbe es keine anderen Aufständischen, die gegen die Okkupation der USA und ihrer Verbündeten im Irak kämpfen würden.

Im Juni 2007 gab es irakweit 5 335 Angriffe gegen Koalitionstruppen, täglich also 117,8. Im Mai waren es 173,1 und im März nur 157,5, was die bis dahin niedrigste Zahl des Jahres war. Derartig viele Anschläge können nicht von einer einzigen Gruppe durchgeführt werden, selbst zwei oder drei wären nicht in der Lage dazu. US-Sicherheitsexperten sprechen von 60 bis 100 verschiedenen Organisationen. Die personelle Kampfstärke kann ebenfalls nur geschätzt werden. Manche sprechen von 20 000 Mann, andere von 70 000.

Die Palette der Organisationen ist vielfältig. Neben Al-Qaida gibt es zahlreiche andere radikale sunnitische Gruppen mit sehr unterschiedlichen Zielsetzungen. Dazu gehören der Mudschaheddin-Schura-Rat oder auch Ansar al-Sunna, Ansar al-

Islam, die Islamische Front des irakischen Widerstands, die Mudschaheddin-Armee, die Brigaden der Revolution von 1920, die Unterstützer der Sunniten, die Salafistische Gruppe für missionarische Aktion oder die »Schwerter der Tugendhaften«. Außerdem gibt es einige wenige alte Saddam-Hussein-Loyalisten und Nationalisten, die sich Mohammed-Armee, Islamische Armee im Irak oder Mohammed-al-Fatih-Brigaden nennen. Der irakische bewaffnete revolutionäre Widerstand kämpft im Namen des Kommunismus marxistischer Prägung. Im Februar 2007 meldete sich eine zweite Sufi-Gruppe, die Armee der Männer des Nakschbandi-Ordens, die Videos von einigen Operationen gegen Koalitionstruppen im Internet veröffentlichte. Hinzu kommen mehrere schiitische Milizen, von denen die Mahdi-Armee von Kleriker Muktada as-Sadr und die Badr-Brigaden der größten schiitischen Partei zu den bekanntesten zählen. Nicht zu vergessen kriminelle Banden, die sich als politische Gruppen ausgeben und sich über Entführungen finanzieren. Im Juli 2007 schlossen sich einige Gruppen der Aufständischen zuerst zur Allianz der Reform- und Dschihad-Bewegung zusammen, im September wurde dann eine zweite Union gebildet, und zwar unter dem Namen Veränderungs- und Reformfront, die sich hauptsächlich aus Organisationen zusammensetzt, in denen ehemalige Soldaten der irakischen Armee sowie der Eliteeinheit Saddam Husseins, den Republikanischen Garden, kämpfen. Kleinster gemeinsamer Nenner der beiden Bündnisse: Die US-Armee soll zum Abzug gezwungen und die irakische Regierung zu Fall gebracht werden.

Außer bei Al-Qaida kämpfen sonst kaum Terrortouristen aus dem Ausland aufseiten der Aufständischen. Die USA und die irakische Regierung behaupten zwar stets das Gegenteil, um den irakischen Widerstand zu diskreditieren. Dabei sprechen die Statistiken von Verhaftungen eine andere Sprache. Beim berühmten Kampf um das Terrorzentrum Falludschah im Frühjahr 2004 beispielsweise hatte man Unmengen von Ausländern erwartet und am Ende, außer ein paar Verdächtigen, keinen einzigen gefunden. 2004 musste US-Major General Martin Dempsy in Bagdad zugeben, Ausländer machten nur etwa ein Prozent der Guerilla aus. Von 8 000 im ganzen Irak verhafteten Kämpfern hatten nur 127 einen ausländischen Pass. Zum gleichen Ergebnis kam 2005 das Zentrum für strategische internationale Studien aus Washington in einer Untersuchung, die sich auf Geheimdienstinformationen stützte. Die Regierungen der USA und des Iraks würden die Rolle ausländischer Kämpfer überschätzen, hieß es in diesem Bericht. Auch die immer wieder zitierte überdurchschnittlich hohe Zahl von Terroristen aus Saudi-Arabien stimme nicht. Algerier seien mit 20 Prozent die größte Gruppe, gefolgt von Syriern (18 Prozent), Jemeniten (17 Prozent), Sudanesen (15 Prozent), Ägyptern (13 Prozent), Saudi-Arabern (12 Prozent) und 5 Prozent aus anderen Staaten.

Trotzdem wird am Mythos der ausländischen Terroristen im Irak weitergestrickt. Mit Erfolg, denn in der breiten Öffentlichkeit hat sich die Meinung festgesetzt, der Irak sei eine Kampfzone internationaler radikaler Islamisten. Ohne sie würde der Terror gegen die Koalitionstruppen sehr schnell zusammenbrechen. Aber wie wir gesehen haben, ist dem nicht so. Der Widerstand gegen die USA und ihre Verbündeten rekrutiert sich zu über 90 Prozent aus Irakern. Die Zahl ausländischer Guerillas beläuft sich maximal auf vier bis fünf Prozent, wenn man großzügig rechnet, und das hauptsächlich auf Seiten Al-Qaidas.

Iran

Der Iran ist ein Musterbeispiel für Fundamentalismus und Rückständigkeit

Mit der Islamischen Revolution 1979 im Iran, die das diktatorische System von Schah Reza Pahlavi, dem Liebling der westlichen Boulevardpresse, zu Fall brachte, kam der Begriff des islamischen Fundamentalismus (→ **Islamismus**) auf. Ob am Stammtisch oder in Zeitungsredaktionen, jeder war plötzlich überzeugt, die schiitischen Revolutionäre seien Fundamentalisten. Ayatollah Khomeini mit seiner apodiktischen antiwestlichen Haltung verfestigte diese Meinung. Knapp 20 Jahre nach seinem Tod 1989 schienen Präsident Mahmud Ahmadinedschads antisemitische Statements eindrucksvoll zu bestätigen, dass die islamische Republik noch genauso fundamentalistisch ist wie anno dazumal.

In Wirklichkeit passt der Begriff des Fundamentalismus nicht besonders gut auf den Iran. Dort wird nämlich nicht kompromisslos an religiösen Grundsätzen, an den unumstößlichen Wahrheiten und dem Wortlaut der heiligen Schriften und Offenbarungen festgehalten. Im schiitischen Iran ist man flexibler als in sunnitischen Ländern. Die Schiiten praktizieren seit Jahrhunderten den Idschtihad (→ **Fortschritt**), dessen Tore für Sunniten als geschlossen gelten. Der schiitische Idschtihad wurde von Allama al-Hilli (1250-1325) begründet, einem bedeutenden schiitischen Theologen und Philosophen des Mittelalters.

Idschtihad ist ein Verfahren der Rechtsfindung auf rationaler Basis, falls religiös-juristische Probleme auftauchen, die mithilfe von Koran und Sunna (Lebensgeschichte und Aussagen des Propheten) nicht zu lösen sind. Zur rationalen Problemlösung ist nicht jeder Laie befähigt, das sind nur religiös ausreichend ausgebildete Kräfte, die Mudschtahids. Sie müssen hervorragend Arabisch können, ein Theologiestudium an der Hochschule der iranischen Stadt Qom absolvieren und den Koran sowie die Aussprüche des Propheten und der schiitischen Imame kennen.

Außerdem müssen sie bewandert in der Rechtsprechung und im Verfahren der Logik sein.

Der Idschtihad ist keine unfehlbare Methode. Fehler gibt es das eine oder andere Mal, aber die sollten wenigstens nach bestem Wissen und Gewissen gemacht worden sein. So können sich Mudschtahids in ihren Entscheidungen durchaus widersprechen, was nicht als Abwertung des ganzen Systems betrachtet wird. Im Gegenteil, man setzt dadurch auf Weiterentwicklung. Andere Mudschtahids können vorherige Rechtsprechungen überdenken, revidieren, umändern. Weiterentwicklung sollte nicht unbedingt im westlichen Sinne verstanden werden. Sie kann progressiv oder auch konservativ sein und hängt ganz von der Person des Mudschtahids und seinen Einstellungen ab. Gläubige können sich aussuchen, welches Urteil für sie am besten erscheint. Gewöhnlich haben sie jedoch bereits vorher ihren Mudschtahid gewählt, dessen Weisungen und Regeln sie befolgen. Insofern entfällt die Wahlmöglichkeit, es sei denn, sie wechseln zu einem neuen anerkannten Gelehrten.

Als ein positiver Bestandteil des Idschtihads könnte man den Grundsatz bezeichnen, dass mit dem Tod eines Mudschtahids auch seine Urteile und Richtersprüche verfallen. Der Einzige, bei dem es sich etwas anders verhält, ist Ayatollah Khomeini. Er hatte den Grundsatz »Tote haben nichts zu sagen« aufgehoben, um seinen Richtersprüchen auch über das Grab hinaus Wirkung zu verleihen. In manchen Punkten halten sich sein Nachfolger, Ayatollah Khamenei, und auch andere Kleriker daran. In einigen Fällen gab es allerdings Revisionen und Abänderungen. In wichtigen und strittigen Fragen können nur über einen kollektiven Entscheidungsprozess bestehende Richtersprüche geändert werden. Dazu zählt das Todesurteil von Salman Rushdie (→ **Rushdie, Salman**).

Aber nun zu einigen Beispielen zur praktischen Anwendung des Idschtihad: Der Iran ist innerhalb der sogenannten Dritten Welt in puncto Familienplanung eines der fortschrittlichsten Länder (→ **Familie**). Im Revolutionsjahr 1979 hatte Ayatollah Khomeini bereits entschieden, Verhütungsmittel stünden nicht im Widerspruch zum Islam, vorausgesetzt die Gesundheit der Frauen sei gewährleistet und der Ehemann würde zustimmen. Die Bevölkerung wuchs zu der Zeit jährlich um etwa eine Million. Der Krieg mit dem Irak (1980-1988) behinderte die Umsetzung einer neuen Familienpolitik. Jetzt mussten erst einmal Soldaten für den Islam geboren werden. 1989 wurde sie dann offiziell verkündet und Empfängnisverhütung propagiert. Bis zum Jahr 2000 sank die Geburtenrate auf durchschnittlich 2,1 Kinder pro Frau. 2007 sogar auf 1,71. Im Jahr 1985 lag sie noch bei 5,6.

Unter Ayatollah Khomeini war die Herstellung, der Verzehr und Export von Kaviar verboten (harâm), da sie als Fische ohne Schuppen galten und somit unter ein traditionelles schiitisches Speisetabu fielen. Als Wissenschaftler herausfanden, dass der Stör mikroskopisch kleine Schuppen hat, durfte die Fischerflotte am Kaspischen Meer wieder auslaufen. 2006 lag die Produktionsquote bei 44 Tonnen im Jahr.

Ayatollah Khamenei treibt die Privatisierung der Wirtschaft voran, um die schlechte Wirtschaftslage anzukurbeln. Eigentlich verstößt das gegen die Prinzipien der Revolution, wonach der Staat das wirtschaftliche und öffentliche Leben kontrollieren soll. Das wäre in den Anfangsjahren der Revolution nötig gewesen, aber heute sei es damit vorbei und es müssten neue Wege beschritten werden, sagte der Ayatollah nach einem Treffen mit Regierungsvertretern im Februar 2007.

Der Iran ist eines der wenigen Länder, in denen Stammzellenforschung ungehindert betrieben werden kann. Für die iranische Regierung beginnt menschliches Leben offiziell erst drei Monate nach der Befruchtung. Ayatollah Khamenei hat sich überzeugen lassen, dass Stammzellenforschung bei unheilbaren Krankheiten die Lösung bringen könne. Im Iran herrschen Verhältnisse, von denen Wissenschaftler in den USA und anderen Ländern nur träumen können. Selbst Klonen ist erlaubt. 2006 wurde das erste geklonte Schaf präsentiert. 2005 fand eine internationale Konferenz über Bioethik in Teheran statt. Der Iran will sich in der wissenschaftlichen Welt etablieren. Stammzellenforschung ist nur ein Teil des wissenschaftlichen Engagements des Irans, das religiös abgesichert wurde. Samen und Eispenden sind im Iran ausdrücklich erlaubt, ebenso Organtransplantationen.

Iranische Wissenschaftler haben eine eigene Raketentechnologie entwickelt, mit Langstreckenkapazitäten von einigen Tausend Kilometern. 2007 soll sogar eine Rakete ins All geflogen sein, die die Ambitionen des iranischen Weltraumprogramms unterstreicht. Über das Atomprogramm müssen hier nicht viele Worte gemacht werden, es ist fast täglich in den Medien präsent. Der Iran hat es aufgrund eigener Forschungen geschafft, Uran anzureichern. Vielleicht sollte man diesbezüglich noch die Fatwa (→ **Fatwa**) von Ayatollah Khamenei erwähnen, die die Produktion, Lagerung und die Anwendung von Atomwaffen als religiös verboten (*harâm*) erklärt. Es soll dazu eine Gegen-Fatwa des ultrakonservativen Geistlichen Mohammad Taqi Mesbah-Yazdi geben, ein Berater von Präsident Mahmud Ahmadinedschad. Sie besagt, dass der Besitz von Atombomben als Gegenmaßnahme gegenüber anderen Atommächten erlaubt sei und diese im Notfall auch eingesetzt werden sollten. Aber diese Fatwa ist gegenüber der von Ayatollah Khamenei, dem obersten Führer des Irans, rechtlich haltlos.

Mit Fundamentalismus hat das alles wenig zu tun. Religiöse Prinzipien werden über Bord geworfen, sobald man positive Aspekte für die Gegenwart oder Zukunft erkennt. Viele Vorgänge, gerade Versuche an Embryonen, Samen- und Eispenden sowie deren Implantation, wären in anderen sunnitischen Ländern einfach undenkbar. Sie würden den Tatbestand der Blasphemie erfüllen, da sie von den heiligen Prinzipien der göttlichen Schriften nicht nur abweichen, sondern ihnen diametral entgegenstehen. Es würde sich wohl kaum ein sunnitischer Geistlicher finden, der die Grenzen des Idschtihads so weit nach vorne verschieben würde. Für sie gilt immer noch: »So, wie es geschrieben steht«, koste es, was es wolle.

I Islamismus

Islamisten wollen gewaltsam die Welt verändern, zurück ins Goldene Zeitalter und ein Kalifat errichten

Früher nannte man sie Fundamentalisten oder islamische Fundamentalisten. Begriffe, die auf die Islamische Revolution 1979 im Iran zurückgehen (→ **Iran**). Damals galt es im Westen als ausgemacht, dass es sich bei den iranischen Revolutionären mit ihrem religiösen Führer Ayatollah Khomeini um Fundamentalisten handelte. Wie konnten sie sonst gegen den Westen und für eine islamische Republik sein, die völlig antiquiert Religion und Staat in sich vereint?

Ursprünglich hat der Begriff Fundamentalismus nichts mit dem Iran oder dem Islam zu tun. Er wurde zum ersten Mal im Zusammenhang mit protestantischen Christen und einer von ihnen veröffentlichten Schriftenreihe (1910-1915) in den USA benutzt. Damals ging es um fundamentale christliche Grundwahrheiten. Dazu zählten die Unfehlbarkeit der Heiligen Schrift, die Ablehnung moderner Theologie und Wissenschaft sowie die Aufhebung der Trennung von Staat und Kirche, sobald religiöse Prinzipien verletzt werden. Diejenigen, die zu den fundamentalen Wahrheiten stehen, seien die wahren, ernst zu nehmenden Christen.

Die Gleichsetzung moderner islam-religiöser Bewegungen mit Fundamentalismus ist nicht sehr glücklich, selbst wenn man das Adjektiv islamisch voransetzt. Für Schiiten ist es eine unpassende Kategorie (→ **Hisbollah**; → **Iran**), wie auch für manche sunnitische Gruppen, Organisationen und Kleriker, die nicht alle völlig kompromisslos an ihren politischen oder religiösen Prinzipien festhalten und jeden Dialog verweigern. Sogar Al-Qaida wandelt sich in ihren Ansichten, Strategien und Kommunikationsformen, um sich neuen Situationen anzupassen.

Der in den USA und Europa entstandene Terminus Islamismus, ist nicht weniger schwammig und dehnbar. Er bezeichnet eigentlich Richtungen im Islam der Gegenwart, die politische Sachverhalte, Konzepte von islamischer Kultur und islamischen Staatswesen hervorheben. Islamismus gibt einen allgemeinen Rahmen vor, sagt aber nichts über die inhaltliche Ausrichtung von Organisationen. Er fasst diejenigen zu einer Gruppe zusammen, die Islam nicht als private, sondern als öffentliche Angelegenheit betrachten.

Islamismus wird in den Medien gewöhnlich im negativen Sinn verwendet, ist meist mit dem Präfix radikal ein Synonym für Gewalttätigkeit und einen versteinerten Fundamentalismus. Dabei können radikale Islamisten auch gegen Gewalt sein. Nehmen wir die marokkanische Bewegung Gerechtigkeit und Spiritualität als Beispiel, eine sehr konservative Vereinigung, die bewusst keine offizielle Partei ist, sondern sich als friedliche Basisbewegung versteht und soziale Arbeit leistet. Insbesondere setzt sie sich für Frauen ein, damit diese eine Ausbildung bekommen, um ökonomisch unabhängig zu sein. Gerechtigkeit und Spiritualität hat keinerlei Ambitionen, in der Politik aktiv zu werden.

Die Muslimbruderschaft in Ägypten, die früher einen bewaffneten Kampf führte, hat seit Langem der Gewalt abgeschworen (→ Demokratie). Sie versucht mit friedlichen, demokratischen Mitteln zu agitieren, obwohl ihre Mitglieder überwacht, oft verhaftet und eingesperrt werden. Wegen ihrer Friedfertigkeit wurde sie mehrfach von Al-Qaida heftig kritisiert. Von der Muslimbruderschaft sitzen auch Volksvertreter im ägyptischen Parlament. In anderen muslimischen Ländern wie Marokko, Pakistan, Bahrain oder Indonesien gibt es ebenfalls Islamisten im Parlament.

Im Libanon nimmt die schiitische Hisbollah am demokratischen System teil, stellt nicht nur Parlamentsabgeordnete, sondern sogar Kabinettsminister. Sie unter versteinerte Fundamentalisten zu subsumieren, ist zudem nicht ganz richtig. Um sich als Partei bei demokratischen Wahlen zu beteiligen, hat Hisbollah eines ihrer fundamentalen Prinzipien, nämlich die Bildung einer islamischen Republik im Libanon, ersatzlos aus ihrem Programm gestrichen (→ Hisbollah).

Zwischen den gewalttätigen wie friedlichen Gruppierungen von Asien bis Afrika kann man inhaltlich oft keine klaren Unterscheidungen mehr machen. Sie entlehnen aus verschiedenen Quellen und Schulen da und dort etwas und mischen es sich zu einer eigenen Ideologie zurecht. Der moderne politische Islam ist ein eklektizistisches Konglomerat von Reinterpretationen, Neuformulierungen, Revitalisierungen und Kombinationen von traditionellen Theorien und Schulen.

Andere Schlagwörter, die im Zusammenhang mit Islamismus fallen und dafür vielfach als Substitute verwendet werden, sind Salafismus und Wahhabismus. Al-Qaida-Mitglieder und auch andere Terroristen, die den Islam für sich reklamieren, werden als Salafisten, dann wieder als Wahhabiten bezeichnet, was für beide nicht unbedingt falsch ist.

Salafisten sind ursprünglich Sunniten, die die frommen Vorväter des frühen Islams als Exempel für ein zukünftiges Zusammenleben sehen. Sie berufen sich unter anderem auf einen Ausspruch des Propheten Mohammed (Hadith): »Die Leute meiner Generation sind die Besten, dann jene, die diesen folgen, und diejenigen, die den Letzteren folgen.« Das Zeitalter der Vorväter gilt als vollkommen, als eine Art Goldenes Zeitalter, in dem eine ideale Gerechtigkeit nach islamischen Prinzipien herrschte. In den darauffolgenden Jahrhunderten habe man sich zunehmend von diesem Idealzustand entfernt. Deshalb gelte es, den echten, wahren Islam zu revitalisieren.

Diese Grundüberzeugungen bedeuten noch lange nicht, dass alle Salafisten das Gleiche wollen. Die einen befürworten den Dschihad (→ **Dschihad**), im Sinne von Krieg, nur gegen Nichtmuslime, andere gegen alle Ungläubigen. Dann gibt es die traditionellen Konservativen, die für einen puristischen Islam sind, ohne Einflüsse der Moderne, jedoch ganz ohne Interesse an Gewalt. Wieder andere treten für Toleranz und Weiterentwicklung des Islams ein.

Ein Beispiel aus der widersprüchlichen Geschichte des Salafismus ist Muhammad Abduh (1849-1905), ein ägyptischer Reformer, der westliche und muslimische Wertvorstellungen zusammenbringen wollte (→ **Fortschritt**). Für diese Sorte von Salafisten ist das Goldene Zeitalter der Vorväter nur ein utopisches Ideal, nach dem man sich inhaltlich ausrichten, aber zu dem man nicht zurückkehren sollte. So sehen es auch islamistische Bewegungen, die Gewalt ablehnen, insbesondere Parteien, die in Parlamenten sitzen. Schiitische Islamisten, wie die Hisbollah im Libanon oder die Anhänger des gewöhnlich als Extremist bezeichneten Klerikers Muktada as-Sadr im Irak, wollen unter keinen Umständen in irgendeine Vergangenheit zurück. Sie denken pragmatisch an die Zukunft, der man mit antiquierten Paradiesvorstellungen nicht gerecht werden kann.

Zu den bisher genannten Strömungen der Salafisten kommen jene, die auf den Wahhabismus und seinen Begründer Muhammad ibn Abd al-Wahhab (1703-1792) verweisen, der im Grunde der eigentlich wahre salafistische Führer sei. Die Anhänger Ibn Abd al-Wahhabs, einem sunnitischen Religionsgelehrten, nennen sich selbst Muwahhidun, die »Bekenner der Einheit Gottes«. Sie streben eine möglichst buchstabengetreue Auslegung der islamischen Schriften von Koran und Sunna an (Leben und Aussprüche des Propheten Mohammed). Alle Neuerungen sind für sie Abweichungen vom wahren Islam, und unislamische Inhalte müssen nachträglich herausgefiltert werden. So gelten für sie zum Beispiel regionale Ausprägungen des Islams (→ **Kultur**), in die Traditionen aus vorislamischer Zeit integriert sind, als unislamisch, ebenso wie alle Sekten, allen voran die Schiiten.

Hochburg des Wahhabismus ist Saudi-Arabien. Aber selbst dort ist man von einem gereinigten Islam weit entfernt. Ganz abgesehen von politischen und wirtschaftlichen Interessen, die Einfluss auf die Interpretation des Islams haben, wurden auch im Königreich vorislamische Traditionen, wie etwa die Stammes- und Klankultur, in die islamische Gesellschaft integriert. Saudi-Arabien exportiert bis heute seine Version des Wahhabismus durch großzügige Finanzierung und Gründung von Moscheen sowie islamischen Kulturzentren in alle Welt.

Wahhabiten sind nicht automatisch gewalttätig, nur weil sie Wahhabiten sind und sich einige Terroristen so nennen mögen. Auch innerhalb dieser Richtung gibt es Abstufungen, verschiedene Meinungen und Gruppen. Es scheint jedoch generell viel Geduld notwendig zu sein, um friedfertig zu bleiben, wenn man wie die Wahhabisten für sich in Anspruch nimmt, den wahren, perfekten Glauben zu kennen, der die zunehmend degenerierende Welt heilen könnte. Eine Geduld, die einige auf Dauer nicht immer aufbringen.

Im Zusammenhang mit Islamismus und Fundamentalismus wird häufig über das Kalifat gesprochen. In Deutschland kam das Thema über den Kalifen von Köln, Metin Kaplan, und seine Organisation Kalifatstaat in die öffentliche Diskussion.

Kalifen gab es laut islamischer Geschichtsschreibung seit dem 7. Jahrhundert: eine Abfolge von Herrschern, vergleichbar etwa mit unseren Königen und Kaisern und nicht minder intrigen- und wechselhaft. 1924 wurde das Kalifat vom türkischen Präsident Mustafa Kemal Atatürk abgeschafft.

Idealerweise sollte der Kalif Regent aller Muslime sein und in einer Person gleichermaßen politische und religiöse Macht vereinigen. Tatsächlich haben sich die Kalifen der islamischen Geschichte wie ganz normale weltliche Herrscher in allen anderen Teilen der Welt verhalten, die zuerst den Interessen der Staatsräson, der Ökonomie, der Machterhaltung folgten und danach erst den Glaubenssätzen ihrer Religion. Den Idealzustand des Kalifats, der Metin Kaplan aus Köln wahrscheinlich vorschwebte, hat es nie gegeben. Der gerechte Gottesstaat mit einem Herrscher, der weise und gottergeben nach religiösen Prinzipien über Geschicke von Staat und Volk entscheidet, ist und bleibt eine Imagination.

In muslimischen Ländern spielt die Idee des Kalifats heute kaum eine Rolle. Osama bin Laden hat vor Jahren die Einführung eines rechtschaffenen Kalifats gefordert. Auch bei anderen extremistischen Gruppen steht das Kalifat auf der Agenda, wobei es keine besondere Dringlichkeit besitzt. Die Islamisten, mit denen ich gesprochen habe, schmunzelten nur kopfschüttelnd bei der Frage nach dem Kalifat. Es mag vielleicht eines ihrer Ideale sein, aber es ist so utopisch, dass man nicht einmal darüber nachzudenken braucht. »Es gibt ganz andere, viel wichtigere Themen«, sagte Nadia Yassine, die Führerin der marokkanischen Bewegung Gerechtigkeit und Spiritualität. »Über das Kalifat zu diskutieren, ist Zeitverschwendung.« Die Muslimbruderschaft in Ägypten sieht es nicht anders. Auch für sie gibt es wesentlich dringendere Probleme. Wie andere islamistische Parteien, die sich am politischen System ihres Landes beteiligen, das mal weniger, mal mehr vom Staat kontrolliert wird, wollen sie freie Wahlen, mehr Demokratie und absolute Presse- und Meinungsfreiheit (→ **Demokratie**). Das Kalifat spielt da keine oder höchstens eine sehr untergeordnete Rolle.

Das ist auch mehr als nur verständlich: Für das Kalifat müssten erst einmal alle

Muslime vereinigt, alle muslimischen Nationalstaaten abgeschafft und zu einem Großreich zusammengefasst werden. Der schiitische Iran wäre das erste Land, das dabei aus religiösen Gründen nicht mitspielen würde. Eigentlich unnötig zu betonen, dass ein Kalifat in absehbarer Zukunft völlig unrealistisch ist. General Pervez Musharraf aus Pakistan, der ägyptische Präsident Husni Mubarak, Abdullah II. von Jordanien, Mohammed VI. aus Marokko oder gar Osama bin Laden als neuer glorreicher Kalif aller Muslime?

Einer meiner Studenten meinte, es wäre zwar sehr schön, wenn alle Muslime, alle muslimischen Länder sich vereinigten. »Aber das ist Utopie, die vielleicht in 100 oder 200 Jahren Wirklichkeit wird«, sagte der junge Student mit einem bedauerlichen Blick und fügte »wenn überhaupt« hinzu. Das Kalifat erwähnte keiner meiner anderen Schüler des Englischsprachkurses in Tanger. Sie dachten an demokratische muslimische Staaten, die ihre gegenseitigen Animositäten zugunsten einer gemeinsamen Politik aufgeben. Die Wunschvorstellung von der Einigkeit, die seit Jahrzehnten unter Muslimen herumgeistert, existiert mittlerweile nur noch in abgeschwächter Form. Die Geschichte der letzten 50 Jahre hat sie eines Besseren belehrt.

Die Errichtung des Kalifats ist kein verbindendes Element, weder für Islamisten noch für den Rest der Muslime. Wer das behauptet, verkennt die Realität. Die Idee vom Kalifat als gefährliches Gedankengut, das die Muslime dieser Welt oder die in Deutschland oder in Europa infiziere, ist so absurd und irreal wie die Forderung nach einem Kalifat selbst. Eine Verschwörungstheorie könnte man das nennen oder auch einen Versuch, mit der Angst Geschäfte zu machen. Achtung! Die Islamisierung Europas steht bevor, bald werden wir unter einem Kalifen leben, der den Frauen das Kopftuch vorschreibt und täglich Steinigungen, Auspeitschungen und Enthauptungen auf dem Marktplatz durchführen lässt! Statt einer jüdischen Weltverschwörung haben wir nun eine muslimische Kalifatsverschwörung.

Der Kalif von Köln, Metin Kaplan, und seine rund 550 Anhänger, die ihm absolute Treue schworen, sind eine kleine Minderheit, selbst wenn man Sympathisanten oder auch andere nahestehende Organisationen hinzuzählt. In Deutschland leben insgesamt zwischen 3,2 bis 3,5 Millionen Muslime (→ **Integration**). Zugegeben, egal wie klein Gruppen auch sein mögen, gefährlich können sie natürlich werden, sobald sie den Weg der Gewalt einschlagen. Sie sind insofern vielleicht ein Sicherheitsrisiko, aber mehr auch nicht.

Für Menschen, die trotzdem besorgt sind, sei vielleicht abschließend noch angemerkt, besagter Metin Kaplan spielt in muslimischen Ländern keine Rolle. Wenn er überhaupt wahrgenommen wurde, dann eher als Witzfigur. Wer nimmt schon einen dahergelaufenen Prediger ernst, der sich selbst als Kalif bezeichnet? Schließlich ist der Kalif ein Nachfolger des Propheten Mohammed und Herrscher über alle Muslime.

Islamismus

Der Kalif von Köln und seine Kalifatstaat-Bewegung hatte wenig mit dem Islam zu tun. Es handelte sich eher um eine extreme Sekte, die sich üblicherweise einen gottähnlichen Führer sucht, dem man schwört, bis in den Tod zu folgen. Aus der islamischen Verklausulierung eine strategische Gefahr für die Bundesrepublik Deutschland zu konstruieren, ist gelinde gesagt eine Übertreibung.

Israel (→ Antisemitismus)

Kaaba

Die Kaaba in Mekka ist islamischen Ursprungs

Die Kaaba in Mekka, das Hauptheiligtum des Islams, gilt als Zentrum der Welt. Sie bestimmt die Gebetsrichtung aller Muslime. In ihrer unmittelbaren Umgebung sind Mensch und Tier unter der Obhut Gottes. Bei der Pilgerfahrt (→ **Pilgerfahrt**) wird das 10,5 mal 12 Meter große und 15 Meter hohe Gebäude sieben Mal umrundet. Die Kaaba steht auf einem weißen Marmorsockel und ist aus graublauen Steinen erbaut, die aus den Hügeln von Mekka stammen. Die vier Ecken der Kaaba sind nach den vier Himmelsrichtungen ausgerichtet. Bedeckt wird sie von der Kiswa, einem schwarzen Tuch, das jedes Jahr nach der Pilgerfahrt gewechselt wird. Innen ist die Kaaba leer bis auf drei Holzsäulen, die die Konstruktion tragen, und einige Silber- und Goldleuchter. Außen an einer Wand befindet sich ein in Silber eingelassener schwarzer Stein, von dem man nicht weiß, ob er ein Meteorit, Vulkangestein oder Basalt ist. In der Westwand gibt es einen zweiten Stein, den Stein des Glücks, der aber als weniger heilig gilt. Im Laufe der Jahrhunderte wurde die Kaaba mehrfach zerstört und wieder aufgebaut. Der schwarze Stein soll 638 v. Chr. infolge kriegerischer Auseinandersetzungen zu Schaden gekommen sein. Deshalb sei er heute in drei große und mehrere kleine Teile aufgesplittert.

Den Ursprung der Kaaba schreibt die islamische Legende Adam zu, der nach der Vertreibung aus dem Paradies im Auftrag Gottes den Grundstein legte und den schwarzen Stein als Eckpfeiler einbaute. Im Koran wird das Heiligtum jedoch Abraham und Ismail zugeschrieben. »Und (gedenket der Zeit) da Wir das Haus zu einem Versammlungsort für die Menschheit machten und zu einer Sicherheit: ›Nehmet die Stätte Abrahams als Bethaus an.‹ Und Wir geboten Abraham und Ismael: ›Reinigt Mein Haus für die, die (es) umwandeln, und die in Andacht verweilen und die sich beugen und niederfallen (im Gebet).«« (Sure 2:125) Um Diskrepanzen mit der Mythologie auszuräumen, wird die Rolle von Abraham und Ismail als Wiedererbauer einer in der Zeit nach Adam zerstörten Kaaba interpretiert.

Historisch gesehen existierte die Kaaba tatsächlich lange vor dem Islam. Sie war eine Kultstätte von Anhängern polytheistischer Religionen. In vorislamischer Zeit gab es keinen Monotheismus, sondern den Glauben an viele verschiedene Götter. Jeder arabische Haushalt hatte damals einen Hausgott oder sogar mehrere. Es gab auch Dschinns, Geister, die bestimmte Kräfte, sowohl fürs Gute wie fürs Schlechte, repräsentierten und die man um Rat fragen konnte.

Als Hauptgötter wurden al-Lat (die Göttin), al-Uzzah (der Mächtige) und Manat, der Gott, der Glück und Unglück bringt, verehrt. Dazu gehörte auch Hubal, der Mondgott, der in Verbindung mit dem schwarzen Stein der Kaaba stand. Ein Stein, von dem man glaubte, er sei vom Himmel gefallen, von der Sonne, vom Mond, den Sternen, den Planeten, und der für die kosmischen Kräfte stand. Die Verehrung von Steinen, besonders von Meteoriten, soll für die damalige Zeit typisch gewesen sein. Die Kaaba in Mekka soll auch nicht die einzige Kultstätte gewesen sein. In anderen Regionen und Städten soll es ähnliche Orte gegeben haben.

Darüber machen sich die etwa zwei Millionen von Pilgern, die jedes Jahr den schwarzen Stein der Kaaba berühren und küssen, keine Gedanken – obwohl Polytheismus für Muslime das Schlimmste und Verwerflichste ist, was man sich vorstellen kann. Dass auch die Kaaba, ihr größtes Heiligtum, von Anhängern polytheistischer Religionen erbaut wurde, will ebenfalls niemand wahrhaben. Die Pilger versuchen, als Andenken eines der kleinen Stücke der alten Kiswa zu ergattern, die als Devotionalien verkauft werden. Würde man ihnen sagen, dass selbst ihre Rituale der Pilgerschaft aus vorislamischen Zeiten stammen und nicht original islamisch sind (→ **Pilgerfahrt**), gäbe es wohl sehr verärgerte Reaktionen oder sie würden einen einfach für verrückt erklären.

 # Kalifat (→ Islamismus)

Konflikte

Die meisten der gegenwärtigen internationalen Konflikte sind islam-religiösen Ursprungs

Bomben im Irak, Selbstmordattentäter in Israel, Krieg im Libanon, Rebellen in Tschetschenien, kämpfende Regierungsgegner in Pakistan, Bürgerkrieg in Somalia, Terroranschläge in Großbritannien, Algerien, der Türkei, Jordanien, Marokko, Ägypten und gescheiterte Terrorpläne in Deutschland – radikale Islamisten bestimmen heutzutage die Schlagzeilen.

Fast könnte man meinen, der weit überwiegende Teil gegenwärtiger internationaler Konflikte sei islam-religiösen Ursprungs: der Islam als Motivation an allen Fronten, im Kampf gegen Israel, gegen die USA und ihre verbündeten muslimischen Staaten sowie gegen den Rest der westlichen Zivilisation. Tatsächlich sind jedoch bewaffnete Konflikte mit islamischem Hintergrund in der Minderzahl.

Im Jahr 2006 zählte die Arbeitsgemeinschaft Kriegsursachenforschung (AKUF) an der Universität Hamburg insgesamt 43 bewaffnete Konflikte und Kriege, von denen 90 Prozent in der Dritten Welt stattfanden. In Asien 16, im Vorderen und Mittleren Osten 11, in Afrika 12 und in Süd- und Mittelamerika vier. Selbst wenn man sehr großzügig rechnet, haben nur etwa 13 Vorfälle islamisch-religiöse Hintergründe. Dazu zählen die bewaffneten Konflikte im Irak, in Afghanistan, Palästina, Tschetschenien oder auch in Somalia, das vorübergehend größeres Medieninteresse erregte. Weniger bekannt dürften die gewaltsamen Auseinandersetzungen zwischen Sunniten und Schiiten in Pakistan sein sowie der Kampf zwischen Muslimen und Christen in Nigeria. Hinzu kommen Auseinandersetzungen im Jemen, dem Libanon, Saudi-Arabien, auf den Philippinen und in Algerien. Bei diesen Konflikten mögen zwar religiös motivierte Gruppierungen kämpfen, aber die Ursachen der bewaffneten Konfrontationen sind nicht generell religiös. Ob im Libanon, in Palästina (→ Palästina) oder auch in Tschetschenien – es geht bei den Kämpfen in erster Linie um Unabhängigkeit und territoriale Integrität. Religion ist ein zusätzliches Vehikel.

Betrachtet man die lange Liste der bewaffneten Konflikte und Kriege weltweit, sind darunter viele, über die die Medien kaum oder gar nicht berichten. Wer hat schon von West-Papua in Indonesien gehört, von den Auseinandersetzungen im Ostkongo, in der Zentralafrikanischen Republik, von der Unabhängigkeitsbewegung in Casamance, Senegal, oder von den Hmong-Rebellen in Laos? Die kriegerischen Auseinandersetzungen im Irak, in Afghanistan und Palästina sowie die Terroranschläge der Islamisten verdrängen sie aus den Nachrichten. Der politische Islam erscheint als die dominierende Kraft der internationalen Weltpolitik. Dabei ist er nur ein Kampf, eine Krise unter vielen, die nicht minder zahlreiche unschuldige Todesopfer fordern.

Kopftuch

Das Kopftuch und der Schleier sind Zeichen der Unterdrückung und Rückständigkeit des Islams

Seit Jahren ist die Debatte um das Kopftuch, das der Koran angeblich vorschreibt (→ **Koran**), nicht leiser geworden. Ein Streit um Kaisers Bart könnte man fast sagen. Ob Hidschab, Burka oder Tschador – sie alle gelten im Westen als Symbole des Islamismus, für Rückständigkeit und natürlich auch für die Frau in Ketten. Dabei wird übersehen, dass das Kopftuch und andere muslimische Zeichen der Sittsamkeit oder des Anstands mittlerweile ein modernes Phänomen und nicht mehr Insignien der Steinzeit sind.

Typisch für den verschlafenen Zeitgeist war ein Appell von einer Bundestagsabgeordneten der Grünen im Oktober 2006 an Musliminnen in Deutschland, den auch Kolleginnen aus der SPD und FDP unterstützten: Das Kopftuch sei ein Zeichen der Unterdrückung der Frau. Wer es mit Integration ernst meine, müsse es ablegen. Den Kopf und das Haar zu verhüllen, mache die Frau zu einem Sexualobjekt. »Legt das Kopftuch ab und zeigt, dass ihr die gleichen Bürger- und Menschenrechte habt wie die Männer«, lautete der Tenor des Aufrufs. Die Intention war wohl gut gemeint, aber viel Erfolg war dem Ganzen von Anfang an nicht beschieden. Feministische Terminologie vom Sexualobjekt und von fehlender Gleichberechtigung wird dem Kopftuch-Phänomen nicht mehr gerecht. Die Verhüllung des Kopfes oder des Gesichts wird bei immer mehr muslimischen Frauen nicht mehr als Unterdrückung, sondern als Zeichen der Befreiung und Selbstbestimmung empfunden.

Vor gut 30 Jahren war der Hidschab in Kairo oder Beirut, damals westlich orientierte Metropolen, noch ein Symbol, das Rückständigkeit signalisierte – unvereinbar mit dem Bild einer selbstbewussten Frau, die im neuen Zeitalter von freier Liebe machte, was sie wollte. Statt Verhüllung war die Präsentation weiblicher Reize im neuen Zeitalter der Sechzigerjahre angesagt, das neben der weiblichen Psyche auch den dazugehörigen Körper aus dem Gefängnis der Konventionen befreite. Das moderne Rollenbild der eben erst emanzipierten Frau: selbst- und modebewusst, berufstätig, alleinstehend und natürlich promiskuitiv.

Heute ist es umgekehrt: Das Kopftuch hat eine bemerkenswerte Renaissance erlebt und ist ein feministisches Statement. Es schafft eine neues Selbstbewusstsein und befreit von all dem, was früher als erstrebenswert galt: Modediktate, Schönheitsideale und Avancen der Männer.

Tayyibah Taylor, die Chefredakteurin von *Azizah*, einem Frauenmodemagazin, das in Chicago erscheint und sich an amerikanische Musliminnen wendet, erklärte mir das so: »Frauen, die ihren Körper freizügig zeigen, vertrauen auf ihre sexuelle Ausstrahlung, um weiterzukommen. Muslimische Frauen dagegen, die sich sittsam kleiden, setzen auf ihren Intellekt und ihre spirituelle Kraft, um etwas zu erreichen.« In *Azizah* sieht man demzufolge nur Frauen, die sich selbstbewusst und ganz selbstverständlich bedeckt halten. Modisch modern, versteht sich.

Das neu entdeckte islamische Frauenselbstbewusstsein ist wohl auch der Grund dafür, dass sich mehr und mehr TV-Nachrichtensprecherinnen, wie Chadidscha bin Kana von Al-Dschasira, plötzlich ihrem Millionenpublikum mit Kopftuch zeigen. Ob nun bekannte TV-Moderatorinnen, Grundschullehrerinnen, Sekretärinnen, Hausfrauen oder Anwältinnen – viele Frauen, die bisher nie ein Kopftuch getragen haben, setzen es plötzlich auf. Man will deutlich machen, dass man zu denen gehört, die eine neue, bessere Welt wollen und dabei islamischen Prinzipien folgen. Mit Unterdrückung der Frau, Extremismus, Radikalismus oder sogar Gewalt hat das nichts zu tun.

Heute entwerfen bekannte Designer Kopftücher, Schals und Schleier in allen erdenklichen Formen und Farben. Im Internet kann man sich per Mausklick die neuesten Kreationen bestellen. Man muss nur schnell genug sein, sonst sind sie ausverkauft. Dort können Frauen auch für ihre ganze »islamische Familie« einkaufen. Für die Kinder das Dschihad-Sweatshirt oder eine Baseballkappe mit der Aufschrift »Eigentum von Allah« und für den Papa die »extra komfortable, Transpiration absorbierende Pilgerkleidung«. Ganz abgesehen von »islamischen« Haarölen, Beauty-Seifen, natürlichen Zahnbürsten, Parfüms, Räucherstäbchen, Schmuck, Unterwäsche sowie interaktiven Koranausgaben, Gebetsteppichen, Uhren und Telefonen, die weltweit die richtigen Gebetszeiten ansagen.

Der Islam ist unter Jugendlichen cool geworden. Sich an das Fastengebot im Monat Ramadan zu halten, gilt an Beiruter Universitäten als schick – selbst für Studentinnen, die 40 000-Dollar-Autos fahren, gewöhnlich Miniröcke und High Heels tragen und gerne Alkohol trinken. »Ein neuer Trend, der noch vor 15 Jahren undenkbar war«, sagte eine Professorin. Von einer religiösen Breitenwirkung berichtete auch ein marokkanischer Gymnasiallehrer: Religiöse Feiertage und Rituale würden wie nie zuvor befolgt. »Früher gab es das in dieser Form nicht. Plötzlich geben sich auch Leute religiös, die es nie waren«, erzählte er mir schmunzelnd. Auch müsse man als Lehrer aufpassen, was man sage. In den letzen fünf Jahren registrierte er einen enormen Anstieg von Schülerinnen mit Kopftuch. »Sogar an den Eltern-sprechtagen erschienen immer mehr Mütter eines Tages wie selbstverständlich mit Kopftuch.«

Eine derartige »Umwertung der Werte« erfolgt natürlich nicht von heute auf morgen. In den Siebzigerjahren wurde der Islam als »Dritter Weg« zwischen Kapitalismus und Sozialismus entdeckt, als neues Versprechen einer besseren und gerechteren Welt. Heute sind islamische Einstellungen und Haltungen weltweit verbindende Elemente, wie es vor drei Jahrzehnten noch der Sozialismus war. Die Glaubensgemeinschaft der Muslime (Umma) könnte man mit dem internationalen Proletariat vergleichen. Heute wie damals hat jeder seine eigene, persönliche Interpretation davon.

Die Popularität des Kopftuchs ist ein Ausdruck einer neuen islamischen Populärkultur, die kein nationales Territorium kennt. Unabhängig von Geografie, Staatsangehörigkeit und sozialen Kategorien kann jeder daran teilnehmen. »Alle Bewegungen, sobald sie populärer werden, haben nicht nur einen Demonstrations-, sondern auch einen großen Nachahmungseffekt«, sagt Nizar Hamzeh, Professor für Politikwissenschaft an der Amerikanischen Universität Beirut. »Die Globalisierung, die die Welt in technischer, nicht in sozialer Hinsicht kleiner gemacht hat, bewirkte eine Potenzierung dieses Nachahmungseffekts.« In der arabischen Welt funktioniere das nicht anders als im Westen. »Ja, der Islam ist zur Mode geworden, das kann man so sagen.«

Muslimische Frauen in Deutschland und in Europa, die Kopftuch tragen oder sich entschließen, das zu tun, verweigern nicht die Integration, wie der Appell von weiblichen Politikern der Grünen, FDP und SPD irrtümlich behauptete. Diese Musliminnen sind Teil eines internationalen Phänomens, das manchmal mehr politischer, manchmal mehr modischer Natur sein kann.

Man sollte sich auch an Afghanistan erinnern. Nach der Befreiung von der Terrorherrschaft der Taliban glaubte man im Westen, nun endlich könnten die Frauen ihre erzwungene Verschleierung ablegen. Obwohl afghanische Frauen die Wahl hatten, ist es nicht geschehen. Noch immer beherrscht die Burka, die für westliche Augen besonders schlimme Verschleierung, das Straßenbild. In den Dörfern Afghanistans wollen die Frauen damit nicht am modischen Islam teilnehmen, sondern hier ist es ein Resultat von Tradition, Kultur, überlieferten Kleidungsregeln, Anstand, Gewohnheit und Erziehung in einer Gemeinschaft, die vom Patriarchat regiert wird. Nicht anders wie in Italien oder Spanien, wo Frauen bis in die Siebzigerjahre Kopftuch trugen, sobald sie das Haus verließen.

Abseits aller ideologischen Besetzungen, hat das Kopftuch für viele Mädchen und Frauen auch eine einfache, praktische Seite. Die Kopfbedeckung signalisiert: Ich bin sittsam und habe keine Lust auf Abenteuer und Flirts. Mit dieser Entsexualisierung entledigen sich Frauen aufdringlichen männlichen Offerten. »Immer wenn ich nach Hause, nach Marokko fahre, setze ich ein Kopftuch auf, um Ruhe vor den Männern zu haben«, erzählte mir schon vor einigen Jahren die Deutsch-Marokkanerin Latifa in Tanger. »Leider kann ich das nicht in Deutschland machen, da würde man mich für dumm und zurückgeblieben halten«, erklärte die 28-Jährige, die in einer angesehenen Werbeagentur in Hamburg arbeitet. »In Deutschland wäre das Kopftuch nicht weniger praktisch als in Marokko, aber was würden meine Kollegen, mein Chef dazu sagen. Steinzeit hat in einer modernen Agentur nichts zu suchen. Dabei hat das damit nichts zu tun.«

In der islamisch-arabischen Welt ist die weibliche Verhüllung nur in wenigen Ländern das Ziel von Kritik. In Saudi-Arabien ist sie allerorts Pflicht, im Iran wurde sie 1979 von Ayatollah Khomeini eingeführt. Eine spezielle religiöse Polizei für Sitte und Anstand überwacht in beiden Ländern die korrekte Erfüllung des weiblichen Verhüllungsgebots. Bei Zuwiderhandlung ist ein Bußgeld fällig. Im Iran können es auch zehn Tage bis zwei Monate Gefängnis werden.

Die Türkei hat das Kopftuch unter Mustafa Kemal Atatürk 1925 an öffentlichen Einrichtungen untersagt. Durch das Erstarken islamischer politischer Parteien wurde es allerdings Thema öffentlicher Diskussion. Teile der Bevölkerung haben Angst, dass das Kopftuch eines Tages wieder getragen werden muss.

In Tunesien, das wie Marokko eine fortschrittlichere Familiengesetzgebung hat, verbot man 1981 das Tragen eines Kopftuchs an staatlichen Institutionen. Es sei eine sektiererische Bekleidung, lautete die offizielle Begründung, was in einem Land mit 98 Prozent muslimischer Bevölkerung, zugegeben, etwas seltsam klingt. Viele Mädchen und Frauen tragen trotzdem in Schulen und Universitäten Kopftuch. Mehrfach beklagten Menschenrechtsorganisationen, Kopftuchträgerinnen werden regelmäßig belästigt und gezwungen, ihre Bedeckung abzunehmen.

In Marokko verzichtete der Staat darauf, das Kopftuch per Dekret zu verbieten. Man setzt dagegen auf Erziehung. Das Kopftuch wurde aus allen Schulbüchern verbannt. Ein Vers aus dem Koran, der angeblich das Kopftuch vorschreibt, war bereits vor einiger Zeit aus der Schullektüre getilgt worden. Bei diesen Maßnahmen, so der marokkanische Erziehungsminister Aboulkacem Samir, gehe es nicht um Religion, sondern um Politik. »Das Kopftuch für Frauen ist ein politisches Symbol, wie es der Bart für die Männer ist. Wir müssen unsere Bücher so gestalten, dass sie nicht nur für eine einzige politische Fraktion sind.«

Der islamischen Lehrervereinigung gefällt das nicht. »Da gibt es Druck aus den USA«, so Abdelkarim El Houchre von der Lehrervereinigung, »die davon ausgehen, wenn Mädchen das Tragen des Kopftuchs gelehrt wird, führe das zu Extremismus und Terrorismus.« Mit den USA hat es diesmal jedoch nichts zu tun. Marokko will den Status behalten, eines der liberalsten arabischen Länder zu sein. Minirock und

Kopftuch gehören in friedlicher Koexistenz seit vielen Jahren zum Stadtbild in Rabat oder Casablanca. An den Stränden liegen marokkanische Frauen im Bikini, während andere mit Kleidern ins Wasser gehen.

Koran

Der Koran definiert alle Grundsätze des Islams

Nach den Anschlägen in den USA im September 2001 wurde der Koran zum Weltbestseller. In Deutschland war er, laut Berichten von Buchhändlern, bereits nach zwei Tagen ausverkauft. Mit dem Koran verbindet man alles, was den Islam ausmacht. Er ist das Referenzwerk für Gläubige und Kritiker. »Im Koran steht …, der Koran sagt …, im Koran liest man …, nach dem Koran …«, bekommt man heute bei Diskussionen über den Islam allerorten zu hören – so unterschiedlich die Themen auch sein mögen: Terrorismus, Frieden, Frauen, Krieg, Paradies, Liebe, Sexualität, Wissenschaft. Wobei man jedoch die von den Diskutanten angeführten Belege oft gar nicht im Koran finden kann. Selbst bei Muslimen basiert die Koranerinnerung vielfach aus einer Mischung aus dem, was man von Freunden gehört, in Büchern gelesen oder im Fernsehen gesehen hat. Der Koran wäre schon längst aus allen Nähten geplatzt und hätte Millionen von Seiten, wenn er tatsächlich all das, was man ihm zuschreibt, zum Inhalt hätte.

Im Gegensatz zur Bibel, die von Menschen geschrieben wurde, gilt der Koran als das direkt von Gott stammende Wort, das der Engel Gabriel dem Propheten Mohammed im Laufe von rund 20 Jahren (ca. 612-632 n. Chr.) in Mekka und Medina überbrachte. Nach islamischer Tradition soll ihn Kalif Uthman (644-656 n. Chr.) unter Mithilfe des ehemaligen Sekretärs des Propheten schriftlich fixiert haben. Das Ordnungsprinzip war denkbar einfach: Die längste Sure zu Beginn, die kürzeste zum Schluss.

»Dieses Buch ist nicht anzuzweifeln«, sagt der Koran über sich selbst. Jede Kritik ist ausgeschlossen, denn gegen das göttliche Wort lässt sich schwerlich etwas sagen, außer man würde die Existenz Gottes selbst anzweifeln. Allerdings ist der Koran keine praktische Handlungsfibel, die klare Anweisungen gibt. Das heilige Buch berichtet gleichnishaft und liefert großen Spielraum für Interpretationen. Ich weiß nicht, wie viele Muslime mir schon sagten, sie wüssten, wie der richtige Islam aussähe. Aber nicht einmal in einer kleinen Gruppe von zehn oder 15 Studenten kann man eine einhellige Meinung über den richtigen Islam finden. Jeder hat andere Ansichten, was richtig und falsch ist. Wie im echten Leben gibt es unter den Studenten konservative und liberale, Säkularisten und Anhänger eines Gottesstaates, Gleichgültige und Engagierte, Pazifisten und Militante, radikale Feministinnen und Vertreterinnen traditioneller Werte, moderne Demokraten und Monarchisten.

Aus der eigenen christlichen Geschichte wissen wir nur zu gut, dass der rechte Glaube oft eine sehr willkürliche und auch grausame Angelegenheit sein kann. Im Falle des Korans ist es nicht anders. Die Interpretationen unterscheiden sich von Staat zu Staat und sind von den jeweiligen Machthabern abhängig. Auch Saddam Hussein versuchte seine säkulare Diktatur religiös abzusichern, die Taliban in Afghanistan gestalteten das Leben vermeintlich buchstabengetreu nach dem Koran. Natürlich beansprucht man in Saudi-Arabien, die rechten Lehren aus dem Koran zu ziehen, wenn man auf strikte Trennung der Geschlechter setzt. In Marokko ist das nicht anders, was jedoch dort in einen unvergleichlich liberaleren Lebensstil zwischen den Geschlechtern mündet. Und nicht zu vergessen die militanten Gruppen, die aus dem Untergrund eine tödliche Botschaft des Korans als einzig wahre verbreiten.

Wer die jeweilige Interpretation des Islams kritisiert, kann zum Apostaten werden, und beim Abfall vom rechten Glauben droht in manchen islamischen Ländern, wie dem Iran oder Afghanistan, die Todesstrafe. In einigen Fällen nimmt man das Recht zur Verteidigung des Korans und des richtigen Glaubens gleich selbst in die Hand. Faruq Foda, ein ägyptischer Gelehrter, wurde 1992 auf offener Straße erschossen. Professor Suliman Baschir wurde von seinen Studenten Anfang der Achtzigerjahre an der Universität von Nablus aus dem zweiten Stock geworfen. Er hatte seinen Studenten gesagt, der Islam würde sich nur langsam entwickeln und noch nicht ganz mit den Aussagen des Propheten Mohammed übereinstimmen. Mit der Infragestellung des unantastbaren Wortes Gottes wurde auch der Angriff auf Literaturnobelpreisträger Nagib Machfus im Jahr 1994 gerechtfertigt. Ein weiteres prominentes Beispiel ist Salman Rushdie (→ **Rushdie, Salman**). Ein ideologisches Karussell, bei dem die Konservativen momentan die Überhand vor liberalen Reformern zu haben scheinen und die Militanten die Schlagzeilen bestimmen.

Insbesondere die intoleranten rigiden Islaminterpreten erwartet in Zukunft ein schwerer Schlag. Ein internationales Expertenteam arbeitet an einer neuen, textkritischen Ausgabe des Korans. Wissenschaftler aus Ost und West untersuchen die ältesten existierenden Koranmanuskripte, zu denen auch die Pergamente zählen, die vor 30 Jahren bei der Renovierung der Moschee in Sana (Jemen) gefunden wurden. Dabei wurden Unterschiede zur offiziellen Version des Korans, wie sie heute existiert, festgestellt.

In Beirut traf ich einen der an diesem Projekt beteiligten arabischen Wissenschaftler. Seinen Namen möchte ich bei diesem heiklen Thema besser nicht nennen, um ihm Schwierigkeiten zu ersparen. Er hatte bereits schlechte Erfahrungen gemacht. »In den Koranpergamenten von Sana«, erklärte er mir, »fanden wir, neben einer anderen Abfolge der Suren und orthografischen Abweichungen, eine ganz andere Methode der Übertragung, eine unterschiedliche Art der Auslegung des Korans.« Man müsse den gesamten rechtlichen Aspekt, der vom Koran abgeleitet wird, neu überdenken, meinte er süffisant und besorgt zugleich. »Gerade was die Situation der Frau betrifft, religiöse Toleranz und das, was man Menschenrechte nennt.« Wenige Monate nach unserem Treffen lehnte der Wissenschaftler plötzlich alle weiteren Erläuterungen ab. Wahrscheinlich hat er sich an das erinnert, was er mir in Beirut sagte: »Heutzutage gibt es im Islam fundamentalistische Projekte, die ausnahmslos jede Art von Nachdenken über den Islam bekämpfen.«

Wenn Muslime ihre Gedanken, Taten und Argumente mit dem Koran rechtfertigen, meinen sie damit in der Regel viel mehr als nur das Buch der Bücher. Die Rede ist vom Leben des Propheten Mohammed, seinen beispielhaften Handlungen und seinen Aussprüchen, den sogenannten Hadithen. Sie wurden gesammelt, systematisiert und dienen in Ergänzung zum Koran quasi als eine Art Interpretationshilfe zum Islam. Gerade diese Hadithe, die mit einem Umfang von mehreren Tausend Seiten bei Weitem den Koran übertreffen, tragen einen Großteil zur allgemeinen muslimischen Glaubenspluralität bei.

Hadithe, neben dem Koran auch Basis für das islamische Recht (→ **Scharia**), liefern weit konkretere und umfassendere Anweisungen für das Alltagsleben der Muslime als das heilige Buch selbst: wie man am besten schläft, dass Männer keine Seide und kein Gold tragen sollen, dafür aber einen Bart, wie oft am Tag gebetet werden soll und dergleichen mehr. Gleichzeitig können Hadithe jedoch auch im Widerspruch zu den Inhalten des Korans stehen. Alkohol (→ **Alkohol**), Musik (→ **Musik**) und Bilder (→ **Bilder**) sind in den Hadithen strengstens verboten und Kunstmaler werden auf ewig verflucht. »Wer auch immer Bilder malt, wird von Allah bestraft.« Auch was die Frauen (→ **Frauen**) betrifft, sind Hadithe unerbittlich. Frauen müssen sich verschleiern, sind zum absoluten Gehorsam verpflichtet, können nichts alleine entscheiden und dürfen nur beten, fasten und natürlich Mutter sein. »Eine gute Frau unter Frauen ist wie eine weiße Krähe unter 100 Krähen«, heißt es in einem Hadith.

Im Koran stehen auch etwa zehn Verse zur freien Religionswahl. Trotzdem wird ein Hadith von islamischen Rechtsschulen bevorzugt, in dem Prophet Mohammed gesagt haben soll: »Tötet den, der seine Religion wechselt.« Wer einmal in die Hadith-Lektüre abtaucht, wird sehen, dass man vom Stil, Tonfall und der Atmosphäre des Korans kaum etwas wiedererkennen kann. Vom Inhalt ganz zu schweigen.

Die Aussprüche des Propheten Mohammed sollen von Zeitzeugen, den Gefährten des Propheten, überliefert worden sein. Im 9. Jahrhundert, also 200 Jahre nach Lebzeiten des Propheten, kanonisierte man sie in Hadith-Sammlungen. Insgesamt gibt es sechs große Werke, wovon allerdings nur zwei wichtig sind: die von Muhammad ibn Isma'il al-Buchari (810-870 n. Chr.) und von Muslim ibn al-Haddschadsch (817-875 n.Chr.). Bereits im 8. Jahrhundert sollen Hadithe aufgetaucht sein, um Antworten auf aktuelle Fragen zu finden, die mit dem Koran nicht alleine geklärt werden konnten. Ob und ab wann sie damals aufgezeichnet wurden, weiß niemand genau. Sie wurden mündlich von Überlieferer zu Überlieferer, die sie auswendig lernten, über die Jahrhunderte weitergegeben. Wie das am Anfang funktionierte, schildert ein Zitat von Malik ibn Anas, einem der vielen Gefährten des Propheten: »Wir saßen mit dem Propheten zusammen, vielleicht 60 Personen, und der Prophet lehrte uns Hadith. Später memorierten wir unter uns alleine. Als wir gingen, war es in unseren Herzen.«

Missbrauch von Hadithen war damals an der Tagesordnung. Man benutzte sie, um seine Meinungen und Ansichten abzusichern und ihnen einen absoluten, wenn nicht göttlichen Nimbus zu verleihen. Wer eine kontroverse Sache durchsetzen wollte und keinen passenden Prophetenausspruch wusste, erfand einfach einen oder änderte einen zu seinem Vorteil ab. Es gab bevorzugte und unliebsame Hadith-Erinnerer, deren Status sich jedoch durch einen Machtwechsel ins Gegenteil verändern konnte. Vom Saulus zum Paulus, der sich dankesvoll schnell noch an einige genehme Extra-Hadithe erinnerte.

Nicht umsonst soll es um die 600 000 Hadithe gegeben haben. Um die Spreu vom Weizen zu trennen, prüften al-Buchari und Muslim, die Autoren der beiden wichtigsten Sammlungen, die Kette der Überlieferer. Um ein Hadith aufnehmen zu können, musste man die sogenannten Stützen (isnad) bis zum eigentlichen Zeugen, der den Ausspruch direkt vom Propheten gehört hatte, lückenlos nachweisen können. Die Überlieferer mussten vertrauenswürdig sein, auch was ihre Biografie betraf. Dazu galt es, wiederum Informationen über die Lebensumstände der Betreffenden zu sammeln. Im Original liest sich das dann so: »Al-Buchari sagte, dass Sulaiman Abu al-Rabi ihn informierte, Ismail ibn Jafar habe mitgeteilt, dass Nafi ibn Malik ihm im Auftrag seines Vaters informierte, dass Abu Hurayra, der in Beziehung zum Propheten stand, sagte ...«

Al-Buchari begab sich auf der Suche nach Wissen auf ausgedehnte Reisen in den Irak, nach Ägypten und natürlich nach Mekka und Medina in Saudi-Arabien. Al-Bucharis Hadith-Sammlung wird als »die Echte« bezeichnet und ist bis heute die von Sunniten bevorzugte. Sie enthält etwa 7 300 Hadithe, wobei sehr viele Wiederholungen vorkommen, die die Zahl auf letztendlich rund 2 500 reduzieren – Fälschungen mit eingeschlossen.

Die Hadithe ergeben mehr ein Bild des Islams des 9. Jahrhunderts denn des 7. Jahrhunderts zur Zeit des Propheten Mohammed. Gesammelt wurde, was zu den Ideen und Überzeugungen der Zeit passte, nicht Widersprüchliches. Schließlich wollte man eine verbindliche Orthodoxie schaffen. Außerdem weiß jeder, wie leicht sich ein Original durch Erinnerung verändern kann – und das bereits nach mehreren Monaten. Die Hadithe sind in einem Prozess von 150 Jahren mündlicher Erinnerungsarbeit entstanden.

Für Schiiten haben die sunnitischen Hadith-Sammlungen keine Bedeutung. Sie haben ihre eigenen Werke, die sich auf die Aussagen der zwölf Imame stützen. Es sind vier kanonische Sammlungen, von denen das Buch al-Kafi am wichtigsten ist. Allein im ersten der drei Teile des Werkes werden knapp 17 000 Aussprüche des Propheten und der Imame zitiert. Weniger als die Hälfte davon wird auch von schiitischen Klerikern als authentisch eingestuft.

Der Koran ist ein Buch der Gewalt

Die Liste der internationalen Anschläge von radikalen Islamisten seit dem 11. September 2001 ist lang: Bomben in Casablanca, Madrid, London, Istanbul, Scharm El Scheich oder Amman. Nicht zu vergessen die Attentate, Hinrichtungen, Entführungen, die täglich aus dem Irak und Afghanistan gemeldet werden. Leidtragende sind meist Zivilisten, die der Tod beim Einkaufen, im Restaurant, auf dem Weg in die Arbeit oder in die Schule überrascht. Gerechtfertigt werden all diese Grausamkeiten mit dem Koran. Attentäter lesen im Koran, bevor sie auf ihre Mission gehen, rezitieren Koranverse, bevor sie sich in die Luft sprengen oder den Auslöser des Zünders drücken. An die Fernsehbilder von den Hinrichtungen der Geiseln im Irak dürften sich die meisten noch erinnern. »Im Namen Allahs des Barmherzigen und Gnädigen« wurde ihnen der Kopf abgeschnitten.

Die Tausenden von Toten und Verwundeten, die Trauer und das Elend der Hinterbliebenen legen nahe, dass diese Grausamkeiten mit einer Weltreligion, die knapp 1 400 Jahre alt ist, eigentlich nichts zu tun haben können. Trotzdem wurde in den letzten Jahren der Koran, das heilige Buch der Muslime, als Buch der Gewalt bezeichnet. Und zwar immer dann, wenn Leute wie Osama bin Laden oder sein Vize Aiman al-Sawahiri in ihren TV-Botschaften vom Heiligen Krieg sprechen, Selbstmordattentäter in Videos zu sehen sind, in denen sie ihre religiöse Kämpferpflicht vor aller Welt heroisch darstellen und für Organisationen Werbung machen, die sich »Islamischer Widerstand« oder »Partei Gottes« nennen.

Unzählige Artikel und Bücher wurden mittlerweile über das Thema geschrieben. Sehr oft versucht man mit Koranexegese den Beweis zu erbringen, dass Islam und Heiliger Krieg untrennbar miteinander verbunden sind. (In manchen Fällen wird dabei eine wenig akkurate, um nicht zu sagen tendenziöse Übersetzung geliefert.) Was heute passiere, so Islamkritiker wie der in Pakistan aufgewachsene und unter Pseudonym veröffentlichende Ibn Warraq, sei alles andere als eine Überraschung. Muslime können sagen, was sie wollen, ihre Religion ist undemokratisch, totalitär, letztendlich eine Religion der Gewalt. Wer Gegenteiliges behauptet, ist entweder unwissend oder ein gefährlicher Beschöniger, wenn nicht gar ein Manipulator, der die wahren Ziele aus gutem Grund verheimlicht.

Auf den Koran »reingefallen« ist offenbar bereits vor 200 Jahren unser Nationaldichter Johann Wolfgang von Goethe (1749-1832). Er bewunderte den Koran und zog schöpferische Kraft daraus, nachzulesen im West-östlichen Diwan und in mehreren Briefwechseln. An seinen langjährigen Brieffreund Carl Friedrich Zelter (1758-1832) schrieb Goethe: »Weiter kann ich nichts sagen, als dass ich hier mich im Islam zu halten suche.« Unser deutscher Dichterfürst plante zudem ein Drama über den Propheten Mohammed, neben anderen namhaften Figuren der Geschichte. Einen Roman über den Propheten schrieb Jahrzehnte später ein anderer Autor der deutschen Literaturgeschichte: Klabund alias Alfred Henschke. Ein Werk, das 1917 zum ersten Mal erschien.

Aus dem Koran werden normalerweise nur einzelne Sätze oder kleinere Passagen (im Folgenden kursiv gedruckt) zitiert. Für einen besseren Zusammenhang hier die betreffenden Suren vollständig. Als Beweis wird gerne angeführt: »*Kämpfe darum für Allahs Sache* – du wirst für keinen verantwortlich gemacht als für dich selbst – *und sporne die Gläubigen an.* Vielleicht wird Allah den Krieg der Ungläubigen aufhalten; und Allah ist stärker im Krieg und strenger im Strafen.« (Sure 4:84)

Sehr beliebt auch: »*Und tötet sie, wo immer ihr auf sie stoßt*, und vertreibt sie von dort, von wo sie euch vertrieben; denn Verfolgung ist ärger als Totschlag. Bekämpft sie aber nicht bei der Heiligen Moschee, solange sie euch dort nicht angreifen. Doch wenn sie euch angreifen, dann kämpft wider sie; das ist die Vergeltung für die Ungläubigen.« (Sure 2:191)

Außerdem: »Sie wünschen, dass ihr ungläubig werdet, wie sie ungläubig sind, so dass ihr alle gleich seiet. Nehmet euch daher keinen von ihnen zum Freund, ehe sie nicht auswandern auf Allahs Weg. *Und wenn sie sich abkehren, dann ergreifet sie und tötet sie, wo immer ihr sie auffindet*; und nehmet euch keinen von ihnen zum Freunde oder zum Helfer.« (Sure 4:89)

Sehr gerne genommen wird auch das Nacken-Zitat, das als »Schlagt sie tot!« interpretiert wird: »Da dein Herr den Engeln offenbarte: Ich bin mit euch; so festiget denn die Gläubigen. In die Herzen der Ungläubigen werde Ich Schrecken werfen. *Treffet (sie) oberhalb des Nackens und schlagt ihnen die Fingerspitzen ab!*« (Sure 8:12)

Die Nacken-Geschichte kommt an späterer Stelle noch einmal: »*Wenn ihr (in der Schlacht) auf die stoßt, die ungläubig sind, trefft (ihre) Nacken; und wenn ihr sie so überwältigt habt, dann schnüret die Bande fest. Hernach dann entweder Gnade oder Lösegeld, bis der Krieg seine Waffen niederlegt. Das ist so. Und hätte Allah es gewollt, Er hätte sie Selbst strafen können, aber Er wollte die einen von euch durch die andern* prüfen. Und diejenigen, die auf Allahs Weg getötet werden – nie wird Er ihre Werke zunichtemachen.« (Sure 47:4)

Für den Beweis der Grausamkeit: »*Einem Propheten geziemt es nicht, Gefangene zu machen*, ehe er sich auf kriegerischen Kampf einlassen muss im Land. Ihr wollt die Güter dieser Welt, Allah aber will (für euch) das Jenseits.« (Sure 8:67)

Die Verteidiger des Islams ziehen natürlich ihre Gegenzitate aus dem Koran heran, die das negative Bild und die westlichen Vorurteile ausräumen sollen. Auch hier kursiv gedruckt die gewöhnlich aus dem Kontext gerissenen Sätze, mit denen argumentiert wird.

Der Islam ist eine friedfertige Religion, die es mit allen gut meint: »Verehrt Allah und setzet Ihm nichts zur Seite, *und (erweiset) Güte den Eltern, den Verwandten, den Waisen und den Bedürftigen, dem Nachbarn, der ein Anverwandter, und dem Nachbarn, der ein Fremder ist*, dem Gefährten an eurer Seite und dem Wanderer und denen, die eure Rechte besitzt. Wahrlich, Allah liebt nicht die Stolzen, die Prahler.« (Sure 4:36)

Der Islam tritt für Toleranz zwischen den Menschen und den Religionen ein: »*Es soll kein Zwang sein im Glauben.* Gewiss, Wahrheit ist nunmehr deutlich unterscheidbar von Irrtum; wer also sich von dem Verführer nicht leiten lässt und an Allah glaubt, der hat sicherlich eine starke Handhabe ergriffen, die kein Brechen kennt.« (Sure 2:256)

Der Islam rechtfertigt nicht das willkürliche Töten, ist keine grausame Religion, sondern hat hohe moralische Werte: »Aus diesem Grunde haben Wir den Kindern Israels verordnet, *dass wenn jemand einen Menschen tötet* – es sei denn für (Mord) an einem andern oder für Gewalttat im Land –, *so soll es sein, als hatte er die ganze Menschheit getötet*; und wenn jemand einem Menschen das Leben erhält, so soll es sein, als hätte er der ganzen Menschheit das Leben erhalten. Und Unsere Gesandten kamen zu ihnen mit deutlichen Zeichen; dennoch, selbst nach diesem begehen viele von ihnen Ausschreitungen im Land.« (Sure 5:32)

Dazu passt auch: »Und kämpfet für Allahs Sache gegen jene, die euch bekämpfen, *doch überschreitet das Maß nicht, denn Allah liebt nicht die Maßlosen.*« (Sure 2:190)

Natürlich bringt der Schlagabtausch mit Koranzitaten herzlich wenig. Eine beinahe 1 400 Jahre alte Schrift zu lesen und zu analysieren, mag sehr interessant und in gewisser Hinsicht auch sehr aufschlussreich sein, ist aber nicht geeignet, um Aussagen über die Gegenwart zu treffen. Es ist völlig absurd, aus dem Koran Handlungsanleitungen für Terroristen im 21. Jahrhundert abzulesen, selbst wenn sie ihre Taten damit rechtfertigen sollten. Den Koran wörtlich zu nehmen, ist genau das, was die islamistischen Freiheitskämpfer vorgeben zu tun. Die fulminante Diskrepanz zwischen Text und Wirklichkeit erzeugt genau die Grausamkeiten, die wir tagtäglich zu sehen bekommen.

Noch weniger hilfreich ist es, angesichts der Aussagen des Korans, die – wie wir gesehen haben – in vielen Dingen gar nicht eindeutig sind, alle Muslime in einen Topf zu werfen. Ein Buch bleibt schließlich immer nur ein Buch, selbst wenn es ein heiliges Buch sein sollte oder es tatsächlich auch ist. »Der Koran ist eine Schrift zwischen zwei Buchdeckeln, die nicht spricht. Es sind die Menschen, die zu ihr sprechen«, wird vom schiitischen Imam Ali (598-661 n. Chr.) überliefert. Etwas, das heute, knapp 1400 Jahre später, jeder Germanistikstudent im ersten Semester über die Rezeption von Literatur lernt.

Es ist eine Plattitüde, aber man kann es nicht oft genug betonen, da es Kritiker wie auch Anhänger des Islams stets unterschlagen: Es existiert nicht nur eine einzige Botschaft des Korans. Mit wem auch immer man sich unterhält, ob mit einem Lebensmittelladenbesitzer, einem Akademiker, Studenten, Bauarbeiter oder Taxifahrer in Damaskus, Doha, Beirut, Istanbul oder Kuala Lumpur: Jeder erinnert sich an seinen eigenen Koran, der die persönlichen Werte, den individuellen Moralkodex repräsentiert. Was in diesem Koran steht, ist abhängig von einem persönlichen Sammelsurium an Erinnerungsspuren und setzt sich zusammen aus dem, was man erfahren, gehört, gelesen oder im Fernsehen gesehen hat, das bei einer Analphabetenquote von bis zu 50 Prozent (Weltgesundheitsbehörde, WHO) in manchen muslimischen Ländern das wichtigste Informationsmedium ist. Die individuelle Koranversion ist eine Mischung aus Religion, Politik und sozialen Verhaltensregeln, die von Nation zu Nation anders geprägt wird und daher unterschiedlich ausfällt. Was in einem Land erlaubt und gut ist, kann woanders verboten und verpönt sein. Die Welt ist wesentlich komplexer, als dass sie sich auf Wörter und Sätze eines oder mehrerer Bücher zurückführen ließe.

Der Koran und die Hadithe erzählen Geschichten, geben Ratschläge, regeln Rituale und Gebräuche: das fünfmalige tägliche Gebet, den Fastenmonat Ramadan, Feiertage oder Essens- und Kleidungsgewohnheiten. Trotzdem erscheint es absurd, etwa 1,6 Milliarden Menschen die buchstabengetreue Befolgung des Korans zu unterstellen. Wer schon einmal einen Einblick in das Leben in Kairo, Damaskus, Istanbul, Jakarta, Dubai, Tanger oder selbst in Teheran bekommen hat, weiß, dass das Leben in seiner Gesamtheit wenig mit dem Koran zu tun hat. Ein Buch zu lesen und zu interpretieren ist eine Sache, die Lebenswirklichkeit eine andere.

So sehr manche staatlichen Institutionen auch autoritär durchgreifen, um ein wie immer geartetes muslim-korrektes Gesellschaftsbild aufrechtzuerhalten, die puristische Sittenstrenge existiert nur nach außen hin. Unter der Oberfläche kann man ganz anderes entdecken. Es wird Alkohol (→ **Alkohol**) getrunken, es gibt Drogen (→ **Drogen**) aller Art, natürlich auch Prostitution, Männer und Frauen, die ihren Ehepartner betrügen, homophile Beziehungen bei beiden Geschlechtern und Pornografie (→ **Sexualität**). Über Satellit gibt es unzählige arabische Musiksender, die nonstop Popvideos zeigen, von denen viele nicht weniger anzüglich sind als die westlichen Pendants, von den Filmen aus aller Welt ganz zu schweigen. Moderne Literatur aus Saudi-Arabien beschreibt den Alltag der Promiskuität, Frauen mit Kopftuch sitzen in den Straßencafés Beiruts und rauchen Wasserpfeife. Die architektonischen Aushängeschilder in Dubai oder Katar haben nichts von religiöser Zurückhaltung und die Luxusinseln im Roten Meer sind Domizile westlichen, hedonistischen Lebensstils. Nicht zu vergessen traditionelle Musik, die zur Ekstase führen kann, oder arabische Weinpoesie, die die positiven Wirkungen des Rebensafts preist, um nur einige Beispiele zu nennen.

Im letzten Jahrhundert wäre der Kampf um Unabhängigkeit von den Kolonialmächten die beste Gelegenheit gewesen, den Dschihad gegen Ungläubige auszurufen. Es blieb aber beim Freiheitskampf von nationalen Bewegungen wie beispielsweise in Algerien. Als Gegenbewegung zu den westlichen Kolonialmächten orientierten sich viele am Ostblock und gaben sich sozialistisch. Der Lebensstil blieb, insgesamt gesehen, modern. Von islamischen Kleidungsvorschriften war wenig zu sehen: In den Sechziger- und Siebzigerjahren sah man in den Metropolen Männer in Anzügen, Frauen trugen Kleider und keine Von-Kopf-bis-Fuß-Bedeckung, am Strand natürlich Bikinis. Das Fasten im Ramadan war etwas für Traditionalisten, nichts für Studenten, den modernen Mann und die moderne Frau, die ein angenehmes Leben mit Auto, Wohnung und Arbeit wollten. Religion war eher eine Privatsache.

Kein Wunder, dass sich Sayyid Qutb (1906-1966), einer der ersten islamistischen Revolutionäre, über den damaligen Zeitgeist beklagte. »Heute leben wir wie die Heiden, genau wie in den Tagen vor dem Islam, mit Blick darauf, wie die Leute handeln, auf die Kultur der Welt und darauf, was sie glauben und denken«, schrieb er in seinem Buch *Zeichen auf dem Weg.* Sayyid Qutb wandte sich gegen jede Form von moderner Politik. »Die heutigen Heiden verehren von Menschen gemachte Verfassungen, Gesetze, Prinzipien, Systeme und humanistische Methoden. Sie verachten Allahs Gesetz und seine Verfassung für das Leben.« Qutb gilt als erster Theoretiker eines modernen Dschihads, den andere später genauer definieren sollten (→ **Dschihad**). Er saß zehn Jahre (1954-1964) im Gefängnis und wurde 1966, in der Amtszeit des ägyptischen Präsidenten Gamal Abdel Nasser (1918-1970), hingerichtet. Viel Zulauf hatte Sayyid Qutb zu Lebzeiten nicht. Die breite Öffentlichkeit war damals nicht an islamischen, noch weniger an islamistischen Theorien interessiert. Wer die Welt unbedingt verbessern wollte, für mehr Gerechtigkeit eintrat, der orientierte sich am Sozialismus, nicht am Islam.

Folge ich der Argumentation der Interpreten, die den Islam grundsätzlich als Religion der Gewalt und Expansion bezeichnen, dann müsste der muslimische Riese also nur geschlafen haben. Als hätte er all die Jahrzehnte nur darauf gewartet, endlich wieder auszubrechen, um die ganze Welt zu tyrannisieren, zu erobern und alle

Menschen zum Islam zu bekehren. Ein Schreckgespenst, das mehr mit dem Feindbild der »grünen Gefahr«, der »Türkengefahr« und den »wilden Mohren« zu tun hat, das vom 8. bis 17. Jahrhundert von Spanien bis Deutschland Europa beherrschte, denn mit einer vernünftigen Analyse.

Wie an anderer Stelle ausgeführt (→ **Al-Qaida**), ist eine Mehrheit der Muslime gegen die Gewalt im Stile von Al-Qaida, trotz der Beteuerungen des internationalen Terrornetzwerks, alle Anschläge im Namen des Korans und Allahs, dem Allmächtigen, zu begehen. So gut die militanten Gruppen für die These vom Koran als Buch der Gewalt auch herhalten mögen, ihr Kampf dreht sich nicht um Religion. Die internationalen Truppen im Irak oder in Afghanistan werden zwar als Kreuzzügler und als Ungläubige bezeichnet, die angeblich den Islam ausrotten wollen. Aber das nimmt ihnen kaum noch ein Muslim ab.

Die Dichotomie zwischen Gläubigen und Ungläubigen, die militante Islamisten vorschieben, ist nur eine formale Distinktion. Sie meinen Besatzer und Befreier, gut oder böse, schwarz und weiß. Die Religion ist dabei nur ein Vehikel. Was im 20. Jahrhundert die Imperialisten und Kolonialisten waren, sind heute die Ungläubigen, die fremde Länder besetzen und ausbeuten. Al-Qaida versuchte nicht, den Papst in Rom zu töten, das Oberhaupt der Ungläubigen, bombardierte keine Kirchen oder andere christliche Einrichtungen. Al-Qaida zerstörte das World Trade Center in New York, ein Symbol des internationalen Kapitalismus, und zum Teil das Pentagon als Zeichen der US-Hegemonie. Im Irak versucht Al-Qaida nun, den USA eine zweite große Lektion zu erteilen. Sollten die USA tatsächlich aufgrund des militärischen Widerstands abziehen müssen, würden Muslime in aller Welt mit Sicherheit jubeln. Allerdings nicht, weil die Ungläubigen vertrieben würden, sondern weil die Besatzung des Iraks zu Ende ginge und der US-Imperialismus eine Niederlage erlitte.

Der Koran ist die Grundlage zur Unterdrückung der Frau

Am 21. März 1804 trat der Code Napoléon in Kraft, das französische Gesetzbuch zum Zivilrecht, das auch andere Länder beeinflusste. Alle männlichen Bürger wurden vor dem Gesetz gleichgestellt, nur die Frau blieb dem Vater oder dem Ehemann untertan. Sie verfügten über ihren Besitz, ihr Vermögen und ihr Erbe. In Großbritannien bekam bis 1882 der Ehemann bei der Heirat automatisch das Eigentum der Frau überschrieben. In Deutschland verwaltete der Mann bis Ende der Fünfzigerjahre das von seiner Frau in die Ehe eingebrachte Vermögen – inklusive aller fälliger Zinsen sowie dem Einkommen seiner Gattin, sofern sie berufstätig war. Erst durch das Gesetz zur Gleichstellung von Mann und Frau, das am 1. Juli 1958 in Kraft trat, änderte sich dieser Zustand.

Der Koran sprach dagegen den Frauen bereits vor gut 1300 Jahren ein Besitz- und Erbrecht zu sowie die eigenständige Verwaltung ihrer Güter. Sie erbt beim sunnitischen Islam zwar nur die Hälfte (bei Schiiten zu gleichen Teilen) im Vergleich zum Mann, was mit seiner Versorgungspflicht gegenüber der Mutter und anderen unverheirateten weiblichen Verwandten gerechtfertigt wird. Trotzdem war diese Regelung der Gütertrennung revolutionär für diese Zeit und blieb es auch einige Jahrhunderte lang. Neben dem Besitzrecht erhielt die muslimische Frau auch das Recht zur Scheidung und einen Versorgungsanspruch durch den geschiedenen Mann. Beide Punkte werden in einem Heiratsvertrag fixiert, der neben einem Brautpreis auch andere mögliche außereheliche Aktivitäten (Studium, Berufsausbildung) regelt. Heiratsregeln, Brautpreis, Scheidungsrecht und Erbrecht werden im Koran detailliert und ausführlich beschrieben.

Will sich eine Frau scheiden lassen, muss sie vor Gericht klagen. Scheidungsgründe sind vielfältig: Ehebruch, zu lange Abwesenheit des Gatten, grobe Vernachlässigung der Unterhaltspflicht, physische und psychische Grausamkeit, Impotenz, ernsthafte Erkrankung des Mannes, Zerwürfnisse und unzumutbarer Statusunterschied der Gatten. Der Mann muss jedoch für eine Scheidung kein Gericht anrufen, es genügt, wenn er seine Frau verstößt. Trotz der Ungleichheit war das Scheidungsrecht für die damalige Zeit und auch später noch etwas Außergewöhnliches. Natürlich sind die im Koran aufgeführten Regelungen heute wenig zeitgemäß. Wie sehr sich dennoch viele muslimische Länder daran orientieren, hängt davon ab, wie sehr sich das jeweils bestehende Rechtssystem mehr an die Scharia (→ **Scharia**) oder an eine moderne Rechtsprechung anlehnt. Ausnahmen unter muslimischen Staaten sind Tunesien und Marokko, in denen ein modernes, reformiertes Familienrecht gilt, das dem Mann und der Frau gleiches Recht auf Scheidung zubilligt.

Viele werden sich noch an die Taliban in Afghanistan erinnern, die versuchten, Frauen von allen Bildungsinstitutionen fernzuhalten. Dabei steht Bildung von Frauen nicht im Widerspruch zum Koran. Im Gegenteil, es ist ein positives Gut, nach dem jeder, Mann oder Frau, trachten sollte. Wenn man möchte, kann man daraus ein Recht auf Bildung ableiten. Hier zwei Beispiele aus dem Koran: »Lies! Denn dein Herr ist der Allgütige. Der (den Menschen) lehrte durch die Feder. Den Menschen lehrte, was er nicht wusste.« (Sure 96:3-5) Und: »Sprich: ›Reiset umher auf Erden und sehet, wie Er das erste Mal die Schöpfung hervorbrachte. Dann ruft Allah die nächste Schöpfung hervor.‹« (Sure 29:20) Dazu gibt es auch noch einen Ausspruch (Hadith) des Propheten Mohammed, den muslimische Frauenrechtlerinnen gerne zitieren: »Das Streben nach Wissen ist eine Pflicht für jeden Muslim, Mann oder Frau.«

Es ist also keineswegs so, dass der Islam prinzipiell die Frau zum unterdrückten, ungebildeten Wesen macht, wie viele im Westen zu wissen glauben. Die formale

Gleichstellung von Frau und Mann haben wir ja bereits an anderer Stelle (→ **Frauen**) erläutert. Die Unterdrückung der Frau, gemäß westlicher Maßstäbe, hat ihren Ursprung in patriarchalischen Traditionen, die aus vorislamischer Zeit stammen. Religiöse Gründe werden, wie bei den Taliban oder in Saudi-Arabien, nur vorgeschoben. Man könnte auch das Gegenteil aus dem heiligen Buch herauslesen und in die Wirklichkeit umsetzen, wenn man denn wollte.

Nun aber zu einem nach wie vor weitverbreiteten Missverständnis: Der Koran schreibt die Verhüllung der Frau vor, was als ganz spezifisches Charakteristikum des Islams betrachtet wird. Ein Thema, das die Gemüter im Westen besonders gerne in Rage bringt. Das Kopftuch, inklusive aller anderen weiblichen Verhüllungen, avancierte zu einem Kleidungsstück, an dem sich nicht nur die Geister scheiden, sondern das zum Objekt kollektiver westlicher Projektionen wurde. Ein Indikator dafür, dass man die Sache im Westen viel ernster nimmt als die betroffenen muslimischen Frauen selbst (→ **Frauen**).

Die Vorschrift von der Verhüllung der Frauen existierte schon lange vor dem Islam und war auch nachher nicht auf muslimische Gesellschaften beschränkt. Die ersten Anzeichen von Verschleierung soll es bereits 5000 v. Chr. bei den Sumerern gegeben haben. Tempelpriesterinnen waren verschleiert, die junge Männer in die Welt der Sexualität einführten. Der türkischen Archäologin Muazzez Ilmiye Cig, die das in einem ihrer Bücher ausgeführt hatte, brachte das 2006 eine Klage ein. Sie sollte religiöse Menschen verletzt haben. Die Klage wurde von einem türkischen Gericht jedoch abgewiesen.

1300 Jahre v. Chr. führten assyrische Könige den Schleier offiziell ein. In einem Gesetzestext wird er den verheirateten, ehrbaren und wohlhabenden Frauen als Pflicht vorgeschrieben. Zugleich war der Schleier allerdings auch ein Privileg. Er signalisierte einen hohen sozialen Status und den Unterschied zu Sklavinnen und Prostituierten, denen das Tragen des Schleiers bei Strafe untersagt war. Ganz ähnlich bei den Byzantinern (4. bis 5. Jahrhundert n. Chr.), den Sassaniden (ca. 224-652 n. Chr.), im antiken Griechenland und im alten Rom, wo die Verhüllung ein Zeichen der erlesenen Gesellschaft war und Wohlstand signalisierte. Nur Frauen, die arbeiten mussten, trugen keinen Schleier.

Auch im Judentum und Christentum kennt man den Schleier als Zeichen des Anstandes und des Verheiratetseins. Eine Frau mit Schleier ist als Sexualobjekt nicht verfügbar. In der Bibel gibt es dazu einige Referenzen. Im neuen Testament schreibt Paulus in den Korinther-Briefen über Frauen, die beim Gebet bedeckt sein sollten, um keine Schande zu provozieren. Noch heute sollten Frauen wie Männer nur in gebührlichen Kleidern Kirchen betreten. Sonst muss man draußen bleiben oder, wie es jeder aus dem Urlaub in südlichen Gefilden kennt, man bekommt einen Umhang oder Schal, um sich zu bedecken. Statuen der Heiligen Jungfrau Maria stellen sie sittsam mit Kopftuch und langem Kleid dar. Christliche Nonnen tragen bis heute Habit, schließlich haben sie ihr Leben Gott geweiht.

Kopfbedeckungen, unter denen die Haare der Frau verdeckt sind, waren in Europa über Jahrhunderte üblich. Bis in die Siebzigerjahre trugen Frauen in Italien, Spanien oder Griechenland, in Kleinstädten und Dörfern, Kopftücher. Zudem sollten unverheiratete Frauen nicht ohne Begleitung aus dem Haus gehen. Kleiderordnungen und Verhaltensweisen, die typisch für den ganzen Mittelmeerraum waren und dort teilweise noch immer Gültigkeit haben, ganz unabhängig von der Religion. Heute trägt die Braut bei der kirchlichen Trauung einen Schleier. Symbolisch übergibt der Vater seine Tochter an den Schwiegersohn, der den Schleier lüften darf und sie öffentlich küsst, nachdem er sie geehelicht hat. Je nach Saison und Geldbeutel sind Hüte mit ganz unterschiedlichen Schleiern modern.

In den USA halten Mormonen-Frauen ihr Gesicht beim Gebet mit einem Schleier bedeckt. In Westafrika verhüllen Tuareg-Männer mit einem langen Schal den Kopf bis auf die Augen, nicht als Abwehr des Wüstensands, sondern zum Schutz gegen böse Geister. In Indien verdecken heute noch strenggläubige Hindu-Frauen mit einem Tuch in der Anwesenheit von Männern, die nicht zur Familie gehören, ihr Gesicht.

In muslimischen Gesellschaften wird die Verhüllung der Frau, ganz ähnlich wie in anderen Religionen, mit Anstand und Tugendhaftigkeit gleichgesetzt. Im Koran gibt es dazu insgesamt drei wichtige Verse, wobei der zuletzt aufgeführte zur Rechtfertigung des Kopftuchs oder des Schleiers zitiert wird:

1) »O Prophet! Sprich zu deinen Frauen und deinen Töchtern und zu den Frauen der Gläubigen, sie sollen ihre Tücher tief über sich ziehen. Das ist besser, damit sie erkannt und nicht belästigt werden.« (Sure 33:59)

2) »Sprich zu den gläubigen Männern, dass sie ihre Blicke zu Boden schlagen und ihre Keuschheit wahren sollen. Das ist reiner für sie. Wahrlich, Allah ist recht wohl kundig dessen, was sie tun.« (Sure 24:30)

3) »Und sprich zu den gläubigen Frauen, dass sie ihre Blicke zu Boden schlagen und ihre Keuschheit wahren sollen und dass sie ihre Reize nicht zur Schau tragen sollen, bis auf das, was davon sichtbar sein muss, und dass sie ihre Tücher über ihre Busen ziehen sollen und ihre Reize vor niemandem enthüllen als vor ihren Gatten, oder ihren Vätern, oder den Vätern ihrer Gatten, oder ihren Söhnen, oder den Söhnen ihrer Gatten, oder ihren Brüdern, oder den Söhnen ihrer Brüder, oder den Söhnen ihrer Schwestern, oder ihren Frauen, oder denen, die ihre Rechte besitzt, oder solchen von ihren männlichen Dienern, die keinen Geschlechtstrieb haben, und den Kindern, die von der Blöße der Frauen nichts wissen. Und sie sollen ihre Füße nicht zusammenschlagen, sodass bekannt wird, was sie von ihrem Zierat verbergen. Und bekehret euch zu Allah insgesamt, o ihr Gläubigen, auf dass ihr erfolgreich seiet.« (Sure 24:31)

Das Anliegen, die »Keuschheit« zu wahren, ist sofort zu erkennen. Nur mit dem Kopftuch wird es etwas komplizierter. In dieser Übersetzung wird zwar von Tüchern gesprochen, die Frauen »tief über sich *und* über ihren Busen ziehen« sollen. In einer anderen Übersetzung von Rudi Paret wird daraus in der zuletzt zitierten Sure 24:31: »… ihren Schal sich über den (vom Halsausschnitt nach vorne heruntergehenden) Schlitz (des Kleides) ziehen und den Schmuck, den sie (am Körper) tragen, niemandem offen zeigen.«

Tuch oder Schal, wird mancher sagen, ist doch kein großer Unterschied. Das Problem ist nur, dass die entsprechende Originalpassage des Korans nicht verständlich und die Übersetzung eine Interpretation ist. Die Originalpassage lautet Arabisch gelesen wie folgt: »Sie sollen sich ihre *Chumur* auf ihre Taschen schlagen!«

Der deutsche Islamwissenschaftler Rudi Paret hat sich nun bei seiner Schal-Übersetzung an den berühmtesten Koranexegeten at-Tabari (839-923 n. Chr.) und dessen arabischen Korankommentar (Tafsir) angelehnt. Dort wird das auf Arabisch unverständliche Schlüsselwort »chumur« (im Plural) weder erläutert noch philologisch belegt. Aus at-Tabari-Ausführungen würde aber deutlich, dass darunter »Kopftuch« zu verstehen sei. So wurde aus dieser eigentlich unverständlichen Passage das Kopftuch geboren.

Für Christoph Luxenberg, ein Spezialist semitischer Sprachen, ist das ein grober Fehler. Seiner Meinung nach müsste die Passage so übersetzt werden: »Sie sollen sich ihre Gürtel um die Lenden (ihre Taille) schnallen.« Für ihn ist der Gürtel ein Symbol für Keuschheit, wie er auch in der christlichen Religion konnotiert ist. Die Jungfrau Maria trägt auch einen »Gürtel um die Lenden«. In der syrischen Version des Abendmahls heißt es auch, dass Christus sich einen Schurz »über die Lenden schlug«, um die Füße seiner Jünger zu waschen. Ein bedeutender Unterschied, den die Neuübersetzung zutage brachte – gerade was das Kopftuch betrifft, das der Zankapfel von Konservativen, Reformern und Progressiven ist. Ein Streit, der damit eigentlich beigelegt sein könnte, aber die philologische Analyse wird von Koran-Apologeten kaum anerkannt werden und womöglich als Blasphemie, als Zweifel am Wort Gottes, das der Koran nun einmal sein soll, ausgelegt.

Christoph Luxenberg ist ein Pseudonym, das sich der Sprachwissenschaftler auf Anraten muslimischer Freunde vorsorglich zulegte. Sein Buch *Die syro-aramäische Lesart des Korans* sorgte nach Erscheinen im Jahr 2000 weltweit für Aufsehen. Ihn hatten die sogenannten dunklen Stellen des Korans interessiert. Das sind Textpassagen wie die Kopftuchstelle in Sure 24:31, deren Sinn nur kaum oder gar nicht zu entschlüsseln ist und von denen islamische Gelehrte oft behaupten, nur Gott alleine könne sie verstehen. Es gibt viele davon, die nur über Interpretation zu einem Sinn kommen. Luxenberg liest diese unverständlichen Passagen auf »Syro-Aramäisch«, der Sprache, die über ein Jahrtausend die Kultur- und Schriftsprache im vorderasiatischen Raum gewesen war, bevor sie im 7. Jahrhundert langsam vom Arabischen verdrängt worden ist. Und plötzlich ergeben diese dunklen, unverständlichen Texte einen Sinn.

In der oben zitierten Sure 24:31 gibt es dafür ein weiteres eindringliches Beispiel: »Und sie sollen ihre Füße nicht zusammenschlagen, sodass bekannt wird, was sie von ihrem Zierat verbergen«, heißt es gegen Ende des Textes. Gerade die »schlagenden Füße« machen wenig Sinn. Mit der syro-aramäischen Lesart von Christoph Luxenberg wird das Ganze plötzlich verständlich: »Sie sollen nicht mit den Füßen hüpfend (tänzelnd) (einhergehen), damit ihre verborgenen Reize auffallen.« Etwas, das jeder nachvollziehen kann.

Als Prophet Mohammed 632 n. Chr. starb, gab es noch keinen offiziellen schriftlich fixierten Koran. Der dritte Kalif Uthman (644-656 n. Chr.) soll als Erster eine verbindliche Ausgabe auf der Basis von Personen, die den Text auswendig gelernt hatten, und teilweise wohl auch nach bereits existierenden Manuskripten erstellt haben. Zu dieser Zeit gab es noch keine arabische Grammatik, sie wurde erst 150 Jahre später kodifiziert. Auch die sogenannten diakritischen Punkte, die die gleich geschriebenen Konsonanten im heutigen Arabisch voneinander unterscheiden, waren damals noch nicht üblich. Für Luxenberg ist deshalb klar, dass beim Versuch, den Koran später auf Arabisch zu lesen und niederzuschreiben, logischerweise Lesefehler und Übersetzungsfehler gemacht wurden. Die Sprache des Korans sei eben eine Mischsprache aus Syro-Aramäisch und Arabisch, deren Verwandtschaft man, so Luxenberg, etwa mit Deutsch und Niederländisch vergleichen könne. »Nimmt man beispielsweise das Wort ›bellen‹, das auf Niederländisch ›klingeln‹ bedeutet. Wenn in Deutschland an der Tür steht: ›Dreimal bellen‹, wirkt es eher komisch.« Die Übersetzungsfehler im Koran seien so frappant, dass Luxenberg »unzählige Male die Hände über den Kopf zusammengeschlagen« habe.

Der Koran war als schriftliches Fundament einer neuen Religion gedacht

Für Christoph Luxenberg »ist der Koran ein syro-aramäisches liturgisches Buch mit Auszügen aus der Schrift zur Verwendung im christlichen Gottesdienst«. Er habe »Aufforderungen zur Teilnahme an der Abendmahlliturgie« und Hinweise auf das Weihnachtsfest gefunden. »Der Koran war von Anfang an nicht als Grundlage einer neuen Religion gedacht. Er setzt vielmehr den Glauben an die Schrift voraus und hat insoweit eine Vermittlerrolle.«

Der Koran also nur eine arabische Version der Bibel? Eine gewagte These in der heutigen Zeit. In Pakistan wurde die Ausgabe der Zeitschrift *Newsweek* mit einem Artikel über das Buch Luxenbergs verboten. Ansonsten weiß der Autor zu berichten, dass es bei Begegnungen mit Muslimen keinerlei Anfeindungen gegeben habe. »Im Gegenteil«, meinte Luxenberg im Interview, »sie alle zeugten von ihrem Respekt für das Bemühen eines Nichtmuslims um das sachliche Verständnis ihrer Heiligen Schrift.« In Beirut wurde sein Buch sogar in einer schiitischen Zeitung ausgiebig besprochen.

Nein, Angst habe er keine, eher wäre es ein stetiges Staunen über die Unzulänglichkeit des Menschen, den Koran richtig zu verstehen. Ein Urteil wie etwa gegen Salman Rushdie (→ **Rushdie, Salman**) habe er als Nichtmuslim nicht zu befürchten. Das Pseudonym, Christoph Luxenberg, legte er sich nur auf Anraten muslimischer Freunde zu, die meinten, dass aufgebrachte Fundamentalisten nicht auf eine Aufforderung eines muslimischen Geistlichen warteten, um eventuell auf eigene Faust tätig zu werden. Der Autor scheint gelassen und blickt positiv in die Zukunft. »Wenn religiöse Staaten wie Saudi-Arabien oder der Iran gewillt wären, den Koran so zu verstehen, wie er objektiv verstanden sein will, würden sich für die islamischen Völker dadurch hoffnungsvolle Perspektiven eröffnen.«

Christoph Luxenberg gehört zu einer Reihe von Wissenschaftlern aus Deutschland und anderen Ländern, die, teilweise ganz unabhängig voneinander, den Koran zum ersten Mal textkritisch untersuchen. Der Korantext galt unter deutschen Orientalisten, die bei muslimischen Kollegen einen sehr guten Ruf besitzen, immer als unanzweifelbar. Man stützte sich einzig und allein auf Korankommentare, die rund 150 Jahre nach Lebzeiten des Propheten Mohammed entstanden sind.

Das klingt im ersten Moment unglaublich, ist aber wahr. In keiner anderen Wissenschaft würde man eine Lücke von über einem Jahrhundert so hinnehmen und sich mit der Quellenlage einfach zufriedengeben. Wahrscheinlich wollte sich die herrschende wissenschaftliche Koran-Gemeinde nicht eingestehen, dass zum vollständigen Verstehen des heiligen Buchs der Muslime die arabische Sprache alleine nicht ausreicht. Welcher Fachmann gibt schon bereitwillig zu, sich trotz jahrelanger, ja jahrzehntelanger Arbeit in einer Sackgasse zu befinden, da seine Ausbildung ungenügend ist? Warum neue Pfade beschreiten, wenn sich auch sonst niemand den Kopf darüber zerbricht?

Ein weiterer Grund dürfte sein, dass kaum Zeugnisse aus der Zeit des 7. und 8. Jahrhunderts existieren, auf die man sich stützen könnte. Der frühe Islam ist eine dunkle Periode, über die aus erster Hand nicht viel zu erfahren ist (→ **Prophet Mohammed**). Alle Aussagen über diese Zeit beruhen im Großen und Ganzen auf Schriften aus dem 9. Jahrhundert. Es gibt also keinen Forschungsgegenstand, auf den man sich nur zu stürzen braucht, wie im Falle des bestehenden Korans und seiner Kommentarliteratur.

In den Siebzigerjahren versuchten einige Wissenschaftler, neue Wege zu gehen. Dazu gehörten Patricia Crone und Michael Cook oder auch John Wansbrough aus den USA und der Deutsche Günter Lüling. Für Crone und Cook war das islamische Geschichtsbild heilsgeschichtlich ausgelegt und damit als historische Quelle unbrauchbar. Für Wansbrough wurde der Koran erst ein gutes Jahrhundert nach Prophet Mohammed zusammengestellt. Südirakische Gelehrte hätten, seiner Meinung nach, das heilige Buch zusammengesetzt.

Günter Lüling ging von einem Urtext aus, der in einem lokalen Arabisch verfasst und eine Sammlung von christlichen Texten war. Erst später habe man den Koran in die heutige Fassung umgeschrieben, wobei Fehler gemacht worden seien. Ganz ähnlich wie 30 Jahre nach ihm Christoph Luxenberg erkennt Lüling in seinem 1974 erschienenen Buch über den Urkoran als Fehlerquelle die Umschrift vom mehrdeutigen Altarabisch ins kodifizierte Arabisch des 9. Jahrhunderts.

Was immer man von diesen Theorien halten mag, statt Interesse an neuen Ideen und Theorien zu zeigen, stellte die *scientific community* die Autoren mal mehr, mal weniger in die Ecke. Nun versuchen heute erneut Religionswissenschaftler, Numismatiker, arabische Linguisten, Islamwissenschaftler, Semitisten und Historiker, Licht in die dunklen Anfänge des Islams und des Korans zu bringen. Eine Reihe von Büchern (→ **Literaturverzeichnis**) ist bereits erschienen, die erste interessante wie wichtige Resultate lieferten. Man kann nur hoffen, dass sich der akademische Apparat auf breiter Linie diesen Bemühungen anschließt. Eigentlich sollte es selbstverständlich sein, dass man den Koran historisch und textkritisch hinterfragt. Mit der christlichen Bibel ist das schon lange vorher geschehen.

Vielleicht bekommen die neuen Koranwissenschaftler auch Schützenhilfe von ihren internationalen Kollegen, die anhand eines Vergleiches der ältesten existierenden Koranmanuskripte eine textkritische Edition des heiligen Buches herausbringen wollen. »Aber das kann noch zehn Jahre dauern«, sagte mir einer der Wissenschaftler, der an diesem anspruchsvollen Projekt beteiligt ist. »Aber es besteht ja keine Eile, solange die Zeichen der Zeit so schlecht dafür stehen.«

Der Koran verspricht 72 Jungfrauen im Paradies

Im Fernsehen war es zu sehen: Ein Video von einem Selbstmordattentäter, der seine Motive erklärt, sich glücklich schätzt, Gott dienen zu dürfen, und dafür ins Paradies einzugehen hofft. »Das ist euer Lohn, und euer Bemühen ist angenommen worden.« (Sure 76:22) Natürlich muss das Paradies etwas Besonderes sein, für das es sich wirklich lohnt zu sterben. Im Gegensatz zur christlichen Bibel und dem Garten Eden wird im Koran das Paradies detailliert beschrieben: »Und Er wird sie für ihre Standhaftigkeit belohnen mit einem Garten und seidnen (Gewändern). Darin auf erhöhten Sitzen lehnend, werden sie dort weder Gluthitze noch Eiseskälte erfahren. Und seine Schatten werden dicht über ihnen sein, und seine gebüschelten Früchte werden leicht erreichbar gemacht. Und Trinkgefäße aus Silber werden unter ihnen kreisen, und Pokale von Glas, (durchsichtig wie) Glas, doch aus Silber, und sie werden ihren Umfang bemessen nach dem Maß. Und es wird ihnen dort ein Becher zu trinken gereicht werden, dem Ingwer beigemischt ist – Eine Quelle darinnen, Salsabíl geheißen. Und es werden ihnen dort Jünglinge aufwarten, die kein Alter berührt. Wenn du sie siehst, du hältst sie für Perlen, verstreute; Und wenn du dort in irgendeine Richtung schaust, so wirst du Glückseligkeit und ein großes Reich erblicken. An ihnen werden Gewänder sein von feiner, grüner Seide und schwerem Brokat. Sie werden mit silbernen Spangen geschmückt sein. Und ihr Herr wird sie mit einem reinen Trank laben.« (Sure 76:12-21)

Aber das ist lange noch nicht alles: »In den Gärten der Wonne. Eine große Schar der Früheren. Und einige wenige der Späteren. Auf durchwobenen Polstern, Lehnend auf diesen, einander gegenüber. Ihnen aufwarten werden Jünglinge, die nicht altern. Mit Bechern und Krügen und Trinkschalen (gefüllt) aus einem fließenden Born – Keinen Kopfschmerz werden sie davon haben, noch werden sie berauscht sein – Und (mit den) Früchten, die sie vorziehen. Und Fleisch vom Geflügel, das sie begehren mögen. Und holdselige Mädchen mit großen, herrlichen Augen, Gleich verborgenen Perlen. Als eine Belohnung für das, was sie zu tun pflegten. Sie werden dort kein eitles Geschwätz noch sündige Rede hören, Nur das Wort: ›Frieden, Frieden!‹ Und die zur Rechten – was (wisst ihr) von denen, die zur Rechten sein werden? – (Sie werden) unter dornenlosen Lotusbäumen (sein). Und gebüschelten Bananen. Und ausgebreitetem Schatten. Bei fließenden Wassern. Und reichlichen Früchten, Unaufhörlichen, unverbotenen. Und edlen Gattinnen – Wir haben sie als eine wunderbare Schöpfung erschaffen Und sie zu Jungfrauen gemacht, Liebevollen Altersgenossinnen.« (Sure 56:12-37)

Die Trinkschalen mit fließendem Born werden in der Übersetzung des Islamwissenschaftlers Rudi Paret zu »Kannen voll Wein«. Im Paradies bekommt der Märtyrer all das, was ihm im diesseitigen Leben verboten blieb. Neben Alkohol gibt es Jünglinge und Jungfrauen. »Holdselige mit herrlichen schwarzen Augen, wohlbehütet in Zelten – Welche der Wohltaten eures Herrn wollt ihr beide da leugnen? – Die weder Mensch noch Dschinn [Geist] vor ihnen berührt hat.« (Sure 55:72-74)

Wahrlich ein Fest der Sinne, das offensichtlich sehr verführerisch für einige junge Muslime erscheint. Heute wird die sexuelle Komponente von muslimischen Theologen heruntergespielt. Aber bereits angesehene Geistliche der Islamgeschichte wie al-Ghazali (1058-1111 n. Chr.) haben Sinnesfreuden im Paradies zugegeben. Genährt werden die Fantasien paradiesischer sexueller Erfüllung durch eine Beschreibung von al-Suyuti (1445-1505 n. Chr.), einem ägyptischen Autor und Lehrer, der über eine Reihe von religiösen Themen schrieb: »Jedes Mal, wenn wir

mit einer Huri [Jungfrau] schlafen, ist sie eine Jungfrau. Übrigens, der Penis des Aus-
erwählten erschlafft niemals. Die Erektion ist ewig; die Empfindung, die man fühlt,
jedes Mal, wenn man liebt, ist absolut herrlich und nicht von dieser Welt und würde
man es in dieser Welt erfahren, würde man ohnmächtig werden. Jeder Auserwählte
wird 70 Huris heiraten, neben den Frauen, die er auf der Erde hatte. Und alle davon
werden appetitliche Vaginas haben.«

Wirklich dionysische Vorstellungen, die eher an einen jugendlichen Traum von
Orgien erinnern denn an ein religiöses Paradies. Al-Suyuti spricht hier von 70 Jungfrauen, obwohl sonst meist von 72 die Rede ist. Im Koran steht kein Wort darüber,
wie viele Jungfrauen im Paradies auf die Märtyrer und alle anderen Muslime mit
einem gottgefälligen Lebensstil warten. Die Zahl 72 stammt aus einem Hadith. Der
Prophet Mohammed soll gesagt haben: »Die kleinste Belohnung für die Leute im Paradies ist ein Wohnsitz mit 80 000 Dienern und 72 Frauen; alles überragt von einer
Kuppel, die mit Perlen, Aquamarinen und Rubinen geschmückt ist, so groß wie die
Entfernung von al-Jabiyyah [ein Stadtteil von Damaskus] nach Sana [Jemen].«

Reichtum, Diener, Jungfrauen und Alkohol als Versprechen klingen nicht schlecht,
aber es gibt ein Problem dabei, zumindest was die Huris oder Paradiesjungfrauen
betrifft. Den Ausdruck Huris konnten sich arabische Korankommentatoren nicht
anders als mit Jungfrauen erklären. Tatsächlich bezeichnet der Ausdruck im Koran
aber »weiße Weintrauben« als symbolische Ausstattung des christlichen Paradieses
in Anlehnung an das Abendmahl des Evangeliums. So erklärt Christoph Luxenberg
den Begriff Huris, der zu den dunklen, missgedeuteten Ausdrücken des Korans gehört. Das Gleiche gelte für die »Knaben beziehungsweise Jünglinge des Paradieses«.
Auf Syro-Aramäisch sind damit die gleichen Weintrauben gemeint, die der Koran
übrigens mit »Perlen« vergleicht. »Bei den gründlichen Missdeutungen, gerade bei
den christlichen Symbolen des Paradieses, war sicherlich das männliche Element
bei den arabischen Korankommentatoren ausschlaggebend«, mutmaßt Luxenberg.
Beim »männlichen Element« kann ihm sicherlich niemand widersprechen. Muslimische Frauen beklagen hin und wieder, natürlich mit einer gehörigen Portion Ironie, wen oder was sie denn im Paradies bekommen. Für wen die vermeintlichen
Jünglinge im Koran sind, ist nämlich nicht geklärt.

Kultur

Es gibt eine einheitliche islamische Kultur

Wie man verallgemeinernd von der islamischen oder der arabischen Welt spricht, so wird auch die islamische Kultur als Begriff verwendet, der Einheitlichkeit vermitteln soll. Dabei existiert keine einheitliche muslimische Kultur, höchstens eine Vielzahl von islamischen Kulturen.

Im Islam gibt es rund 150 verschiedene Glaubensrichtungen und Sekten, die sich im Laufe der beinahe 1 400 Jahre alten Geschichte der Religion gebildet haben. Sie sind über Kontinente und auf verschiedenste Kulturkreise verteilt, geprägt von regionalen Faktoren. Ihre jeweiligen Interpretationen des Islams können so widersprüchlich sein, dass sie sich gegenseitig der Häresie beschuldigen.

Dominierend sind die Sunniten, die zwischen 80 und 90 Prozent aller Muslime ausmachen. In Algerien, Tunesien und Marokko sind 99 Prozent der Bevölkerung Sunniten, in Kuwait 70 Prozent, in Afghanistan 80 Prozent. Sunnitische Mehrheiten gibt es ebenfalls in Ägypten (94 Prozent), der Türkei (99 Prozent), Somalia (99 Prozent), Usbekistan (88 Prozent), im Sudan (70 Prozent), in Libyen (97 Prozent), Tadschikistan (85 Prozent), in Jordanien (92 Prozent) oder auch auf den Malediven und den Komoren-Inseln (98 Prozent).

Der Sunni-Islam ist allerdings kein einheitlicher Block. Es existieren zahlreiche unterschiedliche Richtungen, die sich gegenseitig nicht anerkennen. Für die puristischen Wahhabisten (→ **Islamismus**) sind beispielsweise die Anhänger des Sufismus, die sich auf mystische und asketische Elemente konzentrieren, keine Muslime. Ihr Glaube wird als Gotteslästerung betrachtet. Konservative Muslime gehen in ihrem Urteil nicht unbedingt so weit wie die radikalen Wahhabisten, aber suspekt bleiben Sufis auch ihnen. Umstritten ist auch die Ahmadiyya-Sekte, für die der Prophet Mohammed nicht der letzte Prophet war. Ahmadiyya wurde 1889 in Pakistan gegründet, soll heute weltweit zwölf Millionen Anhänger haben und besonders stark in Westafrika vertreten sein. Als Mitte der Neunzigerjahre in Pakistan eine Verfolgungswelle der Ahmadiyyas begann, kamen viele als Asylbewerber nach Deutschland, das für die Sekte jedoch kein Neuland war. Von den Zwanzigerjahren an gab es in Berlin Ahmadiyya-Missionare. Berlins heute älteste Moschee, die Ahmadiyya-Moschee, wurde vom Architekten K. A. Hermann 1924-28 im Auftrag der Sekte gebaut.

Ein anderes Beispiel sind die Charidschiten, die sich 657 n. Chr. abspalteten. Die

Charidschiten bekämpften alle anderen Muslime als Ungläubige und verabscheuten die Anhänger Imam Alis, die Schiiten. Die radikale Version existiert heute nicht mehr. Die heute lebenden Charidschiten sind Abkömmlinge einer moderaten Version der Sekte, die sich 700 n. Chr. bildete. Sie sind hauptsächlich im Oman zu finden, kleinere Gruppen auch in Libyen, Südalgerien, auf der tunesischen Insel Dscherba und in Ostafrika.

Formal mögen die religiösen Inhalte, die fünf Säulen des Islams, für alle Sunniten gleich sein. Doch allein die vier Rechtsschulen (→ Scharia) und ihre unterschiedlichen Auslegungen konstituieren unterschiedliche Lebensbedingungen. Hinzu kommt eine Kombination aus unterschiedlichen historischen Entwicklungen und regionalen Traditionen, die zusammen einen speziellen landestypischen Charakter schufen.

Im afrikanischen Mali sind Sufi-Bruderschaften ein wichtiger integraler Bestandteil der Gesellschaft, die unter ihren Mitgliedern sogar Recht sprechen und bei Beruf und Karriere behilflich sind, während sie, wie wir oben gesehen haben, in anderen muslimischen Ländern unakzeptabel sind.

In Mauretanien oder auch im Süden von Marokko spielen afrikanische Traditionen eine große Rolle. Frauen tragen farbenfrohe Kleidung, ein langes, offenes Tuch über Kopf und Schultern. Ein Affront für Muslime im Norden Marokkos, die konservative Kleidungsvorschriften befürworten. Im Süden werden auch Hochzeiten ohne Segregation zelebriert, während man im Norden nach Geschlechtern trennt.

Männer und Frauen gemeinsam auf einer Feier wären auch in Saudi-Arabien undenkbar. Dort übernehmen, wie ebenfalls in Jordanien oder im Jemen, traditionelle Stammesstrukturen wichtige gesellschaftliche Funktionen.

In Indonesien oder auch Malaysia gehören kulturelle Einflüsse aus Indien und China zum Alltagsleben. In Malaysia haben Muslime chinesische Traditionen integriert. Dazu gehört zum Beispiel, bei Festivitäten Geldbündel zu verschenken. Statt roter werden hier, in muslimisch abgewandelter Form, an Feiertagen grüne, mit arabischen Schriftzeichen beschriebene Geldscheinpakete weitergegeben.

Die zweitgrößte islamische Glaubensgemeinschaft mit etwa zehn Prozent sind die Schiiten, bekannt von der Islamischen Republik Iran oder auch aus dem Irak, wo sie etwa 60 Prozent der Bevölkerung ausmachen. Schiitische Minderheiten gibt es zudem in vielen anderen Ländern wie in Kuwait, Syrien, in der Türkei oder in Pakistan. Schiiten haben ihre eigene Sunna (die Lebensgeschichte des Propheten), die auf den zwölf Imamen basiert (→ Imam). Einer dieser Imame, der als verborgen gilt, soll irgendwann wiederkehren und das Paradies, die gerechte Gesellschaft einleiten. Die Pilgerschaft nach Mekka ist für Schiiten nicht das Wichtigste. Wallfahrten zu den heiligen Stätten in Kerbela (Grab von Imam Husain) und Nadschaf (Grab von Imam Ali) besitzen oberste religiöse Priorität.

Sunniten belächeln gewöhnlich schiitische Rituale, insbesondere die Büßerprozessionen an Aschura (→ **Hisbollah**). Von radikalen Sunniten werden die Schiiten als Ungläubige betrachtet, die vom rechten Islam abgefallen und in Wirklichkeit keine Muslime seien. Am besten sollten sie ausgerottet werden, falls sie nicht zum richtigen Glauben zurückfinden. Mit dieser vereinfachenden Begründung bombardieren Al-Qaida und ihr nahestehende Gruppen im Irak schiitische Prozessionen und heilige Stätten.

Von den Schiiten haben sich im Laufe der Geschichte mehrere Gruppierungen abgespalten. Dazu zählen die Drusen, die an die Reinkarnation und die Wiederkehr von Kalif al-Hakim glauben, der 1021 n. Chr. verschwunden sei. Drusen leben heute in Israel, Syrien, Jordanien und im Libanon. Gemeinden gibt es jedoch auch in Lateinamerika, den USA, Australien und Westafrika.

Im Libanon zählt Drusenführer Walid Dschumblatt seit Jahrzehnten zur politischen Elite des Landes. Er ist gleichzeitig Vorsitzender der Progressiven Sozialistischen Partei (PSP). Jedes Wochenende hält Dschumblatt in seinem schlossähnlichen Anwesen in den Schuf-Bergen eine Art Klan-Sprechstunde. Ein Ritual, zu dem jedes Mal viele Hunderte von Drusen aus dem ganzen Land anreisen, um beim Führer Rat und Hilfe zu erbitten. Bei schwierigen Problemen verschwindet Dschumblatt mit dem drusischen Ältestenrat hinter verschlossenen Türen zur Urteilsfindung.

Eine andere Gruppe sind die Alawiten, die sich im 9. Jahrhundert von den Schiiten abspalteten. Ihre Religion wird ähnlich geheim gehalten wie bei den Drusen. Alawiten beten nicht in Moscheen, sondern in privaten Häusern, feiern die üblichen schiitischen Feiertage, aber auch christliche wie Weihnachten. 1,6 der insgesamt 2,2 Millionen Alawiten leben in Syrien, wo sie nicht ganz zehn Prozent der Bevölkerung ausmachen und zur gesellschaftlichen Elite zählen. Hafiz al-Assad, der ehemalige syrische Staatspräsident und Vater des neuen Präsidenten Baschar al-Assad, war selbst ein Alawit und lancierte seine Glaubensbrüder in höchste Positionen. Einige meinen, die syrische Allianz mit dem Iran habe auch religiöse Hintergründe, da Alawiten, als schiitische Splittergruppe, ähnliche Glaubensprinzipien haben.

Ein anderes Beispiel für das islamische Kaleidoskop ist die Nation of Islam in den USA, die unter der Führung von Malcom X in den Sechzigerjahren durch den Kampf der schwarzen Bürgerrechtsbewegung bekannt wurde. Sie verstand den Islam als Werkzeug zur Befreiung der schwarzen Massen von der Unterdrückung der Weißen. Die Nation of Islam hat heute nur etwa 30 000 bis 70 000 Mitglieder, kann aber mehrere Hunderttausend Menschen auf die Straße bringen. Unter der Führung von Louis Farrakhan hatte die Organisation eine radikal antiweiße und antijüdische Agenda, die man durchaus rassistisch nennen konnte. Wie die Drusen glaubt die Nation of Islam an eine Art Reinkarnation und Farrakhan gab sich den Status eines Propheten. Insofern werden sie vom Sunni-Islam nicht anerkannt. In späteren Jahren propagierte Louis Farrakhan einen moderateren Weg und rief zum Miteinander aller Religionen auf. Ein Abspaltungsprodukt der Nation of Islam ist eine Gruppe, die sich heute die Muslim American Society nennt. Sie gibt sich moderat und erlaubt sogar weiße Mitglieder, was früher unter dem radikal schwarz-nationalistischen Programm unmöglich gewesen wäre. Die Organisation kam 2006 in die Schlagzeilen, als sie eine Fatwa (→ **Fatwa**) veröffentlichte, die es muslimischen Taxifahrern erlaubt, den Transport von alkoholisierten Fahrgästen abzulehnen. Ansonsten würde sich der Taxi fahrende Muslim an einer Sünde beteiligen. 2004 unterstützte die Muslim American Society, unmittelbar nach Ermordung des religiösen Hamas-Führers Scheich Jassin, eine Klage gegen die US-Regierung, Waffen zu verkaufen, mit denen Zivilisten getötet werden.

In den USA leben rund 2,5 Millionen Muslime, von denen etwa zwei Drittel aus 68 verschiedenen Ländern stammen. Die meisten davon gehören der Mittelschicht an und adaptieren den sogenannten American Way of Life.

Angesichts der von Land zu Land und von Region zu Region unterschiedlichen Riten, Glaubensinhalte, Interpretationen und Alltagsregeln ist es unmöglich, von einer einzigen muslimischen Kultur zu sprechen. Betrachtet man zum Beispiel traditionelle Musik und Tanz, dann stellt man ebenfalls gravierende Unterschiede fest. Trance-Musik, die eine Reihe von unterschiedlichen Stilen kennt, ist in muslimischen Ländern Afrikas fester Bestandteil der Alltagskultur. Woanders ist sie dagegen verpönt und wird als unislamisch angesehen. In jeder Region haben sich über Jahrhunderte eigene Genres herausgebildet, die einzigartig sind. Sie sind ein Konglomerat von unterschiedlichen kulturellen Einflüssen. Indonesien ist dafür ein gutes Beispiel, wo Musik und Tanz manchmal animistische, hinduistische und buddhistische Elemente enthält, die mit islamischen Gebeten kombiniert werden. Wer sich eine Zusammenstellung von Volks- und religiöser Musik aus verschiedenen Ländern anhört, wird von der Stilpluralität angenehm überrascht sein.

Was heute musikalisch so etwas wie Vereinheitlichung geschaffen hat, ist die moderne Popmusik (→ **Musik**). Orientiert an Dance oder Hip-Hop werden internationale Hits produziert, bei denen kommerzieller Erfolg das Wichtigste ist. Interessant wird die Musik nur dort, wo traditionelle Stilelemente integriert werden und so ein eigenwilliger Sound entsteht.

Madrasa

M

Madrasas sind Ausbildungszentren des Terrorismus

Madrasa bedeutet auf Arabisch einfach Schule und kann vielerlei sein: Tages- oder Halbtagsschule, Internat, mit einem allgemeinen Stundenplan oder auch mit vornehmlich religiösen Inhalten, ein Seminar, das an eine Moschee angeschlossen ist oder auch nicht. Die Ausrichtung hängt jeweils von den örtlichen Bedürfnissen ab. In dörflichen Gemeinschaften können Madrasas die einzigen Bildungseinrichtungen für Kinder und Jugendliche sein. Wie viele dieser Schulen es weltweit gibt, ist kaum zu sagen. Allein in Pakistan sollen es rund 10 000 mit ein bis zwei Millionen Schülern sein. Auf alle muslimischen Länder hochgerechnet also Hunderttausende Schulen mit einigen Millionen von Studenten.

Nach dem 11. September 2001 kamen die Madrasas in den Ruf, die Ausbildungszentren von Terroristen zu sein. Die Taliban, bei denen Osama bin Laden in Afghanistan sein Hauptquartier aufgeschlagen hatte, sollen ihre religiöse Ausbildung in pakistanischen Madrasas bekommen haben. Der ehemalige US-Außenminister Colin L. Powell nannte sie eine Brutstätte für Fundamentalisten und Terroristen. In einem Memorandum hatte auch der damalige Verteidigungsminister Donald H. Rumsfeld gefragt, ob »wir jeden Tag mehr Terroristen fangen, töten oder abhalten, als die Madrasas und radikale Kleriker rekrutieren, trainieren und gegen uns aufmarschieren lassen?« Selbst die nationale 9/11-Untersuchungskommission beschrieb in ihrem Bericht vom Juli 2004 Madrasas als »Brutkasten von gewalttätigem Extremismus«. Dabei lagen weder der Kommission noch Rumsfeld oder Powell irgendwelche Untersuchungen vor. Tatsache ist, dass die meisten Terroristen keine Madrasa besuchten. In der Regel haben sie an westlichen Schulen und Universitäten studiert.

Peter Bergen, Professor der John Hopkins University, und Swati Pandey, Journalist der *Los Angeles Times*, haben sich die Mühe gemacht, die Biografien von insgesamt 79 Terroristen zu durchforsten. Darunter die der ersten Attentäter des World Trade Centers von 1993 und die der späteren vom 11. September 2001 sowie von denjenigen, die die US-Botschaften in Afrika 1998 und die Nachtclubs in Bali 2002 in die Luft sprengten, wie auch von den Londoner Attentätern vom Juli 2005. Von den 79 Terroristen waren nur neun auf eine Madrasa gegangen, und diese neun waren an einem einzigen Anschlag, nämlich an dem in Bali, beteiligt. Die Piloten vom 11. September 2001 hatten alle westliche Universitäten besucht, was für normale Verhältnisse im Mittleren Osten einer Eliteausbildung gleichkommt, die jeder nur zu gerne machen würde. Mohammed Atta bekam einen Abschluss der Technischen Universität Hamburg. Scheich Omar Abdel-Rahman, der spirituelle Kopf der Zelle, die 1993 versuchte, das World Trade Center in die Luft zu jagen, hatte seine Dissertation begonnen, und zwar an der Al-Azhar-Universität von Kairo, die für Muslime so etwas wie Oxford ist.

Selbst ohne diese Untersuchung gäbe es eigentlich keinen Grund, Madrasas prinzipiell als Geburtsstätten gewalttätiger Islamisten zu verurteilen. In religiösen Madrasas lernt man den Koran zu rezitieren oder wird zum islamischen Gelehrten ausgebildet, zu dessen Studienfächern Arabisch, Koran-Auslegung, die Scharia (→ **Scharia**), Hadithe (→ **Koran**), Logik und muslimische Geschichte gehören. Die bedingungslose Liebe zum Westen ist sicherlich in den Madrasas nicht oberste pädagogische Priorität, und je nach Land und Trägerorganisation der Schule mögen moderatere oder radikalere Interpretationen unterrichtet werden. Aber eine praktische Ausbildung zum Terroristen findet nicht statt. Bombenbau, Zündertechnik, konspirative Kommunikation oder Guerillakampf lernt man dort mit Sicherheit nicht.

Denkt man an die Millionen von Schülern, die in allen muslimischen Ländern in Madrasas gehen, ist es fast unausweichlich, dass der eine oder andere religiös motivierte Terrorist auf eine dieser Schulen gegangen ist. In vielen Ländern, gerade auf dem Lande, schicken Väter ihre Söhne zumindest sonntags in eine Madrasa, um den Koran zu lernen. So wie es ihr Vater mit ihnen getan hat und der Vater ihres Vaters.

Natürlich gibt es überall auch schwarze Schafe. Der Leiter einer Schule kann Hass und Rassismus predigen, wie es bei einige Imamen (→ **Imam**) im Westen passiert ist. Deswegen alle Imame und Moscheen zu verteufeln, ist genauso unsinnig, wie wegen einiger Radikaler alle Madrasas schließen zu wollen. In manchen Ländern hätte das sicherlich negative Auswirkungen auf das allgemeine Bildungsniveau.

In die Schusslinie der Kritik kam immer wieder das Königreich Saudi-Arabien, das in den letzten Jahren sehr offensiv und mit großen finanziellen Mitteln den Bau von Moscheen und Madrasas im Ausland vorantrieb. In der Regel werden dort wahhabistische Theorien (→ **Islamismus**) verbreitet, die sich bei Immigranten in Europa sehr leicht in radikale Ideologien verwandeln. Die Anschläge in Madrid und London haben jedoch gezeigt, dass muslimische Immigranten nicht unbedingt eine Madrasa-Ausbildung brauchen, um blutige Anschläge auszuführen.

Madrasa

Magie

M

Magische Kräfte und Geister stehen im Widerspruch zum Islam und sind in muslimischen Gesellschaften verpönt

Wer im Westen würde es schon für möglich halten, dass im Islam Magie und Geister existieren? Man verbindet mit dem Islam moralischen Purismus (→ **Ehrenmord**; → **Frauen**; → **Steinigung**), der aus einem fanatischen Glauben an Gott und sein von ihm geschaffenes Gesetz (Koran und Scharia) herrührt. Die Taliban zerstörten die Buddha-Statuen von Bamiyan, weil man sich kein Bild von Gott machen dürfe. Tausende von Muslime weltweit protestierten deshalb angeblich auch gegen die Veröffentlichung der Mohammed-Karikaturen in Dänemark (→ **Bilder**). Wie könnte in diesem rigiden religiösen Purismus Platz für eine Welt von Geistern und Magie sein, die vom rechten Glauben an Gott ablenken können? Beim Stichwort der Pilgerfahrt sehen wir später, wie sehr sie von magischen Elementen aus vorislamischer Zeit geprägt ist. Elemente, die sich auch in vielen anderen Belangen des Islams wiederfinden. Sieben Mal müssen die Pilger die Kaaba in Mekka umrunden und sieben Mal den Teufel in Mina steinigen. Die Zahl Sieben mit ihrer magischen Kraft zieht sich weiter über die sieben existierenden Himmel bis zu den sieben verschiedenen Gemüsesorten im Couscous, der nach dem Freitagsgebet vornehmlich in Nordafrika gegessen wird. Die Zahl Sieben ist eine unter mehreren magischen Zahlen, jedoch eine Kleinigkeit im Vergleich zu den Geistern, den Dschinns, an deren Existenz im Islam niemand zweifelt. Ihnen ist sogar eine Sure im Koran gewidmet, Nummer 72 mit dem Titel »Der Dschinn«. Sie werden aber auch sonst noch weitere Male im heiligen Buch erwähnt.

Dschinns sind unsichtbare Wesen und bilden eine Parallelwelt zu der der Menschen, mit denen sie zusammenleben. Sie sind aus einer rauchlosen Flamme entstanden, im Gegensatz zu Engeln, die aus Lehm und Licht gemacht wurden. Die Dschinns sind Übernahmen aus dem Polytheismus. Dschinns oder dschinnähnliche Wesen existierten lange vor dem Islam, nicht nur auf der arabischen Halbinsel, sondern auch in Asien und Afrika. Sie waren Hilfsgeister, Hausgötter oder Nymphen und Satyrn der Wüste. Bis heute gibt es eine Bandbreite von Varianten, die von Region zu Region verschieden sind.

Der Volksglaube an Dschinns muss zu Lebzeiten des Propheten Mohammed so fest und weitverbreitet gewesen sein, dass anscheinend nichts anderes übrig blieb, als sie in den Islam zu integrieren – und zwar in religiös domestizierter Form, wie die betreffende Dschinn-Sure im Koran nahelegt: »Sprich: Es ward mir offenbart, dass eine Schar der Dschinn zuhörte; sie sprachen: ›Fürwahr, wir haben einen wunderbaren Koran gehört, Der zur Rechtschaffenheit leitet; so haben wir an ihn geglaubt, und wir werden unserem Herrn nie jemanden zur Seite stellen.‹« (Sure 72: 1-2)

Die offizielle religiöse Bestätigung der Existenz von Dschinns ist auch eine Bestätigung für eine andere Welt, die außerhalb der normalen, bekannten Realität liegt. Eine magische Welt, an die Muslime bis heute glauben.

Viele im Westen könnten jetzt meinen, dieser Glaube beschränke sich auf zurückgebliebene ländliche Gebiete, unterentwickelte Staaten, insbesondere auf Schwarzafrika, das bekannt ist für indigene Religionen mit Geisterwelten. Tatsächlich ist der Glaube an eine andere Welt weitverbreitet und macht nicht vor moderneren, höher entwickelten Gesellschaften halt. Die Länder Nordafrikas gelten als Musterbeispiel für magische Rituale und Zauberer. Allen voran Marokko, wo muslimische Kultur und afrikanische Traditionen eine eigenwillige Mischung bilden. Dort haben Heiler, Zauberer und Hexen ihren persönlichen Dschinn, eine Art Hilfsgeist, den sie meist in einem tranceähnlichen Zustand um Rat befragen. Er gibt Anweisungen, wie dem Patienten geholfen werden kann. Der Heiler oder Zauberer ist nur Medium, das in die andere Welt, hier die der Dschinns, abtaucht und sich dort die nötigen Informationen für die normale holt. Ein Verfahren, das nichts Islamspezifisches hat. Es findet sich bei den Eskimos über die Indianer Südamerikas bis nach Nepal, ist jahrtausendealt und typisch für das Schamanentum. In Marokko gibt es außerdem traditionelle kultische Musik, die zu Trance und Erkenntnis führen soll. Und es kann durchaus vorkommen, dass eine Musikgruppe ans Krankenbett geholt wird, um dem Patienten mit dieser Musik die bösen Geister auszutreiben.

Angesichts der Zaubereien wird Marokko im Mittleren Osten gerne als Land des Aberglaubens belächelt. »Diese Marokkaner sind doch nicht normal«, konnte ich in Damaskus und Beirut immer wieder von einigen Leuten hören, die sich im ersten Moment ganz modern und aufgeklärt zeigten. Nach einigen forschenden Fragen ergab sich bei den syrischen und libanesischen Gesprächspartnern sehr schnell ein ganz anderes Bild. Mehrfach beteuerten sie entschieden, nicht an solche Geisterdinge zu glauben. Als ich ihnen jedoch einen magischen Talisman mit einem beschriebenen Zettel eines Zauberers in die Hand zu drücken versuchte, weigerten sie sich panisch, ihn auch nur zu berühren, geschweige denn anzufassen. Danach sprudelte es aus ihnen nur so heraus. Plötzlich wussten sie von Heilern, Hexen und Zauberern zu berichten, die bei Krankheit, Liebeskummer, Unglück oder Kinderlosigkeit Hilfe anbieten. Man versprach mir sogar, Telefonnummern zu besorgen. Es soll da eine ganz neue, zuverlässige Frau geben …

Im Allgemeinen werden die Probleme von diesen Ratgebern mit Pulvergemischen, Gebetsvorschriften, Zetteln mit magischer Tinte und Versen oder speziellen Tees gelöst. Einige magische Ingredienzien kann man auch im traditionellen Kräuterladen kaufen, den es früher in jedem Land in jeder Stadt gab. Heute hängt das vom Modernitätsgrad eines jeden Staates ab. Im großen Souk von Damaskus sind beispielsweise noch eine ganze Reihe zu finden, während es dagegen in Beirut seit einigen Jahren schwierig ist.

Auf Magie stößt man auch in Saudi-Arabien oder anderen Golfstaaten, die sich besonders korantreu geben. Nach der Scharia (→ **Scharia**) droht Mördern oder Drogenhändlern die Exekution, Diebe können eine Hand verlieren und Ehebruch kann mit Steinigung (→ **Steinigung**) bestraft werden. Die saudische Religionspolizei (Behörde für die Verbreitung von Tugendhaftigkeit und Verhinderung von Lastern) kontrolliert in der Öffentlichkeit die islamischen Kleidungsvorschriften und verhaftet unverheiratete Liebespaare, die sich irgendwo im Auto ein intimes Stelldichein geben. In den Arrestzellen der Religionspolizei landen ebenfalls weibliche und männliche Zauberer, da ihr Handwerk offiziell als verboten gilt. Nur wenige davon sind Saudi-Araber, die meisten kommen aus dem Ausland. Sie sind mit einem Visum für Pilgerfahrer eingereist, in der Hoffnung, das große Geld zu verdienen. Bei einigen klappt das, denn für Saudi-Araber besitzen ausländische Zauberer aus Mauretanien, Somalia oder Marokko die professionellere Reputation: Wenn jemand die Zukunft voraussagen kann oder den lustlosen Ehemann wieder aktiv werden lässt, dann die Profis aus dem Ausland. Dafür ist jeder Preis recht.

In Indonesien oder Malaysia glaubt man gleichermaßen an Geisterwelten. In indonesischen Dörfern machte man einen Fluch für Fälle der Vogelgrippe in der Nachbarschaft verantwortlich. In Malaysia zeigte die Schließung einer Museumsausstellung über Geister und Genies 2007, wie ernst man die Geisterwelt nimmt. Der nationale Fatwa-Rat ordnete an, dass Ausstellungen über Geister und Monster verboten sind, weil sie den Glauben der Muslime daran untermauern könnten. Ratsvorsitzender Abdul Shukor Husin erklärte: »Übernatürliche Wesen sind jenseits des Verstehensvermögens des Menschen.« Man wolle Muslime nicht dem Übernatürlichen und dem Aberglauben aussetzen. Über 200 000 Menschen hatten die Ausstellung bereits gesehen. Das Verbot wird wenig ändern in einem Land, in dem viele Menschen glauben, dass Verstorbene als Geister weiterleben können.

M Märtyrer

Alle Märtyrer sind Selbstmordattentäter

Am 14. Februar 2005 explodierte um 12.55 Uhr an der Seepromenade Beiruts eine Autobombe, als die Autokolonne von Rafik Hariri am St.-George-Hotel vorbeifuhr. Die rund 1 000 Kilogramm Sprengstoff hinterließen einen Krater mit einem Durchmesser von etwa 20 Metern und zerstörten Fassaden und Fensterscheiben im Umkreis von mehreren Hundert Metern. Rafik Hariri, der ehemalige libanesische Premierminister, und seine sechs Leibwächter starben. Zusammen liegen sie auf dem Märtyrer-Platz im Zentrum Beiruts neben der Al-Amin-Moschee begraben. Sie werden alle als Märtyrer betrachtet, die für die Unabhängigkeit des Libanons ihr Leben lassen mussten.

Zu Märtyrern wurden auch alle anderen Kritiker syrischer Hegemonie, die bei der Anschlagsserie, die auf Hariris Tod folgte, ums Leben kamen. Und das ungeachtet ihrer Religionszugehörigkeit: Zu den ermordeten Opfern gehören unter anderem die Journalisten Samir Kassir und Gibran Tueni (beide Christen) wie auch die Parlamentarier Pierre Gemayel (Christ) und Walid Eido (Sunnit).

Märtyrer müssen nicht notgedrungen muslimische Selbstmordattentäter (→ **Selbstmordattentäter**) sein, wie das Beispiel im Libanon zeigt. Märtyrer treten für eine Sache oder Einstellung ein, für die sie auch friedlich kämpfen, und sie müssen dabei nicht notwendigerweise sterben. Sein Leben bewusst aufs Spiel zu setzen, ist erst ein Produkt des 20. und 21. Jahrhunderts (→ **Dschihad**; → **Selbstmordattentäter**).

Der Märtyrer im Islam wird vom Zeugnis (Schahada) abgeleitet, das zu den fünf Säulen des Islams gehört: »Es gibt keinen Gott außer Allah und Mohammed ist sein Prophet.« Bei den Schiiten wird »und [Imam] Ali ist sein Freund« angehängt. Der Märtyrer im Dschihad (→ **Dschihad**) ist ein *schahid* (langes i) und der Zeuge, der in einem Prozess auftritt, ist ein *schahid* (mit langem a).

Bei den Sunniten geht das Märtyrertum auf eine Frau zurück, die als erster *schahid* gestorben sein soll. Sumayyah bint Chabbab konvertierte als siebte Gläubige zum Islam und wurde in Mekka wegen ihrer neuen Religion gefoltert und ermordet.

Bei den Schiiten gilt Husain als erster Märtyrer. Bei der Schlacht von Kerbela im Jahre 680 n. Chr. kämpfte er gegen umayyadische Truppen für die Erbnachfolge der Abkömmlinge des Propheten Mohammed. Mit nur 72 Gefährten soll der Enkel des Propheten Mohammed bewusst in den sicheren Tod gegen eine Übermacht von 15 000 Truppen des Umayyaden-Kalifen Yazid gezogen sein.

Die Schlacht von Kerbela gilt als Beginn der Trennung von Sunniten und Schiiten. Jedes Jahr an Aschura, am 10. Tag des Muharram, dem ersten Monat des islamischen Kalenders, gedenken schiitische Gemeinden in aller Welt dieser Schlacht. In Prozessionen und Schauspielen hält man den Opfertod Husains als beispielhaftes Märtyrertum wach. Seit Jahrhunderten wird an diesem Tag symbolisch Buße getan. Im Iran und seit dem Fall Saddam Husseins auch wieder im Irak klopfen sich Schwarzgekleidete bei den Prozessionen theatralisch auf die Brust. Andere schlagen sich mit Geißeln aus kleinen Ketten symbolisch auf die Rücken.

Richtiges Blut fließt in Nabatieh, einer libanesischen Kleinstadt, wo sich an Aschura jährlich Tausende von Menschen im Gedenken an Husains Schicksal die Kopfhaut aufritzen, was bei schiitischen Gruppen wie Hisbollah und Amal offiziell verpönt ist. Blutüberströmt laufen die Männer stundenlang, oft bis zur Bewusstlosigkeit, durch die Stadt, bis ihre weißen Büßerhemden tiefrot besudelt sind. Viele müssen sich in den bereitstehenden ärztlichen Nothilfezelten behandeln lassen. Gleichzeitig wird die Legende vom Kampf Husains über Lautsprecher übertragen. Bei der Schilderung seines Todes brechen alle in Tränen und Schluchzen aus. Im Anschluss an das kollektive Wehklagen findet ein Freilicht-Schauspiel statt. Die Schlacht von Kerbela wird mit als Soldaten verkleideten Reitern gemäß der Legende nachgespielt. An Aschura wollen Schiiten zeigen, dass sie Husains Tat nicht vergessen haben und jederzeit bereit sind, ihre Schuld, sei es mit dem eigenen Blut, wiedergutzumachen.

Nach Damaskus kommen Jahr für Jahr Zehntausende von Pilgern aus dem Iran. Wie viele andere Touristen aus aller Welt besuchen sie die prachtvolle Umayyaden-Moschee der syrischen Hauptstadt. Die iranischen Wallfahrer wollen jedoch nicht in die große, mit unzähligen Teppichen prunkvoll ausgelegte Gebetshalle der Moschee, sondern in einen kleinen, eher unscheinbaren Seitenflügel. Dort befindet sich ein Schrein, in dem der Kopf von Husain, dem beispielhaften Märtyrer, liegen soll. Eine Gruppe von Frauen, alle von Kopf bis Fuß schwarz verschleiert, überquert den mit Marmor ausgelegten prächtigen Innenhof. Allen voran ein Geistlicher, dessen schwarzer Turban ihn als einen direkten Nachfahren des Propheten Mohammed ausweist. Der bärtige Mann hält wie andere Touristenführer einen Wimpel, eine Hisbollah-Flagge, in der Hand. Die schwarz verschleierten Frauen brechen vor dem Schrein Husains in Tränen aus, Männer seufzen tief vor Schmerz. Ein Vater steckt den Kopf seiner Tochter in eine mit Silber ausgeschlagene Nische, was ihr eine verheißungsvolle Zukunft bescheren soll. Durch die Pilgerschaft bekennen die Menschen hier ihre historische Schuld und die Bereitschaft, sie wiedergutzumachen. Gleichzeitig beten sie aber auch für ganz persönliche Anliegen.

Die Schlacht von Kerbela liegt wie eine Erbsünde auf den Schiiten, da sie es vor 1300 Jahren versäumten, Husain zu helfen und ihn in den sicheren Tod gehen ließen. Ein Ausweg aus der Erbschuld ist der Märtyrertod, für den man, wie einst Husain, einen Platz im Paradies bekommt.

Ayatollah Khomeini hat das Märtyrertum in der neuen iranischen islamischen Republik neu definiert und aus dem Ritual ein Instrument der Revolution gemacht. In den Jahrhunderten zuvor haben die Schiiten jede Fremdherrschaft schweigsam erduldet. In die Politik wollte man sich nicht einmischen, geschweige denn sich an einer Regierung beteiligen. Herrschaft war nur dem Mahdi, dem zwölften Imam der Schiiten, vorbehalten, der im Jahr 941 n. Chr. spurlos verschwand. Abul-Quassem Mohammed, ein Nachkomme des Propheten Mohammed, soll irgendwann wiederkehren und eine Ära der Gerechtigkeit einleiten, ähnlich wie Jesus im Christentum einmal das Jüngste Gericht bringen wird.

Für Ayatollah Khomeini hatte die Zeit des passiven, schicksalsergebenen Wartens ein Ende. In der iranischen Verfassung wird er als Führer genannt. Er ist ein Experte (Faqih), der in Abwesenheit des Mahdis die Geschicke der Glaubensgemeinschaft lenkt. Khomeini legte den Grundstein für den politischen Aktivismus der Schiiten. Aschura und der Märtyrerkult wurden integrale Bestandteile seiner Revolutionstheorie. Unter Khomeinis diktatorischer Regentschaft durfte wieder gestorben werden. Fortan galt es als Pflicht, die Unterdrücker dieser Erde, ob Christen oder Moslems, zu bekämpfen (→ **Hisbollah**).

Der Krieg gegen den Irak (1980-1988) wurden als Dschihad deklariert, und alle, die darin sterben sollten, würden Märtyrer, versprach Ayatollah Khomeini. Frauen, die normalerweise im Krankenhaus oder bei der Truppenversorgung arbeiteten, wurden zusammen mit Kindern auch auf gegnerische Minenfelder geschickt, um sie zu räumen. Iranische Kriegsgefangene, die nach dem Tod Ayatollahs Khomeinis aus dem Irak zurückkamen, beklagten vor seinem Grab auf Knien, dass sie nicht gestorben seien. Belegt durch Bilder, die das iranische Fernsehen übertrug.

Auf dem Behesht-Zahra-Friedhof in Teheran liegt ein Teil der Märtyrer der Revolution. Rund 70 000 haben hier in der iranischen Hauptstadt ihre letzte Ruhe gefunden. Neben ihnen wird auch den Eltern ein Platz gewährt. Im Iran hat der Märtyrertod einen hohen moralischen und religiösen Stellenwert. Er wird mit Privilegien belohnt. Das kann von finanzieller Unterstützung bis hin zu einem Studienplatz an der Universität reichen. Heute kann man sich im Iran für Märtyrer-Divisonen melden, die den Revolutionären Garden angeschlossen sind. Bewerber werden in einer Märtyrer-Garnison ausgebildet und trainiert. In ultrakonservativen Zeitungen wie *Parto-Sokhan* wird mit Anzeigen dafür geworben. Man muss nur ein Bewerbungsformular ausfüllen. Dabei geht es nicht um Selbstmordattentate, sondern um militärische Spezialoperationen, bei denen man das Leben riskiert.

Spezialist für derartige Kommandounternehmen ist der militärische Flügel der libanesischen Hisbollah. Über 15 Jahre lieferten sie sich mit den israelischen Truppen im Südlibanon einen Guerilla-Krieg, der im Jahr 2000 zum endgültigen Abzug der Besatzer führte. In Baalbek, einer Stadt im Norden des Landes, gibt es eine Allee der Märtyrer. Dort hängen die Fotos der im Kampf gefallenen Hisbollah-Kämpfer. In dem parteieigenen TV-Sender Al-Manar wird regelmäßig an Militäroperationen der Vergangenheit erinnert und der getöteten Märtyrer gedacht. Stets geht es um Soldaten, die bei dieser oder jener Eroberung eines israelischen Postens starben.

Während des Libanonkriegs 2006 erzählte mir ein Hisbollah-Funktionär, dass er mit seinem Privatwagen in das Kampfgebiet im Süden gefahren sei, das ständig von der israelischen Luftwaffe bombardiert wurde. Ein gefährliches Unternehmen, standen doch alle Arten von Fahrzeugen in ihrem Visier. Der hochrangige Hisbollah-Mann wollte sich vor Ort selbst ein Bild von der Lage machen. Angst habe er keine gehabt, sagte er mir lachend.

Die fehlende Angst, so wird beiderseits der israelisch-libanesischen Grenze gesagt, sei einer der entscheidenden Vorteile der schiitischen Guerilla-Gruppe. Die Hisbollah-Kämpfer, ausgebildet, um jederzeit zu sterben, fürchteten den Tod nicht, während die israelischen Soldaten, die im normalen Leben Ärzte, Anwälte, Angestellte sind, Angst vor dem Sterben hätten.

Bei sunnitischen Märtyrern gibt es die doppelte ideologisch-religiöse Verbrämung nicht. Als ruhmreiche Märtyrer werden von ihnen Poster auf der Straße oder im Internet platziert, als wären sie nicht tot (»Halte jene, die für Allahs Sache erschlagen wurden, ja nicht für tot – sondern lebendig bei ihrem Herrn.« Sure 3:169). Sie sterben im Irak oder in Palästina für ihre Sache, für ihren Kampf und versprechen sich dafür einen Platz im Paradies, wo es »großen Lohn« gibt (Sure 4:74). Sie wissen jedoch nichts von einer Erbsünde, die auf ihnen lastet, und der Pflicht, zu versuchen, sie wiedergutzumachen. Alle Märtyrer kommen direkt ins Paradies und werden nicht, wie andere Normalsterbliche, vorher nach ihrem Glauben befragt, den sie durch ihre »gute Tat« bereits bewiesen haben. Ein Märtyrer wird im Gegensatz zu »normal« Verstorbenen nicht gewaschen und behält auch seine zuletzt getragene Kleidung.

Medien (→ Al-Dschsira; → Clash of Civilizations; → Heirat; → Musik)

M Moderne (→ Fortschritt)

M Moschee

Muslime beten nur in Moscheen

In Deutschland gibt es nach Angaben des Islamarchivs in Soest bislang insgesamt 159 Moscheen, die durch Kuppeln oder Minarette von außen erkennbar sind. Hinzu kommen etwa 2 600 Behelfsmoscheen in Vereinsräumen und Hinterzimmern. Gemessen an den 3,2 bis 3,5 Millionen Menschen muslimischer Prägung, die laut der Deutschen Islamkonferenz (DIK) in der BRD leben, ist das völlig unzureichend. Die vorhandenen Moscheen könnten allein nie den religiösen Bedürfnissen der deutschen Muslime gerecht werden. Es sind private Moscheevereine, die in Eigeninitiative Räumlichkeiten für die Religionsausübung zur Verfügung stellen. Schätzungen zufolge sind in Deutschland rund 2 500 Moscheevereine aktiv. Dort sind etwa 2 300 Imame (→ **Imam**) tätig, die meist in der Türkei oder in arabischen Ländern ausgebildet wurden und nur vorübergehend in Deutschland bleiben.

Generell werden Orte des Gebets und der Andacht, wo man sich verbeugt und niederkniet, Masdschid genannt. Muslime unterscheiden zwischen einer privaten, kleinen Masdschid und einer großen für die Gemeinde, die unserer Bezeichnung Moschee entspricht. Das Wort Moschee, das sich auch in anderen europäischen Sprachen (engl. Mosque, franz. Mosquée) findet, soll sich in Spanien von Masdschid zu Mezquita entwickelt haben, so stand es auf einer Sonderseite zum Thema Moschee der saudi-arabischen Tageszeitung *Saudi Gazette* – eine Version, die sich in verschiedenen etymologischen Wörterbüchern wiederfindet. Laut Karl-Heinz Ohlig, Religionswissenschaftler der Universität des Saarlandes, sei dagegen der Felsendom in Jerusalem (erbaut im 7. Jahrhundert) bereits *midzgitha* genannt worden, was »im syrischen Christentum ein geläufiger Begriff für Kirche« war (→ **Koran**; → **Prophet Mohammed**).

Auch in muslimischen Ländern beten die Gläubigen nicht ausschließlich in den großen Masdschids. Wer bei der Arbeit oder auf Reisen ist, hat oft nicht die Zeit, fünf Mal am Tag in die Moschee zu gehen. Deshalb sind auf Autobahnraststätten, in Unternehmen, Schulen und bei Behörden überall kleinere Gebetsräume eingerichtet. So kann jeder auch zwischendurch die täglichen Gebete verrichten. Bevorzugt wird jedoch der Moscheebesuch, der auf alle Fälle zum Freitagsgebet nicht ausgelassen wird.

Die kleinen Masdschids in Deutschland, die privaten Versammlungsorte und Gebetshäuser, sind aus Mangel an Alternativen entstanden und werden letztendlich nur als Behelfslösung gesehen. Man wünscht sich einen feierlicheren und offizielleren Rahmen für das Gebet und das Zusammentreffen der Gemeinde. Das erklärt die zunehmende Zahl von neuen Moscheebauvorhaben (zurzeit sind in Deutschland nach Angaben des Islamarchivs in Soest 184 im Bau oder in Planung), die in einigen deutschen Städten bei der Bevölkerung auf Argwohn stoßen (→ Integration). Man befürchtet, eine Moschee würde notgedrungen zum Zentrum islamistischen Extremismus und Fanatismus. Dies hängt möglicherweise auch damit zusammen, dass Moscheen, gerade im Ausland, oft Koranschulen oder islamische Schulen angegliedert werden (→ Madrasa). Dabei ist die freie Religionsausübung durch unser Grundgesetz geschützt. Auf Antrag kann jede Religionsgemeinschaft in Deutschland ein Gotteshaus bauen, um dort ihren Glauben zu praktizieren.

Musik

M

Muslime hören keine Musik, weil sie der Koran verbietet

»Heißer Kater sucht heiße Katze«, eine »verheiratete Frau, 27, sucht einen Liebhaber«, ein anderer will einfach nur »Liebe, Liebe«. Tag für Tag laufen derartige SMS-Nachrichten 24 Stunden lang nonstop über den Bildschirm des Musiksenders Rotana TV in Beirut. Dazu gibt es die neusten Popvideos aus Asien und dem Mittleren Osten – sehr beliebt die üppigen Hüften und die überdimensionierten Dekolletés der Popidole Haifa Wehbe, Nancy Ajram oder auch die bauchtanzende Shakira aus Südamerika, die ihre Wurzeln im Libanon hat. Rotana TV ist nicht der einzige kommerzielle Musiksender. Melody Hits, Nagham, ART Music, Dream und Mazzika heißen einige der zahlreichen Konkurrenten, 24 Stunden auf Sendung und weltweit über die Satelliten Nilesat oder Arabsat zu empfangen. Das Hauptzielpublikum sind die etwa 300 Millionen Muslime, die im Mittleren Osten und Nordafrika leben, generell jedoch alle Muslime rund um den Erdball.

Das Thema Musik ist ein gutes Beispiel, um zu zeigen, wie sehr die Ansichten konservativer Muslime und Kleriker mit der Realität auseinanderklaffen. 2003 verbot das ägyptische Parlament die Ausstrahlung anstößiger Videoclips auf allen staatlichen Fernsehsendern. Wunschdenken gegen Wirklichkeit: Die Zeiten staatlicher Kontrolle sind längst vorbei, seit das Satellitenfernsehen in den Achtzigerjahren Zensur unmöglich machte. In allen muslimischen Ländern sind CD- und DVD-Kopien (meist Raubkopien) von allen Popstars erhältlich und werden millionenfach verkauft. In den Radiostationen laufen aktuelle Hits Tag und Nacht.

Gemessen daran klingt das generelle Verbot von Musik (neben Fernsehen und Internet), das die Taliban unter ihrer Herrschaft diktierten, völlig absurd. Aber die sittenstrengen Taliban schafften es damals, den Islam als eine Religion in Verruf zu bringen, die technikfeindlich ist und, für den Westen völlig unbegreiflich, obendrein Musik verbietet. Ich kann mich noch gut daran erinnern: Nach dem Frauenthema kam in Diskussionen über den Islam stets der Vorwurf: »Und nicht einmal Musik dürfen Muslime hören, denn der Koran soll das verbieten.« Auch im Iran war unter Ayatollah Khomeini einige Zeit lang Unterhaltungsmusik verboten, bis sein Nachfolger Ayatollah Khamenei dies wieder änderte.

Noch heute gibt es konservative Kleriker, die für ein Verbot oder zumindest für eine Einschränkung musikalischer Betätigung eintreten. Ein Beispiel dieser Einstellung liefert der kanadische Rat muslimischer Theologen auf seiner Webseite. Ja, aus Kanada, nicht aus einem konservativen Land wie etwa Saudi-Arabien oder dem Iran. Auf die Frage, ob es erlaubt sei, Musik, Instrumente und Lieder zu spielen, gab der Theologenrat folgende Antwort: »Diejenigen Lieder, die keine Obszönitäten oder andere verbotene Themen gemäß der Scharia enthalten, sind statthaft.« Trommeln seien bei Hochzeiten und anderen Festivitäten gestattet, aber nur eine Trommel, die keine Glöckchen hat. »Das Spielen aller anderen Instrumente ist nicht erlaubt. Der Islam verbietet Musik und deshalb ist Musik *harâm* (verboten).« Als Beweis wird eine Sure aus dem Koran angeführt: »Unter den Menschen gibt es einen, der eitle Geschichten erhandelt, um (die Leute) irrezuleiten, hinweg von Allahs Pfad, ohne Wissen, und um damit Spott zu treiben. Solcher harrt eine schmähliche Strafe.« (Sure 31:6) Der Theologenrat weist darauf hin, dass man unter die genannten »eitlen Geschichten« auch die Musik subsumieren müsse. Musik wirke anregend und würde vom richtigen Weg ableiten. »Musik verdirbt die Moral und erzeugt Abhängigkeit.«

Ohne ein Korangelehrter sein zu müssen, sieht man auf den ersten Blick, wie willkürlich Auslegung und Interpretation sind. Jederzeit könnte man auch auf das gegenteilige Resultat kommen. Von »eitlen Geschichten« bis zur Musik ist es wahrlich ein weiter Weg. Der Koran allein reicht wirklich nicht für ein Verbot von Musik. Das Urteil der kanadischen Theologen stützt sich auf Hadithe (→ **Koran**). Sie sind wenig zuverlässig, werden aber in vielen Fällen (→ **Alkohol**; → **Frauen**; → **Steinigung**) als Rechtsquelle angeführt, auch dann, wenn sie im Widerspruch zum Koran stehen sollten. In einem der Hadithe aus der Sammlung von al-Buchari heißt es: »Unter meinen Anhängern wird es einige Leute geben, die illegalen Geschlechtsverkehr, das Tragen von Seide, das Trinken von alkoholischen Getränken und den Gebrauch von Musikinstrumenten als rechtmäßig betrachten.« Tatsächlich gibt es wenige Kleriker, die Musik als *halâl* (erlaubt) bezeichnen. Dazu gehört Yusuf al-Qaradawi aus Ägypten, der als moderat gilt, jedoch auch sehr konservative Einschätzungen von sich gibt (→ **Homosexualität**).

Es ist immer wieder verblüffend, wie Rechtsgelehrte ihre religiösen Meinungen als unerschütterliche Grundsätze ausgeben, obwohl sie im Widerspruch zur Historie und zur Gegenwart stehen. Seit es den Islam gibt, ist Musik, mit einigen wenigen Ausnahmen, ein nicht wegzudenkender Bestandteil muslimischer Gesellschaften. Es gab und gibt sakrale Musik, rituelle Musik für Feste, für Situationen des täglichen Lebens, man sang Weinlieder, tanzte in Tavernen und Palästen. Ob im Mittleren Osten, Nordafrika oder Asien: Menschen singen im Bus, machen Musik, wenn sie lange warten müssen, tanzen zu Hause und singen am Geburtstag oder manchmal einfach spontan. Wer es sich leisten kann, hört Radio und CDs. Musik ist in Dörfern, Kleinstädten und Metropolen allgegenwärtig. Im Taxi, im Privatauto, auf Bus- und Zugstationen, im Supermarkt wie im kleinen Lebensmittelladen, im Restaurant und im Schnellimbiss. Mittlerweile gibt es sogar muslimische Punkmusik, Bands wie »Wählt Hisbollah, Revolution oder Bastarde«. In London kursierte vor einigen Jahren ein Hip-Hop-Video mit dem Titel »Tötet alle Ungläubigen«. Sind das also alles Sünder, die schnellstens und hart bestraft werden müssen?

Auf den Musik-TV-Sendern läuft eine Mischung aus westlichem Pop, traditioneller arabischer und asiatischer Musik. Auch die Inszenierung der Videos enthält heimische Elemente wie den Bauchtanz. Die Ästhetik erinnert an Hip-Hop-Videos made in USA. Wichtig ist ein Luxusambiente im Hotel, in einer Villa oder am Strand. Dazu kommen die Statussymbole der Schönen und Reichen: Ferrari, Rolls-Royce, Rolex und Armani-Anzüge. Die Texte sind in der Regel so einfach, dass sie eigentlich in jedem muslimischen Land, trotz unterschiedlicher Sprachen und Dialekte, verstanden werden. »Was man zu sehen bekommt«, sagt Nabil Dajani, Soziologieprofessor an der Amerikanischen Universität Beirut, »mindert das geistige Niveau der Zuschauer und appelliert nicht an den Intellekt, sondern an die Instinkte.« Etwas, an das wir uns im Westen seit Langem gewöhnt haben.

Für konservative Kleriker in Ägypten, Indonesien oder auch für den kanadischen Theologenrat mag es ein weiteres Indiz für den Niedergang aller kulturellen, sozialen und religiösen Werte sein: Ein Millionenpublikum wird zur Unmoral angehalten. Aber etwas dagegen tun können die selbsterklärten Kulturretter nichts. Über diese Sorte von Moralhüter lacht ein Patrick Goulam, der junge Marketing-Manager von Rotana TV. »Hier geht es doch nur ums Geschäft«, sagt mir der 34-Jährige in seinem Büro im 11. Stock, von dem er einen atemberaubenden Blick über die Innenstadt von Beirut hat. Goulam arbeitet für eine der erfolgreichsten arabischen Musik- und Medienfirmen, die 1987 als Plattenfirma gestartet und heute ein riesiger Medienkonzern ist. Prinz Alwaleed bin Talal bin Abdul Aziz al Saud und seine Millionen sind hier involviert. Geld kennt bekanntlich keine Religion. Mit Musik-kanälen lassen sich eben gute Geschäfte machen, was auch immer Kleriker sagen mögen, spielt da keine Rolle.

Neben einem Sender für traditionelle arabische Musik gibt es bei Rotana TV Musik für die Golfregion und mehrere Popkanäle für jüngere Generationen. »In nur wenigen Jahren«, erzählt Patrick Goulam, »sind wir zu einem Marktführer geworden.« Besonders lukrativ ist das Geschäft mit SMS. Auf Rotana TV laufen täglich etwa 50 000 SMS auf drei Laufschienen über den Schirm, für die jeweils ein Dollar berechnet wird. »In Saudi-Arabien hat eine Frau an einem einzigen Tag allein 3 000 Nachrichten abgeschickt«, berichtet der Marketing-Manager erfolgsbewusst. Er deutet auf den Fernseher, der gegenüber von seinem Schreibtisch im Büro steht. »Sehen Sie, das Neueste ist unser Autorennen links auf dem Bildschirm. Wer gewinnen will, muss eine SMS schicken, um seinen Rennwagen weiterzubewegen. Wir sind absolut nicht rückständig, wie man im Westen immer meint.«

Über die Jahre hat sich in muslimischen Ländern eine eigenständige Welt mit Starlets, Klatsch und Skandalen entwickelt. Alles unabhängig vom Pop-Westen. In den Siebzigerjahren interessierten sich arabische Jugendliche für die Eagels, Led Zeppelin oder Pink Floyd. Heute ist das ganz anders. Marokkanische oder syrische Jugendliche kennen allerhöchstens Madonna, Michael Jackson oder vielleicht noch die Backstreet Boys. Bei U2 oder den Rolling Stones wird es dagegen schon schwierig. Als Defizit empfinden sie das nicht. Sie sind stolz auf ihre eigene arabische Welt von Glanz und Glamour, mit ihren eigenen Stars, ihrer eigenen Musik und ihren eigenen TV-Sendern.

Den Erfolg der Musiksender verstehen gerade junge Leute als willkommene De-mokratisierung und Öffnung für neue Werte und Lebensvorstellungen. Von einer »neuen Einheit« wird sogar gesprochen, was der Soziologe Nabil Dajani von der Amerikanischen Universität Beirut allerdings anzweifelt. »Die Menschen leben in einer Hyper-Realität, die vom Fernsehen geschaffen ist und in der alles möglich scheint.« Diese Hyper-Realität passe nicht mit realen Lebensumständen zusammen. »So werden die Menschen von ihren Werten und ihrer ursprünglichen Kultur entfremdet.« Prozesse, die wir aus dem Westen kennen und von denen wir wissen, wie rasant und kompromisslos sie voranschreiten.

Konservative Kleriker sowie radikale Islamisten sind davon längst überrollt worden. Sie leben im permanenten Zustand des Jetlags und tun alles, um nicht in der Echtzeit aufzuwachen. Sie konstruieren sich ihre eigene Hyper-Realität, eine ideologische Seifenblase. Die Verlautbarungen des kanadischen Rats muslimischer Theologen zur Musik sind ein Musterbeispiel dafür, wie sich eine eigene islamische Wirklichkeit zusammenbasteln lässt: Man ignoriert nicht nur die Gegenwart, sondern gleichzeitig die ganze Geschichte der islamischen Kultur.

Naher Osten (→ Palästina)

Öl

Die ölproduzierenden Golfstaaten setzen weiter auf das schwarze Gold als Wirtschaftsfaktor Nummer eins

Die Scheichs aus den Golfstaaten sind stinkreich, verschwenderisch und haben einen Hang zum Superluxus, den sie sich dank dem Erdöl leisten können, das ihre Kassen mit unglaublich hohen Summen überschwemmt. Über die Zukunft brauchen sich diese Herren keine Gedanken zu machen: ein Bild, das sich seit der Ölkrise in den Siebzigerjahren bei uns festgesetzt hat. Dabei gingen die Geschäfte der ölproduzierenden Länder in den letzten Jahren gar nicht so gut. 2002 hatte Saudi-Arabien, einer der wichtigsten Erdölproduzenten der Welt, noch ein Haushaltsdefizit von 5,5 Milliarden Dollar. Erst der Irakkrieg, der die Ölpreise in ungeahnte Höhen trieb, bescherte dem Königreich am Golf wieder positive Zahlen. Bis 2006 kletterte der Überschuss von 26,2 Milliarden (2004) und 57,1 Milliarden (2005) auf 70,7 Milliarden Dollar.

Es ist wie ein neuer großer Ölboom, dessen Chancen die Golfstaaten nicht ungenutzt verstreichen lassen wollen. Mit den 24 Billionen Dollar Gewinnen, die für die nächsten 20 Jahre prognostiziert werden, will man für eine Zukunft nach dem Ende des Erdölhandels sorgen. Orientierungspunkt dafür ist der sogenannte Öl-Peak, der Zeitpunkt der maximalen Ölförderung. Danach geht die Produktion stetig zurück, bis alle Erdölreserven aufgebraucht sind. Der Öl-Peak soll zwischen 2013 und 2034 liegen, einige Fachleute sagen ihn für die Zeitperiode von 2020 bis 2025 voraus.

Die Golfstaaten, die über die größten Erdölreserven der Erde verfügen, wollen ihre zweite Chance nutzen und intelligent investieren. Früher setzte man dort auf möglichst risikolose internationale Anlagen, wie etwa Bankeinlagen in den USA oder Großbritannien. Heute sucht man längerfristigere Investitionsprojekte, und das vermehrt in arabischen beziehungsweise muslimischen Ländern. Zwischen 2002 und 2006 haben die GCC-Staaten (Saudi-Arabien, Kuwait, Katar, die Vereinigten Arabischen Emirate (VAE), Bahrain und Oman) zusammen über 1,5 Billionen Dollar aus ihren Öl- und Gasexporten verdient – mehr als das Doppelte zu den vorangegangenen fünf Jahren. Etwa 300 Milliarden flossen davon zwar noch in die

USA, 100 Milliarden nach Europa, aber 60 Milliarden bereits in den arabischen Mittleren Osten und nach Nordafrika. Etwas, das es in diesem Ausmaß bisher nicht gab. Und die Tendenz ist steigend. Selbst Schwarzafrika und Länder in Asien, wie die Türkei, Pakistan oder auch Malaysia, stehen auf der Liste.

Diese neue Investitionspolitik mag zu einem Teil an der beunruhigenden Außenpolitik der USA liegen. Gleichzeitig hat man erkannt, dass sich mit dem Entwicklungsdefizit einiger muslimischer Länder langfristig viel Geld verdienen lässt und man nebenbei auch noch etwas Gutes tut.

In der Maghrebregion sollen der Tourismus und der Einzelhandel bis 2012 um das Sechsfache wachsen. In der nordmarokkanischen Hafenstadt Tanger investieren die VAE 1,5 Milliarden Dollar in neue Tourismuskomplexe und in einen neuen Containerhafen am Mittelmeer. In Ägypten sollen es sogar 6,8 Milliarden Dollar sein, mit denen die VAE Wohnanlagen in Kairo und am Roten Meer bauen. In Syrien investiert Tiger Real Estate, eine Firma aus den VAE, 530 Millionen Dollar in das Fünfsternehotel Damaskus World Trade Center, das gleichzeitig Einkaufszentrum, Wohnungen, Büros, Theater und Restaurants beherbergt. In Jordanien wird der Internationale Flughafen von Amman für 550 Millionen Dollar von den GCC-Ländern ausgebaut, am Toten Meer soll es eine 500 Millionen Dollar teure Golf- und Strandanlage geben, und man kaufte einen Mehrheitsanteil für 100 Millionen an der Industrie-Entwicklungsbank in Jordanien, die vorwiegend Industrie- und Tourismusprojekte fördert. Prinz Alwaleed bin Talal bin Abdul Aziz aus dem Hause Saud orientiert sich dagegen mehr in Richtung Afrika. Er investiert in Touristenhotels, Telekommunikation und das Bankwesen in Kenia, Tansania, im Senegal und in Algerien. In einem Interview mit dem Wirtschaftsmagazin *Forbes* sagte der Prinz, in dieser Region würde man ihn willkommen heißen. »Araber sind die Nachbarn von Afrikanern, und Afrika ist in vielen Teilen islamisch.«

Neben den primär geschäftlichen Investitionen werden auch Stiftungen und Fonds mit mehreren Milliarden Dollar gegründet, die den Ausbildungsgrad in arabischen und afrikanischen Ländern erhöhen sollen. Man scheint also tatsächlich an der wirtschaftlichen Zukunft der Länder interessiert zu sein und will nicht einfach nur abkassieren.

Investitionen werden nicht ausschließlich im Ausland gemacht. Auch zu Hause wollen die GCC-Länder strukturelle Veränderungen erreichen. Die Golfregion soll zum Tourismuszentrum werden, wobei nicht an billigen Massentourismus gedacht wird, sondern eher an einen Tourismus für die Mittelklasse und darüber hinaus. Neuester Boom sind künstliche Inseln im Meer, die in Dubai, Katar, Saudi-Arabien, Bahrain oder auch Oman entstehen.

Dubai, das Paradies der Gigantomanie, war der Vorreiter mit den künstlichen Inselprojekten »The Palm« und »The World«, vorgelagert an der Küste des Persischen

Öl

Golfs. 12 000 Palmen, 14 Millionen Kubikmeter Fels und 100 Millionen Kubikmeter Sand wurden allein für den Bau von »The Palm« benötigt. Mit allen verwendeten Baumaterialien könnte man eine zwei Meter hohe und einen halben Meter dicke Mauer dreimal rund um die Erde errichten. »The World« besteht aus 250 bis 300 kleineren Privatinseln, verbunden mit einem Boot-Shuttle-Service, der die Inselbewohner in 15 Minuten zum Festland bringt. Dubai bekommt durch die beiden Projekte 200 Kilometer zusätzliche Küstenlinie. Insgesamt werden die Baukosten für die Inseln im Persischen Golf zwischen jeweils 14 und 20 Milliarden Dollar geschätzt. Mit diesen Investitionen will man einen Ort des absoluten Luxus für die Superreichen dieser Erde schaffen: exklusive Restaurants und Einkaufszentren, Jachthäfen und Heliports, Wellnesszentren und Siebensternehotels, in denen die Nacht 2 000 Dollar kostet. Hinzu kommen Luxusapartments oder Villen mit großzügigem Privatstrand. Ein Refugium für Millionäre und Milliardäre, wo sie ganz für sich, vom Rest der Welt abgeschottet sind. Ein exterritoriales Gebiet, das nichts von den Luxus-Gettos hat, in denen sie normalerweise in Rio de Janeiro, Kapstadt, Los Angeles, New York, Casablanca oder Beirut leben, hinter hohen Mauern, von Kameras und Sicherheitsdiensten geschützt. Auf den Inseln ist der Blick frei und man ist ausschließlich unter seinesgleichen. Darin liegt wohl das Erfolgsgeheimnis des Insel-Marketings.

Der Verkauf der Immobilien sei nur eine Frage von Tagen gewesen, obwohl man bereits für eine größere Eigentumswohnung zwei Millionen Dollar bezahlen musste. Für Luxusvillen, Stadthäuser und Wasserhäuser mit einem Grundbesitz von 7 000 Quadratmetern galt es, einige Millionen mehr zu investieren. »The Palm« war ein internationaler Erfolg«, stellte Sultan Ahmed bin Sulayem, der Vorsitzende von Nakheel-Properties, zufrieden fest. Seine Firma, die im Auftrag des Staates Dubai arbeitet, plante und baute die Inseln. »Die Käufer kommen aus 70 verschiedenen Ländern.« Darunter saudische Prinzen, Kinostars aus Indien, der englische Fußballstar David Beckham und auch Sänger Michael Jackson, der sich unmittelbar nach seinem Kindermissbrauchsprozess nach Dubai zurückgezogen hatte. Knapp fünf Jahre nach Baubeginn sollen sich die Immobilienpreise bereits verdoppelt haben. Als Geschäftspartner der Nakheel-Properties stieg sogar US-Immobilienmogul Donald Trump ein, der ein Gespür für gelungenes Investment haben soll. Er baut »The Palm Trump International Hotel & Tower« als Zentrum des Luxus direkt auf der Promenadenmeile der künstlichen Insel. »Für uns ist das eine Mega-Gelegenheit, die Marke Trump weltweit zu promoten«, kommentierte Trump seinen Vertrag mit Nakheel.

Der finanzielle Erfolg des Inselprojekts von Dubai sorgte sehr bald für Nachahmer. Katar startete das Immobilienprojekt »The Pearl«. Für 2,5 Milliarden Dollar wird eine 4 Millionen Quadratmeter große Insel in Form einer Perle vor der Küste gebaut. Ebenfalls ausschließlich für ein Luxusklientel. 30 000 Menschen sollen dort einmal leben, die als Immobilieneigentümer wie in Dubai das Recht auf eine lebenslange Aufenthaltsgenehmigung bekommen. Bis es so weit ist, müssen eine Milliarde Kubikmeter Sand und 87 Millionen Tonnen Fels verbaut werden. In Oman plant man westlich der Hauptstadt Muscat im Meer das Luxuserholungszentrum »The Wave«. Mit 805 Millionen Dollar allerdings wesentlich kleiner dimensioniert als andere Vorhaben. In Bahrain investiert man 1,2 Milliarden Dollar, konstruiert die »Rising Pearl«, die sich aus insgesamt 13 Inseln mit einer Gesamtfläche von 20 Millionen Quadratmetern zusammensetzen. 2 000 Villen und 3 000 Apartments will man an Ausländer verkaufen. 2009 soll die Insel fertig sein, die dann größer als die Hauptstadt Manama ist. Man rechnet mit 30 000 Inselbewohnern und täglich 4 000 Besuchern.

In Saudi-Arabien wurde im Dezember 2005 mit dem Bau der 26,6 Milliarden Dollar teuren »King Abdullah Economic City« begonnen. In der Nähe der Stadt Rabigh, etwa 150 Kilometer von Dschidda entfernt, hat die Regierung ein 55 Millionen Quadratmeter großes Gelände sowie einen 35 Kilometer langen Küstenstreifen für das Megaprojekt ausgewählt. In diese Ökonomiestadt will man den größten Seehafen der Welt, einen Industriepark, eine Wohnanlage für 3 500 Menschen und einen Hotelkomplex integrieren, dazu Abfertigungshallen für eine halbe Million Mekkapilger, die jedes Jahr per Schiff ankommen. Selbstverständlich wird es auch eine künstlich geschaffene Insel geben. Diesmal aber keine Luxuswohnanlage, sondern eine Finanzinsel, die eine Fläche von 500 000 Quadratmetern umfasst, ein eigener, abgetrennter Distrikt, der Mega-City im Meer vorgelagert. Überragt wird das Finanzzentrum von zwei 60 und 100 Stockwerken hohen Türmen, zwei riesige Säulen als Insignien der Macht, in denen täglich 60 000 internationale Fachleute arbeiten sollen. Mit der »King Abdullah Economic City« werden 500 000 neue Arbeitsplätze erwartet. In wenigen Jahren soll ein Teil der Stadt bereits in Betrieb gehen. Die »Economic City« ist ein weiterer Versuch, die Region zum Wirtschafts- und Finanzzentrum zu machen. Dubai ist bereits ein Eldorado für Banken und Finanzinstitutionen. Katar will eine internationale Medienmetropole werden, basierend auf dem Al-Dschasira-Konzern, der TV, Radio und Zeitungen betreibt. Die Golfregion will Schaltzentrale zwischen Asien und Europa sein.

Ökologische Überlegungen spielen bei den Neuplanungen eine untergeordnete Rolle. Die Betreiber der neuen künstlichen Inseln sprechen nicht oder nur ungern über die Belastungen für das Rote Meer und den Persischen Golf. Bei den Bauarbeiten der Palmeninseln vor Dubai wurde ein Korallenriff zerstört, das für das Ökosystem des Meeres entscheidend ist. Aber das interessiert kaum jemand. »Der Grund der See in Dubai«, sagte Sultan bin Sulayem, der Vorsitzende von Nakheel, »ist wie eine Wüste, flach und sandig. Ohne Leben und keine Umgebung für Fische.« Vertre-

Öl

ter des World Wildlife Fund in Dubai hielten dagegen, das einzige verbliebene Korallenriff sei jetzt nicht mehr vorhanden. »Die Nistplätze der Schildkröten sind zerstört und das kristallklare Wasser ist nun matschig trüb«, sagte Dr. Frederic Launay. Ironischerweise wurde eine der neuen Inseln ausgerechnet in ein Gebiet gebaut, das vorher Naturschutzgebiet war. In Bahrain nennt sich eine Insel »Seepferdchen«. Aber auch hier wird durch den Neubau im Meer ein Korallenriff zerstört. Die für Bahrain so bekannten Seepferdchen wird es dann nicht mehr geben. Sie verschwinden beim geringsten Umschwung im Ökosystem. Ein Drittel aller Riffe des Landes wurden in den letzten 20 Jahren durch Landgewinnung und Veränderungen der Küste zerstört.

Gerade mit dem Ökosystem müssten die jeweiligen Länder sorgsamer umgehen. Eine intakte Umwelt ist ein Garant für die Rentabilität ihrer Investitionen in der Zukunft. Und genau darum soll es doch bei allen neuen Projekten gehen: eine wirtschaftliche Basis zu schaffen für die Zeit, wenn das Öl nicht mehr aus dem Boden sprudelt.

Orient (→ Fortschritt)

O

Palästina

P

Der Palästinakonflikt ist religiöser Natur

Die palästinensischen Terrororganisationen wie Islamischer Dschihad, Al-Aqsa-Märtyrer-Brigaden oder die Hamas (→ **Hamas**) verstehen sich als islamische Widerstandsbewegungen. Im Namen Gottes kämpfen sie gegen Israel, töten gleichermaßen Soldaten wie Zivilisten und sterben als Märtyrer (→ **Märtyrer**). Auf israelischer Seite gibt es ebenfalls Fraktionen, die sich auf ihren göttlichen Auftrag berufen. Rund 250 000 jüdische Siedler auf palästinensischem Gebiet, schwer bewaffnet und mit der jüdischen Kippa auf dem Kopf, reklamieren das besetzte Land als ihr gelobtes Land Gottes. 1995 wurde der ehemalige israelische Premierminister Jitzchak Rabin von einem ultraorthodoxen Juden ermordet. 1994 erschoss Baruch Goldstein, ein radikal-gläubiger Siedler, in der Moschee von Hebron 29 Palästinenser.

Sehr leicht könnte man glauben, der Konflikt zwischen Palästinensern und Israelis sei religiöser Natur. Aber mit Religion hat der Konflikt wenig zu tun. Die Palästinenser wollen sehr säkulare Dinge, nämlich einen unabhängigen, demokratischen

Staat mit Staatsgebiet, Grenzen und absoluter Souveränität innerhalb ihres Territoriums. Das war von Beginn an so. Als die PLO von Jassir Arafat in den Siebzigerjahren mit Attentaten für Schlagzeilen sorgte, war sie, dem allgemeinen Zeitgeist entsprechend, sozialistisch orientiert. Von islamischen Motiven war nie die Rede. Gruppen mit religiöser Agenda tauchten erst in den Achtzigerjahren auf. Hamas wurde beispielsweise 1987 gegründet. Außer unzähligen Referenzen zum Islam enthält ihr Programm im Kernpunkt kaum anderes als das der PLO: bewaffneter Kampf für ein unabhängiges, freies Palästina.

Auf israelischer Seite sind die Beweggründe, außer bei einer orthodoxen Minderheit, ebenfalls wenig religiös. Man möchte so viel wie möglich an Land und Ressourcen gewinnen, vor allen Dingen ertragreiche, landwirtschaftliche Gebiete und das kostbarste aller Güter der Region: Wasser. Israel hat sich, trotz der Resolution 242 des UN-Sicherheitsrates vom 22. November 1967, nicht auf die Grenzen von 1967 zurückgezogen. Stattdessen wird eine expansive Siedlungspolitik betrieben. Der neue Schutzwall, der in den letzten Jahren gebaut wurde und palästinensische Selbstmordattentäter abhalten soll, bedeutet einen Landgewinn. Er schneidet etwa 15 Prozent Grund und Boden von der palästinensischen Westbank ab. 2005 erfolgte zwar die Räumung der jüdischen Siedlungen im Gazastreifen, bei der 9 000 Menschen zwangsweise umgesiedelt wurden. Gleichzeitig ließ sich jedoch dieselbe Zahl in der Westbank nieder – ein Gebiet, dessen Besiedelung bereits seit Jahren vorangetrieben wird. Es ist in ökonomischer Hinsicht wesentlich interessanter als der Gazastreifen. In besetzten palästinensischen Gebieten leben heute insgesamt 246 000 jüdische Siedler. Die 200 000 Israelis, die im annektierten Ostjerusalem leben, sind dabei nicht mit eingerechnet. Gut ein Drittel des Gebiets, auf dem die Siedlungen liegen, ist palästinensisches Privateigentum. Von 1993 bis 2007 hat sich die Zahl der jüdischen Siedler mehr als verdoppelt. Im September 2007 ordnete Israel die Konfiszierung von 110 Hektar Land in vier palästinensischen Dörfern zwischen Ostjerusalem und der jüdischen Siedlung Maale Adumim an. Das Terrain soll für den Bau einer Verbindungsstraße zwischen Ostjerusalem und der in der Westbank gelegenen Stadt Jericho genutzt werden. Gleichzeitig plant man auf dem Gebiet 3 500 neue Wohnungen und einen Industriepark, wie die israelische Tageszeitung *Haaretz* meldete. Die neue Straße teilt die Westbank in zwei Teile und sondert Ostjerusalem davon ab. Friedenspolitik kann man so etwas eigentlich nicht nennen.

Historisch betrachtet hatte der Palästinakonflikt ebenso wenig mit religiösen Motiven zu tun. Beginnen wir mit der arabischen Bevölkerung Palästinas. Als ethnische Volksgruppe bewohnten sie die Region seit mehr als 1 000 Jahren und erheben den Alleinanspruch auf ihr Land. Jahrhundertelang hatten sie unter der Herrschaft des Osmanischen Reiches gestanden, danach gut zwei Jahrzehnte unter britischem Mandat. In den ersten Jahrzehnten des 20. Jahrhunderts befürchteten die Araber aufgrund steigender jüdischer Einwanderungen und dem Aufbau neuer Siedlungen zum einen den Verlust ihres politischen Selbstbestimmungsrechts. Zum anderen hatten sie Angst um ihre vitalen wirtschaftlichen Lebensinteressen. Die neuen Einwanderer waren in der Mehrzahl keine Landarbeiter oder Bauern (nur 15 Prozent oder 26 939 von 174 610 Juden waren 1931 in der Landwirtschaft beschäftigt), sondern übernahmen dank ihres hohen Bildungsgrades führende Positionen in Handel, Industrie und Transportwesen. 93,4 Prozent der Männer, 78,7 Prozent der Frauen konnten lesen und schreiben, bei den Arabern im Durchschnitt nur 19,8 Prozent. Selbst Juden, die als Bauern arbeiteten und ihr Land von arabischen Großgrundbesitzern erworben hatten, stellten Araber als billige Arbeitskräfte ein, die sie nach Gutdünken wieder entließen.

Im Dezember 1949 gab es laut der UN Economic Survey Mission 726 000 palästinensische Flüchtlinge (von ursprünglich 1,2 Millionen Bewohnern), denen Israel die Rückkehr in die Heimat verweigerte. 652 000 davon befanden sich in einer absoluten Notlage. Der Wert des von den Arabern in Israel zurückgelassenen unbeweglichen Eigentums belief sich auf eine Höhe von 100 383 784 Pfund Sterling. In die palästinensische Geschichte ging dies als Nakba (Katastrophe) ein, der jedes Jahr gedacht wird.

Die jüdische Besiedelung Palästinas wurde zwar ebenfalls religiös gerechtfertigt, hatte aber größtenteils säkulare Hintergründe. Im 19. Jahrhundert war es in europäischen Ländern wiederholt zu Ausschreitungen gegen Juden gekommen. Antisemitismus hatte Hochkonjunktur. Juden wurden für die wirtschaftlichen Probleme verantwortlich gemacht, die die beginnende Industrialisierung mit sich brachte. 1846 erschien in Frankreich das Buch *Die Juden – Könige der Epoche* von Alphonse Toussenel, das als eines der ersten vor der jüdischen Weltverschwörung warnte. In Deutschland war es zuvor, im August 1819, zu Ausschreitungen gegen Juden gekommen. Es wurden jüdische Geschäfte geplündert und Synagogen angezündet. Es kam zu Krawallen, die sich bis nach Kopenhagen und Amsterdam ausbreiteten. Die jüdische Bevölkerung Europas hatte Angst um ihr Leben und ihre Existenz. Um weiteren Verfolgungen durch Nichtjuden zu entgehen, sei die Gründung eines jüdischen Staates notwendig, meinte Theodor Herzl, der Autor des Buches *Der Judenstaat*. Er war 1897 zum Präsidenten der Zionistischen Weltorganisation gewählt worden. Die britische Regierung hatte bereits eine Genehmigung erteilt, dass sich Juden in Uganda niederlassen könnten. Die Zionistische Weltorganisation lehnte dies jedoch ab und bestand auf der Besiedelung Palästinas. Auf dem 7. Zionistischen Kongress in Basel wurde Palästina 1905 offiziell zur Heimstatt aller Juden erklärt. Im Zionismus hätte es von Anfang an eine gewisse Ablehnung der jüdischen Religion und des traditionellen Juden gegeben, schreibt Michael Warschawski, israelischer Journalist und Sohn eines Rabbis, in seinem Buch *An der Grenze*. Von den Zionisten seien diese Juden immer wieder zur Karikatur verzerrt worden. »Primitiv, rück-schrittlich, unproduktiv, parasitär, passiv, effeminiert; mit einem Wort: degene-riert. Von diesen schlechten Juden wollte der Zionismus Europa befreien, zuguns-ten der modernen und zivilisierten Israeliten.«

Die großen Einwanderungswellen begannen nach den russischen Revolutionen von 1905 und 1917, vor allen Dingen aber nach Beginn der Judenverfolgung durch die Nationalsozialisten. Zwischen 1933 und 1939 kamen allein 200 000 Einwande-rer. Von 1922 bis 1940 stieg die jüdische Bevölkerung in Palästina um 452 Prozent, der Anteil der Araber um 81 Prozent. Seit 1921 war die jüdische Besiedelung syste-matisch durch den Zionistischen Kongress vorangetrieben worden, der ein Amt für Kolonisation geschaffen hatte. In den Jahren 1919 bis 1929 flossen 200 Millionen Dollar nach Palästina, 1933 bis 1939 315 Millionen Dollar. Das Geld wurde in Rohstoff verarbeitende Industrien, Textilfabriken oder auch Pottaschewerke investiert, um ökonomisch von den Arabern möglichst unabhängig zu sein. Nur der Landkauf ging nicht so voran, wie man sich das erhofft hatte. Da waren die Beschränkungen der britischen Mandatsregierung und der immer größer werdende Unwille der ara-bischen Bevölkerung. 1947, ein Jahr vor der Staatsgründung, waren nur fünf bis sechs Prozent palästinensischen Bodens in jüdischem Besitz.

Am 29. November 1947 wurde der Teilungsbeschluss Palästinas durch die UN-Vollversammlung angenommen. Zu diesem Zeitpunkt machten Araber 67 Prozent und Juden 33 Prozent der Bevölkerung aus. Am Tag des Teilungsbeschlusses begann-nen die militärischen Konfrontationen. Zuerst mit den Palästinensern, die aus Pro-test jüdische Siedlungen angriffen, nach der Staatsgründung im Mai 1948 mit den Armeen arabischer Staaten. Erst im 20. Juli 1949 folgte ein Waffenstillstand. An die-sem Tag war Israel im Besitz von zusätzlichen 3 496 Quadratkilometern Staatsge-biet im Vergleich zu den Eigentumsverhältnissen von 1947.

Palästinenser flohen vor den kriegerischen Auseinandersetzungen, wurden je-doch auch systematisch vertrieben. Seit 1945 gab es militärische Pläne, möglichst große Teile Palästinas zu besetzen. Durch den Einmarsch arabischer Truppen konnten sie nur teilweise ausgeführt werden. Erfolgreich war man im April 1948 in Jaffa oder auch Ost- und Westgaliläa, wo die arabische Bevölkerung vertrieben wer-den konnte. Jüdische Widerstandsgruppen, wie Irgun oder die Sterngruppe, die vorher gegen die Briten gekämpft hatten, verbreiteten nun durch organisierte Mas-saker Angst und Schrecken unter den Arabern. Ein Beispiel ist das Dorf Deir Jassin westlich von Jerusalem, in dem nach Angaben des Internationalen Roten Kreuzes 254 Männer, Frauen und Kinder ermordet wurden. Der israelische Premierminister von 1977 bis 1983, Menachem Begin, damals Kommandant der Irgun, schrieb später über die Folgen dieses Massakers, die Araber im ganzen Land »wurden von einer hemmungslosen Panik ergriffen und begannen, um ihr Leben zu laufen. So wurde das Dorf Kolonia, das vordem alle Angriffe der Haganah [jüdische Miliz] abgeschlagen hatte, über Nacht evakuiert. Es fiel kampflos. (…) In den übrigen Landesteilen war es nicht anders. Die Araber stoben entsetzt davon, noch ehe es zum Zusammenstoß mit jüdischen Streitkräften kam.«

Viele der jüdischen Einwanderer, gerade in der ersten Hälfte des 20. Jahrhunderts, waren sozialistische, kommunistische oder sozialdemokratische Zionisten. Sie mussten vor den Nazis nicht nur wegen ihrer jüdischen Herkunft, sondern auch wegen ihrer politischen Ansichten flüchten. Für sie war das neue Israel die ideale Spielwiese für ihre utopischen Theorien und Ideale. Der Kollektivismusgedanke der Kibbuz-Bewegung hat darin seinen Ursprung. Bei der Staatsgründung 1948 sollen etwa sieben Prozent der Bevölkerung in dieser Art von utopischen Gemeinschaften gelebt haben. Säkulare Ideen blieben nicht auf die Kibuzze beschränkt, sie waren ebenso für den Rest der Gesellschaft bestimmend. Orthodoxe und religiöse Juden hatten im neuen Israel keinen guten Status. Der kämpfende, starke, unbeugsame Zionist war das positive Gegenbild dazu, so Michael Warschawski. Die traditionellen Juden hätten sich nämlich wie die Schafe ins nationalsozialistische Schlachthaus führen lassen, ohne die geringste Gegenwehr. »Der Israeli schämte sich des Gettojuden, wie sich der Emporkömmling seiner Eltern schämt.« Der Aufbau Israels sollte im jüdischen Kollektiv nach den Zielen eines nichtreligiösen Zionismus vorangetrieben werden. Entsprechend wurde der Staat Israel nicht als religiöser Staat gegründet, sondern als säkulares Staatswesen, mit demokratischen Wahlen und einem Mehrparteiensystem. Von Religion oder göttlicher Vorbestimmung, wie viele vielleicht meinen könnten, keine Spur.

Der Palästinakonflikt ist und bleibt ein säkularer Konflikt um Unabhängigkeit und das Selbstbestimmungsrecht der Palästinenser in einem eigenen Staatsgebiet. Was immer auch Hamas, die Al-Aqsa-Märtyrer-Brigaden oder orthodoxe Juden heute sagen mögen.

Pilgerfahrt

Jeder Muslim muss die Pilgerfahrt nach Mekka machen

Die Pilgerfahrt (Haddsch) nach Mekka ist neben Glaubensbekenntnis, Gebet, Spenden und Fasten die fünfte Säule des Islams. Jeder Muslim sollte zumindest einmal in seinem Leben zu den heiligen Stätten reisen und die Stationen der Pilgerschaft durchlaufen. Es gibt die kleine Pilgerfahrt, die das ganze Jahr über möglich ist, und die große, die man nur im letzten Monat des islamischen Kalenders antreten kann.

Voraussetzungen für beide sind Gesundheit, auch mentale, und ausreichende finanzielle Mittel.

Aber gerade am Geld hapert es bei vielen. Denkt man an das durchschnittliche Pro-Kopf-Einkommen (Human Development Report 2006 der UN) in Pakistan, Bangladesch, Marokko, Algerien, Nigeria oder auch Indien, wo rund 100 Millionen Muslime leben, haben wohl die wenigsten die finanziellen Möglichkeiten, auch nur einmal in ihrem Leben nach Mekka zu reisen. Wer das Geld für seine Haddsch zusammenborgt oder dafür einen Kredit aufnimmt, dessen Pilgerfahrt ist nach religiösen Gesichtspunkten ein verbotener Akt oder zumindest nicht ratsam. In einem Hadith (Ausspruch des Propheten) heißt es, Prophet Mohammed habe einem Mann verboten, nach Mekka zu reisen, der das mit geliehenem Geld tun wollte. Trotzdem machen das natürlich einige, um vor sich selbst und in ihrer sozialen Gemeinschaft gut dazustehen. Der Titel Haddsch macht sich eben gut, dazu die Lichterketten am Haus, der Empfang und das Fest, das bei der Rückkehr veranstaltet wird.

Bei der Pilgerschaft sterben immer wieder Menschen, die diese Reise besser nicht angetreten hätten. Trotz ihres schlechten Gesundheitszustands reisten sie nach Mekka, obwohl im Krankheitsfall keine Verpflichtung dazu besteht. Ebenso befreit sind alle mittellosen Personen, die, wie zum Beispiel viele Bauern in Marokko, Pakistan oder Bangladesch, sich selbst und ihre Familie gerade über Wasser halten können. Solche Freistellungen scheinen bei Muslimen allerdings wenig populär zu sein. Lieber verschuldet man sich für den Rest des Lebens, bevor man auf die Erfüllung der religiösen Pflicht verzichtet. Das große Opferfest, ein anderer wichtiger islamischer Ritus, ist dafür ein weiteres Beispiel. Jede Familie sollte zur Danksagung Gottes ein Schaf schlachten, aber nur unter der Voraussetzung, dass man es sich tatsächlich leisten kann. Daran hält sich jedoch niemand, der nicht völlig verarmt ist. Man sammelt bei Freunden, Bekannten und Verwandten oder nimmt, falls ein geregeltes Einkommen vorhanden ist, bei einer Bank Geld auf, die Opferfestkredite anbieten. Beides ein Verstoß gegen religiöse Prinzipien, insbesondere die Aufnahme eines Kredits, bei dem Zinsen erhoben werden (→ **Banken**).

Die Pilgerfahrt ist islamischen Ursprungs

Jeder kennt die eindrucksvollen Bilder von der Moschee in Mekka mit den Abertausenden, meist in Weiß gekleideten Gläubigen, die um die schwarze Kaaba zum Gebet versammelt sind. Die Kaaba ist die erste Station der Pilgerfahrt. Sieben Mal muss sie gegen den Uhrzeigersinn umrundet werden. Zu den weiteren Zeremonien der Pilgerfahrt zählen ein siebenmaliger Lauf zwischen den Hügeln von Safa und Marwa, der die Wassersuche von Abrahams in der Wüste zurückgelassener Frau symbolisiert, das Trinken des heiligen Wassers aus dem Zamzam-Brunnen, die Steinigung des Teufels mit sieben Steinchen im benachbarten Ort Mina oder auch das Schlachten eines Opfertiers. Genau festgeschriebene, rituelle Regeln für den spirituellen Höhepunkt im Leben eines Muslims. Regeln, die eigentlich nichts mit dem Islam zu tun haben, sie sind nicht original islamisch, sondern stammen aus vorislamischer Zeit.

Die Pilgerfahrt war ursprünglich ein Herbstritus von polytheistischen Völkern und Beduinenstämmen, die auf die Kultur der Nabtäer zurückgehen soll. Sie zelebrierten den ausgehenden Sommer, die sterbende Sonne, die die fruchtbaren Regen des Winters bringen sollte. Man verehrte den Donnergott in seiner Behausung in Muzdalifa, einem Ort etwa zehn Kilometer von Mekka entfernt, an dem die heutigen Pilger ebenfalls beten und die sieben Steine für die spätere Steinigung des Teufels in Mina sammeln. Eine symbolische Steinigung, die es ebenfalls bereits in vorislamischer Zeit in gleicher Form am gleichen Ort gab. Die polytheistischen Pilger schlachteten damals auch Opfertiere, liefen zwischen Safa und Marwa hin und her, hielten sich an Reinigungsrituale und an das Gebot sexueller Abstinenz, wie es heute, jedes Jahr, die Muslime in Mekka tun.

Laut islamischer Geschichtsschreibung soll Mekka zu Lebzeiten des Propheten Mohammed, neben Juden und Christen, vom polytheistischen Stamm der Koreischiten bewohnt gewesen sein. Aufgrund ihrer Opposition gegen den Islam musste Mohammed die heilige Stadt verlassen und ließ sich daraufhin in Medina (622 n. Chr.) nieder. Diese Emigration (Hidschra) markiert den Beginn der islamischen Zeitrechnung. Laut Überlieferung eroberte der Prophet Mekka im Jahr 630 n. Chr. und zerstörte dabei die Symbole des Polytheismus, wagte es jedoch nicht, die Kaaba zu vernichten. Auch die Pilgerfahrt abzuschaffen, war anscheinend nicht so einfach. Sie hatte einen großen gesellschaftlichen Stellenwert und garantierte der Stadt, vornehmlich ihren einflussreichen Kaufleuten, hohe Einnahmen. Bevor Mohammed weitere Konfrontationen provozierte, soll er kurzerhand die Kaaba als heiligen Ort und die Riten der Pilgerschaft übernommen haben. Er deutete sie jedoch religiös um und integrierte sie in seine neue monotheistische Religion. Für die Koreischiten Mekkas und die anreisenden Pilger änderte sich damit prinzipiell wenig. Sie beteten am selben Ort, durchliefen die gleichen Stationen der Pilgerfahrt und folgten den bereits bekannten Ritualen. Alles in allem eine sanfte Umstellung auf den Islam, die eine Konvertierung erleichterte und der herrschenden Klasse ihre Privilegien beließ.

Die Übernahme von tradierten Riten ist für neue Religionen oder Glaubensgemeinschaften ein normaler Vorgang. Keine Religion entsteht aus dem Nichts. Es ergibt sich immer eine Schnittmenge mit den Vorläufern, die aus Kompromissen und Konzessionen an Traditionen und überkommene Strukturen des Zusammenlebens resultiert. Entscheidend ist die religiöse Umdeutung der alten Riten und Gewohnheiten im Sinne des eigenen neuen Glaubens.

P Popmusik (→ Musik; → Medien)

P Pornografie

In islamischen Ländern gibt es keine Pornografie

Kichernd sitzt eine Gruppe von Jugendlichen, die nicht älter als 16 Jahre alt sind, in der hintersten Ecke eines Internet-Cafés in Casablanca. Mit großen Augen starren sie auf den Bildschirm, deuten mit Fingern da- und dorthin, um erneut in Kichern auszubrechen. Was den jungen Burschen so viel Aufmerksamkeit abringt, sind Pornofotos, die sie im Netz gefunden haben. Eine Szene, die sich täglich in Marokko und anderen muslimischen Ländern wiederholt.

Auf der Webseite von Google Trends kann man die Weltrangliste der meistgesuchten Internetbegriffe abfragen. Sex gehört weltweit zu einem der beliebtesten Suchbegriffe. Einige mögen sachliche Informationen suchen, die Mehrheit aber will nackte Tatsachen. Sei es nun aus purer Neugierde oder Lustgewinn. Bezeichnenderweise gehören muslimische Länder im Weltvergleich zu denen, die Sex am meisten interessiert. Wenn es um die Suche von »sexy« geht, ist das konservative Pakistan international Spitze. Nach Indien kommt an dritter Stelle gleich der Iran, der sich bekanntlich sehr sittenstreng gibt. Beim Stichwort »Sexfilm« dominieren muslimische Länder noch deutlicher. Nach Vietnam liegt Marokko an zweiter Position, vor Indonesien, der Türkei und Ägypten. Der Iran folgt auf Platz acht und Saudi-Arabien auf zehn. Sucht man »Sexfilm« auf Französisch liegen Algerien, Marokko, Tunesien an den ersten drei Stellen. Wechselt man zum Stichwort »naked film«, dann ist Pakistan wieder ganz oben, Indonesien an dritter und Malaysia an sechster Position. Bei der Suche nach dem Begriff »Sex« liegt Ägypten ungeschlagen vorne, gefolgt von Marokko an dritter Stelle. Beim französischen »sexe« sind es wieder einmal Algerien und Marokko auf Platz eins und zwei. Viele werden das vielleicht als Spielerei abtun, aber bekanntlich bleibt es nicht bei der Begriffssuche. Natürlich wird weitergeklickt, geguckt und bei Gefallen aus dem Netz abgespeichert und an Freunde und Bekannte weitergegeben.

Für strenggläubige Muslime und Geistliche dürften die Ergebnisse der Google-

Suche ein moralisches Desaster sein oder womöglich einfach Manipulationen aus dem Westen, die Muslime zu diskreditieren versuchen. Pornografie gilt als Übel, das man in erster Linie westlichen Gesellschaften zuschreibt und das deren Dekadenz offenbart. Dort werden Mann und Frau zu sexuellen Werkzeugen degradiert, um abnorme Bedürfnisse zu befriedigen. Als bester Beweis der westlichen Abartigkeit galten die Fotos aus dem Gefängnis in Abu Ghraib: US-Soldaten produzierten ihre eigenen Pornofotos mit Muslimen als unfreiwillige, gedemütigte Darsteller.

Selbstverständlich bleibt Pornografie nicht auf die westliche Hemisphäre beschränkt. Heutzutage sind nackte Tatsachen übers Internet überall erhältlich und die Menschen in muslimischen Ländern suchen danach. Jeder weiß, dass Pornovideos verfügbar sind, wenn auch unter der Hand. In Saudi-Arabien kann man damit gutes Geld verdienen, weshalb viele das Geschäftsrisiko auf sich nehmen, obwohl es illegal ist. Die Polizei konfisziert regelmäßig Pornofilme, meist im Zusammenhang mit Razzien in Bordellen oder auch in Schnapsbrennereien. Auf die Vertreiber von Pornofilmen oder -magazinen warten, je nach Ausmaß und Schwere des Delikts, Gefängnisstrafen oder Peitschenhiebe. In anderen muslimischen Ländern wird auf die Prügelstrafe verzichtet (→ **Scharia**), es droht aber ebenfalls Gefängnis. In Staaten, in denen die Todesstrafe existiert (→ **Scharia**), kann damit Pornografie mit Kindern bestraft werden. Das iranische Parlament verabschiedete im April 2007 ein Gesetz, das die Todesstrafe für jedweden Produzenten von Pornofilmen vorsieht. In der Islamischen Republik sind Amateursexfilme sehr beliebt. Der private Schwarzmarkt war von den Strafverfolgungsbehörden über Jahre toleriert worden, bis 2007 ein Film kursierte, der eine bekannte Fernsehschauspielerin, Zahra Amir Ebrahimi, mit ihrem Partner beim Sex zeigte. Der private Film kam ungewollt ins Internet und wurde über 100 000 Mal auf DVD im Iran verkauft. Nach dem neuen Gesetz könnte die unfreiwillige Sexdarstellerin Ebrahimi gesteinigt werden. In Indonesien wird seit 2006 über ein neues Anti-Pornografie-Gesetz diskutiert, in dem es nicht nur um unmoralische Bilder oder Sexfilme geht. Verboten wäre dann Küssen in der Öffentlichkeit und bestraft würden Frauen, die zu kurze Röcke oder eine durchsichtige Bluse tragen. Eine absurde Interpretation von Pornografie. Nicht umsonst gibt es in Indonesien große Proteste gegen das Gesetz, das den Tatbestand der Pornografie auch auf das Alltagsleben ausweiten will.

Nach religiösen Gesichtspunkten ist Pornografie etwas Sündhaftes, das mit den Prinzipien des Islams nicht vereinbar ist. Darüber herrscht bei konservativen wie liberalen Geistlichen Einigkeit. Im Koran gibt es zahlreiche Stellen, die zur moralischen Mäßigung und Schamhaftigkeit aufrufen und das Schändliche, also auch Pornografie, verwerfen. »Allah gebietet Gerechtigkeit und uneigennützig Gutes zu tun und zu spenden wie den Verwandten; und Er verbietet das Schändliche, das offenbar Schlechte und die Übertretung. Er ermahnt euch, auf dass ihr es beherzigt.«

(Sure 16:90) Den Übertretungen soll man nicht einmal nahe kommen: »Ihr sollt euch nicht den Schändlichkeiten nähern, seien sie offen oder verborgen.« (Sure 6:151) Sex mit verheirateten Frauen und Männern ist untersagt, was ja bekanntlich in Pornofilmen immer wieder thematisiert wird. »Und nahet nicht dem Ehebruch; siehe, das ist eine Schändlichkeit und ein übler Weg.« (Sure 17:32)

Diese Koransuren nehmen sich nicht alle Muslime so zu Herzen, wie sie es vielleicht tun sollten. Auf der Webseite von Islamonline.net gestand ein kürzlich zum Islam konvertierter Mann, dass er nach Pornografie und Masturbation süchtig sei, und bat um religiösen Beistand. Der islamische Gelehrte Scheich Ahmed Kutty aus Kanada gab ihm gleich eine lange Liste von Verhaltensregeln. Unter anderem sollte sich der Sexsüchtige die Bilder des Höllenfeuers immer wieder vor Augen halten, fleißig beten und sich einen Zeitplan geben, der ihm keine Pause ließe, um pornografische Schriften zu lesen oder Sexwebseiten zu besuchen. Sollten die Maßnahmen positive Wirkung zeigen, so Scheich Kutty, wäre es dann das Beste, der junge Mann würde heiraten. Ob die religiösen Ratschläge tatsächlich halfen, ist auf Islamonline.net nicht weiter dokumentiert.

Im Internet lassen sich viele weitere, allerdings weniger extreme Anfragen wie die des Pornosüchtigen finden. Bei Jugendlichen sind die deutschen Satellitenfernsehsender beliebt, die Soft-Pornoclips oder die Werbung für Telefonsex und von Kontaktagenturen zeigen. In marokkanischen Cafés laufen sie spätnachts vor wenigen Besuchern, die meist wortlos auf den Bildschirm starren, vor ihnen ein längst kalt gewordener Kaffee auf dem Tisch. 2007 berichtete die saudische Tageszeitung *Arab News*, dass 70 Prozent aller Daten, die saudische Teenager verschickten, pornografischen Inhalt hätten. Die Zahlen basierten auf den beschlagnahmten Handys, die die Religionspolizei Saudi-Arabiens jungen Leuten abgenommen hatte.

In muslimischen Ländern ist man nicht so prüde, wie man im Westen vielleicht meinen mag. Auf der Webseite des Weltsexführers im Internet sind Ägypten, der Iran, Bahrain, Jordanien, Kuwait, Saudi-Arabien, Bangladesch, Pakistan oder auch Indonesien als Abenteuerspielplätze aufgelistet. Allerdings für Live-Sex, ganz in der Realität, mit und ohne Bezahlung. In einigen muslimischen Ländern werden der exotischen Atmosphäre und Aussehen der Darsteller wegen Pornofilme produziert. Nicht offiziell, sondern gut getarnt, versteckt in abgeschlossenen Anwesen oder in abgelegenen Gegenden. Üblicherweise gibt es dabei keinerlei Beschränkungen, gefilmt werden die gängigen Obszönitäten. Zur Palette gehören nicht nur Heterosex, sondern auch Sexfilme für die Gay-Gemeinde. Etwas, das muslimische Kleriker ganz besonders in Rage bringen dürfte. Aber sie vergessen dabei, dass Beziehungen zwischen Männern in vielen muslimischen Ländern nichts Außergewöhnliches (→ **Homosexualität**) sind. Die Suchauswertung bei Google könnte man dafür auch als Indiz werten. Indonesien liegt beim Begriff »Homosex« an erster Stelle, Pakistan auf Position sechs, gefolgt von Marokko auf sieben. Beim »nackten Mann« nehmen Indonesien und Malaysia Platz eins und zwei ein. Beim »Männersex« ist Pakistan ganz vorne, nach Indien auf Platz zwei stehen Ägypten und Saudi-Arabien auf drei und vier, Malaysia auf Position sechs. Im Vergleich dazu die Niederlande, Schweden und Belgien auf acht, neun und zehn. Beim »Männerfick« ergibt sich folgende Rangliste: 1. Pakistan, 2. Ägypten, 3. Malaysia. Kairo ist die Stadt, in der dieser Begriff am häufigsten eingetippt wurde. New York, bekanntlich ein Gay-Eldorado, liegt völlig abgeschlagen auf Platz zehn.

Prophet Mohammed

Die Lebensgeschichte des Propheten Mohammed ist historisch verbürgt

Khaled bekam große, leuchtende Augen, wobei man nicht genau wusste, ob es aufgrund eines tiefen religiösen Gefühls war oder wegen der Unwissenheit meiner Mutter. Die hatte den marokkanischen Studenten, der für die Dauer eines Sprachkurses am Goethe-Institut bei ihr in Deutschland wohnte, nämlich gefragt, warum der Felsendom in Jerusalem so wichtig für Muslime sei. »Unser Prophet Mohammed ist mit dem Pferd in einer Nacht von Mekka nach Jerusalem geritten und ist dort vom Tempelberg in den Himmel gestiegen«, sagte er so ergriffen wie vehement. »Zusammen mit dem Engel Gabriel, und dann hat Mohammed Allah getroffen.«

Für Khaled ist der Himmelsritt des Propheten ohne jeden Zweifel eine reale Begebenheit, so fantastisch sie auch klingen mag. Der Glaube an übernatürliche Phänomene ist nichts Islamspezifisches, er lässt sich bekanntlich in allen Religionen finden. Im Christentum gibt es die wundersame Brotvermehrung, die Verwandlung von Wasser in Wein oder die Auferstehung Jesu von den Toten. Ob das alles real oder nicht ist, spielt keine Rolle. Der Glaube macht's! Ohne ihn gibt es keinen Gott und keine Religion. Die Frage, ob Jesus denn wirklich gelebt hat, ist für viele Christen letztendlich belanglos. Hauptsache, es gibt Gott, den manche Tag für Tag spüren, andere nur in bestimmten Lebensmomenten.

Für Khaled, den marokkanischen Studenten, ist es nicht anders. Wie könnte die Sonne sonst auf- und untergehen, die Blumen und Bäume wachsen, wenn es keinen Gott gäbe? Diese rhetorische Frage stellten mir Khaled und viele andere Muslime im Laufe der Jahre immer wieder, um mich von der Existenz Gottes zu überzeugen. Nicht minder unumstößlich wie der Glaube an Gott ist die Lebensgeschichte des großen Propheten Mohammed. Ob seine Biografie einer historischen Prüfung standhält, ist für Khaled letztlich irrelevant. Wissenschaft und Glaube sind zwei völlig verschiedene Betrachtungsweisen.

Christliche Fundamentalisten hätten sicherlich ihre Freude daran, die Hauptfigur der islamischen Religionsgeschichte zu demontieren und ihr Christentum ›wissenschaftlich‹ als die einzig wahre Religion zu beweisen. Mit derart fragwürdigen Absichten wollen wir jedoch nichts zu tun haben. Hier soll es um die sonderbaren Nachlässigkeiten und Versäumnisse der westlichen Forschung zum Thema Islam gehen.

Egal wo man nachliest oder nachschlägt, das Leben des Propheten Mohammed (570-632 n. Chr.) erscheint als offenes Buch. Man kann über Mohammeds Kindheit, seine Frauen, die Kriege, die er geführt hat, und Offenbarungen, die er empfangen hat, alles detailliert erfahren. Sein Leben ist eine Erfolgsgeschichte. Der aus einer ursprünglich nicht wohlhabenden Familie Mekkas stammende Mohammed avancierte zum Begründer einer neuen Religion, die sich schnell über die ganze arabische Halbinsel ausbreitete. Mohammed ist der siegreiche Feldherr, der alle Stämme der Region unter seiner politischen und religiösen Führung zur Umma, der Nation und Gemeinschaft der Gläubigen, vereint.

Nach seinem Tod setzte sich die Erfolgsgeschichte der Eroberungen und des Islams fort. Zuerst mit den vier sogenannten rechtgeleiteten Kalifen (632-661 n. Chr.), danach unter den Umayyadenkalifen (661-750 n. Chr.) und den Abbasiden (ab 749 n. Chr.). Die Eroberung der Iberischen Halbinsel im Jahr 711 (→ **Al-Andalus**) dürfte im Westen das bekannteste Beispiel der Expansionspolitik sein.

Die detaillierte Biografie von Prophet Mohammed basiert auf Berichten aus dem 9. und 10. Jahrhundert. Mit der Geschichte des Islams im 7. und 8. Jahrhundert ist es nicht anders. Außer dem Koran existieren nur sehr wenige zeitgenössische Zeugnisse und Dokumente, die obendrein inhaltlich unzureichend sind. Professor Karl-Heinz Ohlig von der Universität des Saarlandes spricht deshalb von den »dunklen Anfängen« des Islams. »Die ersten beiden ›islamischen‹ Jahrhunderte liegen im Dunkel der Geschichte, und es bleibt unerklärlich, wieso die Bildung islamischer Großreiche keine Zeugnisse hinterlassen haben soll, noch nicht einmal bei den Gegnern der Araber, den viel schreibenden Byzantinern, oder bei Juden und Christen unter angeblich islamischer Herrschaft.«

Der Religionswissenschaftler und Autor mehrerer Bücher gehört zu einer Gruppe von internationalen Forschern, die die Anfänge des Islams historisch-kritisch untersuchen (→ **Koran**) und vor wenigen Jahren damit begonnen haben, ihre Ergebnisse in Buchform zu publizieren. Dazu zählt der Numismatiker Volker Popp, der zeitgenössische Münzen und Inschriften untersuchte, aber keine Hinweise auf den großen muslimischen Heerführer Mohammed fand. Oder auch Christoph Luxenberg, der den Koran unter dem Aspekt der syro-aramäischen Sprache, zur Zeit

Prophet Mohammed

Mohammeds die Lingua franca der Region, einer Neulesung unterzog. Er brachte Licht in die sogenannten dunklen Stellen des heiligen Buches, die als unverständlich galten, und fand zahlreiche Hinweise auf das Christentum (→ **Koran**). Luxenberg wies nach, dass der Koran eine Vorgeschichte habe und auf einen Urkoran zurückgehe.

Verblüffenderweise fiel der großen Mehrheit der akademischen Islamspezialisten bis heute nichts Vergleichbares ein. Sie sind einer kritischen Auseinandersetzung aus dem Weg gegangen, akzeptierten die offizielle islamische Geschichtsversion des 9. und 10. Jahrhunderts und nahmen sie einfach als gegeben hin. Normalerweise müsste man Nacherzählungen, die 100 oder 200 Jahre nach den tatsächlichen Ereignissen aufgeschrieben wurden, nur unter Vorbehalt betrachten, insbesondere wenn es keine oder nur spärliche Primärquellen gibt, mit denen diese späten Berichte abgesichert werden können. In der Tat ist es unglaublich, wie Karl-Heinz Ohlig schreibt, »wie über alle literaturkritischen Probleme hinweggegangen wird«. Erst mit den Texten aus dem 9. Jahrhundert entsteht nämlich das Leben Mohammeds, und der Koran wird auf Offenbarungen in Mekka und Medina zurückgeführt. Zwei Wissenschaftler, Yehuda D. Nevo und Judith Koren, gehen in ihrem Buch *Crossroads to Islam* aus dem Jahre 2003 sogar so weit, Mohammed als historische Figur infrage zu stellen: »Mohammed ist keine historische Figur und seine Biografie ist ein Produkt der Zeit [9. Jahrhundert], in der sie geschrieben wurde.«

Man mag von diesen Forschungsergebnissen halten, was man will, aber die Einstellung arrivierter Islamspezialisten ist manchmal wirklich haarsträubend und kontraproduktiv. So behauptete der bekannte Koranübersetzer Rudi Paret allen Ernstes: »Wir haben keinen Grund anzunehmen, dass auch nur ein einziger Vers im ganzen Koran nicht von Mohammed stammen würde.« Dabei wird gerade beim Koran mit seinen unterschiedlichen Teilen, Traditionen und Stilen deutlich, dass mehr als nur ein Autor am Werk war. Unterschiede zeigen alte handschriftliche Koranfragmente. Ein arabischer Koranforscher berichtete mir von Unterschieden im Erbrecht, bezüglich Frauen und anderen Religionsgruppen (→ **Koran**).

Für Professor Karl-Heinz Ohlig ist klar: Die Berichte der Chronisten des 9. Jahrhunderts »wurden zusammengestellt zu einer Zeit, als Mohammed die Identifikationsfigur eines mächtigen Großreiches war und entsprechend stilisiert wurde; ihr legendarischer Charakter drängt sich schon bei einem unvoreingenommenen Lesen auf, es werden viele Fragestellungen thematisiert, die zur möglichen Lebenszeit des Propheten noch keine Rolle gespielt haben konnten«.

Was aber, wenn Mohammed bestenfalls nur ein wenig bekannter Prophet war oder tatsächlich als historische Figur erst im 9. Jahrhundert kreiert wurde? Wie kam es zur Religion des Islams? Karl-Heinz Ohlig und andere kritische Islamforscher vermuten, dass es gegen Ende des 8. Jahrhunderts die ersten Schritte dazu gegeben habe. Vorher sei die Region des Nahen-Ostens, neben Judentum und heidnischen Vorstellungen, ein Tummelplatz von verschiedenen Richtungen des Christentums gewesen. Vom Islam habe es noch keine Spur gegeben. Die Umayyadenherrscher und wohl auch die frühen Abbasiden seien noch Christen gewesen. Die Figur Jesu war bestimmend. Hinweise finden sich »in Münzinschriften im iranischen Raum zwischen den Jahren 660 und 682 der arabischen Ära«, erklärt Volker Popp in seiner Analyse über Inschriften und numismatische Zeugnisse im Sammelband über die dunklen Anfänge. Spätere Hinweise finden sich im Felsendom von Jerusalem (694) und auch in Medina durch die Inschrift des unbekannten Herrschers an der Gebetsstätte (757). Der Apostel Gottes sei ein Gottesknecht, *mohammadun*, erwählt und gepriesen. »Der Messias, Jesus, Sohn der Maria, ist der Apostel Allahs.«

Ende des 8. und Anfang des 9. Jahrhunderts erfolgte die Ablösung von Jesus als dem erwählten, gepriesenen Gottesknecht. »Unter der Herrschaft des Abbasidenkalifs al-Mamun um 217/218 der arabischen Ära (839/840 [unserer Zeitrechnung])«, so der Numismatiker Volker Popp weiter, »wird die Vorstellung von einem ›Muhammad, der Gepriesene, Sohn des Gottesknechtes‹ als ein Gesandter Allahs im Rahmen einer neuen staatsreligiösen Ausrichtung des Verständnisses vom Islam verankert.« Der Hoheitstitel Jesu, *mohammad*, der Erwählte, Gepriesene, den man auf Münzen und Inschriften findet, wird zu einer Person Mohammed.

Für Karl-Heinz Ohlig gab es zwischen Jesus und Mohammed noch eine Übergangsfigur, und zwar Ali, der Erhabene, der später in den Imam-Ali-Vorstellungen der Schiiten weiterlebte. Mit der Figur Mohammeds, der sich von seinen Vorgängern unterschied, konnte sich das abbasidische Großreich eine neue religiöse und kulturelle arabische Identität geben. Zu dieser Zeit entstehen die Hadith-Sammlungen und die Sunna (Lebensgeschichte und Wirken des Propheten Mohammed) sowie eine geradlinige islamische Geschichte.

Wie bei allen Religionen darf ein Ursprungsmythos selbstverständlich nicht fehlen. Die Zeit Mohammeds wird rückwirkend als glorreiche Epoche idealisiert und so niedergeschrieben. Auch der Kalender wird islamisch umgedeutet. Es gab bereits eine neue arabische Zeitrechnung, die mit dem Sieg der Byzantiner über die Sassaniden im Jahr 622 startete, welcher die unabhängige Herrschaft der christlichen Araber begründete. Später verbinden Muslime das Jahr 622 und die neue Zeitrechnung mit dem Auszug des Propheten Mohammed aus Mekka nach Medina, was unter dem Begriff der Hidschra in die offizielle islamische Geschichte eingeht. Die islamische Zeitrechnung hat also ursprünglich nichts mit dem Islam zu tun und ist eine nachträgliche Kurskorrektur.

Diese Entwicklungstheorie des Islams passt sehr gut zur Vielzahl von Sekten im Islam (→ **Kultur**). Wäre die Geschichte wirklich so linear verlaufen, wie das die heutige islamische Version vorgibt, hätten sich nie so viele unterschiedliche Sekten ausbilden können, die ihren Glauben praktizieren. Jede von ihnen hat ihr heiliges Buch, ihren Ursprungsmythos, ihre speziellen Propheten, die die Welt erklären, deuten und interpretieren. Die differierenden Glaubensinhalte der einzelnen Sekten sprechen für eine monotheistische Epoche, die unzählige Varianten ihrer selbst produzierte. Es herrschte eine religiöse Pluralität, in der jedwede inhaltliche Kombination möglich war. Die Palette reicht von der Wiedergeburt bis hin zur Erlösergestalt, die irgendwann zurückkehrt, um das Paradies einzuleiten – Mischungen aus der Philosophie und Religion des asiatischen Raums und des Christentums.

Für diese Mischformen sind die Drusen (Reinkarnation, Erlöser) ein Musterbeispiel. Ebenso die Schiiten mit ihrem Erlöser Mahdi, der das Paradies einleitet. Bei anderen Sekten ist der Prophet Mohammed nicht so wichtig oder einer von vielen Propheten. Hätte es die dominierende charismatische Persönlichkeit des obendrein militärisch so erfolgreichen Propheten wirklich von Anfang an gegeben, der nebenbei noch die ideale Gesellschaftsordnung begründete, wäre das alles so nicht denkbar. Wie die Schiiten besitzen auch anderen Sekten ihre eigene Geschichtsschreibung und ihre bevorzugten Wallfahrtsorte. Eine Pilgerfahrt nach Mekka hat für Schiiten lange nicht die Bedeutung wie eine Wallfahrt zum Grab der Imame Ali oder Husain im Irak.

Die Region des Nahen Ostens war in frühen Jahrhunderten anscheinend ein inflationäres Sammelbecken von Welt- und Jenseitstheorien mit ihren jeweiligen Propheten, deren Einfluss auch später noch weiterwirkte. Der Islam ist von Beginn an keine vollständig neue Religion, wie islamische Historiker schreiben, sondern eine der widerstreitenden christlichen Richtungen. Die offizielle Geschichte des Islams muss wenigstens zum Teil neu überdacht werden. Bei der Eroberung Spaniens (→ **Al-Andalus**) kämpfte nicht der Islam gegen das Christentum, sondern christliche Araber in einer antikatholischen Koalition. »Der sagenhafte Sieg in der Schlacht, in der der König der Westgoten den ›Arabern‹ unterlag«, meint Volker Popp in einem Aufsatz über die Folgen für die Geschichtsschreibung, »war wohl das Ergebnis eines Bündnisses zwischen arianischen westgotischen Adligen, arianischen Berbern [Nordafrikas] und ›Arabern‹, deren Bekenntnis zu Jesus als Gesandtem und Prophet den Arianern genehm war.« Der Feldherr Karl Martell, der die Araber 737 in der legendären Schlacht bei Avignon zurückschlug, habe also nicht Europa vor dem Islam gerettet, wie gewöhnlich behauptet wird. Der Angriff der antikatholischen Koalitionstruppen sei, so Volker Popp weiter, »ein Vergeltungsschlag für die stete fränkische, prokatholische Einmischung in spanische Angelegenheiten« gewesen.

Aber was ist mit dem Koran, dem heiligen Buch der Muslime, in dem doch die Grundsätze des Islams festgelegt sind? Für die Lebensgeschichte des Propheten Mohammed ist der Koran so gut wie unbrauchbar. Nur wer die Schriften des 9. Jahrhunderts und die Biografie Mohammeds aus dieser Zeit im Kopf hat, kann quasi rückblickend Verbindungen herstellen. Man nennt das dann »den historischen Kontext berücksichtigen«. Dafür ist die Auseinandersetzung mit den Juden, über die der Koran berichtet, ein gutes Beispiel (→ **Antisemitismus**). Allein das heilige Buch der Muslime gibt wenig her, darüber ist sich die gesamte Forschung einig. Ein Verweis auf Mohammed als reale Person existiert mit Bestimmtheit nur ein einziges Mal. Geografisch lässt sich keine spezielle Region ausmachen. Es wird zwar die Kaaba (→ **Kaaba**) erwähnt, aber nicht beschrieben, wo sie liegt. Im 6. oder 7. Jahrhundert gab es auch andere Kaabas, Kultstätten, die von Pilgern umrundet wurden. Obwohl Mohammed in Mekka geboren sein soll, von dort 622 nach Medina flüchtete (Hidschra), was als Beginn der neuen islamischen Zeitrechnung gilt, wird Mekka im Koran nur einmal erwähnt. Medina kommt an drei Stellen vor, aber in einem negativen Kontext, was bei den Idealvorstellungen, die Muslime mit dieser Stadt verbinden, ungewöhnlich erscheint. »Die Texte selbst sind in seltsamer Weise geografisch unbestimmt«, meint der Religionswissenschaftler Karl-Heinz Ohlig. »Sie könnten überall im syrisch-arabischen Raum, der den ganzen Vorderen Orient umfasst, entstanden sein.«

Für eine umfassende Rechtslehre ist der Koran ebenfalls nicht brauchbar (→ **Scharia**). Er gibt Anweisungen für eine beschränkte Anzahl von Verhaltensregeln und Rechtsfällen, aber mehr nicht. Als Zusatzquellen werden die im 9. Jahrhundert verfassten Hadith-Sammlungen (Aussprüche des Propheten) und die Lebensgeschichte Mohammeds (Sunna) benutzt.

Inhaltlich ist der Koran, der stilistisch sehr unterschiedlich gestaltet ist und dessen Teile aus verschiedenen Zeiten stammen sollen, ein ethisches Grundlagenbuch. Über den genauen Ursprung des heiligen Buches ist man sich nicht schlüssig. Fest steht, dass es zu einigen Passagen abweichende Versionen gibt und sich der Text über eine längere Zeit entwickelt hat. Unterstrichen wurde diese Theorie von den Arbeitsresultaten Christoph Luxenbergs, einem Spezialisten für semitische Sprachen (→ **Koran**). Er geht von einer – wenigstens in großen Teilen – vorangegangen syrischen Urschrift aus, die später ins Arabische übertragen wurde. Mit seiner syroaramäischen Lesart des Korans entlarvte er die Jungfrauen im Paradies als Trauben und den Schleier der Frau als Gürtel. Der Koranforscher will von der Mischung verschiedener Glaubensinhalte nichts wissen. Nach seiner These war der Koran ursprünglich als eine Art arabische Bibel und der Islam nicht als eigenständige Religion gedacht. Mit seiner akribischen Spracharbeit fand Luxenberg im heiligen Buch der Muslime Hinweise auf Christi Geburt, das Weihnachtsfest und den christlichen Gottesdienst. Somit wird auch aus philologischer Sicht die Theorie vom Islam als ursprüngliche Abspaltung vom Christentum bestätigt.

Keiner der Forscher will in irgendeiner Weise den Islam beschädigen, wie Karl-Heinz Ohlig im Vorwort zum Band über den frühen Islam versichert. Einige islamische Geistliche würden es ihnen trotzdem übel nehmen, falls sie von den neuen Forschungsergebnissen Kenntnis bekämen, und sie wahrscheinlich als westliche Geschichtsfälschungen abtun. Mit Sicherheit wären es wenige, die dem Ganzen ein positives Interesse entgegenbringen würden. Letztendlich blieben die Ergebnisse für sie jedoch ohne Belang. Ihr religiös-philosophisches Weltbild steht, und prinzipiell gibt es daran nichts zu rütteln. Nicht anders bei der katholischen Kirche, die trotz Evolutionstheorie an ihrem Schöpfungsmythos festhält oder auch gegen jede Geburtenkontrolle eintritt, obwohl neue sexuell übertragbare Viruskrankheiten dies zum Schutz des Lebens notwendig machten.

Zum Abschluss möchte ich noch von einer Begebenheit erzählen, die zum Thema von Wissenschaft und Glauben passt. Es war 2002 in einer meiner Deutschklassen in Tanger, ein gutes halbes Jahr nach dem 11. September 2001. Zum ersten Mal trugen weit über 50 Prozent der Mädchen Kopftuch, ein Phänomen, das sich danach in anderen Klassen bestätigte. Die große Weltpolitik begann sich im Alltagsleben niederzuschlagen. Höhepunkt war jedoch ein junger Mann, der sich erst seit wenigen Monaten einen Bart hatte wachsen lassen. Als ich am Rande den Begriff Evolution erwähnte, stand er mitten im Unterricht auf und unterbrach mich protestierend. Ich sollte solche Worte nicht in den Mund nehmen, die es in der Realität überhaupt nicht gäbe und die Gott und den Islam diskreditierten. »Jeder weiß doch ganz genau, dass alles mit Adam und Eva begann.« Einige der anderen Studenten nickten zustimmend. Ich war damals etwas verblüfft über die Vehemenz des Einwands, sprach von verschiedenen Modellen, die Wissenschaft und Religion über den Ursprung der Menschen entwickelten, und ließ mich nicht auf weitere Diskussionen ein. Ich verzichtete indes darauf, über die geringen genetischen Unterschiede zwischen Affen und Menschen zu berichten. Heute wäre das kein Problem mehr. Vergleichbare religiöse Proteste hat es bei mir lange nicht mehr gegeben. Falls Schüler etwas über Religion sagen, dann darüber, dass der Islam nichts mit Gewalt zu tun habe, eine absolut friedliebende Religion sei und die Terroristen keine Muslime seien. So schnell können sich die Zeiten ändern.

Prostitution (→ Pornografie; → Sexualität)

P

Ramadan

Ramadan ist ein streng religiöses Fest ohne Kommerz, bei dem sich alle Menschen an das Fastengebot halten und weniger essen

Im Fastenmonat Ramadan gibt es im Zentrum der marokkanischen Hafenstadt Tanger, wo ich seit vielen Jahren lebe, täglich am Spätnachmittag ein Verkehrschaos. Die Polizisten, sonst in ihren weißen Plastikwintermänteln stoisch und kompromisslos, sind restlos überfordert. Sie stehen zwar an jeder größeren Kreuzung, aber ihren Anweisungen folgt kaum mehr jemand. Die schrillen Trillerpfeifen gehen im tosenden Hupkonzert unter. Ob Autofahrer oder Fußgänger, jeder macht, was er will, und versucht, schneller als der andere zu sein. Reibereien, unschöne Worte zwischen Autofahrern und Kratzer im Autolack sind vorprogrammiert.

Das Schicksal mangelnder Aufmerksamkeit teilen sich die marokkanischen Polizisten im Ramadan mit ihren Kollegen in Indonesien, Malaysia, Ägypten, Usbekistan, Saudi-Arabien und anderen islamischen Ländern. Seit der Morgendämmerung haben die Menschen nichts mehr gegessen, nicht einmal einen Schluck Wasser getrunken, da diktiert der Magen verständlicherweise das Tempo. An 29 oder 30 Tagen (das hängt vom Mondkalender ab) eilen täglich weltweit die etwa 1,6 Milliarden Muslime vor Sonnenuntergang an die gedeckten Tische nach Hause. In Tanger markiert eine Kanone den offiziellen Zeitpunkt des Sonnenuntergangs und gibt das Startzeichen zum Fastenbrechen. Der Kanonenschlag ist in der Stadt überall zu hören, da kaum mehr jemand auf der Straße ist. Nur wenige Nachzügler, die im Laufschritt oder im Auto mit Höchstgeschwindigkeit auf dem Nachhauseweg sind. Zum Fastenbrechen wird Harira geschlürft, eine Suppe aus Tomaten, Kichererbsen, Nudeln, Fleisch und Linsen. Dazu gibt es gekochte Eier, Datteln und Schabakia, ein sehr süßes Honiggebäck. Der einzige Lärm, der dann draußen auf der Straße zu hören ist, kommt von den Spatzen, die in den Bäumen flattern und sich gegenseitig etwas vorzwitschern. Ansonsten herrscht Totenstille.

Das Fasten im Monat Ramadan gehört zu den fünf Säulen – Glaubensbekenntnis, Gebet, Spenden (Zakat), Pilgerfahrt – des Islams. Im Koran wird er in Sure 2:183-187 ausführlich behandelt: »Fasten ist euch vorgeschrieben, wie es denen vor euch vorgeschrieben war, auf dass ihr euch schützet – Eine bestimmte Anzahl von Tagen. Wer von euch aber krank oder auf Reisen ist, (der faste) an ebenso vielen anderen Tagen; und für jene, die es schwerlich bestehen würden, ist eine Ablösung:

Speisung eines Armen. Und wer mit freiwilligem Gehorsam ein gutes Werk vollbringt, das ist noch besser für ihn. Und Fasten ist gut für euch, wenn ihr es begreift.«

Der Ramadan gilt als ein heiliger Monat, »in welchem der Koran herabgesandt ward: eine Weisung für die Menschheit, deutliche Beweise der Führung und (göttliche) Zeichen. Wer also da ist von euch in diesem Monat, der möge ihn durchfasten.« (Sure 2:185)

Als besonders heilig gilt in diesen vier Wochen die Nacht vom 26. auf den 27. Tag. In ihr soll der Koran dem Propheten Mohammed offenbart worden sein. »Wir sandten ihn (den Koran) hernieder in der Nacht Al-Qadr. Und was lehrt dich wissen, was die Nacht Al-Qadr ist? Die Nacht Al-Qadr ist besser als tausend Monde. In ihr steigen die Engel herab und der Geist nach dem Gebot ihres Herrn – mit jeder Sache. Friede währt bis zum Anbruch der Morgenröte.« (Sure 97:1-5)

Vom Stellenwert für die Gläubigen könnte man den Ramadan mit Weihnachten, dem heiligen christlichen Fest, vergleichen. Beide sind ein Fest der religiösen Besinnung, der kollektiven Glaubensbestätigung und auch der Familie. Nur geht das heilige Fest der Muslime einen ganzen Monat lang und nicht nur wenige Tage.

Früher wurde auch im Christentum vor dem Weihnachtsfest gefastet. Das konnte, wie in der Fastenzeit vor Ostern, 40 Tage dauern. Die Zahl 40 stammt von den 40 Tagen, die Jesus einst in der Wüste fastend verbracht haben soll. Im Gegensatz zum Ramadan wird beim christlichen Fasten jedoch nicht ganz aufs Essen untertags verzichtet, sondern nur auf Fleisch, Milchprodukte, Eier, Alkohol oder Kaffee – alles, was als Genussmittel verstanden wurde. Wie ernst man das Fasten einmal nahm, zeigt das Beispiel eines 20-jährigen Studenten aus dem Jahr 1536. Er wurde verbrannt, weil er Fleisch gegessen hatte. Heute wird die Fastenzeit nur noch in christlichen Klöstern eingehalten. Typische Speisen: Wasser und Mehlbrei. Sonst ist vom Fasten nicht viel übrig geblieben, nur noch wenige gläubige Christen verzichten auf bestimmte Genussmittel. Wenn ansonsten gefastet wird, dann nicht nach den Regeln der Kirche, sondern nach einem Plan aus einer Frauenzeitschrift, weil man bestimmte Körperteile für zu dick hält.

Wochen vor Beginn des Ramadans bekommen einige meiner Freunde und Studenten bereits glasige Augen, wenn über den heiligen Monat gesprochen wird. Für alle ist es eine besondere Zeit. Sie schwärmen von der außergewöhnlichen Atmosphäre, der menschlichen Nähe und der spirituellen Kraft, die man nachts in den überfüllten Moscheen spüre. Hervorgehoben wird dabei immer, wie gesund und wichtig der Ramadan sei. Durch das Fasten könne jeder nachempfinden, wie es armen Menschen gehe, die nichts zu essen haben und hungern müssten. »Fasten ist gut für den Geist und den Körper, das sollten Sie auch einmal ausprobieren«, und alle Augen sind erwartungsvoll auf mich gerichtet. Ja, wer kann schon etwas gegen gesundes Fasten einwenden?

Ich habe wirklich nichts gegen den Ramadan. Im Gegenteil, ich mag alle Arten von religiösen Feiern, wie etwa auch die Osterprozessionen in Sevilla. Der Ramadan ist tatsächlich etwas Außergewöhnliches. Der normale Tagesablauf ist außer Kraft gesetzt, die Menschen versuchen, es sich einen Monat lang gut gehen zu lassen. Bis auf wenige Ausnahmen sind die Leute ausgelassen und besonders abends in Festlaune, vergleichbar mit der Urlaubsstimmung an den Weihnachtsfeiertagen bei uns. Bereits am frühen Nachmittag ist es mit dem Tagwerk vorbei. Die absolute Stille auf den menschenleeren Straßen, wenn in den Häusern gegessen wird, ist faszinierend. Vom gesunden Fasten kann jedoch keine Rede sein. Ebenso wenig von einer besinnlichen Spiritualität, der man sich einen Monat lang hingibt. Völlerei und Kommerz machen auch vor dem Ramadan nicht halt. Der Weihnachtskonsum lässt grüßen!

Während der Ramadan-Zeit sind in Beirut, Tanger oder Dubai die Straßen mit Leuchtgirlanden geschmückt. Die Schaufenster der Geschäfte und Einkaufszentren sind voll mit Ramadan-Sonderangeboten. Hotels und Restaurants werben mit günstigen mehrgängigen Iftar-Menüs (Iftar: Fastenbrechen bei Sonnenuntergang) oder versuchen Kunden mit Gewinnspielen zu locken. Einige Tageszeitungen verkaufen einen Teil ihrer Titelseite als Werbefläche für Schuhe, Uhren, Reisebüros, Sprachschulen oder auch nur für Datteln, die im Ramadan für das allabendliche Festessen unabdingbar sind. Im Fernsehen läuft nicht nur das beste Programm des Jahres, viele Firmen geben die Hälfte ihres Budgets für kostspielige Ramadan-Werbespots aus. Alleine in Ägypten sitzen etwa 55 Millionen Menschen nach dem Fastenbrechen täglich vor den Fernsehschirmen, oft bis in die späte Nacht. Neu produzierte Soap Operas, Filmserien oder Dokumentationen werden in der Fastenzeit gestartet, aufwendige Produktionen mit 30 Teilen auf die Dauer des Ramadans zugeschnitten.

Die Kommerzialisierung des heiligsten Monats des Islams gefällt nicht allen. Der Mufti für islamische Angelegenheiten in Dubai, Ahmed al-Haddad, machte sich vor ein paar Jahren Sorgen darüber. Mit gewohnter islamischer Sympathie für das Händlertum sagte er zwar, das Problem sei nicht, dass die Leute Geschäfte machen, aber der Monat verkomme zusehends zum Shopping-Monat. Die *Saudi Gazette*, eine Tageszeitung aus dem saudi-arabischen Dschidda, beklagte, der Ramadan habe sich in ein von Geschäftsleuten, Restaurant- und Cafébesitzern alljährlich heiß ersehntes »Konsumenten-Bonanza« verwandelt und die spirituellen Werte in den Hintergrund gedrängt. Auf der täglich erscheinenden Islam-Seite der Tageszeitung wurde früher über religiöse Dimensionen des Fastenmonats geschrieben. Mittlerweile liest man Anweisungen, wie das allabendliche »Fasten auf eine gesunde Weise zu brechen« sei und was die Auslöser für Verdauungsprobleme sein könnten.

Gesundheitsprobleme sind übliche Begleiterscheinungen des Ramadans. Wer von Sonnenaufgang bis Sonnenuntergang nichts gegessen und getrunken hat, schaufelt abends mit besonderem Heißhunger in sich hinein. In der Regel sind es schwere, fettige Gerichte und viel Süßes: Eine Kalorienbombe auf leeren Magen nach einem langen Tag ohne einen Bissen und ohne einen Tropfen Wasser. Nach dem Fastenbrechen gibt es mindestens eine große Hauptmahlzeit, nicht zu vergessen einige Kleinigkeiten zwischendurch. Kurz vor Sonnenaufgang dann noch ein üppiges Frühstück, zu dem man sich den Wecker stellt, sollte man nicht ohnehin aufgeblieben sein.

Es gibt natürlich auch Ausnahmen. Neschma, die als Sekretärin in Casablanca arbeitet, beschränkt sich abends auf ein Glas Milch, ein paar Datteln und etwas Brot. Sie hält sich an das Beispiel »ihres« Propheten Mohammed, der zum Fastenbrechen nur ein paar Datteln und ein paar Schluck Wasser zu sich genommen haben soll, bevor er in die Moschee zum Beten ging. »Ich finde diese Vielesserei nicht gut. Das hat mit unserer Religion nichts zu tun. Fasten heißt wenig essen und nicht mehr. Für mich ist eine Tasse Kaffee im Ramadan schon etwas Besonderes.«

Abdillah, der Besitzer eines kleinen Lebensmittelgeschäfts gegenüber von meinem Haus, versucht, das Gleiche zu tun. Nur bei all den Familieneinladungen sei das schwierig durchzuhalten, sagt er schmunzelnd. Er kenne kaum jemanden, der im Ramadan nicht ein paar Kilo zunehme. »Umgekehrt wäre es natürlich besser«, meint er wieder grinsend. »Aber dann wäre das Geschäft lange nicht so gut«, fügt er plötzlich mit ernster Miene hinzu. Viele Familien sparen das ganze Jahr, um sich alle Köstlichkeiten im Ramadan leisten zu können. Gutes Essen im heiligen Monat ist auch ein Statussymbol. Üblicherweise steigen die Preise für Lebensmittel ums Mehrfache, insbesondere für die Ingredienzien, die für traditionelle Fastenzeit-Speisen notwendig sind.

In den letzten Jahren scheint die Ramadan-Völlerei zugenommen zu haben. Arztpraxen und Nothilfe-Abteilungen der Krankenhäuser füllten sich sonst erst gegen Ende des Ramadans. Nun sind sie schon während des Fastenmonats voll, berichtet ein Arzt aus Tanger, der seinen Namen nicht genannt haben will. »Ich würde sagen, dass wir etwa ein Viertel mehr Patienten haben als im letzten Jahr.« Die Ernährungsgewohnheiten im Ramadan seien sehr ungesund«, gibt der Allgemeinmediziner ohne Umschweife zu. »Wer den ganzen Tag nichts isst und trinkt, sich dann abends vollstopft, überbelastet den Organismus, was auf Dauer zu Schädigungen führen kann. Insbesondere die vielen Süßigkeiten sind sehr ungesund. Und das nicht nur für alte Menschen.«

Verdauungsprobleme und Magenbeschwerden sind der Hauptgrund für einen Arztbesuch. Manche Patienten haben auch Kreislaufbeschwerden, hohe Zucker- und Fettwerte sind die Regel. Viele akute Fälle würden oft nicht beim Hausarzt landen, sondern werden in den Notabteilungen der Krankenhäuser behandelt, erklärt der Arzt. Für ihn ist es ganz verständlich, dass in Saudi-Arabien die Regierung eine Kampagne gegen Völlerei initiierte, die vor den Gefahren der übermäßigen Essens, insbesondere von zuckerhaltigen Produkten, warnt. Zu den normalen Überkonsumpatienten kommen Diabetiker oder auch Herzpatienten hinzu, die aufs Fasten nicht verzichten wollen, ihre Medizin untertags nicht nehmen und die gewohnten Einnahmezeiten in die Abendstunden verlegen. In der Nothilfe des Krankenhauses der saudi-arabischen Hauptstadt Riad werden im Ramadan täglich vier bis fünf solcher Fälle eingeliefert. Manche, vor allem ältere Patienten kommen sogar regelmäßig, weil sie entgegen dem Rat ihrer Ärzte auf das Fasten bestehen. Normalerweise müssten sie sich nicht an das islamische Fastengebot halten. Alle alten Menschen, Kranke, Kinder, schwangere Frauen, stillende Mütter, Frauen während ihrer Periode, Reisende und kämpfende Soldaten sind davon ausgeschlossen. »Aber der soziale Druck ist groß«, meint der marokkanische Arzt.

Im Laufe des Ramadans verschiebt sich das Tagesgeschehen immer mehr in die Nacht hinein. Die Geschäfte, Cafés und Restaurants öffnen am frühen Abend und schließen erst weit nach Mitternacht. In den ersten Tagen gehen die Menschen noch relativ früh schlafen und stehen wie gewohnt zum Frühstück und zum frühmorgendlichen Gebet wieder auf. Nach ein, zwei Wochen bleiben besonders junge Leute immer häufiger bis in die frühen Morgenstunden wach. Sie treffen Freunde, sitzen mit der Familie zu Hause oder bleiben vor dem Fernseher bis fünf, sechs oder sieben Uhr. Einige meiner Studenten kommen zum Unterricht am Morgen gar nicht oder schlafen nach kurzer Zeit ein. Die Lernbereitschaft nimmt deutlich ab. Am Arbeitsplatz ist es nicht anders. Für Nichterscheinen, Fehler und Verzögerungen gibt es immer die gleiche Entschuldigung: »Es ist Ramadan!« Alle Geschäfte, Büros, öffentliche Ämter, Apotheken, Arztpraxen öffnen morgens erst um neun oder zehn Uhr, manchmal auch erst um elf. Spätestens um 16 Uhr ist alles wieder geschlossen, die Rollläden heruntergelassen.

Bars und Geschäfte, in denen man Alkohol kaufen kann, sind in Marokko während des Ramadans geschlossen. Für Europäer, die einen Kaffee oder ein Bier trinken wollen, gibt es in Tanger ein Café, das tagsüber geöffnet ist, und zwei, drei Bars im Zentrum, in denen Alkohol ausgeschenkt wird. So oder ähnlich sind auch die Regelungen in anderen muslimischen Ländern, jeweils abhängig von lokalen Gepflogenheiten.

Für Muslime ist jeglicher Verzehr von Lebensmitteln, Getränken, Zigaretten von der Morgendämmerung bis zum Sonnenuntergang verboten. Der Genuss von Alkohol sowieso, 30 Tage lang. Wer in der Öffentlichkeit beim Rauchen oder Essen erwischt wird, dem droht eine Strafe. In Marokko kam Mohammed Choukri, der 2003 verstorbene Schriftsteller, wegen Alkoholgenusses im Ramadan ins Gefängnis. Seitdem blieb er während der Fastenzeit zu Hause und verließ seine Wohnung kaum mehr. Alkoholvorräte waren gebunkert. Er ist nicht das einzige Beispiel für Menschen, die im Ramadan nicht fasten wie vorgeschrieben. Wer möchte und das nötige Kleingeld dazu hat, kann sich ein Appartement mieten, inklusive Köchin, wohin er zwischendurch zum Rauchen und Essen flüchten kann.

Kamal S., ein 40-jähriger Anwalt aus Tanger, der unter dem ehemaligen marokkanischen König Hassan II. wegen politischer Aktivitäten einige Male inhaftiert worden war, hält nichts von religiösen Vorschriften. Mittags geht er nach Hause zum Essen, untertags kehrt er in die eigenen vier Wände zurück, um eine Zigarette zu rauchen oder Kaffee zu trinken. »Ich bin schließlich Atheist. Ich mache mir aus Religionen nichts. So etwas wie die Fastenzeit dient doch nur der sozialen Kontrolle.« Früher sei das in Marokko und auch in vielen anderen Ländern ganz anders gewesen. »Als ich in den Achtzigerjahren studierte, machte sich kaum jemand an der Universität etwas aus dem Ramadan. Zu essen, zu trinken und zu rauchen, war normal. Wer fastete, der fiel auf und war ein Außenseiter.« Kamal S. hat wenigstens eine eigene Wohnung, wo er unbeobachtet ist. »Würde ich noch zu Hause bei den Eltern wohnen oder wäre verheiratet und hätte Kinder, ginge das schlecht. Das gäbe riesige Probleme.« So kommen zu ihm untertags und abends Freunde und Bekannte, Lehrer, Journalisten oder Anwaltskollegen, die genauso denken wie er. Gemeinsam feiern sie bei einem oder auch mehreren Bieren ihre Ramadan-Nächte.

Fasten ist eigentlich jedem ab der Pubertät vorgeschrieben. Ausgenommen sind wie erwähnt Kranke, Reisende, alte Menschen, Kinder, Frauen während der Menstruation oder Schwangerschaft. Verzichtet werden muss untertags nicht nur auf Essen und Trinken, sondern auch auf jede Form von Sexualität. Ein Kuss zur Begrüßung ist erlaubt, nur keine Zärtlichkeit, die Leidenschaft hervorrufen könnte. Obendrein ist jede verbale Entgleisung und jede physische Aggression untersagt.

Karim, ein Deutschstudent, mit dem ich jeden Samstag in einer Fußballmannschaft spielte, war ganz bestürzt, als am Nebenplatz einige Spieler zu streiten begannen und sich gegenseitig laut beschimpften. Karim schüttelte mehrfach verständnislos den Kopf. So etwas dürfe man im Ramadan ganz und gar nicht. »Ich höre schlechte Wörter«, sagte er in seinem Anfängerdeutsch. »Diese sind verboten. Man muss versuchen, ruhig zu bleiben, tolerant und freundlich. Diese Menschen wissen nicht, was Ramadan ist.« Ich sagte ihm, das sei alles ganz menschlich. Die wenigsten könnten sich hundertprozentig an die Vorschriften halten. »Aber man sollte es doch versuchen«, entgegnete er mir. »Der Ramadan ist ein heiliger Monat. Der Monat, in dem Allah dem Propheten die 114 Suren des Korans gab. Ein Monat der Disziplin, in dem man mit sich selbst, mit der Welt und mit Gott ins Reine kommt.« Ich fragte ihn, ob er die letzen zehn Tage und Nächte des Ramadans in der Moschee verbringe, was normalerweise eine der vielen Ramadan-Pflichten ist. »Ich habe leider keine Zeit dazu«, antwortet Karim. »Wie die meisten Menschen, die arbeiten müssen. Doch es gibt einige«, fügt er stolz hinzu, »die die letzen zehn Tage und Nächte betend in der Moschee verbringen. Ja, ja, es gibt sie.«

Für den Ramadan existiert ein umfassender Verhaltenskodex, wer wann und wie zu fasten hat und was im Falle von Verfehlungen, absichtlichen wie unabsichtlichen, passiert. Wer etwa absichtlich erbricht, muss einen Tag nachfasten. Auch wer unabsichtlich zu früh zu essen beginnt, muss nachfasten. Eine unabsichtliche Ejakulation hat keine Auswirkungen. Eine absichtliche, etwa durch Masturbation, dagegen schon, wofür ebenfalls nachgefastet werden muss. Denn wer mutwillig gegen die Regeln der Enthaltsamkeit verstößt, lädt weitere Sünden auf sich, anstatt sich von ihnen zu befreien. Im Ramadan soll die Tür zum Paradies weit offen stehen. Es ist die Pflicht eines Gläubigen, durch regelkonformes Verhalten diese einmalige Chance zu nutzen.

Zu den Pflichten gehört auch das Spenden (Zakat) für wohltätige Zwecke am Ende des heiligen Monats, das von den obersten religiösen Behörden durch die Sichtung der neuen Mondsichel bestimmt wird. Die Mondsichtung, ungefähr 15 Minuten nach Sonnenuntergang, ist oft nicht so einfach und von Wetterbedingungen abhängig. Je nach Kontinent und Zeitzone kann es zu ein, zwei Tagen Verschiebung kommen, sowohl bei Beginn als auch am Ende des Ramadans. Das islamische Jahr ist ein Mondjahr und um etwa elf Tage kürzer als das Sonnenjahr. So wandert der Monat Ramadan durchs ganze Jahr.

Zum Abschluss der Fastenzeit feiert man das Eid-el Fitr (Fest des Fastenbrechens), in der Türkei wird es das Zuckerfest (Seker Bayram) genannt, in Malaysia heißt es Hari Raya Puasa und in Indonesien Hari Raya Idul Fitri (beides bedeutet »Großer Tag«). Das Fest dauert offiziell drei Tage, wird aber gerne von den Menschen als Gelegenheit genommen, einige Urlaubstage anzuhängen. Je nach lokalen Gepflogenheiten werden Kinder beschenkt, neue Kleider gekauft, Geschenke ausgesucht, Wohnungen festlich geschmückt oder ein Besuch bei der Familie in der Heimatstadt oder im Heimatdorf gemacht. In jedem Fall gibt es aber wieder reichlich gutes Essen.

 Religion (→ Fortschritt)

Rushdie, Salman

Gegen Salman Rushdie wurde eine Fatwa verhängt

Eigentlich dachte man, der Fall Salman Rushdie wäre längst abgeschlossen. Doch 18 Jahre nach Verkündung des Todesurteils gegen Rushdie am 14. Februar 1989 durch Ayatollah Khomeini im iranischen Radio wurde mit dem Ritterschlag durch Queen Elizabeth II. im Juni 2007 für den aus Indien stammenden britischen Schriftsteller neues Öl ins Feuer gegossen. Schon Wochen vorher, als bekannt wurde, dass Rushdie für den Ritterschlag vorgesehen war, gab es weltweit Proteste von Muslimen: Der britische Ritterschlag sei eine gezielte Beleidigung für alle Gläubigen des Islams. Auch moderate Kritiker warfen dem ausscheidenden britischen Premierminister Tony Blair mangelndes Fingerspitzengefühl vor: Die Proteste seien doch voraussehbar gewesen.

Erzürnt zeigte sich auch ein Parlamentsabgeordneter der Konservativen Partei. Stewart Jackson nannte Salman Rushdie im BBC einen »Kritiker des Vereinigten Königreichs, dessen Steuerzahler für seinen Schutz seit dem Todesurteil bezahlten«. Der Autor würde nur zur Hälfte im Land leben und seine Bücher seien Schund und ohne jeden literarischen Wert. Im Iran wird man der Meinung des Parlamentsabgeordneten zwar zugestimmt haben, besonders was den literarischen Wert betrifft. Offiziell ließ man sich jedoch zu einem derartigen, sehr verwunderlichen Ausbruch nicht hinreißen. Das iranische Außenministerium ließ lapidar verlautbaren, die Haltung des Irans habe sich in dieser Sache nicht gewandelt.

Zur Erinnerung: Als Grund für das Todesurteil gilt Rushdies Buch *Die Satanischen Verse*, das Ayatollah Khomeini als ein blasphemisches Werk bezeichnete, das den Propheten Mohammed (→ **Prophet Mohammed**) und den Islam verunglimpfe. Rushdie verarbeitet in seinem Buch die Legende von den Satanischen Versen. Sie besagt, dass der Satan höchstpersönlich einige Verse in den Koran eingeschmuggelt habe, was Prophet Mohammed erst später gemerkt und daraufhin korrigiert haben soll. Insgesamt sind es nur zwei Kapitel des Romans, die umstrittene Passagen beinhalten. Besonderen Ärger dürften gläubigen Muslimen die Stellen bereiten, in denen die zwölf Frauen des Propheten ironisiert werden. Für Muslime gelten sie als »Mütter aller Gläubigen«.

Salman Rushdie ist Sunnit und fällt eigentlich nicht unter die Jurisdiktion schiitischer Geistlicher, da sie keine Autorität über Sunniten haben. Wie Heinz Halm, Professor für Islamische Geschichte am Orientalischen Institut der Universität Tübingen, in seinem Buch *Der schiitische Islam* richtig bemerkt, ist Rushdies Verbrechen darüber hinaus nicht wirklich Blasphemie oder Apostasie. Seine eigentliche Verfehlung ist die Verwestlichung eines Muslims, »der in England lebt, für britische Pfund Sterling englisch schreibt und dabei mit den geheiligten Traditionen des Islams ein frivoles Spiel treibt«.

Das Urteil war auch als Provokation gegen den Westen gedacht. Man muss sich nur die gespannte Lage damals vorstellen: Die USA hielt das Handelsembargo gegen den Iran aufrecht, der sich in einer wirtschaftlichen Krise befand. Im Persischen Golf gab es in den Achtzigerjahren immer wieder militärische Zwischenfälle. Am 3. Juli 1988 hatte ein US-Kriegsschiff eine Passagiermaschine der Iran Air auf dem Weg nach Dubai mit einem feindlichen Kampfjet verwechselt und mitsamt 290 Menschen, darunter 66 Kinder, abgeschossen. Grundsätzlich hielt man die iranische Revolution von 1979 und die »Regierung der Mullahs« für einen Rückschritt ins Mittelalter. Dies dürften eher die Hintergründe für die Radioansprache Ayatollah Khomeinis gewesen sein, in der er alle »mutigen Muslime« aufforderte, Autor und Verleger des Buches »sofort hinzurichten, damit sich niemand mehr traut, die Heiligtümer der Muslime zu beleidigen«.

Bis heute wird in den Medien das Todesurteil als Fatwa (→ **Fatwa**) bezeichnet. Tatsächlich ist es aber ein Hokm, ein Verdikt oder Urteil. Ayatollah Khomeini hat Fatwas immer handschriftlich niedergeschrieben, während Hokms stets getippt wurden. Das betreffende Dokument sei weder unterschrieben noch versiegelt gewesen, schreibt Mehdi Mozaffari, Professor an der Universität Aarhus in Dänemark, in seinem Buch *Fatwa: Violence and Discourtesy*. Den »entscheidenden Unterschied« zwischen einer Fatwa und einem Hokm erklärte Ayatollah Mehdi Rouhani, ein schiitischer Geistlicher, der die »Stiftung für Demokratie« im Iran mitbegründete, bereits 1996 in einem Brief an die Europäische Union. »Fatwas sind moralische oder religiöse Richtlinien, die ein religiöser Führer verkündet und die nach seinem Tod von einem anderen religiösen Führer oder Ayatollah wieder verändert oder annulliert werden können. Wohingegen ein Hokm ein rechtsgültiger Richterspruch ist« und nicht so leicht aufgehoben werden kann, wie man im Westen vielleicht meinen könnte. Für viele mag das spitzfindig klingen, macht aber einen großen Unterschied. Einer Fatwa hätte man nicht so viel Bedeutung beigemessen, vor allen Dingen nicht über einen so langen Zeitraum. Außerdem hätte man sie leichter als ungültig oder als nicht mehr zeitgemäß erklären können. Eine Infragestellung des moderaten Präsidenten Ayatollah Mohammed Chatami (1997-2005) hätte genügt, um sie zumindest abzuschwächen und eine Diskussion darüber anzufachen. Bei einem Hokm ist so etwas fast ausgeschlossen. Schließlich stammt das Todesurteil von Ayatollah Khomeini höchstpersönlich. Das im Juni 1989 verstorbene Staatsoberhaupt und Oberster Rechtsgelehrter gilt im Iran heute noch als Ikone des rech-

Rushdie, Salman

ten Glaubens und als unantastbar. Sein Mausoleum mit goldglänzender Kuppel in Teheran ist eine Kopie von Husains Schrein in Kerbela. Khomeinis Hokms und Fatwas sind auch nach seinem Tod noch unumstößlich und für alle schiitischen Gläubigen verbindlich. Khomeini hatte dies selbst durch eine Verfügung erwirkt. In einigen, eher marginalen Fällen setzte sich sein Nachfolger Ayatollah Khameini zwar über diesen Grundsatz hinweg. 1992 wurde Musik und später auch der von Khomeini verbotene Kaviar-Export erneut erlaubt. Aber in Sachen Salman Rushdie blieb Khamenei auf der Linie seines Vorgängers, »selbst wenn Salman Rushdie der frommste Muslim der Erde werden sollte«. 1996 erklärte das iranische Außenministerium es als unmöglich, das Urteil zurückzunehmen.

Das Todesurteil gegen Salman Rushdie könnte nur mit einer gehörigen Portion Goodwill und durch die Autorität des Expertenrats aufgehoben werden (ein Gremium, das die Aufgabe hat, das Staatsoberhaupt zu beraten und zu kontrollieren). Dazu muss, wie gesagt, jedoch die Bereitschaft vorhanden sein, ein Konsens in den Reihen der Kleriker, die die Umkehr in der Öffentlichkeit rechtfertigen. Das scheint heute völlig ausgeschlossen. Nach dem Ritterschlag Rushdies sagte Ahmed Khatami, ein konservativer Kleriker, bei seiner Ansprache zum Freitagsgebet, die live im Radio übertragen wurde, das Urteil sei noch gültig und könne auch nicht geändert werden.

Unter der Präsidentschaft des reformwilligen Ayatollah Mohammed Chatami schien es fast so weit gewesen zu sein: Am 22. September 1998 erklärte er die Affäre Rushdie für erledigt und distanzierte die Regierung von der Morddrohung wie auch vom ausgesetzten Kopfgeld auf den britischen Autor. Was sehr gut klang, hatte keine rechtliche Verbindlichkeit. Chatami wusste, dass er eine offizielle Annullierung nie durchsetzen könnte. Selbst ein Beschluss des Parlaments zur Aufhebung des Todesurteils wäre nicht ausreichend gewesen – für das es im Übrigen 1998 keine Mehrheit gab. Über 150 der insgesamt 270 Abgeordneten hatten eine Petition unterschrieben, die das Urteil als Ausdruck »göttlicher Ordnung« bezeichnete. Wäre es, wie schon gesagt, nur eine Fatwa gewesen, hätte die Distanzierung von Ayatollah Mohammed Chatami einen wesentlich höheren Stellenwert gehabt, über die niemand einfach so hätte hinwegsehen können.

Im Oktober 1998 erhöhte Ayatollah Hassan Sanei, der Direktor der religiösen Khordad-15-Stiftung, die Belohnung für die Ermordung Salman Rushdies von 2,5 auf insgesamt 2,8 Millionen Dollar. »Die Erhöhung soll ermutigen, das Urteil zu vollstrecken«, soll Sanei gesagt haben. Ali Akbar Haschemi Rafsandschani, Mohammed Chatamis Amtsvorgänger, betonte mehrfach, die Belohnung sei von einer privaten Institution ausgeschrieben, nicht vom iranischen Staat. Eine Notlüge könnte man sagen: Khordad-15 ist zwar eine private Stiftung, der Direktor wird allerdings von Ayatollah Ali Khamenei, dem obersten Staatsoberhaupt, persönlich berufen.

Im Februar 2007, zum 18. Jahrestag des Todesurteils, veröffentlichte die iranische Nachrichtenagentur *Farsnews* erneut den Originaltext des Todesurteils von Ayatollah Khomeini. Man wies darauf hin, das Urteil sei auch nach dessen Tod nicht revidierbar. Schließlich habe auch sein Nachfolger als Staatsoberhaupt der Islamischen Republik Iran, Ayatollah Khamenei, im Jahr 2004 erklärt, wie notwendig die Hinrichtung Salman Rushdies sei.

S Salafismus (→ Islamismus)

S Scharia

Die Scharia, ein blutrünstiges Instrument, ist die Rechtsgrundlage für islamische Staaten

Bei Diskussionen mit Deutschen, Spaniern, Franzosen oder US-Amerikanern über den Islam ist die Scharia ein beliebtes Schlagwort, mit dem man sofort Assoziationen von abgehackten Händen, rollenden Köpfen oder auch Steinigungen weckt. Ein Begriff als wahrlich schlagendes Argument, das keinen Widerspruch duldet. Wer will gegen so viel Unmenschlichkeit noch etwas sagen? Für jedes Verbrechen eine brutale Strafe nach dem Prinzip Auge um Auge, Zahn um Zahn. Die Scharia wird als islamisches Pendant zum Bürgerlichen Gesetzbuch missverstanden.

Im Koran wird der Begriff nur einmal genannt: »Dann brachten Wir dich auf einen klaren Pfad in der Sache des Glaubens: so befolge ihn, und folge nicht den Launen derer, die nichts wissen.« (Sure 45:18)

Scharia bedeutet wörtlich Pfad, Weg, der zu den Quellen führt. Ein Wegweiser also für die Menschen zum richtigen Glauben, zu Gott. Scharia ist mehr als nur ein islamisches Bürgerliches Gesetzbuch. Es enthält Grundlagen zum Schuld- und Strafrecht, Familien-, Vermögens- und Erbrecht, regelt die rituellen Pflichten des Gebets, Fastens, die Pilgerfahrt, Spenden und Waschungen sowie Finanztransfers, Krieg und Frieden, Essen und Trinken.

Die Scharia ist jedoch kein Buch, das man einfach aus dem Regal nimmt oder das man in der neuesten Auflage in der Buchhandlung kaufen oder bestellen kann. Das islamische Rechtssystem ist kein kodifiziertes Regelwerk, nach Paragrafen und Unterpunkten geordnet, das man ganz einfach zum Gesetz eines Staates machen könnte. Die Scharia ist die Idee von einem Gesetz, das sich an einer göttlichen Ordnung orientiert. Eine Idealvorstellung von dem, was göttliches Recht sein könnte.

Eine der Quellen der Scharia ist der Koran. Er liefert aber nur eine begrenzte Zahl von Geboten und Verboten, Anweisungen und Richtlinien, die man zur Grundlage einer Rechtslehre benutzen kann. Als zweite Quelle für Regeln und Vorschriften dient die Sunna, das Leben und Handeln von Prophet Mohammed, dokumentiert in den Hadithen (→ **Koran**), die im 9. und 10. Jahrhundert niedergeschrieben wurden. (Die Schiiten haben eine größtenteils differierende Sunna, die sich auf die Aussagen ihrer zwölf Imame bezieht.)

Aber selbst Koran und Sunna zusammen reichen nicht aus, um auf die wechselnden Anforderungen der Zeit Antworten zu geben. So entwickelten islamische Rechtsgelehrte ein spezielles Verfahren, demgemäß sie in den Grundlagentexten Lösungen für auftretende Probleme suchen. Zum einen ist das der Konsens von verschiedenen Gelehrten zu einem Thema, zum anderen der Analogieschluss, bei dem von bereits bekannten Fällen auf neue geschlossen und entsprechend entschieden wird.

Die Interpretationsmöglichkeiten sind vielfältig, was zu Differenzen innerhalb der Jurisprudenz und zur Ausbildung unterschiedlicher Rechtsschulen führte, die sich auch regional unterschiedlich verbreiteten. Bis heute haben sich vier Rechtsschulen durchgesetzt: In Nord- und Westafrika ist es die malikitische, in Saudi-Arabien die hanbalitische, in der Türkei, Syrien, Ägypten und Mittelasien die hanafitische und im Jemen, in Malaysia und Ostafrika die schafitische.

Wenn Islamisten (→ **Islamismus**) oder besser Neofundamentalisten, wie diejenigen heutzutage genannt werden, die die Einführung der Scharia fordern, vom islamischen Recht sprechen, meinen sie in den meisten Fällen keine der bestehenden Schulen. Sie beziehen sich auf die Zeit der rechtgeleiteten Kalifen vor 660 n. Chr. Bevorzugt wird von den Neofundamentalisten aber die Periode zu Lebzeiten von Prophet Mohammed, der 632 n. Chr. starb. Damals soll es die gerechteste aller Gesellschaften gegeben haben. Allerdings gibt es keine Quellen einer ausgearbeiteten Scharia dieser Zeit. Die Neofundamentalisten müssen sich ebenfalls aus den später entstandenen Quellen bedienen und sich eine eigene Version zusammenstellen.

In der Geschichte des Islams gibt es für Islamisten keine Musterbeispiele einer angewandten Scharia. Die letzten knapp 1400 Jahre von der Herrschaft der Umayyaden an gelten als unislamisches Zeitalter. Selbst ohne die puristische Brille der Islamisten findet sich in der Geschichte des Islams tatsächlich keine Periode, in der die Scharia buchstabengetreu ausgeführt worden wäre und Beispielcharakter haben könnte. Muslimische Herrscher verfuhren in Rechtsfragen nicht wie religiöse, sondern wie säkulare Herrscher nach ökonomischer und politischer Interessenlage. Selbst die nach dem Ende des Osmanischen Reiches gegründeten unabhängigen Staaten wie die Türkei, Syrien, Ägypten oder auch der Iran waren säkulare Projekte. Es entstanden keine islamischen Republiken, basierend auf der Scharia, sondern es sollten moderne Staatswesen sein. Der Kolonialismus hatte zum Bruch mit alten politischen und religiösen Traditionen geführt, dem auch die Scharia zum Opfer fiel. Selbst die Taliban in Afghanistan, die sich auf die Scharia beriefen, wendeten sie nicht vollständig an. Ihr Gemeinwesen musste sich auch nach dem Gewohnheitsrecht der Stammesgesellschaften ausrichten.

Islamische Gelehrte sehen das natürlich vollkommen anders. Aber (→ **Clash of Civilizations**; → **Musik**) sie und ihre religiöse Welt sind weit von der Realität entfernt. Leider werden ihre Aussagen im Westen oft als repräsentativ für den Islam und muslimische Gesellschaften angesehen.

Die Rolle der Scharia in muslimischen Ländern ist heute sehr unterschiedlich. Nur im Iran, in Saudi-Arabien, kleineren Golfstaaten, einigen Bundesstaaten in Nigeria und teilweise im Sudan wird die Scharia auch im Strafrecht angewandt. Daher rühren die Meldungen von Steinigungen oder der Todesstrafe. Aus Nigeria kommen erst seit 2000 Nachrichten von Todesurteilen wegen Ehebruch, als einzelne Bundesstaaten begannen, die Scharia einzuführen, und das in einer sehr simplifizierenden und extremen Weise. Bei den Taliban war es nicht anders. Der Exbotschafter Saudi-Arabiens in London, Ghazi al-Qusaibi, rechtfertigte das Rechtssystem seines Landes, in dem es Steinigung und Amputation von Gliedmaßen als Strafen gibt, und erklärte, dass dies »in den Augen der Muslime ein Kernstück des islamischen Glaubens« sei (→ **Steinigung**). Ein religiöser Brückenschlag, den all diese Länder nutzen, um ihre separatistische Abweichung von der Norm zu rechtfertigen. Denn sie sind eine Minderheit.

Alle anderen Nationen des Mittleren Ostens und Nordafrikas haben ein duales Rechtssystem mit einem Strafrecht nach westlichem Standard und einem Familien- und Erbrecht, das von religiösen Gerichten geregelt wird. Es werden keine Hände abgehackt und keine Frauen gesteinigt. Genauso wenig wie in Ägypten, dessen Rechtssystem auf englischem und französischem Recht basiert und wo Familienangelegenheiten ebenfalls unter islamische Jurisdiktion fallen. 1982 wurde zwar aufgrund eines Referendums eine Verfassungsänderung vorgenommen und es hieß fortan: »Die Prinzipien der Scharia sind die Hauptquellen der Gesetzgebung.« Letztendlich hatte dies jedoch keine Auswirkungen, denn es wurde nicht von Ausschließlichkeit und nicht von der konkreten Anwendung gesprochen. Die Gesetzgebung muss irgendwie mit dem Islam konform gehen.

In diese Richtung geht auch die neue Verfassung des Iraks, in der festgehalten ist, dass kein Gesetz gemacht werden dürfe, das sich gegen die bestehenden Bestimmungen des Islams richte, was alles und nichts bedeuten kann. In der Türkei, einem säkularen Staat, spielt die Scharia keine Rolle. In Asien folgen die Länder ebenfalls

Scharia

einem dualen System. Auch hier wird nur das Familienrecht von religiösen Gerichten geregelt. In Malaysia gibt es in einigen Bundesstaaten Scharia-Gerichte, die auch in Strafprozessen ein Urteil sprechen können, wobei allerdings nur Geldstrafen und Haftstrafen bis maximal sechs Monate verhängt werden. Wie man sieht, werden Bestrafungen, wie man sie aus dem Mittelalter kennt, nur in sehr wenigen Staaten praktiziert und dort auch nicht in großer Zahl. Trotzdem ist natürlich jeder Fall ein Fall zu viel.

Inhumane, grausame Bestrafungsmethoden beschränken sich nicht nur auf muslimische Länder, denkt man an die Massenexekutionen in China oder die Todesstrafe in Russland, Chile, Vietnam oder Kambodscha. In den USA, einem Land der sogenannten zivilisierten Welt, benutzt man Giftspritze, Gas und Elektrizität, um Delinquenten im Namen der Gerechtigkeit ins Jenseits zu befördern. Einige werden vielleicht sagen, das sei ja nichts im Vergleich zur Todesstrafe für Ehebruch und Homosexualität. Aber es ist das gleiche Niveau.

Schweinefleisch

Schweinefleisch ist für Muslime aus hygienischen und gesundheitlichen Gründen verboten

Bei uns ist es Glücksbringer und Leckerbissen, das teure Trüffel aufspürt und als quiekendes Jungtier Kinder zu Verzückung bringt. In Thailand ist es Opfergabe, in Neuguinea als Teil der Familie mit einem Namen versehen, in China gibt es das Jahr des Schweins und in Indien haben die Vischnu-Statuen einen Löwen- und einen Eberkopf.

Im Islam, wie auch im Judentum, gilt das Schwein jedoch als etwas Negatives und der Verzehr ist verboten (*harâm*). Der Koran ist eindeutig: »Verboten ist euch das von selbst Verendete sowie Blut und Schweinefleisch und das, worüber ein anderer Name angerufen ward als Allahs.« (Sure 5:3)

Für Muslime ist das Schwein ein unreines Tier, da es sich im Dreck wälzt, ein Allesfresser ist, der sogar seine eigenen Exkremente frisst. Daneben wird heute das religiöse Essensverbot auch mit hygienischen und gesundheitlichen Gründen erklärt. Schweinefleisch verderbe leicht und schnell, gerade in der Wüstenhitze. Außerdem übertrage das Schwein gefährliche Krankheiten, wie Trichinose, die lebensbedrohlich sind.

Wie schon an anderen Stellen des Buches beschrieben, versuchen Religionen gerne ihre Glaubensprinzipien und Rituale im Nachhinein wissenschaftlich zu rechtfertigen. Ob in Syrien, Marokko oder dem Libanon, gläubige Muslime erklärten mir immer wieder, im Koran sei alles niedergeschrieben, was erst Jahrhunderte später von der Wissenschaft entdeckt wurde: dass die Erde rund sei, sie um die Sonne kreise, die Funktionsweise des Embryos, ja sogar Gentechnologie und Atomenergie seien genannt. Bei der Frage nach Belegen bekam ich verschiedene Koransuren aufgezählt, wobei mir die dazu gelieferten Interpretationen etwas sehr vage erschienen. Beliebt ist auch, den hohen Gesundheitswert des Fastens im Ramadan (→ **Ramadan**) und der rituellen Waschungen vor dem Gebet zu betonen. »Sich fünf Mal am Tag die Ohren, das Gesicht und die Füße zu waschen, fördert die Durchblutung«, erklärte mir einer meiner Lehrerkollegen in Tanger, der keines der fünf Gebete auslässt. Man würde besser hören und es wirke obendrein lebensverlängernd. So unrecht hat mein Kollege nicht, wenn es nach der Untersuchung über die Effekte der Waschung der staatlichen medizinischen Akademie von Dagestan aus dem Jahr 2003 geht. In einem Aufsatz über *Muslimische Rituale und die Wirkung auf die persönliche Gesundheit* schrieb Dr. Magomed Magomedov von der dagestanischen Akademie, die Waschung sei eine Präventivmaßnahme gegen vielerlei Krankheiten und würde außerdem die biologischen Aktivpunkte des Menschen über die Haut aktivieren. Damit würden die Eingeweide, der Magen und die Blase positiv energetisch aufgeladen.

Im Fall von Schweinefleisch funktioniert die wissenschaftliche Untermauerung nicht anders. Nur war die Existenz der angeführten gefährlichen Trichinen, die das Schwein in sich trägt, zu Lebzeiten des Propheten Mohammed, im 7. Jahrhundert n. Chr., noch gar nicht bekannt. Die Gesundheitsgefährdung durch Trichinen wurde erst 1860 entdeckt. Schweine fressen auch nur dann eigene Exkremente, wenn sie nichts anderes zu fressen bekommen, und sie wälzen sich im Dreck, da das auf dem Körper länger hält als normales, sauberes Wasser. In der Wüstenhitze verdirbt auch Rindfleisch sehr leicht. Schweinefleisch wurde in anderen heißen Regionen der Welt bereits lange vor der Zeit Mohammeds gegessen, ohne die Bevölkerungen auszurotten, die damals ebenso wenig einen Kühlschrank hatten. Auch wir Schweineesser leiden nicht an den Folgen des Genusses, die Lebenserwartung in Europa ist die höchste in der Welt. Schweinefleisch an sich ist nicht schädlich, höchstens die Antibiotika und die Wachstumshormone, die den Tieren zugefüttert werden.

Einige spekulieren, das Schweinefleischverbot resultiere aus ökonomischen Gründen, da die Tierhaltung damals aufwendig und teuer war. Die Schweine einfach auf die Weide zu schicken, reichte nicht aus. Eine plausiblere Erklärung ist der Wunsch, sich gegen die Heiden abzugrenzen, die nicht an einen, sondern an mehrere Götter glaubten und das Schwein als Opfertier benutzten.

Rituale und Tabus haben in allen Kulturen und Religionen die Funktion, Gruppenidentität zu schaffen, sich gegen andere Gemeinschaften abzugrenzen, Differenz deutlich zu machen. In einigen Fällen mag es Korrelationen zu Hygiene und Gesundheit geben, eine Verbindung, die jedoch sekundär ist.

Speiseverbote sind Bestandteile menschlicher Kultur. Was die einen mit großem Appetit essen, ekelt die anderen bis zum Erbrechen: frische, lebende Raupen, frittierte Skorpione, gemästete Hunde und Katzen, gebratene Ratten, um nur einige eindrucksvolle Beispiele zu geben.

Ein Hindu fühlt sich schlecht, wenn neben ihm jemand ein Rindersteak verspeist. Ganz ähnlich ergeht es wohl einem Muslim, wenn am Tisch ein Schweinskopf serviert wird. Er fühlt sich angeekelt vom Ah und Oh der anderen, die sich wie Kannibalen auf den Braten stürzen und genüsslich Nase und Ohren zuerst verspeisen. Speisegebote sollte man als Bereicherung ansehen, als positiven Beweis für die Vielfalt der Kulturen und deren gleichberechtigtem Nebeneinander.

Religiöse Fanatiker wollen davon wenig wissen. Im April 2007 veröffentlichte Ahmadiyya Muslim Jamaat, eine muslimische Gemeinde in Deutschland, in ihrer Jugendzeitschrift einen Artikel, der den Genuss von Schweinefleisch in Zusammenhang mit Homosexualität setzte. Nach heftigen Protesten stellte sich die Organisation hinter die Autorin des Textes, denn »Experten« hätten wiederholt auf die negativen Auswirkungen des Verzehrs von Schweinefleisch auf die menschliche Gesundheit hingewiesen. Die Verfasserin des umstrittenen Artikels hatte gleichfalls pseudo-wissenschaftliches Vokabular und Argumente aufgeführt: wie schädlich und katastrophal der Genuss von Schweinefleisch sei, der bis zur Homosexualität führen könnte.

Diese vermeintliche Verwissenschaftlichung von religiösen Regeln durch Ahmadiyya Muslim Jamaat, die mehrere Moscheen in Deutschland unterhält und nach eigenen Angaben etwa 30 000 Mitglieder hat, ist kein Einzelfall. Man findet problemlos vergleichbare Literatur. Allein im Internet gibt es in verschiedenen Sprachen unzählige Webseiten von islamischen Gruppen und Organisationen, die die Schädlichkeit von Schweinefleisch wissenschaftlich begründen. Hier nur ein Beispiel: »Es ist festgestellt worden, dass Viren der ›Aids‹-Krankheit, die hauptsächlich bei Homosexuellen auftritt und sehr ansteckend und tödlich ist, im Körper des Schweins vorhanden sind.« (www.hakikatkitabevi.com) Das ist die Hypostase des Schweins zum teuflischen Wirt von todbringenden Krankheiten. Hier wird nicht nur eine Gruppe von Menschen diffamiert, die andere sexuelle Präferenzen wie die Mehrheit hat, sondern gleich die gesamte Schweine essende westliche Hemisphäre. Ein völlig absurdes Extrem, das den kulinarischen Ekel von Muslimen zu instrumentalisieren versucht.

Einigen meiner marokkanischen Freunde kribbelt es deutlich unangenehm im Magen beim Gedanken an Schweinebraten. Nicht wegen Aids-Viren oder eines kulturellen Überlegenheitsgefühls. Ihnen geht es wie mir bei einem Teller voll frittierter Skorpione, die in China als Delikatesse gelten. Allein die Vorstellung von einem knackigen Biss, geschweige denn vom Runterschlucken erzeugt einen Ekelschauer. Etwas, das ich ganz normal finde.

S Selbstmordattentäter

Selbstmordattentate sind eine Erfindung des Islams

Vor Jahren waren islamistische Selbstmordattentäter die Inkarnation des absolut Schrecklichen, über deren Taten viele im Westen betroffen und verständnislos den Kopf schüttelten. Seit dem Krieg im Irak ist man nun an Märtyrer (→ **Märtyrer**), die sich in einer Menschenmenge, im Auto oder Lkw in die Luft sprengen, gewöhnt. Nahezu täglich sind sie Bestandteil der Nachrichten und nichts Außergewöhnliches mehr. Jeder hat heute schon einmal diese Bilder gesehen: Ein Mann oder eine Frau, mit Stirnband um den Kopf und Sprengstoff bepackt, liest eine Erklärung vom Blatt, bereit, als Märtyrer im Namen des Islams ins Paradies einzugehen.

Kein Wunder, wenn Selbstmordattentate im Westen als islamisches Phänomen erscheinen, dessen historische Wurzeln sogar in der islamischen Geschichte zu finden seien. Als Vorfahre der zeitgenössischen Selbstmordattentäter wird meistens die Sekte der Assassinen (Arabisch von der Pluralform des Haschisch abgeleitet) aus dem 11. Jahrhundert genannt. Legendär sind die ausschweifenden Festgelage der Assassinen mit Haschisch und Opium, aber noch mehr ihre Mordanschläge, bei denen sie das eigene Leben aufs Spiel setzten. Ihren Tod verstanden sie als »Märtyrertum für den Ruhm Gottes«. Nur: Die Assassinen töteten zielgerichtet einzelne hochrangige Persönlichkeiten, im Gegensatz zu den heutigen Märtyrern, die wahllos Menschen ermorden. Auf die Assassinen beruft sich heute kein Selbstmordattentäter. Man könnte eher als historische Wurzeln auf die japanischen Kamikaze-Flieger oder auch französischen Widerstandskämpfer im 20. Jahrhundert verweisen, die bewusst ihren Tod in Kauf nahmen, um andere zu töten.

Das moderne Phänomen der Selbstmordattentate hat seinen Ursprung im Libanon. Im Dezember 1981 wurden bei einem Anschlag der Befreiungsarmee Kurdistans auf die Irakische Botschaft in Beirut 61 Menschen getötet. 1983 folgten Attentate auf die US-Botschaft, US-Unterkünfte und französische Fallschirmspringer in Beirut (→ **Hisbollah**), bei denen über 300 Menschen ums Leben kamen. Im Laufe der nächsten Jahre wurden im libanesischen Bürgerkrieg über 50 Selbstmordoperationen durchgeführt, wovon die meisten nicht religiös motiviert waren.

1987 adaptierte die hinduistische Rebellenorganisation Tamil Tigers in Sri Lanka den Selbstmord als Waffe in ihrem Krieg für Unabhängigkeit. Am 5. Juli 1987 fuhr Kapitän Miller einen Lastwagen in ein Militärcamp und tötete 40 Regierungssoldaten. Seitdem haben die Tamil Tiger 322 Mitglieder aus ihrer Selbstmordeinheit Black Tigers bei Selbstmordoperationen verloren. Die Methode der Selbstmordanschläge wurde danach von den tschetschenischen Rebellen übernommen, die gegen die russische Besatzung kämpften, und auch in der Türkei, wo die kurdische Arbeiterpartei PKK, eine sozialistisch orientierte Terrororganisation, bis heute für ein freies Kurdistan einen Guerilla-Krieg führt.

Selbstmordattentäter sind eine effiziente Waffe und werden heute von über 20 Terrorgruppen in insgesamt 14 Ländern eingesetzt, unter anderem im Irak, in Israel, Tschetschenien, Usbekistan, Sri Lanka, Saudi-Arabien oder Afghanistan. Der logistische und materielle Aufwand ist relativ gering und die Wirkung verheerend. Laut einer Studie des US Army War College lag der Anteil von Selbstmordattentaten an allen Terroranschlägen von 1980 bis 2001 gerade mal bei drei Prozent. Was aber die Zahl der Todesopfer betrifft, geht die Hälfte aller Toten auf ihr Konto. Selbst wenn man die ungewöhnlich hohe Anzahl von Opfern des Anschlags auf das World Trade Center in New York von 2001 nicht mitrechnet.

Selbstmordattentäter können in der Regel nicht von der Polizei befragt werden. Da sie überall und jederzeit zuschlagen können, verbreiten sie Angst und Schrecken. Gleichzeitig stigmatisieren sie die eigene Gruppe als wehrloses Opfer eines übermächtigen Aggressors: So groß ist die Verzweiflung über die erlittene Ungerechtigkeit, dass man sich selbst in die Luft jagen muss. Dieser Effekt wird noch einmal verstärkt, wenn es sich um weibliche Selbstmordattentäterinnen handelt.

In Palästina führte man den ersten Anschlag 1993 aus. Bis 2006 gab es insgesamt rund 150 Selbstmordoperationen, für die Hamas, Islamischer Dschihad und die Al-Aqsa-Märtyrer-Brigaden verantwortlich sind. Sie bezeichnen ihre Aktionen als defensiven Dschihad. Für sie ist Israel ein aggressiver Eindringling, ein Besatzer des muslimischen Landes, das von allen Gläubigen bekämpft werden muss. Das Töten von israelischen Zivilisten wird damit gerechtfertigt, dass es keinen anderen Weg gibt, sich gegen die Okkupation zur wehren. Außerdem ermorde Israel tagtäglich palästinensische Zivilisten, und das in einem weit größeren Ausmaß. Angeblich stehen ihre hinterhältigen Anschläge in Bussen oder Restaurants in keinem Vergleich zur Grausamkeit der Israelis. Die Attentate sollen ein Klima der Angst erzeugen. Die Palästinenser wollten dadurch das gleiche Ziel erreichen wie die libanesische Hisbollah 1996 (→ **Hisbollah**), nämlich ein Abkommen mit Israel, das Angriffe auf israelische wie palästinensische Zivilisten untersagt. Aber Israel ließ sich auf einen solchen Handel mit den Palästinensern nicht ein. Offensichtlich erreichen alle militanten palästinensischen Gruppen zusammengenommen nicht das Bedrohungspotenzial der Hisbollah und müssen deshalb nicht so ernst genommen werden.

Eigentlich ist Selbstmord im Islam verboten. »Und tötet euch nicht selber«, heißt es im Koran (Sure 4:29). Der Tod im Kampf für den Glauben (→ **Dschihad**) dagegen ist etwas Heroisches. »Und wenn ihr für Allahs Sache erschlagen werdet oder sterbet, wahrlich, Verzeihung von Allah und Barmherzigkeit ist besser, als was sie zusammenscharen.« (Sure 3:157)

Zivilisten, alte Männer, Frauen und Kinder dürfen dabei jedoch nicht zu Schaden kommen. »Und kämpfet für Allahs Sache gegen jene, die euch bekämpfen, doch überschreitet das Maß nicht, denn Allah liebt nicht die Maßlosen.« (Sure 2:190)

Im Grunde genommen verstoßen die Selbstmordattentate der militant-radikalen palästinensischen Organisationen gegen fundamentale Prinzipien des Islams. Wenn man als Muslim Selbstmordoperationen rechtfertigen kann, dann nur solche, die gegen militärische oder administrative Einrichtungen der Okkupation und deren Personal gerichtet sind.

Nach den Anschlägen am 11. September 2001 in den USA erklärte der Großmufti von Ägypten, Sayyid Mohammed Tantawi, dass »wir im Namen der Scharia alle Angriffe auf Zivilisten verurteilen, welcher Gruppierung oder welchem Staat sie auch immer angehören, die für einen solchen Angriff verantwortlich sind«. Bezüglich Palästinas jedoch sieht er die Sache etwas anders. »Es ist das Recht jedes Muslims, jedes Palästinensers und jedes Arabers, sich inmitten von Israel in die Luft zu sprengen.« Ganz ähnlich sah es Scheich Yusuf al-Qaradawi, die oberste sunnitische Autorität des Staates Katar, bei seinem Vergleich zwischen dem Angriff auf die USA und Angriffen auf Israel: »Der Palästinenser, der sich selbst in die Luft sprengt, verteidigt seine Heimat. Wenn er einen Feind angreift, der zugleich ein Besatzer ist, dann greift er ein legitimes Ziel an. Das ist nicht mit jemandem zu vergleichen, der sein Land verlässt und sich ein Ziel aussucht, mit dem kein Konflikt besteht.« Die Haltung der beiden Geistlichen zeigt deutlich, wie leicht man einen interpretatorischen Spagat machen kann: alles eine Frage der Auslegung.

Hintergrund ihrer Erklärungen ist die öffentliche Meinung in ihren Ländern: Der Palästinakonflikt gilt Muslimen seit Jahrzehnten als Musterbeispiel für Ungerechtigkeit und Unterdrückung. Die Bilder von Toten, die auf das Konto der israelischen Besatzer gehen, sind tagtäglich in den Medien präsent. Es ist ein ungerechter Kampf zwischen David und Goliath, und der Kampf des guten David, der permanent Höllenqualen erleiden muss, dauert nun schon 60 Jahre. Für Muslime steht außer Frage: Die Palästinenser wurden von den Israelis sytematisch vertrieben und die Besatzer haben kein Interesse an einem gleichberechtigten Frieden, geschweige denn daran, das gestohlene Land wenigstens teilweise zurückzugeben.

Selbstmordattentäter sind nur Männer

Bisher waren es vorwiegend Männer, die als *schahid* (→ **Märtyrer**) ins Paradies und in die Geschichte eingehen wollten. Nun hat die Erfahrung gerade im Irak gezeigt: Auch Frauen wollen als Märtyrerinnen sterben. Zwischen 30 und 40 Prozent aller Selbstmordattentäter, so schätzt man heute, sollen mittlerweile Frauen sein.

Am 9. November 2005 wollte Muriel Degauque im Norden von Bagdad eigentlich einen Konvoi von US-Soldaten in die Hölle schicken. Sie tötete jedoch nur sich selbst, als sie ihren Sprengstoffgürtel zündete. Muriel Degauque aus Charleroi, einer Industriestadt im Süden Belgiens, ist die erste europäische Frau, die als Märtyrerin starb – und das für Al-Qaida. Ihr belgischer Pass brachte sie ungehindert durch die zahlreichen Checkpoints der US-Armee und der irakischen Polizei. Degauque war mit ihrem marokkanischen Mann Issam Goris in den Irak gekommen, um hier zu sterben. Am Todestag seiner Frau wurde er von US-Truppen in einem »save house« erschossen. Den Sprengstoffgürtel hatte er bereits umgeschnallt, konnte ihn aber nicht mehr zünden.

Am selben Tag, an dem das belgische Ehepaar glaubte, ins Paradies einzugehen, sprengte sich Ali Hussein Sumari inmitten einer Hochzeitsgesellschaft im SAS Radisson Hotel der jordanischen Hauptstadt Amman in die Luft. Seine Frau Sajida Mubarak Atrous al-Rishawi wollte eine ähnliche Verheerung auslösen, aber ihr Detonator versagte. Einige Tage nach ihrer Verhaftung wurde sie im jordanischen Fernsehen präsentiert. Emotionslos erklärte sie, dass sie sich freiwillig für die Selbstmordoperation gemeldet habe. Ihre drei Brüder seien bei Kämpfen mit US-Truppen in Falludscha getötet worden. Einer davon soll ein Mitarbeiter von Abu Mussab al-Sarkawi gewesen sein, dem einst gefürchteten und mittlerweile getöteten Al-Qaida-Chef des Iraks.

Europäerinnen sind für Al-Qaida ein taktischer Glücksfall. Mit dem roten Pass in der Hand sind sie mobiler, variabler einsatzfähig und der Überraschungseffekt ist größer als bei Irakerinnen, Syrierinnen oder Marokkanerinnen. Kein Wunder also, dass Al-Qaida in Europa, wo 25 Millionen Muslime leben, weiter Frauen rekrutiert. Nach dem Selbstmord von Muriel Degauque in Bagdad führte die belgische Polizei in Charleroi, Antwerpen, Tongres und Brüssel Razzien gegen Islamisten durch. Dabei wurden auch weitere Frauen verhaftet, die als Selbstmordattentäterinnen sterben wollten. Kein Einzelfall – bis heute wurden in Spanien und Frankreich, aber auch in anderen europäischen Ländern immer wieder Rekrutierungsnetzwerke von der Polizei ausgehoben.

Für Al-Qaida ist der Einsatz von Frauen im Kampf gegen die Ungläubigen eigentlich eine Abweichung von ihren patriarchalischen Grundsätzen, wonach Frauen zu Hause bleiben und sich um die Kinder kümmern sollten. Krieg sei reine Männersache. Mit dieser Meinung stand Al-Qaida lange Zeit nicht allein. 2002 sagte Scheich Jassin, der mittlerweile ermordete Führer der radikal-islamischen palästi- nensischen Widerstandsgruppe Hamas, dass es aus »Gründen der Mäßigung kei- nerlei Enthusiasmus gibt, Frauen in den Krieg mit einzubeziehen«. Im Januar 2004 revidierte er seine Meinung, nachdem sich zum ersten Mal eine Frau im Namen der Hamas in Israel in die Luft gesprengt hatte. Es habe sich eine »signifikante Entwick- lung im Kampf gegen den Feind« ergeben, meinte der Scheich, die gezeigt habe, »dass der heilige Krieg ein Imperativ für alle muslimischen Männer und Frauen ist«.

Bei Al-Qaida erfolgte der offizielle Kurswechsel im August 2004 mit dem Inter- net-Magazin *Al-Khansa*. Die Herausgeberinnen, ein Fraueninformationsbüro von der arabischen Halbinsel, forderten muslimische Frauen dazu auf, »unsere Männer im Kampf« zu unterstützen. Der Dschihad sei eine persönliche Pflicht, die die Frau dem Mann gleichstelle, und sie müsse dafür niemanden, weder Ehemann noch El- tern, um Erlaubnis fragen.

Bis zum ersten Attentat einer Frau im Namen von Al-Qaida verging im Irak je- doch noch ein Jahr. Am 28. September 2005 mischte sich eine Studentin in Tal Afar, einer Stadt im Nordirak, als Mann verkleidet unter die Bewerber, die vor der Rekru- tierungsstelle der irakischen Polizei Schlange standen. Sieben Menschen wurden bei ihrem Selbstmordattentat getötet und über 40 verwundet. Am 11. Oktober kam dann die zweite Attentäterin, die in der Nähe von Mosul mit einem mit Bomben be- ladenen Auto in eine amerikanische Militärpatrouille fuhr. Al-Qaida in Mesopota- mien übernahm für beide Anschläge die Verantwortung und nannte die Attentäte- rinnen »gesegnete Schwestern«.

Im Irak ging es mit Selbstmordattentaten von Frauen weiter. Am 7. April 2006 war eine Frau unter den drei Attentätern, die 70 Besucher einer schiitischen Moschee in Bagdad töteten. Im Mai 2006 hinterließ eine Frau, nachdem man ihr im Gerichts- gebäude von Bagdad den Einlass verwehrt hatte, einfach draußen eine Bombe. Neun Menschen starben. Im Februar 2007 tötete eine Frau an der Bagdader Universität 40 Studenten. Am 10. April gab es in Mugdadiya vor einer Polizeirekrutierungsstelle 16 Tote, als eine schwarz verschleierte Frau den Zünder zog. Im Juni verhinderte die Po- lizei in Bagdad gleich zwei Attentate. Sie schoss auf die Sprengstoffgürtel der beiden Frauen, bevor sie ihre Ziele erreichen konnten. Beide Frauen starben, drei Polizisten wurden verletzt. Der Vollständigkeit halber sollten hier auch die beiden eigentlich ersten Selbstmordattentäterinnen im Irak nicht fehlen: Nusha Mjalli al-Shammari und Widad Jamil al-Duleimi. Sie opferten sich noch für Saddam Hussein, und zwar am 5. April 2003, kurz vor Ende des Irak-Kriegs. Eine schwangere Frau, so hieß es im Bericht der US-Armee, sei aus dem Auto gestiegen und habe um Hilfe gerufen. Als die drei US-Ranger heraneilten, zündeten die beiden Frauen ihre Bomben und nah- men die Soldaten mit in den Tod.

Zu den Leitbildern, auf die sich weibliche Dschihadisten beziehen, gehört vor allen Dingen Loula Abboud, die als Christin und Kommunistin nicht in das heutige Bild der islamischen Bombenattentäterin passt. Sie war die erste Frau, die sich im April 1985 in die Luft sprengte, als israelische Soldaten im Libanon gegen ihre Guerilla-Gruppe vorgingen. Im Kampf gegen die israelischen Besatzungstruppen setzte insbesondere die libanesische Partei SSNP (Syrische Sozialistische National Partei) mehrfach weibliche Attentäter ein. Wie effektiv Selbstmordbombenattentate sein können, hatte man bereits 1983 in Beirut gesehen, als bei zwei Anschlägen über 300 US-Angestellte und Marines getötet wurden (→ **Hisbollah**).

1991 wurde eine junge Frau namens Dhanu bei einem öffentlichen Auftritt des damaligen indischen Premierministers Rajiv Gandhi in der Nähe der indischen Stadt Chennai von Sicherheitskräften zurückgedrängt. Gandhi sagte zu der Polizistin: »Relax Baby«, und ließ die junge Frau, die anscheinend schwanger war, zu sich durch. Er ahnte nicht, dass Dhanu zu den Tamil Tigers gehörte, die für die Unabhängigkeit Sri Lankas kämpfen, und der dicke Bauch der Frau mit Sprengstoff gefüllt war. Wenige Sekunden später war Rajiv Gandhi tot. Der Premierminister hatte sich vom Geschlecht blenden lassen. Wie so viele andere nach ihm. Selbst die USA hatten in ihrer Post-9/11-Paranoia vergessen, auch für Frauen als potenzielle Täter ein Profil zu erstellen. Bei Visumanträgen kontrollierte das Departement of Homeland Security nur männliche Bewerber. Die Tamil Tigers setzten in den Jahren nach der Ermordung des indischen Premiers über 200 Frauen bei Selbstmordoperationen ein.

Im Juni 1996 tötete sich zum ersten Mal eine Kurdin der PPK und nahm dabei sechs türkische Soldaten mit in den Tod. Die bis heute unbekannte Frau war auch die erste tatsächlich schwangere Attentäterin.

Seit 2000 gibt es einen signifikanten Anstieg von Frauen als politische Selbstmörder im Namen des Islams. Die tschetschenischen Rebellen erkannten die Effizienz der neuen Waffe. Ihre mittlerweile berüchtigten schwarzen Witwen schlugen zum ersten Mal im Juni 2000 zu. Hawa Brayev tötete damals 27 russische Elitesoldaten. Im Oktober 2002 folgte die spektakuläre Besetzung des Moskauer Theaters, bei der über die Hälfte der Geiselnehmer Frauen waren. 170 Menschen, davon 41 Rebellen, kamen bei der missglückten Befreiungsaktion ums Leben.

2003 entschlossen sich die Al-Aqsa-Brigaden aus Palästina zum Einsatz von Frauen. Im Januar zündete Wafa Idris als erste palästinensische Frau in Israel eine mit Nägeln und Metallteilen gefüllte 22-Pfund-Bombe. Die junge Frau tötete einen 81-Jährigen und verwundete über 100 Menschen. Wafa Idris wurde zur palästinensischen Heldenfigur und ein weibliches revolutionäres Vorbild. Spätere Selbstmordattentäterinnen bezogen sich direkt auf das gute Beispiel Wafas. Eine ägyptische Zeitung ging sogar so weit, »die Braut des Himmels, die den Tod den Vergnügungen des Lebens vorzog«, als »eine kraftvolle Botschaft für die arabische Nation« zu bezeichnen.

Selbstmordattentäter

Nach den Al-Aqsa-Brigaden schickte bald auch der Islamische Dschihad seine mit Sprengstoff bepackten Frauen nach Israel. Besondere mediale Aufmerksamkeit erregte die 29-jährige Anwältin Nanadi Jardat, als sie im Oktober 2003 in einem voll besetzten Restaurant 21 Menschen tötete. 2004 folgte die Hamas mit dem Anschlag einer Mutter, die einen dreijährigen Sohn und eine einjährige Tochter zurückließ.

Nun setzt Al-Qaida im Irak Frauen als Selbstmordattentäter ein. Wie man vermuten kann, wird sich das weibliche Einsatzgebiet nicht auf den Irak und angrenzende Länder beschränken. Es ist wohl nur eine Frage der Zeit, wann in einer europäischen oder US-amerikanischen Metropole eine Frau den Zünder ihres Sprengstoffgürtels zieht.

Selbstmordattentäter sterben aus Verzweiflung oder aus Liebe zum Tod

Ein entscheidendes Kalkül hinter Märtyreroperationen ist die Medienwirksamkeit. Das Interesse an der medialen Verwertung von Selbstmordattentätern ist im Westen besonders groß, da sie das Unfassbare tun, sich selbst freiwillig auslöschen, um andere zu töten. Bei weiblichen Selbstmordattentätern, denen man am allerwenigsten derart menschenverachtende Taten zutraut, ist die Abscheu und Verständnislosigkeit noch größer. Da geht es um die Klischees von der weiblichen Sanftmut oder der fürsorglichen Rolle der Mutter, die keinem ein Leid antun kann. Man sieht Frauen als Opfer von Gewalt, nicht als Täter, die Gewalt ausüben. Diese Perzeptionen erzeugen das Schreckliche und Unfassbare, das jeder Menschlichkeit widerspricht. Wenn Attentäterinnen schwanger sind, was einige Male der Fall war, oder Kinder und Ehemann zurücklassen, bedeutet dies noch eine höhere Stufe auf der psychologischen Leiter des Entsetzens. Für die Initiatoren der Attentate sind die Medien sehr nützlich. Die Berichterstattung macht aufmerksam auf die Missstände, unter denen man leidet, auf die Ziele, für die man kämpft, und ist gleichzeitig eine Werbung für neue Rekruten.

Sehr beliebt ist in westlichen wie muslimischen Ländern die Erklärung, Selbstmordattentäter sprengten sich aus Verzweiflung in die Luft. Sie kämen aus armen Verhältnissen, wo die Arbeitslosigkeit überdurchschnittlich hoch sei und es keine Zukunft gebe. Tatsächlich ergibt sich ein anderes Profil der militanten Islamisten. Sie sind in der Regel gut gebildet, haben einen Universitätsabschluss oder studieren noch und stammen meist aus Mittelstandsfamilien.

In Tetouan, einer Stadt im Norden Marokkos an der Mittelmeerküste, entdeckten die Behörden Ende 2006 ein Rekrutierungszentrum für Irak-Kämpfer. Über 20 junge Leute waren angeworben worden und spurlos im Irak verschwunden. Nur wenige konnten über DNA-Proben, die die US-Behörden von Selbstmordattentätern im Irak nehmen, identifiziert werden. Die meisten dieser Dschihadisten hatten an der Universität studiert, ihre Eltern besaßen ein Geschäft oder kleines Unternehmen. »Die Leute sprengen sich doch nicht aus Protest gegen die Armut in ihrem eigenen Land in die Luft«, sagte mir Jamal Benhayoun, Professor für vergleichende Kulturwissenschaften und Englisch an der Universität in Tetouan, kurze Zeit nach zahlreichen Verhaftungen durch die Polizei. »Sie fahren Tausende von Kilometer, um in einem anderen Land an einem Kampf teilzunehmen, der international ist und keine Grenzen kennt.«

Ihre Gegner sind die Feinde des Islams, die fremde Länder besetzen. Gegenwärtig sind das die USA und ihre Verbündeten im Irak, russische Truppen in Tschetschenien, Indien in Kaschmir oder Äthiopien in Somalia. Zu den weiteren Gegnern zählen die korrupten Regime des Mittleren Ostens, die Marionetten des Westens seien. Anschläge gab es in Saudi-Arabien, Jordanien, Syrien, Algerien, Tunesien, Marokko, in der Türkei oder auch im Libanon. Früher reisten Dschihadisten nach Afghanistan und nach Tschetschenien, um gegen sowjetische beziehungsweise russische Besatzungstruppen zu kämpfen. Mittlerweile fahren sie in den Irak, um US-Soldaten zu töten.

Heute wie damals schreiben sich die Selbstmordattentäter religiöse Slogans auf ihre Fahnen, letztendlich bleibt ihr Kampf jedoch ein politischer: gegen alle Imperialisten, die muslimische Länder angreifen und besetzen. Die Dschihadisten sterben für eine bessere Welt (in der ich bestimmt nicht leben möchte) und kämpfen im Namen von Gerechtigkeit gegen die Usurpatoren, die sie Ungläubige nennen. Egal wie schrecklich und menschenverachtend ihre Methoden auch sind, die Hoffnung auf eine bessere, gerechtere Welt bringt ihnen neuen Zulauf. Es gibt immer wieder junge Menschen, die nicht tatenlos zusehen wollen, wie ihr Ideal von einer perfekten Gesellschaft Tag für Tag mit Füßen getreten wird. Sie wollen aktiv etwas dagegen tun. Mit einer Liebe zum Tod oder einer Kultur des Todes, wie man mancherorts lesen kann, hat das wenig zu tun. Eher mit Indoktrination, die meist junge Menschen zum Dschihadismus bringt.

Die jungen Leute aus der marokkanischen Stadt Tetouan, die in den Irak verschwunden sind, waren ganz normale Studenten. Sie trafen Freunde im Café, schauten den jungen Frauen nach und einige gingen sogar hin und wieder ein Bier trinken. Innerhalb weniger Wochen hatte sich ihr Charakter total verändert. Sie lebten plötzlich zurückgezogen, wollten nicht mehr mit Frauen sprechen und beteten fünf Mal am Tag. »Im Unterricht, wenn es um Palästina oder den Irak ging«, erzählte mir ein Mitstudent eines Selbstmordattentäters im Irak, »merkte man, wie radikal er war. Auch wenn es um die Rolle der Frau ging. Vorher war das ein ganz normaler, netter Typ gewesen.« Die internationale Presse bezeichnete Tetouan, ja ganz Marokko als Brutstätte des Terrorismus. In Wirklichkeit kann so etwas überall wieder passieren, das ist keine lokale Befindlichkeit. »Heute Tetouan«, sagte Professor Jamal Benhayoun, »morgen London, Paris oder Berlin.«

Warum Frauen sich als Selbstmordattentäter verdingen, darüber haben sich viele Leute den Kopf zerbrochen. Symposien und Konferenzen wurden abgehalten und zahlreiche akademische und journalistische Artikel geschrieben. Als Beispiel für die unterdrückte Frau in der islamischen Männergesellschaft muss immer wieder Wafa Idris, die erste palästinensische Attentäterin, herhalten. Sie tötete, um ihre in einer islamischen Gesellschaft verlorene Ehre wiederzuerlangen. Wafa konnte keine Kinder bekommen und ihr Mann ließ sich von ihr scheiden. Als wertlose Frau, die außerhalb der Gesellschaft steht, habe sie durch den Märtyrertod ihre Ehre und die Ehre der Familie gerettet. Sie sei eine leichte Beute für die Indoktrination durch Terroristen gewesen. Auffällig bei derartigen Analysen ist, dass die Frau zum bösen Tun verführt wird. Eigentlich will sie es nicht, aber die sozialen Umstände treiben sie in den tödlichen Fatalismus. Man spricht der Frau ab, für eine Ideologie, für politische und religiöse Ziele zu sterben. Über die Ursachen des Phänomens wird so gut wie gar nicht gesprochen.

Tatsächlich lässt sich kein übergreifendes Profil von Selbstmordattentäterinnen erstellen. Zu unterschiedlich sind die Motivationen, Begleitumstände und die persönliche Geschichte. Die irakische Frau, die sich mit ihrem Mann im SAS Radisson Hotel in Amman in die Luft sprengen wollte, tat es offensichtlich aus Rache für ihre von der US-Armee erschossenen Brüder. Die Kommunistin Loula Abboud sprengte sich 1985 im Libanon in die Luft, um gegen den israelischen Imperialismus zu kämpfen. Viele tschetschenische Frauen revanchieren sich für die Massenvergewaltigungen durch russische Soldaten. Bei den Frauen der Tamil Tigers spielten auch oft sexueller Missbrauch und Folter eine Rolle. Bei irakischen Frauen soll es ähnliche Beweggründe geben. Die irakische Armee stand bereits mehrfach unter dem Verdacht der sexuellen Misshandlung von Frauen. Militante Islamisten sind die Einzigen, die sofort bereit sind, für eine Vergewaltigung im Namen der betroffenen Frau Rache zu nehmen oder ihnen selbst eine Plattform für Aktionen zu geben.

Für die Frau mag es eine Form von Emanzipation sein. Zum ersten Mal machen Frauen etwas, ohne den Vater, den Bruder oder die Mutter um Erlaubnis zu fragen. Sie ergreifen die Initiative, setzen ein Zeichen, selbst wenn es nur aus Rache ist. Nicht nur Männer sind stolze Krieger, auch Frauen sind in der männlichen Domäne plötzlich gleichgestellt. Was sie ein Leben lang versäumt haben, holen sie jetzt nach, indem sie Unschuldige mit in den Tod reißen. Eine grausame Art individueller Kompensation.

In Bagdad gibt es noch keine Allee der Märtyrer. Die würde wohl auch nicht lange Bestand haben, zu groß sind die Meinungsverschiedenheiten, wer denn nun

Selbstmordattentäter

ein Märtyrer und wer ein Verräter ist. In Palästina dagegen kleben an Häuserwänden die Bilder von Selbstmordattentätern, die als nationale Helden verehrt werden. Es ist ein kleines Stück Unsterblichkeit, das mit dem eigenen Tod verdient wird. Die soziale Reputation der Familie steigt, die Nachbarn im Viertel zollen Respekt. In manchen Fällen erhalten die Eltern für ihre geopferten Töchter und Söhne eine finanzielle Kompensation, womit das Essen auf den Tisch kommt und vielleicht auch die Ausbildung der Geschwister bezahlt werden kann. Hinzu kommt das unerträgliche Leben in Palästina unter israelischer Okkupation, die ständige Diskriminierung und Erniedrigung durch israelische Soldaten. Hinter einer Mauer eingesperrt zu sein, nicht fahren zu können, wohin und wann man will, wie in einem Gefängnis oder unter Hausarrest zu leben. Der Alltag wird von Checkpoints, Ausgangssperren und Krieg bestimmt. Jeden Tag kann man verwundet oder erschossen und verhaftet werden, ohne unbedingt ein Mitglied in einer militanten Organisation sein zu müssen. In dieser Situation ist es leicht vorstellbar, dass gerade junge Leute plötzlich keine Geduld mehr haben, alles apathisch über sich ergehen zu lassen. Sie wollen etwas ändern, aktiv werden oder diese Situation beenden. Beides ein fataler Trugschluss.

Bei Al-Qaida sind die Beweggründe universaler: Der Islam gegen den Teufel, der Islam gegen die Ungläubigen. Es geht nicht um die Befreiung der besetzten Länder allein, die ganze arabisch-islamische Welt muss vom Bösen gereinigt werden. Und damit ist noch lange nicht Schluss: Al-Andalus muss wieder muslimisch werden. Jenes legendäre Reich auf der Iberischen Halbinsel, das nach acht Jahrhunderten arabischer Herrschaft im 15. Jahrhundert von katholischen Königen zurückerobert wurde (→ Al-Andalus).

Wer sich Al-Qaida anschließt, hat mit dem diesseitigen Leben bereits abgeschlossen. Eine Rückkehr ins normale Leben ist ausgeschlossen. Nachschubprobleme an menschlichen Ressourcen beiderlei Geschlechts hat Al-Qaida, im Gegensatz zu Europa und Nordafrika, im Irak offensichtlich noch nicht. Der Irakkrieg produziert neue Märtyrer, die miterleben mussten, wie ihre Kinder, Eltern, Schwestern oder Brüder durch die US-Armee oder irakische Polizei gefoltert oder getötet wurden. Vielleicht ist dieser Backlash-Effekt auch der Grund für das Wiedererstarken der Taliban. Der afghanische Präsident Hamid Karzai beschwerte sich 2007 mehrfach über die tödlichen Kollateralschäden unter der Zivilbevölkerung, die bei Einsätzen der US-Armee immer wieder vorkommen. Zudem beklagte er die Arroganz der US-Amerikaner gegenüber der Kultur seines Landes. Karzai weiß sehr gut, dass diese Vorfälle von den Taliban propagandistisch genutzt werden, um neue Soldaten zu rekrutieren, und ihn, den man als Marionette der USA bezeichnet, neuen Attentatsversuchen aussetzt.

Selbstmordattentäter

S Sexualität

Muslimische Gesellschaften sind sexfeindlich, prüde und strikt heterosexuell. Die Frau ist das passive Sexualobjekt des Mannes und muss bei der Heirat Jungfrau sein

Man muss gar nicht in die Ferne blicken, um zu wissen, dass Muslime eine rigide, altertümliche Sexualmoral verfechten, die jede Art von Freizügigkeit oder auch Erotik unterbindet. Man kennt das ja zur Genüge aus Deutschland: Junge türkische oder arabische Mädchen dürfen nicht ausgehen, werden bestraft, wenn nicht sogar ermordet (→ **Ehrenmord**), falls sie den falschen Freund oder überhaupt Kontakt zum anderen Geschlecht haben, ganz zu schweigen von ihrem Kleidungsstil. Kopftücher und bodenlange Mäntel sprechen Bände über die verkorkste Einstellung des Islams zur Sexualität: verklemmt, konservativ, sexfeindlich und inhuman dazu, wenn man Frauen steinigt (→ **Steinigung**), die sich einmal einen Seitensprung leisten. Ein perfides System aus dem Mittelalter, bei dem individuelle sexuelle Freiheit unmöglich, ja ein lebensgefährliches Risiko ist.

Für Menschen mit dieser Meinung wird es verwunderlich klingen, dass ausgerechnet eine Muslimin mit Kopftuch seit 2006 jede Woche im Fernsehen über Vor- und Nachteile von Vibratoren, Masturbation oder den G-Spot spricht. Heba Kotb lädt in ihrer eigenen Show »Big Talk« auf dem ägyptischen Satellitenkanal El-Mehwar zum Thema Sex Ärzte wie Geistliche ein und beantwortet die Fragen der Zuschauer. Ein bisschen wie »Domian« auf WDR, nur weniger Dramen und ausschließlich zum Thema Sex.

Heda Kotb ist eine in den USA ausgebildete Sexologin, die seit 2002 in Kairo ihre eigene Sexualklinik unterhält. Die 39-jährige überzeugte Kopftuchträgerin schreibt Sex-Ratgeber-Kolumnen in Zeitungen, beantwortet Fragen auf Internet-Webseiten und geht auf Vortragsreisen nach Saudi-Arabien oder in den Jemen, wo sie von tief verschleierten Frauen in Handschuhen mit Fragen bombardiert wird.

In ihrer Fernsehsendung betreibt Heda Kotb biologische Aufklärungsarbeit und praktische Lebens- und Sexualhilfe. Kein Thema scheint tabu zu sein. Sie diskutiert die besten Stellungen, den weiblichen Orgasmus, Oralsex, gibt Ratschläge bei Erektionsproblemen und fordert Frauen auf, ihren Körper zu erforschen. »Viele Frauen glauben, es sei etwas Schlechtes oder Verbotenes, ihre Sexualorgane zu erkunden«, meint Heda Kotb. »Aber das geschieht aus sozialen und kulturellen Ängsten und ist selbstverständlich falsch.«

Viele Themen der beliebten Sendung waren noch bis vor wenigen Jahren tabu. Heda Kotb bringt sie mit fast missionarisch zu nennendem Eifer auf den Bildschirm. Ihre Sex-Talkshow ist allerdings islamkompatibel, 100 Prozent religiös korrekt. Die Therapeutin setzt bei ihrem TV-Plädoyer für guten, möglichst häufigen Sex mit schönem, langem Vorspiel auf den Koran. Kritik hält sich entsprechend in Grenzen. Nur vereinzelte konservative Kleriker beschuldigen sie, Sündhaftigkeit zu fördern und westlicher Freizügigkeit Vorschub zu leisten. Die große Mehrheit der Zuschauer kümmert das wenig, für sie hat die Offenheit von »Big Talk« absolut nichts Verwerfliches. Nach islamischen Banken, islamischer Mode, islamischen Badeanzügen, islamischen TV-Sendern, islamischen Zeitungen, islamischer Popmusik und islamischen Blogs ist eine islamische Sex-TV-Show eine passende wie logische Ergänzung.

Heda Kotb fand das »Vorspiel, wie auch den weiblichen Orgasmus im Koran«. Vieles stünde auch in der zweiten Sure, »Die Kuh«, in der der gemeinsame Alltag von Mann und Frau sowie deren Sexleben beschrieben würde. Der Vollständigkeit halber hier zwei Beispiele aus dem Koran, die man im Sinne Heda Kotbs als »Sex zu jeder Zeit« und »leidenschaftlichen Umgang« zwischen den Liebenden interpretieren könnte: »Eure Frauen sind euch ein Acker; so naht eurem Acker, wann und wie ihr wollt.« (Sure 2:223) Sowie: »Und unter Seinen Zeichen ist dies, dass Er Gattinnen für euch schuf aus euch selber, auf dass ihr Frieden in ihnen fändet, und Er hat Liebe und Zärtlichkeit zwischen euch gesetzt.« (Sure 30:21)

Wie man sieht, dominiert die männliche Perspektive, aber das macht Heda Kotb nichts aus. Sie interpretiert weiblich. So aufgeklärt und revolutionär die ägyptische Sexmoderatorin in mancher Hinsicht auch sein mag, in Sachen Homosexualität steht sie auf erzkonservativ-islamischem Fundament (→ **Homosexualität**). Für Heda Kotb ist Homosexualität eine Funktionsstörung. »Nichts Genetisches, sondern etwas Erworbenes, wie eben bei einem Alkoholiker oder jemandem, der Drogen nimmt.« Alles hat eben seine Grenzen, zumindest offiziell.

Einige arabische Länder sind ein Reise-Eldorado für Homosexuelle aus dem Westen. Zum einen wegen der homoerotischen Atmosphäre der Gesellschaften, in denen die Geschlechter mal mehr, mal weniger voneinander getrennt werden und Männer die öffentlichen Orte, Straßen, Bars und Cafés dominieren. Zum anderen wegen des zärtlichen Umgangs der Männer untereinander, die keine Scheu haben, sich zu berühren, Händchen zu halten und sich zur Begrüßung auf die Wangen zu küssen. (Zum Vergleich: In Spanien küssen nur Frauen und Männer, unter Männern ist es verpönt.) Verhaltensweisen, die umgekehrt auch unter Frauen üblich sind. Diese »gleichgeschlechtlichen Zuneigungen dürfen aber nicht mit Homosexualität verwechselt werden«, stand in einem Reiseführer für Schwule und Lesben über Afrika und den Mittleren Osten.

Sexualität

Gleichzeitig lassen sich, mit oder ohne Bezahlung, leicht gleichgeschlechtliche Liebhaber und Liebhaberinnen finden, wobei diese in der Mehrzahl nicht in das westliche Klischeeraster und Schubladendenken von Homosexualität passen: Sie können verheiratet sein und Kinder haben. Hin und wieder einmal Sex mit einem Freund steht nicht im Widerspruch zu einem heterosexuellen Leben. Es gibt viele Fälle, bei denen sich ein Europäer und ein Araber jung kennenlernen, der Araber später heiratet, Kinder bekommt und die Beziehung zu seinem europäischen Freund über Jahrzehnte weiterführt. Nach außen hin muss der Schein gewahrt bleiben. Alles muss diskret bleiben, obwohl es jeder in der Nachbarschaft weiß beziehungsweise vermutet. Ein Mann bleibt ein Mann, solange er bestimmte gesellschaftliche soziale Gepflogenheiten erfüllt und nicht die Rolle der Frau einnimmt. Männer, die sich als Homosexuelle outen, sich in der Öffentlichkeit mit weiblichen Attributen schmücken, haben es dagegen schwer. Hier geht es um den Unterschied zwischen Aktivität und Passivität. Lustgewinn unter Männern mag ja schön und gut sein, aber nicht in der weiblichen Rolle und schon gar nicht, wenn es jeder weiß. Die Marokkanerin Fatima Mernissi hat ausgiebig über dieses Thema gearbeitet und zahlreiche Bücher dazu veröffentlicht, von denen *Geschlecht, Ideologie, Islam* sowie *Herrscherinnen unter dem Halbmond* zu den bekanntesten zählen dürften.

Ob in Beirut, Tanger, Damaskus oder an der Costa del Sol: Reiche Saudi-Araber und andere Golfstaatenbewohner sind bekannt und berüchtigt für ihre sexuellen Ausschweifungen. In den Sommermonaten flüchten sie vor den heißen Temperaturen ihrer Heimatländer. Es wird nicht nur exzessiv eingekauft, sondern auch gefeiert mit allem, was dazugehört: teure weibliche Edelprostituierte wie auch ihre männlichen Gegenparts, bei denen sich ein Hang zum Knabenhaften zeigen soll – sexuelle Präferenzen, wie sie in der griechischen und römischen Antike zum Alltag gehörten. Alexander der Große ist wohl das bekannteste Beispiel aus der Weltgeschichte für einen, wie man heute sagen würde, bisexuellen Mann und Herrscher.

Die Knabenliebe stammt aus vorislamischen Zeiten. Homoerotische Beziehungen zwischen Männern enden nicht mit dem Beginn des Islams. Im Gegenteil: Es gibt mehrere Autoren, die Liebe zu Männern in ihren Gedichten thematisch verarbeiten und so dokumentieren, wie sehr sie ein Bestandteil früher islamischer Kultur gewesen sein muss. Allen voran Abu Nuwas (750-810 n. Chr.), der als einer der besten klassischen arabischen Dichter gilt und einige Male im Buch *1001 Nacht* vorkommt. Der aus Persien stammende Nuwas hat eine ganze Reihe von Gedichten geschrieben, die nicht nur den Wein, sondern auch Homoerotik preisen. Hier zwei kurze, aber eindringliche Beispiele. Eines über die gleichgeschlechtliche Liebe:

»Für junge Burschen habe ich die Mädchen zurückgelassen/
für alten Wein keinen Gedanken an klares Wasser verschwendet/
Weit weg vom geraden Weg nahm ich ohne geringsten Zweifel/
Den kurvigen der Sünde, weil/
er die Zügel ohne Reue durchschnitt/
das Zaumzeug und die Gebissstange mit sich riss.«

Und eines über ein freies, lustbetontes Leben, das sehr gut aus der Zeit der Jahrhun-
dertwende des 19. zum 20. Jahrhundert stammen könnte:

»Ich kaufte die geliebte Hemmungslosigkeit/
Und verkaufte alle Pietät für Genuss/
Meinem eigenen freien Geist bin ich gefolgt,/
Und niemals werde ich die Lust aufgeben.«

Selbst laut Koran warten im Paradies, neben den bekannten Jungfrauen, auch Knaben. Diese Knaben mögen wie die Jungfrauen ein Resultat von Übersetzungsfehlern
oder Verständnisproblemen sein (→ **Koran**), in der islamischen Theologie sind sie
jedoch über jeden Zweifel erhaben. Umso mehr verwundert es, dass in einigen muslimischen Ländern Homosexuellen die Todesstrafe droht (→ **Homosexualität**).
    Zurück zum Heterosex in muslimischen Gesellschaften. Im Februar 2006 recht-
fertigte Ali Gomaa, der Grand Mufti von Ägypten, in einer beliebten Fernseh-Talk-
show eine kürzlich veröffentlichte Fatwa (→ **Fatwa**) seines Kollegen Soad Saleh zum
Thema Jungfernhäutchen. »Die operative Rekonstruktion des Jungfernhäutchens bei
Frauen, die ihre Unschuld vor der Eheschließung verloren haben«, so der Grand
Mufti, »ist religiös erlaubt (*halâl*).« Wenige Tage darauf erklärte Scheich Khaled El
Gindy von der angesehenen Al-Azhar-Universität in Kairo, dass er der neuen Fatwa
zustimme. »Der Islam macht nie Unterschiede zwischen Frauen und Männern«, sagte
er der ägyptischen Tageszeitung *Daily Star*. »Deshalb ist es unlogisch zu glauben, Gott
habe nur den Frauen ein Zeichen der Jungfräulichkeit gegeben und nicht den Männern.« Jeder Mann, der sich Sorgen um die Unschuld seiner Frau mache, sollte zuerst
einen Beweis seiner eigenen Jungfräulichkeit bringen, fügte der Scheich an.
    Das Beste an der Geschichte kommt aber noch. Die Frauen, die sich ihr Häutchen
chirurgisch wiederherstellen ließen, sollten davon ihrem zukünftigen Ehemann
aber nichts sagen. Das wäre falsch verstandene Ehrlichkeit. »Wenn Gott wollte, dass
wir alles voneinander wissen«, so der Grand Mufti von Ägypten, »hätte er uns die
Möglichkeit gegeben, Gedanken zu lesen.« Außerdem sollte eine Ehefrau, die einen
Seitensprung mache, dies unter keinen Umständen ihrem Ehemann beichten. Vorausgesetzt, sie bedaure den außerehelichen Sex und bitte Gott um Vergebung.

Gemäß der Scharia würde der Mann sich nämlich von der Frau scheiden lassen. »Indem die Gattin ihrem Partner nichts sagt«, so der Grand Mufti, »beschützt sie ihr Heim und ihr Leben.«

Wahrscheinlich dürften es die Ehrenmorde (→ **Ehrenmord**) sein, die in Ägypten und anderen muslimischen Ländern begangen werden, die die Klerikerelite zu dieser Fatwa brachten. Die Frage der Ehre ist nun allein Frauensache, falls sie einen diskreten Arzt haben und der Seitensprung unentdeckt bleibt. Religiöse Gewissensbisse werden damit unerheblich. Die Zunft der Frauenärzte wird es dem Grand Mufti danken. Jetzt kann man es ganz offiziell, ohne schiefen Blick auch im eigenen Land machen lassen. Reisen ins Ausland, nach Indien oder in den Libanon, sind nicht mehr nötig. Nun lassen sich mehr Frauen ambulant mit Lokalanästhesie ihre Unschuld restaurieren.

Beinahe hätte ich geschrieben: für westliche Verhältnisse mag das alles wenig ehrlich und offen sein, ein Zeichen für eine schäbige Doppelmoral einer bigotten Gesellschaft. In den USA ist die zweite Jungfräulichkeit jedoch ebenfalls populär geworden. Im Jahr 2006 zählte die Hymenoplastie zum am schnellsten wachsenden Sektor innerhalb der plastischen Chirurgie. Die Praxen der Gynäkologen, die den etwa 40-minütigen Eingriff anboten, boomten schlagartig. Man könnte sagen: Ach, die Amerikaner sind doch bekanntlich verrückt genug. Aber die Rekonstruktion des Hymens (Hymen, griechischer Gott der Hochzeit) wird in Asien ebenso wie in Lateinamerika praktiziert.

In Beirut hatte ich einen christlichen Taxifahrer, der mich auf Reportagen durchs ganze Land brachte. Seine Frau war im libanesischen Bürgerkrieg (1975-1990) bei einem Granatenangriff auf das Familienhaus umgekommen. Heiraten wollte Paul nicht mehr, er zog das amouröse Leben eines Singles vor. Trotz seines mittlerweile fortgeschrittenen Alters von gut 40 Jahren hatte er weit jüngere Freundinnen und war immer auf der Suche nach Affären und Abenteuern. Andere Taxifahrer hupten und stoppten am Straßenrand, um Kunden in ihre alten Mercedes zu bringen. Paul machte das natürlich auch, oft jedoch nur, um Frauen mitzunehmen. Seine besondere Aufmerksamkeit galt schiitischen Frauen, die man von Weitem an ihrer ausgesprochen sittsamen Kleidung erkennt. »Wenn sie alleine im Stadtzentrum unterwegs sind, gibt es gute Chancen«, meinte Paul grinsend. »Sie suchen ausschließlich christliche, nur keine muslimischen Taxifahrer.« In Beirut ist der Unterschied leicht zu erkennen: In jedem Wagen hängen am Spiegel oder am Armaturenbrett Bilder, Symbole oder Inschriften, die sofort die Religionszugehörigkeit sichtbar machen. Paul sei das schon vier oder fünf Mal passiert. »Das geht ganz schnell. Entweder zu mir nach Hause oder an einen ruhigen Platz. Kommt darauf an, wie viel Zeit sie haben«, erklärte Paul. »Sie wollen einfach nur schnellen Sex und dann geht's sofort zurück in das schiitische Viertel in Südbeirut.«

Ähnliches erzählte mir ein seit langen Jahren befreundeter Armenier. Vor Jahren hatte er nicht weit vom Stadtzentrum Beiruts ein Geschäft. In seinem Haus wohnte vorübergehend eine schiitische Familie. Eines Tages kam die Mutter mit ihrer Tochter und fragte, ob sie beide nicht mit ihm Sex haben könnten. Mein Bekannter lehnte dankend ab, worauf die Mutter zu insistieren begann. Er müsse sich wirklich keine Sorgen über mögliche Folgen machen. Sie könne gut verstehen, dass er nicht mir ihr, einer bereits älteren Frau, schlafen wolle, aber er sollte es doch wenigstens mit ihrer Tochter tun. Wiederum lehnte er dankend ab und die Mutter zog erzürnt ab und sprach von da an kein Wort mehr mit meinem armenischen Freund.

Von verschiedenen muslimischen Bekannten wurde mir berichtet, vor einer schiitischen Hochzeit gäbe es eine Art sexuellen Initiationsritus für die Braut. Um nicht unwissend in die Ehe zu gehen, werden ihr von einer dafür qualifizierten wie anerkannten Frau die wichtigsten Dinge des Sexlebens, sowohl theoretisch wie auch praktisch, beigebracht. Ähnliche Riten werden auch vom sunnitischen Islam, beispielsweise in Marokko, berichtet. Initiationen, die aus vorislamischer Zeit stammen und nur mehr in ländlichen Gebieten durchgeführt werden dürften. Ansonsten sind sie, wie viele andere vorislamische Traditionen, vom Aussterben bedroht.

Was die schiitischen Frauen in Beirut machen, ereignet sich tagtäglich in allen anderen muslimischen Ländern, natürlich in abgewandelter Form. Selbst im sittenstrengen Iran lassen Mädchen auf der Straße in Teheran ihre Telefonnummern für die nachfolgenden jungen Männer fallen. Im nicht minder kontrollierten Saudi-Arabien macht es die Jugend auf Dschiddas Flaniermeilen genauso.

In anderen Ländern, wo man sich keine Gedanken um die Sittenpolizei machen muss, die auf der Jagd nach moralischen Vergehen und Geschlechtsverkehrsündern sind, funktioniert alles einfacher. Überall finden sich Orte, Plätze, Verstecke, wo Mann und Frau Kontakt aufnehmen und sich näherkommen können. Neuerdings kann man auch über das Internet sein Date ausmachen. Für eine ausschließlich männliche Klientel existieren zwielichtige Bars, Nachtclubs, Diskotheken und Bordelle. »In Dubai gibt es große Hallen«, erzählte mir ein Libanese, der für das Kommunikationsministerium arbeitet und gerne regelmäßig einen Abstecher ins Emirat macht. »Unten ist das wie im Supermarkt. In den oberen Stockwerken befinden sich dann die Zimmer.« In Dubai oder auch Beirut sind es Mädchen aus Osteuropa, vornehmlich aus Rumänien und Russland, die Mafiabanden zur Prostitution einschleusen. Nach der Grenzkontrolle wird ihnen der Pass abgenommen. In Beirut gibt es ein Viertel, das im Volksmund bereits »little Russia« genannt wird. In Saudi-Arabien verdienen sich Gastarbeiterinnen von den Philippinen, aus Sri Lanka oder auch aus Pakistan ein Zubrot.

In anderen Ländern sind es meist Einheimische, die sich als Prostituierte verdingen. Darunter geschiedene Frauen, alleinerziehende Mütter oder Mädchen, die selbst unehelich gezeugt wurden. Der soziale Status von allen rangiert in muslimischen Gesellschaften ganz unten. Für diese Frauen ist es schwierig, gut bezahlte Jobs zu bekommen. Hinzu kommen Studentinnen oder Auszubildende, die sich nebenbei etwas dazuverdienen wollen oder müssen – vorausgesetzt sie studieren oder arbeiten nicht in ihrer Heimatstadt, wo man sie erkennen könnte. Nicht alle arbeiten professionell, viele sind nur sporadisch unterwegs und verkaufen sich nicht an jeden Kunden. Wie überall in der Welt gehört in muslimischen Ländern Prostitution zum Alltagsleben.

Gewöhnlich denkt man im Westen, der muslimischen Frau sei ausschließlich eine passive Rolle vorbehalten. Sie spiele grundsätzlich die zweite Geige hinter dem Mann. Das mag in bestimmten Alltagssituationen, in der Politik und im Berufsleben in vielen Ländern durchaus so sein. In Bezug auf Sex ist die Frau dem Mann allerdings bei Weitem überlegen. Was in christlichen, westlichen Gesellschaften erst vor über 100 Jahren entdeckt wurde (dass die Frau ebenso wie der Mann sexuelle Wünsche und Bedürfnisse hat), ist für Muslime seit jeher eine festgeschriebene Größe. Die Frau ist ein verlangendes, leidenschaftliches Wesen. Für Muslime ist das Bett kein Kampfplatz der Geschlechter, sondern eine Spielwiese gegenseitigen Vergnügens. Wir kennen das Bild vom Mann als Jäger und der Frau als Beute. Kolportiert und reproduziert wird, mit welchen Tricks man Frauen imponiert, wie man sie schließlich herumbekommt. Die Frau ist dazu da, domestiziert zu werden.

Beim islamischen Frauenbild verhält es sich etwas anders. Der Mann ist das Opfer der jagenden Frau, die unbeschreibliche Kräfte hat und letztlich nie gebändigt werden kann. Aufgrund ihrer ungestümen Leidenschaft und ihrer Attraktivität ist es ihr jederzeit möglich, Männer zu verführen, ja, sie zu verzaubern, sie liebestoll zu machen, sodass sie ihren Verstand verlieren. Schon oft habe ich gehört: »Seine Frau ist zu schön. Er liegt ihr zu Füßen, er weiß bald nicht mehr, wer er ist.« Verwundert ist darüber niemand, denn jeden kann dieses Schicksal treffen, solange man keine Vorkehrungen dagegen trifft. Jeder kann Geschichten über Männer erzählen, die wegen Frauen zuerst ihren Verstand, danach Hab und Gut verloren. Am Ende sitzt der Mann, irgendwo gestrandet, allein mit seinem Elend. Die Frau ist über alle Berge mit dem ganzen Vermögen.

Manchmal tragen unverheiratete Männer einen Talisman, um sich gegen den verliebten Blick zu schützen, der aus einem gebildeten Ingenieur einen Tor machen kann. Am schlimmsten ist es, wenn der Liebeszauber auf eine hässliche Frau übertragen wird. Das funktioniert allerdings nur, wenn man mit magischen Mitteln nachhilft. In manchen muslimischen Ländern werden junge, heiratsfähige Männer in einem Haus, wo es eine hässliche, unverheiratete Tochter gibt, nur äußerst ungern trinken und essen. Es könnte möglicherweise irgendetwas hineingemischt sein, das sie zu Liebesidioten macht. Meist haben die Männer bereits zuvor Gegen-Talismane für diese Situation anfertigen lassen. Wer selbst nicht daran gedacht hat, den ermahnt die Mutter, die Schwester oder ein Freund dazu. Je nach Land und Region können derartige Liebeszaubervorstellungen mal mehr, mal weniger ausgeprägt sein. Magische Strategien finden sich von Marokko über Saudi-Arabien bis nach Indonesien.

Freunde und Bekannte, die homoerotische Beziehungen (ohne finanzielle Leistungen) mit muslimischen Männern haben, berichten einhellig von einem Bedürfnis nach Zärtlichkeit, Vertrauen und menschlicher Wärme, nicht so sehr von sexueller Befriedigung. Den Austausch von Zärtlichkeiten seien die muslimischen, in der Regel verheirateten Männer von ihren Frauen nicht gewöhnt. Da macht man eben Sex und Kinder. Wirkliche Nähe und Verständnis verbindet man mit Männern. Eigentlich kein Wunder in Gesellschaften, in denen Geschlechter im öffentlichen Raum, ganz oder nur teilweise, getrennt sind. Frauen sind wie vom anderen Stern. Zwar begehrenswert und verführerisch, aber letztendlich doch Fremde, vor denen man sich in Acht nehmen muss, will man ihnen nicht verfallen. Männer dagegen sind allgegenwärtig, man spielt mit ihnen Fußball, arbeitet zusammen, macht gemeinsame Geschäfte, sitzt nebeneinander täglich im Café, diskutiert über Politik und private Probleme. Frauen geht es nicht anders, habe ich mir sagen lassen. Als die Hausherrin Besuch von einer Freundin bekam, weil der Ehemann auf Reisen war, schliefen sie zusammen, hauteng in einem Bett.

Die bekannte marokkanische Soziologin Fatima Mernissi sah in der ungezügelten weiblichen Leidenschaft den Hintergrund für die Geschlechtertrennung, die Verschleierung der Frau oder auch die Trennung der Wohnräume, die Einrichtung eines Harems. Die Frau mit ihrer sexuellen Macht und Anziehungskraft sei eine Gefahr, die nie abnimmt. Deshalb müsse sie kontrolliert werden. Der Kontakt zwischen den Geschlechtern werde überwacht und reglementiert, damit es zu keinen Übergriffen komme. Die Frau konzentriere sich auf Familie und Kinder, der Mann entscheide, was sie zu tun und zu lassen habe.

Eine Theorie, die sehr plausibel erscheint und es teilweise auch sein mag. Wie wir jedoch gesehen haben (→ Frauen; → Koran) geht die Verschleierung der Frau nicht auf ihre ungebändigten Gefühle zurück. Die Bedeckung des Gesichts war früher vielmehr ein Zeichen für hohen sozialen Status. Also nicht ein Versuch der Unterdrückung, sondern ein Symbol für die Freiheit reicher Frauen, keine proletarischen Arbeiten verrichten zu müssen. Nicht zu vergessen: Die Rolle der dem Mann untergeordneten Frau ist überwiegend ein Resultat männlicher Interpretation der religiösen Texte aus dem 9. Jahrhundert. Was besonders deutlich an den Hadithen (→ Frauen; → Koran) wird, den Aussprüchen des Propheten Mohammed.

Sexualität

Gerade diese Hadithe sind es, die vom Propheten das Bild eines, wie man nach heutigen Standards sagen würde, sehr lebenslustigen Mannes zeichnen. Insgesamt werden ihm 13 Ehefrauen und einige Konkubinen zugeschrieben. Ein in sexueller Hinsicht sehr positives Vorbild nicht nur für männliche Muslime. Der Prophet soll nicht nur zu Hause sauber gemacht und genäht haben, wenn er nicht betete, sondern er legte auch wenig Wert auf Alter und Jungfräulichkeit. Die erste Frau Chadidscha war seine Arbeitgeberin und 40 Jahre alt. Sie hatte ihm einen Heiratsantrag gemacht, als er gerade 25 war. Erst nach Chadidschas Tod heiratete er wieder. Mit 58 traf er seine nächste Frau, die sechsjährige Aischa. Wobei die Ehe erst vollzogen wurde, als sie neun war. Die christliche Maria dürfte bei ihrer Schwangerschaft auch nur um einige wenige Jahre älter gewesen sein. Mohammed heiratete noch mehrere ältere Witwen. Eines Tages bat er sogar seinen Adoptivsohn, sich von dessen Frau scheiden zu lassen, damit er, Mohammed, sie heiraten konnte. In den Hadithen wird der Prophet zum Supermann stilisiert, der all seine Frauen in einer Nacht besuchte und sie auch befriedigte. Vom Mann, der dem Liebeszauber einer einzigen Frau unwiederbringlich verfällt, ist nichts zu erkennen. Offensichtlich aber dem Zauber vieler Frauen.

Trotz aller moderner Berieselungen einer internationalen Medienmaschine, die Wertschätzung individueller weiblicher Schönheit hat in muslimischen Ländern kaum nachgelassen. Ob dick oder dünn, groß oder klein, alle Frauen scheinen ihren Reiz bei den Männern behalten zu haben. Auf den Straßen der Metropolen erregen sie noch immer Aufmerksamkeit. Niemand muss sich wegen überschüssiger Pfunde, zu dünner Beine, zu dickem Po oder zu wenig Busen schämen oder schlecht fühlen. Einzige Voraussetzung allerdings: Den Frauen muss man ansehen, wie hübsch, einzigartig und begehrenswert sie sich fühlen. Etwas, das muslimischen Frauen viel leichter gemacht wird als denen im Westen, wo für Schönheitsideale und Anerkennung gehungert oder Diät gehalten werden muss. Die männlichen Blicke gelten auch den jungen Mädchen in Jeans mit Kopftuch. Selbst Frauen ganz in Schwarz, versicherte mir mein unverheirateter Nachbar in Beirut, hinterließen mit ihrem eleganten Gang, den tief mit Kajal umrundeten Augen, den langen Wimpern und ihrem Parfüm eine erotische Spur in der Menge.

Steinigung

Der Koran schreibt die Steinigung der Frau als Strafe für Ehebruch vor

Tod durch Steinigung war im alten Griechenland und im Römischen Reich, insbesondere bei der Christenverfolgung, eine von mehreren praktizierten Exekutionsformen. Sie blieb bis ins Mittelalter populär und gehörte neben Scheiterhaufen, Rädern oder auch der Wassertaufe zum Katalog der Grausamkeiten. Bei der Steinigung werden der oder die Verurteilte bis zum Bauch oder bis zu den Schultern eingegraben und der Ankläger darf den berühmten ersten Stein werfen. Damit die Opfer nicht zu schnell sterben, gleichzeitig aber die größtmögliche Wirkung auf Knochen und Eingeweide erhalten bleibt, dürfen die verwendeten Steine nicht zu klein und nicht zu groß sein. Der Tod soll langsam und qualvoll eintreten.

Im christlichen Alten Testament und in der jüdischen Thora wird es als mögliche Bestrafung unter anderem für Gotteslästerung, Götzendienst oder auch Ehebruch genannt.

Im Koran, dem heiligen Buch der Muslime, gibt es dagegen keine Referenz zur Steinigung als Todesstrafe. Nicht eine Sure, nicht einen Vers. Ursprünglich soll das jedoch anders gewesen sein, wie in einigen Hadithen überliefert wird. »Wahrlich die Steinigung steht im Buch Allah und ist eine gerechte Strafe für diejenigen, Männer und Frauen, die Unzucht begehen.« (Hadith-Sammlung von Sahih Muslim). Kalif Uthman (644-656 n. Chr.) soll zusammen mit einer Expertenkommission den Koran in der heutigen Form zusammengestellt haben. Dabei könnten verschiedene Suren, darunter auch die über Steinigung, nicht berücksichtigt worden und somit verschwunden sein. Tatsächlich kann das aber niemand mit Bestimmtheit sagen. In der heute vorliegenden Version des Korans, die einzig und allein entscheidend ist, sollen Ehebrecher zwar bestraft werden, aber vom siechenden Tod durch Steine ist nicht die Rede. »Weib und Mann, die des Ehebruchs schuldig sind, geißelt beide mit einhundert Streichen. Und lasst nicht Mitleid mit den beiden euch überwältigen vor dem Gesetze Allahs, so ihr an Allah und an den Jüngsten Tag glaubt. Und eine Anzahl der Gläubigen soll ihrer Strafe beiwohnen«, heißt es im Koran (Sure 24:2).

100 Peitschenhiebe für Ehebruch sind nicht gerade eine sanfte Bestrafung und noch weniger zeitgemäß, aber von der Todesstrafe ist kein Wort zu lesen. Trotzdem wurden in den letzten Jahren mehrere Fälle von Steinigungen in insgesamt acht muslimischen Ländern bekannt. Zu diesen Ländern gehören Afghanistan, Nigeria,

Iran, Pakistan, Sudan, Irak, Saudi-Arabien und die Vereinigten Arabischen Emirate. Oft werden diese Steinigungen nicht von offiziellen juristischen Stellen ausgesprochen, sondern sind ein Resultat von Selbstjustiz in ländlichen oder, aus welchen Gründen auch immer, exterritorialen Gebieten.

So geschehen 2005 im Norden Afghanistans, wo eine 29-Jährige sterben musste, weil sie sich von ihrem Mann trennen wollte. Die Familie des Gatten vermutete einen Nebenbuhler und das Unglück nahm seinen Lauf. Familie und lokale Vertreter der kleinen Ortschaft übernahmen die Vollstreckung. Der ermittelnde Polizeiverantwortliche sagte: »Selbst wenn die Frau Ehebruch begangen hatte, stand ihr ein ordentliches Gerichtsverfahren mit Zeugen zu und nicht der Tod aufgrund eines Urteilsspruches eines lokalen Geistlichen.« Nach der neuen afghanischen Verfassung, die seit Januar 2004 in Kraft ist, sind Mann und Frau vollkommen gleichgestellt. Solche Vorfälle dürfte es eigentlich nicht mehr geben.

Im Nordirak fiel 2007 ein 17-jähriges kurdisches Mädchen ebenfalls einer Selbstjustiz zum Opfer. Ihr Verbrechen war eine Beziehung mit einem sunnitischen Mann. Für eine Angehörige der religiösen Sekte der Jesiden, die sich von anderen Religionsgruppen abschottet, ein Sakrileg, einfach undenkbar. Das Mädchen wurde von einer Meute zu Tode geprügelt und gesteinigt. Im Irak (wie auch in anderen muslimischen Ländern) sind Ehrenmorde (→ **Ehrenmord**) verboten, aber bekanntlich existiert im Irak zurzeit keine staatliche Autorität.

Im Sudan wurden 2005 zwei Frauen von Gerichten wegen Ehebruchs zum Tode verurteilt. Eine Entscheidung, die der Oberste Gerichtshof später revidierte. In Nigeria wurden ebenfalls mehrere Steinigungsurteile ausgesprochen, die eine höhere Instanz annullierte. Seit 1999 haben eine Reihe von muslimischen Bundesstaaten im Norden des Landes die Scharia (→ **Scharia**) als Gesetz eingeführt.

Im Iran saßen 2007, laut Amnesty International, etwa zehn Männer und Frauen im Gefängnis, die man zur Steinigung verurteilt hat. In der Öffentlichkeit wurde der Fall von Mokarrameh Ebrahimi und Jafar Kiani bekannt, die Ehebruch begangen haben sollen. Nach zehn Jahren Haft und mehreren verschobenen Hinrichtungsterminen erfolgte die Vollstreckung des Urteils an Jafar am 5. Juli 2007. Das Schicksal von Mokarrameh, der Mutter zweier Kinder, blieb ungewiss.

Im Dezember 2002 hatte das Oberhaupt der iranischen Justiz, Ayatollah Schahrudi, zwar ein Moratorium der Steinigung erklärt. Die damals gleichzeitig vage angekündigten Änderungen in der Strafgesetzgebung wurden jedoch bis heute nicht umgesetzt. Solange es Gesetze gibt, findet sich bekanntlich immer jemand, der sie anwendet.

In Saudi-Arabien wird gesteinigt, wer Ehebruch, Apostasie oder einen Raubüberfall auf der Autobahn begeht. Zahlen oder Berichte über Steinigungen sind nur spärlich zu erhalten. Das Königreich hält sich bedeckt. Der ehemalige Botschafter

Saudi-Arabiens in London, Ghazi al-Qusaibi, sagte 2002 in einem Interview mit der englischsprachigen saudischen Tageszeitung *Al-Sharq al-Awsat*, die Bestrafungen seien vom Islam gesetzt. »Was auch immer wir sagen werden, der Westen sieht sie als barbarisch und primitiv. Nach westlichen Gesichtspunkten ist Auspeitschung unvernünftig, Exekutionen inakzeptabel. Das Gleiche gilt für Abhacken der Hand und Steinigung. In den Augen der Muslime ist das ein Kernstück des islamischen Glaubens.« Der Ex-Botschafter und Novellist, der Autor einiger Bücher ist, hat leider unrecht. Sein Statement dokumentiert, wie sehr der »islamische Glaube« sich von Region zu Region, von Land zu Land unterscheiden kann. Das vermeintliche »Kernstück« beschränkt sich auf nicht einmal zehn Prozent der rund 50 Nationen mit mehrheitlich muslimischer Bevölkerung. Wie wir bereits gesehen haben, existiert nicht einmal ein Beleg für die Steinigung im Koran.

Wieder einmal sind es die berühmt-berüchtigten Hadithe (→ **Koran**), die zur Rechtfertigung dieser drakonischen Bestrafung angeführt werden. In der für Sunniten kanonischen Hadith-Sammlung von al-Buchari (→ **Koran**) finden sich zahlreichlich Textpassagen wie diese: »Ein Mann vom Stamm der Bani Aslam kam zu Allahs Gesandtem [Prophet Mohammed] und informierte ihn, dass er illegalen Geschlechtsverkehr begangen habe; er brachte vier Zeugen gegen sich selbst. Allahs Gesandter befahl, ihn zu Tode zu steinigen, da er eine verheiratete Person war.« (Erzählt von Jabir bin Abdullah al-Ansari.) Daraus wird von islamischen Geistlichen abgeleitet, dass die 100 Peitschenhiebe, die der Koran für Ehebrecher vorsieht, nur für unverheiratete Ehebrecher gelten. Verheiratete Schandtäter aber müssen gesteinigt werden.

Aus der Sicht eines Muslims dürfte es derartige Diskrepanzen zwischen Hadithen und Koran eigentlich nicht geben. Der Koran als Wort Gottes gilt als vollkommen und absolut fehlerlos. Wie kann Gott also so unpräzise und missverständlich sein? Wenn Gott sich schon zu diesem Thema äußerte, warum hat er dann nicht selbst den Unterschied zwischen verheiratet und ledig deutlich gemacht? Sollten der zitierte und andere Steinigungs-Hadithe tatsächlich authentische Aussagen Mohammeds sein, dann müsste man fast sagen, in den Koran hat sich ein Fehler eingeschlichen. Was natürlich einer Blasphemie gleichkommt!

Vergleichbare Widersprüche zwischen Koran und Hadithen gibt es viele. Am einfachsten und deutlichsten ist dies beim Thema Frau nachzuweisen (→ **Frauen**). Außerdem widerspricht die Todesstrafe für Ehebruch, bei dem es sich ja nicht um Mord oder eine anderes Kapitalverbrechen handelt, der Barmherzigkeit Gottes und seines Gesandten Mohammed. Die wird im Koran immer und immer wieder herausgestellt und als Markenzeichen, als Grundzug der Religion gelobt und gepriesen. Außer einer einzigen beginnt jede der 114 Suren mit den Worten »Im Namen Gottes, des Gnädigen, des Barmherzigen«.

Steinigung

Ganz abgesehen vom systemimmanenten Diskurs halten Hadithe wissenschaft-lichen Kriterien nicht stand (→ **Koran**). Die Originalität der Texte ist nach akademi-schem Standard nicht gesichert. Größtes Problem sind die Überlieferungsketten mündlicher Erzähler über einen Zeitraum von 100 bis 200 Jahren. Ein Großteil der Hadithe (es soll bis zu 750 000 gegeben haben) sind offensichtliche Fälschungen, die im Eigeninteresse von Parteien, Gruppen und Führern fabriziert wurden. Zudem sind sie alle von Männern überliefert. Jeder weiß, wie sehr Erzählungen von der per-sönlichen Geschichte und Perspektive des Erzählers geprägt werden, wie sehr un-terschiedliche Geschlechter unterschiedliche Geschichten produzieren können – gerade wenn sie die Herren der Gesellschaft sind.

Hadithe spiegeln weniger die Lebensrealität des 7. Jahrhunderts, in dem Prophet Mohammed gelebt und gewirkt haben soll, sondern mehr die des 9. Jahrhunderts, in dem die Hadithe gesammelt und so fixiert wurden, wie man sie heute kennt. Als »schriftlicher Beweis« für eine derartig drakonische Strafe, den Tod durch Steini-gung, können sie eigentlich nicht herhalten.

Ich bin gespannt, wie lange ich noch E-Mail-Aufrufe und -Appelle gegen Steini-gungen erhalten und verschicken muss, wie lange es noch Gerichte gibt, die Urteile aussprechen, die, meist erst auf internationale Proteste hin, wieder zurückgenom-men werden.

Steinigungen als Akt der Selbstjustiz wird es auch in Zukunft leider geben – auf dem Land im Sudan, Pakistan oder Afghanistan. Mit dem Islam haben sie jedoch wenig zu tun. Diese Steinigungen sind ein Überbleibsel von Riten einer antiken Stammeskultur, nomadischen Gemeinschaften, die patriarchalisch organisiert und für die sozialer Zusammenhalt sowie biologische Reproduktion zum Überleben der Gruppe entscheidend waren. Zu diesen antiken Resten aus vorislamischer Zeit gehören auch weibliche Beschneidung und Ehrenmorde (→ **Beschneidung**; → **Eh-renmord**), Teile sogenannter heidnischer Brauchtümer, die mal mehr, mal weniger in den Islam integriert wurden. Ein Phänomen, das es auch bei anderen Religionen gibt.

Taliban

Die Taliban kamen eigenständig an die Macht und verwandelten Afghanistan in ein Zentrum der Heroinproduktion, was die USA nun unter allen Umständen wieder unterbinden wollen

Am 15. Februar 1989 war der sowjetische Truppenabzug aus Afghanistan abgeschlossen. Das Land blieb sich selbst überlassen. Es begann ein grausamer Bürgerkrieg zwischen den verschiedenen Mudschaheddin-Fraktionen, die zehn Jahre lang die Truppen der ehemaligen Sowjetunion bekämpft und schließlich aus dem Land getrieben hatten. Der Bürgerkrieg entwickelte sich zu einem Kampf der ›Warlords‹ um politischen Einfluss und Macht, um Territorien sowie lukrative Anbauflächen für Opium. Es war ein Krieg ohne Gesetze, in dem der Tod von Zivilisten, Vergewaltigungen von Frauen und Willkür aller Art zur Tagesordnung gehörten.

1989 lebten etwa fünf Millionen der insgesamt 26 Millionen Afghanen in Flüchtlingslagern auf der anderen Seite der Grenzen im Iran und in Pakistan. Dort rekrutierten die Mudschaheddin ihre Kämpfer gegen die sowjetische Besatzungsmacht. Nach dem Abzug der ausländischen Truppen kehrten etwa 1,4 Millionen Afghanen in ihr zerstörtes Heimatland zurück.

Von Beginn an hatten die USA (und später auch Saudi-Arabien) den Widerstand gegen die UdSSR finanziert und mit Waffenlieferungen unterstützt. Insgesamt sollen im Laufe der zehn Jahre, in denen die Sowjetunion in Afghanistan vor Ort war, rund zwei Milliarden Dollar aus CIA-Mitteln an die Mudschaheddin geflossen sein. Am 10.10.1987 meldete die deutsche »Tagesschau«, dass möglicherweise Stinger-Raketen aus Afghanistan in iranische Hände gefallen seien. »100 Stück davon hatten die USA an die Widerstandsgruppen in Afghanistan geliefert«, sagte der Nachrichtensprecher. Eine dieser Stinger-Raketen kostete damals etwa 25 000 Dollar, was bei 100 Stück einen Gesamtpreis von 2,5 Millionen Dollar ergibt. Von diesem Raketentyp, der von der Schulter aus auch auf Hubschrauber abgeschossen werden kann, sollen insgesamt mehrere Hunderte nach Afghanistan geliefert worden sein. 1994 startete die USA eine Rückkaufaktion, damit so wenige wie möglich in feindliche Hände fielen. Man bezahlte 100 000 Dollar pro Stück, also viermal so viel wie der Originalpreis.

Im Chaos, das der Bürgerkrieg auslöste, suchten die ausländischen Investoren eine ordnende Kraft, die Stabilität bringen konnte. Man setzte auf die Taliban. »Eine

Lumpenarmee«, so Mahmood Mamdani, Politikwissenschaftler an der Columbia University, »die 1994 aus den Reihen muslimischer Religionsstudenten in der südlichen Region Kandahar und den angrenzenden Gegenden Pakistans hervorgegangen war.« Die Taliban bekamen nun ihrerseits Zulauf aus den Flüchtlingslagern. Die Ärmsten der Armen und Verzweifelten, Zivilisten, die unter den Folgen der kriegerischen Auseinandersetzungen am meisten gelitten hatten, wollten die korrupten und gewalttätigen Warlords nach fünf Jahren des Mordens und Vergewaltigens endlich loswerden. Die religiösen Taliban mit dem Ruf, moralisch integer zu sein, sah man als neue, reinigende Kraft. Trotzdem hätte die »Lumpenarmee« nicht ausgereicht, um einen Siegeszug durch Afghanistan anzutreten, wie es die Taliban taten, teilweise ohne auf nennenswerten Widerstand zu stoßen. Innerhalb von nur zwei Jahren kontrollierten sie drei Viertel des Landes. Mit bloßen Händen und gutem Willen besiegt man keine kampferprobten und gut bewaffneten Mudschaheddin, die den sowjetischen Soldaten das Fürchten gelehrt hatten.

In Pakistan bekamen der einäugige Mullah Omar und andere Talibanführer ihre religiöse Ausbildung in Madrasas (→ **Madrasa**). Für die Flüchtlingskinder und Waisen waren die pakistanischen Religionsschulen eine willkommene Abwechslung und bedeuteten, mitten im Elend und der Aussichtslosigkeit, so etwas wie Heimat. Militärisches Training organisierte der pakistanische Geheimdienst ISI. »Die USA bestärkten Pakistan und auch Saudi-Arabien, die Taliban zu unterstützen«, so der pakistanische Journalist Ahmed Rashid, der mit seinem im Jahr 2000 erschienenen Buch über die Taliban für Furore sorgte. Er zitiert darin einen hohen US-Diplomaten, der den damaligen Standpunkt seiner Regierung deutlich machte: »Wahrscheinlich entwickeln sich die Taliban wie Saudi-Arabien. Es wird Aramco, Pipelines, einen Emir, kein Parlament und eine Menge Scharia-Gesetze geben. Damit können wir leben.«

Bevor im September 1996 Kabul erobert wurde, bekamen die Taliban in Kandahar und Islamabad Besuch vom saudischen Prinzen Turki al-Feisal, damals ein guter Freund Osama bin Ladens. Bei diesem Treffen soll die Finanzierung des Marsches auf Kabul beschlossen worden sein.

Nach der Übernahme der Hauptstadt kündigte das US State Department an, diplomatische Vertreter nach Kabul zu schicken, um Kontakt mit den Taliban aufzunehmen. Der republikanische US-Senator Hank Brown lud wenige Monate später zwei führende Taliban-Funktionäre nach Washington zu einer Konferenz mit Mitgliedern des Kongresses ein. Hank Brown unterstützte auch die US-Ölfirma Unocal, die eine Ölpipeline durch Afghanistan bauen wollte und die Taliban als Stabilisierungsfaktor betrachtete. Der Vizepräsident von Unocal, Chris Taggert, sagte damals den Nachrichtenagenturen, mit der Einnahme von Kabul durch die Taliban sei es nun leichter, das Projekt der Ölpipeline fertigzustellen. »Wenn die Taliban zu

Taliban

Stabilität und internationaler Anerkennung führen, dann ist das eine positive Sache.« Trotz anfänglicher Euphorie zögerten die USA mit der offiziellen Anerkennung. Es mehrten sich sehr schnell Vorwürfe von Menschenrechtsverletzungen des Taliban-Regimes, insbesondere gegenüber Frauen. Der US-Enthusiasmus für die Herrscher in Kabul endete schließlich mit den Bombenanschlägen im August 1998 auf ihre Botschaften in Kenia und Tansania.

Eine Frage bleibt: Wer hat die so unglaublich schnell wachsende Taliban-Bewegung, ihre Bewaffnung, Munition, Fahrzeuge und anderes technisches Equipment finanziert, was sie allen anderen erfahrenen Milizen gegenüber so überlegen machte?

Pakistan lieferte keine finanzielle Hilfe an die Taliban, bildete sie nur militärisch aus und stellte Logistik zur Verfügung. Die Saudis übernahmen sicherlich nicht allein die Kosten für den gesamten Feldzug der Taliban. Das war selbst den reichen Saudis wohl zu teuer und zu risikoreich. Außerdem gab es ja noch andere Beteiligte, die sich als Profiteure verstanden. Auch Osama bin Laden hat den Taliban-Freunden nicht sein ganzes Vermögen zur Verfügung gestellt. Nach verschiedenen Quellen soll er insgesamt drei Millionen Dollar für den talibanischen Dschihad gespendet haben.

Offiziell ist den USA und dem CIA keine Unterstützung nachzuweisen. Zwar gibt es zahlreiche überzeugende Indikatoren dafür, die letztendlich jedoch nur Spekulationen bleiben, so naheliegend sie auch sein mögen. Bei Stellvertreterkriegen, die die USA führen lässt, ist sie auf Diskretion und Geheimhaltung bedacht – ein Wunsch, der nicht immer in Erfüllung geht, wie wir weiter unten noch sehen werden. Finanzmittel für verdeckte Operationen kommen nicht aus dem offiziellen Staatshaushalt und landen nicht auf dem Konto einer Guerilla-Truppe mit einer ordnungsgemäßen Quittung für die Buchhaltung. Der CIA organisiert schwarze Quellen, aus denen Gelder an Milizen und für geheime Aktionen fließen. Die Rede ist hier vom lukrativen Drogenhandel, der auch in Afghanistan organisiert wurde.

2007 gab es erneut eine Rekordernte von Opium mit rund 6100 Tonnen, aus denen 610 Tonnen Heroin raffiniert wurden, was gleichbedeutend mit 92 Prozent des gesamten Weltbedarfs ist. Afghanistan hat den Ruf eines Drogenstaates. Dabei war das nicht immer so. Vor dem Einmarsch der Sowjetunion 1979 existierte in Afghanistan keine industrielle Heroinproduktion. Opium wurde traditionell für die Hausapotheke oder als Rauschmittel für besondere Gelegenheiten angebaut und auf lokalen ländlichen Märkten angeboten.

Die Expansion des Opiumanbaus fällt mit dem Jahr 1979 zusammen, als die USA begannen, den Dschihad gegen die sowjetische Okkupation zu subventionieren. Ab 1985 stieg die Produktion sprunghaft an. 1990 kamen bereits 71 Prozent des Weltopiums aus Afghanistan, während es 1980 nur fünf Prozent gewesen waren. Heroinlabors schossen im Grenzgebiet von Afghanistan und Pakistan wie Pilze aus dem Boden. Die Führer der US-Verbündeten, die Mudschaheddin, wurden zu Drogenbaronen.

Eines der bekanntesten Beispiele ist Gulbuddin Hekmatyar, damals einer der wichtigsten US-Partner. 2007 stand er noch auf der Fahndungsliste seiner ehemaligen generösen Freunde. Hekmatyar errichtete mit der Unterstützung des pakistanischen Geheimdienstes ISI und des CIA ein Heroinimperium. Rücksichtslos versuchte er, möglichst viele Mudschaheddin-Konkurrenten aus dem Weg zu räumen. Dazu zählte Mullah Nasim Akhundzada, der das Helmand-Tal kontrollierte, in dem auf seinen Befehl die Hälfte aller Felder mit Opium bebaut werden mussten. 1988/89 lieferte sich Hekmatyar blutige Scharmützel mit Mullah Nasim, dem er sein Gebiet streitig machen wollte. Hekmatyar blieb glücklos, trotz hoher Verluste auf beiden Seiten behielt Mullah Nasim sein Tal, in dem er nun wieder ungestört der Opium-Kultivierung nachgehen konnte.

»Wir müssen uns vor Augen halten«, meint Mahmood Mamdani von der Columbia University, »dass der Hauptnutznießer der großzügigen Waffenlieferungen seitens der CIA ein ganzes Jahrzehnt lang Hekmatyar war und blieb: von 1979 bis 1981, als Zuwendungen in der ersten Amtszeit Reagans zunahmen, bis 1985, als sie in seiner zweiten Amtszeit weiter aufgebläht wurden, und schließlich bis zum Ende des Krieges. Islamabad, das Nervenzentrum des afghanischen Dschihad, wuchs sich zu einem der größten CIA-Stützpunkte aus.« Sowohl der ISI als auch der CIA setzten auf antikommunistische radikale Islamisten, mit denen es keine Missverständnisse über die Ziele gab. Gemeinsam sorgte man über Drogen für die Finanzierung des Dschihads.

Die Drogenpolitik des CIA in Afghanistan ist keine Ausnahmeerscheinung. In den Sechzigerjahren finanzierte der CIA 150 Landebahnen in der Nähe der Opiumfelder in Laos für die Flugzeuge des US-Geheimdienstes (Air America). Damals ging es um die Unterstützung einer Guerilla-Truppe, die laotische Kommunisten im Grenzgebiet zu Nordvietnam bekämpften. Laos hatte wie Afghanistan vorher nie im großen Stil Opium angebaut oder Heroin produziert.

In Zentralamerika lief es mit dem Kokain ganz ähnlich. Der Aufstieg des Medellin-Kartells in Kolumbien erfolgte zeitgleich mit der »Unterstützung und Versorgung der Contra-Guerillas durch die CIA«, so Alfred McCoy, ein Historiker an der Universität von Wisconsin, der sich lange Jahre mit der Beziehung von Drogenhandel und CIA auseinandersetzte und mehrere Bücher darüber schrieb.

Die antikommunistischen Contras bekämpften die sozialistische Regierung in Nicaragua nach der Revolution 1979. Kommandanten der Contras, Drogenhändler in den USA und Südamerika arbeiteten Hand in Hand mit dem CIA. Ein Zusammenhang, der über die Iran-Contra-Affäre 1987 in die Öffentlichkeit gelangte und publik wurde. Mit den Profiten aus Waffenverkäufen an den Iran wurden die Contras in Mittelamerika illegal finanziert. Neben den Contras in Nicaragua auch die berüchtigten Todesschwadronen in El Salvador, die eine linke Guerilla ausmerzen wollten. Einer an den Transaktionen direkt Beteiligter war Oliver North, ein mehrfach ausgezeichneter US-Offizier. Aus seinen persönlichen Notizen, die heute problemlos zugänglich sind, bekommt man ein Bild davon, wie der Drogenhandel funktionierte. North nennt Namen und konkrete Ereignisse. In einem Eintrag vom 9. August 1985 notiert North, dass »eine honduranische DC-6, die für Transporte aus New Orleans dient, wahrscheinlich auch für Drogentransporte in die USA benutzt wird«. Am 10. Februar 1986 schreibt der Offizier in sein Notizbuch »über ein Flugzeug, das humanitäre Hilfsgüter zu den Contras bringt, das vorher für Drogentransporte benutzt wurde«. Das Flugzeug »gehört der in Miami ansässigen Firma Vortex, die Michael Palmer führt, einer der größten Marihuana-Dealer der USA«. Palmer erhielt 300 000 Dollar vom Nicaragua-Büro für humanitäre Hilfe, um Hilfsgüter zu transportieren. Dieses Büro wurde von Oliver North, dem Unterstaatssekretär für interamerikanische Angelegenheiten Elliot Abrams und dem CIA-Mann Alan Fires geleitet.

Das alles passierte mehr oder weniger zeitgleich zum Dschihad in Afghanistan und während der Zeit des Kalten Krieges. Man kann sich gut ausmalen, wie der Heroinhandel in Afghanistan und Pakistan lief. Unter der Herrschaft der Taliban stieg der Opiumanbau kontinuierlich bis 1999. Im Jahr 2000 sank die Quote nur unwesentlich, aber 2001 fiel sie von 3 000 auf unglaubliche 200 Tonnen. Die Produktion reduzierte sich also um 93 Prozent. Hintergrund dafür war ein Verbot von Mullah Omar im Jahr zuvor. Er hatte den Anbau von Opium im Jahr 2000 generell untersagt und das trotz heftiger Proteste von Bauern in allen von den Taliban besetzten Gebieten durchgesetzt. Im Westen wurde es vielfach als Trick der Taliban abgetan, die nur die Preise in die Höhe treiben und für die gelagerten Reserven mehr Gewinne erzielen wollten.

Mitarbeiter der UN-Abteilung für Drogenkontrolle bereisten 2001 zwei Wochen lang Afghanistan und brachten eindrucksvolle Fotos von völlig brachliegenden Feldern mit, auf denen noch ein Jahr zuvor Opium in Massen gewachsen war. Die religiösen Taliban, so hieß es in einer Erklärung, hätten den Opiumanbau nahezu ganz abgeschafft, und das in einem Land, das der größte Heroinproduzent der Welt gewesen war. Was die wenigsten in diesem Zusammenhang wissen dürften: Die USA bezahlten damals noch 43 Millionen Dollar an die Taliban, um den Opiumernteausfall der Bauern zu kompensieren. Wegen einer Dürreperiode war die normale Getreideernte ausgefallen, und ohne die Einkünfte aus dem Opiumanbau hatten die Bauern keine Mittel, um sich und ihre Familien zu ernähren. Dankbarkeit, Anerkennung, Mitgefühl oder Erkaufen von Gefälligkeiten? Die wahren Beweggründe für die Millionenspende der USA, die der damalige Außenminister Colin Powell auf den Weg brachte, wird man wohl nie erfahren.

Nach den Ereignissen am 11. September 2001 in den USA drehte der Wind völlig. Die Downing Street in London hatte »seriöse Informationen über Pläne der Taliban, das Geld aus dem Drogenhandel für militärische Aktionen zu benutzen«. 3 000 Tonnen Opium seien nämlich in Afghanistan noch gelagert. Die Frage ist nur: Was haben die Drogenhändler ohne eine neue Ernte in der Zwischenzeit verkauft? Es hieß auch, Osama bin Laden hätte die Bauern angewiesen, die Opiumproduktion anzukurbeln. Nicht ganz so einfach, wie es klingt: Die Pflanzen müssen erst einmal sechs Monate wachsen. Tony Blair, der damalige britische Premierminister, wurde Ende September 2001 von britischen Zeitungen zitiert, er wolle auch die Opiumfelder bombardieren, die Basis des Multimilliarden schweren Taliban-Drogenhandels – etwas schwierig, wenn es so gut wie keine Opiumfelder in Afghanistan gibt.

US-amerikanische Zeitungen berichteten von einer plötzlichen Opiumschwemme in Pakistan, die die lokalen Drogenpreise in den Keller gedrückt habe, was ein deutliches Zeichen dafür sei, dass die Taliban ihre Lager ausräumten, um Kasse zu machen. Dabei wurde übersehen, dass auch in Pakistan Opium angebaut und Heroin produziert wird – und das nicht zu knapp.

2006 und 2007 ernteten die afghanischen Bauern so viel Opium wie nie zuvor in der Geschichte ihres Landes. Über 6 000 Tonnen sind es mittlerweile jährlich, mit steigender Tendenz. Eine riesige Produktion, die nicht klammheimlich vor sich gehen, sondern nur unter Mitwirkung oder Duldung von Behörden und staatlichen Institutionen funktionieren kann. Die Taliban mögen sich diesmal bereitwillig am Profit beteiligen, um sich und ihre Waffen zu finanzieren. Kontrolle haben immer noch Drogenbarone, die teilweise offizielle Ämter bekleiden oder beste Kontakte zur Regierung haben, sei es persönlich, über Stammeszugehörigkeit oder über Korruption. Jeder der Drogenbosse verfügt über eigene Privatarmeen, die sich nicht scheuen, auch NATO-Truppen anzugreifen. General James L. Jones, der NATO-Kommandeur in Afghanistan, sagte im Dezember 2006, die Armeen der Drogenkartelle seien regelmäßig in Gefechte mit den NATO-Truppen verwickelt. »Es wäre falsch zu sagen, es sind nur die Taliban. Ich denke, ich muss da Missverständnisse aus dem Weg räumen.«

Davon hört man in den Nachrichten über Afghanistan so gut wie nichts. Jede Bombe, jedes Attentat, jeder Raketenangriff auf Militärbasen der NATO wird auf die Taliban zurückgeführt, obwohl dem anscheinend nicht so ist. Zur Gesetzlosigkeit in Afghanistan tragen die Drogenbarone mindestens genauso viel bei wie die Taliban. Den Kartellen den Garaus zu machen, ist zum einen militärisch ein Problem, andererseits verhindern das deren hervorragende Kontakte, die bis in Regierungskreise und zu den Geheimdiensten reichen. Die Beziehungen zwischen Drogenkartellen und dem pakistanischen ISI sowie dem CIA haben eine über zwei Jahrzehnte lange gemeinsame Geschichte.

»Es ist des Teufels eigenes Problem«, sagte der CIA-Direktor Michael V. Hayden vor dem US-Kongress im November 2006. »Momentan ist Stabilität der Punkt. Jetzt reinzugehen und den Drogenhandel anzugreifen, würde in Wirklichkeit die Instabilität fördern, die Sie doch überwinden wollen.« Vom US-Militär hieß es, das Problem des Drogenhandels direkt anzugreifen, würde nur den Versuch untergraben, mehr populäre Unterstützung in der Region zu gewinnen. So sagte das jedenfalls Lt. General Michael D. Maples. Der CIA-Direktor und der US-Offizier meinen damit wohl, dass man die Bosse des Opiumanbaus und der Heroinproduktion besser nicht vergraulen sollte, sonst könnten sie noch die Seiten wechseln und die Taliban unterstützen. Solange die Drogenbarone unbehelligt arbeiten können, halten sie sich aus dem Konflikt heraus. Den religiösen Purismus der Taliban, der beinahe zu einem Totalstopp der Opiumproduktion führte, können sie am allerwenigsten wieder gebrauchen. Aber eine Anti-Taliban-Haltung hat eben ihren Preis.

Nach einem Bericht der Weltbank und des UN-Büros für Drogen und Kriminalität »arbeiten die Drogenhändler ganz eng mit Gönnern in obersten Regierungs- und politischen Positionen zusammen«. Das afghanische Innenministerium würde zunehmend Schutz und Hilfestellung für die Drogenindustrie liefern. »Auf den unteren Ebenen«, so der Report, »sind Bestechungsgelder an die Polizei weitverbreitet, um Verhaftungen und der Vernichtung von Opiumpflanzen zu entgehen«.

In diesem Wirrwarr von Korruption und Gefälligkeiten aufzuräumen, scheint eine unlösbare Aufgabe zu sein – gerade in Kombination mit den politischen und geheimdienstlichen Verwicklungen. Das abrupte Ende des Opiumanbaus würde zu den politischen Problemen obendrein ökonomische und soziale bringen. Das Drogengeschäft ist in Afghanistan jährlich 2,6 Milliarden schwer, ein Drittel des gesamten Bruttosozialprodukts, und Hunderttausende von Menschen und ihre Familien leben davon. Ein Bauer in Afghanistan verdient etwa zwölfmal so viel an seinem Feld, wenn er es mit Opium anbaut anstatt mit normalem Getreide, und bekommt außerdem einen kleinen Prozentsatz vom Verkaufsgewinn.

Terrorismus
(→ Al-Qaida; → Islamismus; → Selbstmordattentäter)

T

Verschleierung (→ Kopftuch)

V

W Wahhabismus (→ Islamismus)

Z Zeitehe

Im Islam gibt es, wie im Christentum, auch nur eine, lebenslange Form der Ehe

Der Katzenjammer war groß, als Amal ihrem Freund Wissam offenbarte, dass sie Beirut bald verlassen werde, um ihr Studium an der schottischen Universität in Edinburgh fortzusetzen. Wissam, der aus der konservativen Bekaa-Ebene stammt, war entsetzt. Nicht so sehr, weil er seine Liebste nicht mehr sehen würde, ihn sorgte mehr die Offenheit, die in Europa zwischen beiden Geschlechtern herrscht. Amal machte sich darüber keine Gedanken, sie war froh, raus aus dem krisengeschüttelten Libanon zu kommen und in Europa studieren zu können. Aber Wissam konnte sich kaum beruhigen, und so schlug sie ihm vor, als Zeichen ihrer Treue einfach zu heiraten. Keine normale Heirat, denn die Eltern durften von ihrer Beziehung nichts wissen. Das junge Paar, sie 20, er 25 Jahre alt, setzte einen Vertrag auf, setzte die Dauer der Ehe auf vier Jahre fest, wonach sie automatisch zu Ende gehen sollte. Über Brautgaben, sexuelle Einschränkungen wurde nichts niedergeschrieben. Wissam bestätigte, dass er »für alle etwaigen Folgen [Kinder] der Heirat die volle Verantwortung« übernehme. Ihren Bund ließen beide von einem schiitischen Kleriker absegnen. Das freudige Ereignis wurde im Apartment eines Freundes besiegelt, das sich die Jungvermählten für einen Nachmittag lang ausliehen.

Die zeitlich befristete Ehe (*mut'ah*) wird mit dem Koranvers 4:24 gerechtfertigt: »Und erlaubt sind euch alle anderen, dass ihr (*Frauen*) sie sucht mit den Mitteln eures Vermögens, nur in richtiger Ehe und nicht in Unzucht. Und für die Freuden, die ihr von ihnen empfanget, gebt ihnen ihre Morgengabe, wie festgesetzt, und es soll keine Sünde für euch liegen in irgendetwas, worüber ihr euch gegenseitig einigt nach der Festsetzung (der Morgengabe). Wahrlich, Allah ist allwissend, allweise.«

Eine Zeitehe kann nur einen Tag, wenige Wochen oder mehrere Jahre dauern. Im Iran und bei den Schiiten im Irak nach Saddam Hussein ist es eine gängige, jedoch in der Öffentlichkeit nicht sehr angesehene Praxis. Vor 15 Jahren begann Ali Akbar Haschemi Rafsandschani, der damalige iranische Präsident, für die Zeitehe zu werben. Sie sei für Mann und Frau ein Weg, ihre sexuellen Bedürfnisse zu befriedigen.

Es bestünde nicht einmal die Notwendigkeit, das Verhältnis von einem Kleriker absegnen zu lassen. Es genüge, wenn das Paar im Privaten einen Eid leiste.

Im Juni 2007 griff der iranische Innenminister Mostafa Purmohammadi das Thema wieder auf und nannte die Zeitehe im iranischen Staatsfernsehen eine Möglichkeit, soziale Probleme zu lösen. Im Iran sind 60 Prozent der Bevölkerung unter 30 Jahren. Nicht alle können sich eine Heirat leisten, die gewöhnlich teuer und aufwendig ist. Auf Irans Straßen kontrolliert die Religionspolizei regelmäßig, ob Frauen den islamischen Kleidungscode erfüllen. Freund und Freundin können ohne Ehenachweis nicht zusammen ein Hotelzimmer mieten. Die Zeitehe ist für Jugendliche, die gemeinsam auf Urlaubsreise sind, eine Möglichkeit, im Doppelzimmer von der Religionspolizei unbehelligt zu bleiben. Der Islam sei eine reichhaltige und umfassende Religion, die für alle Probleme eine Lösung habe, erklärte Innenminister Purmohammadi, der selbst Kleriker ist. Man bräuchte die Zeitehe, um die Probleme der Jugend zu lösen. »Warum sollten wir einem 15-Jährigen gegenüber, dem Gott die Lust gegeben hat, gleichgültig sein?«, fragte der Minister rhetorisch. Man bräuchte eine kulturelle Veränderung.

Für konservative Kleriker wie auch für Frauenrechtlerinnen ist die Zeitehe nichts anderes als eine legalisierte Form von Prostitution. Viele Witwen, geschiedene und alleinstehende Frauen würden in eine Zeitehe nur aus finanziellen Gründen einwilligen. Für junge Frauen sei es nach mehreren Zeitehen schwierig, einen richtigen Ehemann zu finden. Hinzu kämen die unehelichen Kinder, von denen es im Iran schon viele Tausende geben soll und für die eigentlich die Männer die finanzielle Verantwortung tragen sollten. Bei der schiitischen Zeitehe können, aber müssen die Partner nicht zusammenleben – das kann praktische Gründe haben oder von der Länge der vereinbarten Zeitdauer abhängen. Der Ehemann ist nicht verpflichtet, für den Lebensunterhalt der Frau zu zahlen, es sei denn, es wird im Ehevertrag niedergeschrieben, worauf gerade alleinstehende Frauen ohne festes Einkommen bestehen werden. Die Ehepartner können sich nicht gegenseitig beerben. Eine Scheidung ist nach der vereinbarten Ehezeit nicht nötig. Bereits herkömmlich (unbegrenzt) verheiratete Frauen und Männer können keine Zeitehe eingehen. Im Gegensatz zur normalen Ehe kann eine Frau bei der Zeitehe jederzeit ihren Mann und den gemeinsamen Haushalt verlassen. Zeugen und eine offizielle Erlaubnis für eine zeitlich begrenzte Ehe sind nicht nötig, man kann sich aber auf Wunsch offizielle Papiere ausstellen lassen, die etwa bei einer Übernachtung in Hotels und Pensionen erforderlich sind. In manchen Hotels in Teheran kommen pro Woche Hunderte von Paaren, die ein Dokument einer temporären Ehe vorzeigen. Überwiegend sind es Männer in Begleitung älterer Frauen. Bei der Zeitehe muss es nicht um Liebe gehen, sie darf ausschließlich für sexuelle Zwecke eingegangen werden. Unverheiratete Frauen können ganz allein entscheiden, wann, mit wem und wie lange sie

Zeitehe

eine Zeitehe eingehen wollen. Bei einer herkömmlichen Ehe muss der Vater oder ein Vormund um Erlaubnis gefragt werden. Nach dem Ende einer temporären Ehe ist die Frau verpflichtet, 45 Tage zu warten, ob sie schwanger ist, bevor sie einen neuen Ehemann nehmen kann.

Mittlerweile findet die Zeitehe auch im Nordwesten Afghanistans, nahe der iranischen Grenze, Anhänger. Die Vorteile für junge Menschen in einer konservativen Gesellschaft sind nicht zu übersehen. Durch die etwa zwei Millionen Kriegsflüchtlinge, die aus dem Iran in die Heimat zurückkamen, wurde die Praxis populärer, obwohl die Afghanen Sunniten sind. Sunnitische Kleriker lehnen die Zeitehe ab. Zu Lebzeiten Mohammeds habe es sie zwar gegeben, sei aber später durch den Kalifen Umar (634-644) wieder verboten worden. Mut'ah sei moralisch verwerflich.

Umso verwunderlicher ist eine andere Form der Zeitehe, Misyar, die besonders im sunnitischen Ägypten und Saudi-Arabien seit einigen Jahren praktiziert wird. Misyar ist unverbindlicher und die Frau hat keinerlei Rechte. Männlichem Missbrauch ist Tür und Tor geöffnet. Misyar funktioniert prinzipiell ähnlich wie Mut'ah, allerdings kann der Mann neben seiner herkömmlichen lebenslangen Ehefrau bis zu vier Misyar-Frauen haben. Die Frau muss dagegen unverheiratet sein, bekommt auch einen Brautpreis, jedoch keine keine weiteren Versorgungsansprüche. Sie wohnt bei ihren Eltern und der Misyar-Mann kann sie nach einem besprochenen Terminplan besuchen. Wird eine Frau schwanger, kann sie ganz offiziell abtreiben und bezahlt als Ausgleich eine Strafe an einen Geistlichen. Ist die Frau noch Jungfrau, muss ihr Vormund, in der Regel das männliche Oberhaupt der Familie, in die Ehe einwilligen.

Besonders beliebt ist Misyar auf Urlaubsreisen. Saudische Männer nehmen sich junge indische Mädchen in Ferienorten wie Hyderabad für eine Nacht oder vielleicht auch mehrere Tage. Indische Zeitungen berichteten mehrfach über arabischen Sextourismus. Andere negative Praktiken wurden im Jemen, einem im Vergleich zu Saudi-Arabien sehr armen Land, bekannt. Dort versprechen sich Familien ein besseres Leben, wenn sie ihre meist sehr junge und jungfräuliche Tochter an einen bereits älteren Mann abgeben. Der neue Ehemann verspricht ihnen Jobs und Visa in andere Länder. Doch die Realität sieht anders aus. Väter können ihre Tochter an der jemenitisch-saudischen Grenze abholen, wo sie ihre Ehemänner einfach zurücklassen. Die Ausnahme von der männlichen Regel dürften unverheiratete, reiche Frauen sein, die Misyar auf Geschäfts- und Urlaubsreisen ins Ausland nutzen. Zurück in Saudi-Arabien bekommt der Ex-Mann dann ein Auto oder eine teure Uhr für seine Ehe-Gefälligkeiten geschenkt.

Misyar wurde bereits 1999 von Scheich Mohammed Sayyed Tantawi in Ägypten religiös legitimiert. Saudi-Arabien zog erst am 12. April 2006 nach, als eine islamische Rechtsgelehrten-Versammlung in Mekka eine Fatwa (→ **Fatwa**) ausstellte, die eine Ehe rechtfertigt, »bei der die Frau ihre Rechte auf Wohnung und finanzielle Unterstützung aufgibt ... und sich damit einverstanden erklärt, dass der Mann sie in ihrem Haus, wann immer er möchte, Tag oder Nacht, besucht.« Missbrauch hatten die Kleriker natürlich nicht im Sinn. Sie wollten Witwen und geschiedenen Frauen helfen sowie jungen saudischen Männern, die nicht heiraten können, weil ihnen die finanziellen Mittel fehlen, um die horrenden Brautpreise zu bezahlen.

Heute kann man im Internet seine Misyar-Frau oder seinen Misyar-Mann finden. Es gibt Agenturen, die Paare zusammenbringen. In Saudi-Arabien ist der Anteil älterer Frauen ebenfalls hoch, gegen die auch junge Männer nichts einzuwenden haben.

Die Praxis von Misyar in Saudi-Arabien offenbart die männliche Doppelmoral des Landes, das sich nach außen hin religiös und moralisch tadellos zeigt. Aber Doppelmoral kennt bekanntlich keine Grenzen und ist überall in der Welt zu Hause.

Literatur

Achcar, Gilbert/Warschawski, Michel: *Der 33-Tage-Krieg. Israels Krieg gegen die Hisbollah und seine Konsequenzen*, Hamburg 2006

Ahmed, Leila: *Women and Gender in Islam. Historical Roots of a Modern Debate*, New Haven/London 1992

Alexander, Anne: *Nasser*, London 2005

Alsanea, Rajaa: *Die Girls von Riad*, München 2007

Al-Zayyat, Montasser: *The Road to Al-Qaeda. The Story of Bin Laden's Right-Hand Man*, London 2004

Ansprenger, Franz: *Juden und Araber in einem Land. Die politischen Beziehungen der beiden Völker im Mandatsgebiet Palästina und im Staat Israel*, München 1978

Aslan, Reza: *Kein Gott außer Gott. Der Glaube der Muslime von Muhammad bis zur Gegenwart*, München 2006

Benhayoun, Jamal Eddine: *Narration, Navigation and Colonialism. A Critical Account of Seventeenth and Eighteenth Century English Narratives of Adventure and Capativity*, Brüssel u. a. 2006

Bobzin, Hartmut: *Mohammed*, München 2000

Burgmer, Christoph (Hg.): *Streit um den Koran. Die Luxenberg-Debatte: Standpunkte und Hintergründe*, Berlin 2004

Burke, Jason: *Al-Qaida. Wurzeln, Geschichte, Organisation*, Düsseldorf/Zürich 2004

Cardini, Franco: *Europa und der Islam. Geschichte eines Missverständnisses*, München 2000

Crone, Patricia/Cook, Michael: *Hagarism. The Making of the Islamic World*, Cambridge 1977

Davis, John H.: *Israel als Provokation?*, Freiburg 1969

Ende, Werner/Steinbach, Udo (Hg.): *Der Islam in der Gegenwart. Entwicklung und Ausbreitung. Kultur und Religion. Staat, Politik und Recht*, 5., aktualisierte und erw. Aufl., München 2005

Fisk, Robert: *Pity the Nation. Lebanon at War*, Oxford/New York 1990

Gabriel, Mark A.: *Islam und Terrorismus. Was der Islam wirklich über Christentum, Gewalt und die Ziele des Djihad lehrt*, Gräfelfing 2002

Ghadban, Ralph: *Tariq Ramadan und die Islamisierung Europas*, Berlin 2006

Goytisolo, Juan: *Kibla. Reisen in die Welt des Islam*, Frankfurt a. M. 2000

Halm, Heinz: *Der schiitische Islam. Von der Religion zur Revolution*, München 1994

Halm, Heinz: *Der Islam. Geschichte und Gegenwart*, München 2000

Halm, Heinz: *Die Araber. Von der vorislamischen Zeit bis zur Gegenwart*, München 2004

Harik, Judith P.: *Hezbollah. The Changing Face of Terrorism*, London 2004

Hasel, Thomas: *Machtkonflikt in Algerien*, Berlin 2002

Hoffman, Judith: *Aufstieg und Wandel des politischen Islam in der Türkei*, Berlin 2003

Hourani, Albert: *Die Geschichte der arabischen Völker*, 5. Aufl., Frankfurt a. M. 1992

Huntington, Samuel P.: *Kampf der Kulturen. Die Neugestaltung der Weltpolitik im 21. Jahrhundert*, München/Wien 1996

Institut für Auslandsbeziehungen (ifa) (Hg.): *Der Westen und die islamische Welt. Eine muslimische Position*, Stuttgart 2004

Jaber, Hala: *Hezbollah. Born with a Vengeance*, New York 1997

Joas, Hans/Wiegandt, Klaus (Hg.): *Säkularisierung und die Weltreligionen*, Frankfurt a. M. 2007

Kassir, Samir: *Das arabische Unglück*, Berlin 2006

Kühner, Claudia: *Nahost. Geschichte einer Unversöhnlichkeit. Juden, Zionismus, Araber*, Frauenfeld/Stuttgart 1975

Lüling, Günter: *Über den Urkoran. Ansätze zur Rekonstruktion der vorislamisch-christlichen Strophenlieder im Koran*, 3., korr. Aufl., Erlangen 2004

Luxenberg, Christoph: *Die syro-aramäische Lesart des Koran. Ein Beitrag zur Entschlüsselung der Koransprache*, Berlin 2000

Maalouf, Amin: *Der Heilige Krieg der Barbaren. Die Kreuzzüge aus der Sicht der Araber*, München 1996

Mamdani, Mahmood: *Guter Moslem, böser Moslem. Amerika und die Wurzeln des Terrors*, Hamburg 2006

Manji, Irshad: *Der Aufbruch. Plädoyer für einen aufgeklärten Islam*, Frankfurt a. M. 2003

McCoy, Alfred W.: *Die CIA und das Heroin. Weltpolitik und Drogenhandel*, Frankfurt a. M. 2003

Mernissi, Fatima: *Geschlecht, Ideologie, Islam*, München 1987

Mernissi, Fatima: *Herrscherinnen unter dem Halbmond. Die verdrängte Macht der Frauen im Islam*, Freiburg/Basel/Wien 2004

Mozaffari, Mehdi: *Fatwa. Violence and Discourtesy*, Aarhus 1998

Musharbash, Yassin: *Die neue Al-Qaida. Innenansichten eines lernenden Terrornetzwerks*, Köln 2006

Nevo, Yehuda D./Koren, Judith: *Crossroads to Islam. The Origins of the Arab Religion and the Arab State*, Amhurst, NY 2003

Oevermann, Annette: *Die »Republikanischen Brüder« im Sudan. Eine islamische Reformbewegung im zwanzigsten Jahrhundert*. Frankfurt a. M. u. a. 1993

Ohlig, Karl-Heinz (Hg.): *Der frühe Islam. Eine historisch-kritische Rekonstruktion anhand zeitgenössischer Quellen*, Berlin 2007

Ohlig, Karl-Heinz/Gerd-R. Puin (Hg.): *Die dunklen Anfänge. Neue Forschungen zur Entstehung und frühen Geschichte des Islam*, Berlin 2005

Qassem, Naim: *Hizbullah. The Story from Within*, London 2005

Rashid, Ahmed: *Taliban. Afghanistans Gotteskrieger und der Dschihad*, München 2001

Rotter, Gernot (Hg.): *Die Welten des Islam. Neunundzwanzig Vorschläge, das Unvertraute zu verstehen*, Frankfurt a. M. 1993

Roy, Olivier: *Der islamische Weg nach Westen. Globalisierung, Entwurzelung und Radikalisierung*, München 2006

Rudolph, Ulrich: *Islamische Philosophie. Von den Anfängen bis zur Gegenwart*, München 2004

Saad-Ghorayeb, Amal: *Hizbullah. Politics and Religion*, London 2002

Said, Edward W.: *Covering Islam. How the Media and the Experts Determine How We See the Rest of the World*, völlig überarb. Aufl., London 1997

Steinmayer, Vanessa: *Islamische Ökonomie in Südafrika. Eine Untersuchung muslimischer Unternehmen in Johannesburg, Kapstadt und Durban*, Berlin 2004

Sündermann, Katja: *Spirituelle Heiler im modernen Syrien. Berufsbild und Selbstverständnis – Wissen und Praxis*, Berlin 2006

Ulfkotte, Udo: *Heiliger Krieg in Europa. Wie die radikale Muslimbruderschaft unsere Gesellschaft bedroht*, Frankfurt a. M. 2007

Wansbrough, John: *Quranic Studies. Sources and Methods of Scriptural Interpretation*, Oxford 1977

Warraq, Ibn: *Warum ich kein Muslim bin*, Berlin 2003

Warschawski, Michel: *An der Grenze*, Hamburg 2004

Wippel, Steffen (Hg.): *Wirtschaft im Vorderen Orient. Interdisziplinäre Perspektiven*, Berlin 2005